U0536169

·数智化转型系列丛书·

消费互联网和产业互联网
双轮驱动新增长

张建锋 肖利华 安筱鹏 ◎ 著

电子工业出版社
Publishing House of Electronics Industry
北京·BEIJING

内 容 简 介

本书通过独特的框架分析与深入的案例解剖，有力揭示了产业数智化发展新趋势：消费互联网和产业互联网的双轮驱动，将构成经济增长新动力；借助数据贯穿，依托产业互联网技术支撑平台和技术基座，在产业公共服务的强劲助力下，商流、物流、资金流和人才组织流将协同发力，带来崭新的产业发展局面；消费互联网和产业互联网双轮驱动的实践正逐渐展开，在领军企业的探索下，初步显示出变革的威力。本书围绕数智化突破创新的点（关键环节）、线（产业链）与面（产业生态），重点介绍了消费互联网和产业互联网双轮驱动的显著特征与落地路径，具有很强的实操性。

本书适合作为广大制造、服务企业的企业家与管理者，产业互联网和消费互联网的从业者，关注科技与商业变革的读者及研究人员的参考用书。

未经许可，不得以任何方式复制或抄袭本书之部分或全部内容。
版权所有，侵权必究。

图书在版编目（CIP）数据

消费互联网和产业互联网：双轮驱动新增长 / 张建锋，肖利华，安筱鹏著 . —北京：电子工业出版社，2022.4

ISBN 978-7-121-43254-5

Ⅰ . ①消… Ⅱ . ①张… ②肖… ③安… Ⅲ . ①互联网络 - 应用 - 消费②互联网络 - 应用 - 产业发展 Ⅳ . ① F014.5-39 ② F260-39

中国版本图书馆 CIP 数据核字（2022）第 059075 号

责任编辑：张彦红　　　　　　　特约编辑：田学清
印　　刷：天津图文方嘉印刷有限公司
装　　订：天津图文方嘉印刷有限公司
出版发行：电子工业出版社
　　　　　北京市海淀区万寿路 173 信箱　　邮编：100036
开　　本：880×1230　1/32　印张：14.375　字数：386 千字
版　　次：2022 年 4 月第 1 版
印　　次：2022 年 4 月第 1 次印刷
印　　数：3000 册　定价：139.00 元

凡所购买电子工业出版社图书有缺损问题，请向购买书店调换。若书店售缺，请与本社发行部联系，联系及邮购电话：(010) 88254888，88258888。
质量投诉请发邮件至 zlts@phei.com.cn，盗版侵权举报请发邮件至 dbqq@phei.com.cn。
本书咨询联系方式：(010) 51260888-819，faq@phei.com.cn。

本书写作组

组 长：

张建锋

副组长：

肖利华　安筱鹏

成 员：

张建锋　肖利华　安筱鹏　孟　晔　杨　旭　谢智勇　张　静
董　爽　晏梦灵　王幽幽　刘云云　顾晓萍　阳宇珊　刘庭轩
黄泽平　祝可菲　陈　超　刁一鸣　王著维　葛　皓

推荐语
RECOMMENDATION

肖利华博士等人撰写的《消费互联网和产业互联网：双轮驱动新增长》一书，在我国强化实体经济发展，产业界争相利用数智化技术实现能力跃迁的关键时点，为广大企业提供了系统、可落地的实践指导。核心原理清晰准确，创新热点启发性强，探索案例反映了最新实践。对于产业界、政府部门和研究机构密切关注产业互联网发展动向的专业人士而言，本书是难得的综合研究与实践新作，将为这一领域的"知行合一"奠定坚实的基础。

李纪珍

清华大学经济管理学院教授、副院长

数智化领域的变革日新月异，要获取先发优势，需要洞悉规律，紧跟实践前沿。在消费互联网创造了一个巨大的市场后，产业互联网依托消费互联网的成就，将产生新的裂变。肖利华博士等人撰写的本书敏锐地抓住了消费互联网和产业互联网相结合的前沿，内容及时、全面，为广大企业家"取势明道优术"给出了直接、有效的指导和帮助，强烈推荐阅读。

范玉顺

清华大学长聘教授，国家 CMIS 工程技术中心副主任

消费互联网和产业互联网双轮驱动新增长，这一命题的提出与时

代发展的脉搏同频，具有原创性和现实意义。供需动态平衡是经济健康发展的关键。在这一任务的完成上，互联网和数智化技术可以发挥什么样的作用，能带来哪些面貌一新的变化，是全社会关心的议题。肖利华博士等人撰写的本书，通过系统化总结和创新案例解剖授人以渔，恰逢其时，价值凸显。

魏炜

北京大学汇丰商学院教授

《消费互联网和产业互联网：双轮驱动新增长》一书，为我们描绘了数智化新阶段产业发展的全景。数据流、商流、物流、资金流、人才组织流、公共服务、基础技术支撑的叠加，有可能带来的创新和商业机会，令人叹为观止。肖利华博士等人为我们揭示了消费互联网和产业互联网双轮驱动带来的方向性趋势变化，以及广阔的产业增长前景，将会引导这一领域的实践，使其成为下一个发展热点。

赵红

中国科学院大学中丹学院院长，

中国科学院大学教育基金会副理事长，

教授、博士生导师

数智化是数字化发展的最新阶段，结合市场与技术优势，消费互联网和产业互联网双轮驱动逐渐成为产业界共识。在肖利华博士等人撰写的《消费互联网和产业互联网：双轮驱动新增长》一书中，全产业链各环节不断涌现的数智化创新实践、领军企业的双轮战略实施案例都展现了从"思考"到"落地"的可行途径，让我们对如何稳步推进并获取成效有了详细了解，增强了我们在企业内、在产业链上开展双轮驱动行动的信心和确定性。

田新民

上海交通大学安泰经济与管理学院副院长，

上海交通大学行业研究院副院长、博士生导师消费互联网与产业互联网如何协同一体化发展是互联网进一步发展的难点。肖利华博士领导的研究团队，借助一线经验和系统理论架构提出了以市场为驱动的模式，通过数智化来打通产品研发、生产、物流、销售和服务，对于希望在现有信息化基础上进一步实现数智化转型的企业有着重要意义。

王小毅
浙江大学管理学院数字化营销教授、博士生导师

中国经济实力的进一步增强有赖于消费和产业两翼齐飞。在消费领域，中国互联网发挥了举足轻重的作用；在产业领域，互联网与产业的充分融合再建新功，也非常令人期待。肖利华博士等人撰写的这一专著的出版是这方面工作的有益探索，将揭开产业互联网研究与发展的时代序幕。

滕斌圣
长江商学院副院长、战略学教授

《消费互联网和产业互联网：双轮驱动新增长》一书，总结了消费互联网和产业互联网近年来各自取得的发展成就，同时直面有待解决的难题和难以突破的瓶颈。在冷静思考的基础上，肖利华博士等人提出的消费互联网和产业互联网双轮驱动促进经济增长的观点，有理、有据、有步骤、有细节，对于广大企业稳步推进数智化转型工作有非常大的意义。

忻榕
华裔管理学家，中欧国际工商学院管理学教授，
拜耳领导力教席教授，《哈佛商业评论》（中文版）首任主编

肖利华博士等人撰写的《消费互联网和产业互联网：双轮驱动新增长》一书，是一部兼具理论创新和实操应用、兼顾宏观视野和微观

解法的著作。在数智化时代，消费和生产要不要联动？怎么联动？本书给出了清晰的思路和掷地有声的回答。本书对于各行业的高层管理者、区域产业发展机构的核心决策者、研究机构的科研人员都有非常重要的参考价值。

魏航

上海财经大学商学院常务副院长、讲席教授

在世界各国，产业互联网已成为发展焦点，在中国也不例外。但脱离自身实际情况的邯郸学步，尤不可取。在消费互联网方面，中国走在了全球前列，因此中国的产业互联网有必要与其打通，借势而上形成双轮驱动的强大经济增长动力。肖利华博士等人在本书中系统阐述了这一大趋势，并就原理和实操创新给出了详细说明，使其具有广泛使用的可操作性和现实意义。

杨海仁

供应链和安全协会副会长，中通快递及中通国际专家顾问，

香港中文大学商学院兼任教授，

香港中文大学亚洲供应链与物流研究所高级研究员，

香港中文大学前 EMBA 课程主任

在数字化向数智化深入推进的爬坡期，在技术和商业模式两个方面，充分利用消费互联网和产业互联网的叠加红利是非常关键的。本书对于两者形成的双轮驱动大势，在为什么重要、如何实施和可预期的效果上给出了既有宽度又有深度的介绍，这对于各行业探索商业和科技的进一步结合，走上高质量发展之路具有很重要的意义。

李勇坚

中国社会科学院财经战略研究院研究员

随着数智化技术和应用渗透式地开疆拓土，转型的突破点从消费

侧向供给侧延伸是大势所趋。随之而来必须面对的是，广大企业具体要做什么以及怎么做的问题。本书对这些核心问题做了解答，深刻的原理分析、具体可行的操作方法、深入透彻的案例说明，一定会对相关企业快速推进数智化进程带来非常大的帮助。

刘佳骏
中国社会科学院工业经济研究所副研究员

我国经济领域的数字化、网络化、智能化的步伐正不断加快。中国消费互联网走在全球前列并推陈出新，实现了市场空间的数字孪生。在接下来的几年，产业互联网将获得等量齐观的巨大发展空间。消费互联网和产业互联网贯通融合，意义不言而喻。本书抽丝剥茧地总结分析了这种新趋势及产业界的领先实践，对于渴望拥抱又一波增长浪潮的企业来讲，在其顺利开展相关工作上起到了很好的指导作用。

王俊秀
中国信息经济学会信息社会研究所所长

对于纺织服装行业而言，消费互联网经过迅猛发展之后，正在进入平稳期。协同构筑优势，连接产生价值。要实现突破，潜力来自场景深耕与应用延展。推动全流程、全场景、全触点、全生命周期的数字化连接与转型是行业未来发展趋势。肖利华博士在纺织服装行业和数字经济领域具有深厚的理论基础和丰富的实践经验，肖利华博士等人撰写的本书"知行合一"、形神兼备，从消费互联网和产业互联网联动发展的全新视角给出了数智化赋能产业的战略思考与战术方法。"致广大而尽精微"，相信本书会给纺织服装人员带来新的启迪与思考。

孙瑞哲
国际纺联主席，中国纺织工业联合会会长

最近一个时期，互联网和产业领域的有识之士都在力图找出数智

化助力经济增长的新方法。肖利华博士等人撰写的本书总结了这种努力的可喜成果，贯通消费互联网和产业互联网形成双轮驱动，无疑将在数智化助推经济发展上产生深远影响，让企业可以在高频竞争中立于不败之地。

邵俊
杭州市电子商务协会理事长，中国水泥网创始人、董事长

肖利华博士等人撰写的《消费互联网和产业互联网：双轮驱动新增长》一书，是目前关于产业互联网新发展阶段的作品。本书依托对数智化发展进程的回顾与预测，紧密结合中国产业自身及其数智化发展阶段的特点，提出了双轮驱动核心产业升级思路和全链条解决方案。通过前瞻、突出的核心观点，科学、严密的分析框架，翔实、有力的案例论证，本书为产业界拥抱数智化时代提供了宝贵的发展指南。

高景远
零售世界传媒创始人，中国合作贸易企业协会副会长兼秘书长

如果说十几年来消费互联网成功地拓宽了中国经济发展的赛道，那么如今产业互联网将发挥同样重要的作用。肖利华博士等人撰写的《消费互联网和产业互联网：双轮驱动新增长》一书，为广大企业如何站上这一新赛道提供了指南。面向客户、数据洞察、生产和销售联动、利用共享产业服务，乃至构建产业互联网平台等，这些思路和实践的例证，既高屋建瓴又生动鲜活，推荐广大企业家阅读学习。

王玉荣
中国中小企业协会副会长，产业互联网专委会主任

产业互联网浪潮已经来临，即将开启一个新时代，引发一场生产力革命。广大企业希望顺势而为、勇立潮头，迫切呼唤理论指导与实践总结。肖利华博士等人撰写的本书通过清晰的分析框架、翔实的案例解说，

对产业界亟须回答的关键问题做出了清晰解答，具有重要的推广价值。

王苏芳

中国纺织信息中心国家纺织面料馆总经理

供不应求的时代谁有产能谁就会获得优势，供过于求的时代则需要我们精准定位，需要根据消费者需求明确我们的定位，未来之战越来越多的是心智之战！分众传媒联合阿里云助力不同行业许多客户实现全链路数智化转型升级，取得了非常好的效果。肖利华博士等人撰写的《消费互联网和产业互联网：双轮驱动新增长》恰逢其时，值得推荐和团队反复学习、研讨，学以致用，用以致学，知行合一。让我们一起高效精准地赢得更多的目标客户，拥抱伟大的产业互联网时代！

江南春

分众传媒创始人、董事局主席和首席执行官

肖利华博士等人撰写的本书，展现了消费互联网和产业互联网双轮驱动时代技术突破和商业模式创新的魅力。书中对于双轮驱动特征、原理、着力点和实现方式的阐释，支撑了对产业各环节推进数智化创新、深度链接的动作分析和对领军企业案例的综合解剖。这对于广大企业在实施双轮驱动战略时，知其然也知其所以然，坚持专业主义和长期主义大有裨益。

汪林朋

北京居然之家投资控股集团有限公司董事长，

北京湖北企业商会会长

产业互联网时代的开启已毋庸置疑，而打通生产环节和消费环节，实现消费互联网和产业互联网的融合等方面，目前却鲜有深入的研究、思考，肖利华博士等人撰写的本书恰好填补了这一领域的空白。产品开发、资源整合、组织优化是企业发展的核心问题，双轮驱动的数智化对这几个问题的解答都意义重大、成效显著。因此，郑重推荐各位企业家、区域政府领导、研究人员阅读本书并展开深入研讨。

周海江
中国民间商会副会长，中国企业联合会、中国企业家协会
第九届理事会副会长，红豆集团有限公司党委书记、
董事局主席、CEO，全国工商联宣传教育委员会主任

索菲亚一直在积极探索打通从消费者、终端导购、经销商到总部工厂、物流、供应商等各环节的方法，更好地提升消费者体验，提升端到端全产业链运营效率、效益和竞争力。索菲亚和肖利华博士等人一直在积极探索数智化转型升级，合作过程非常愉快，让我们受益匪浅。现在，肖利华博士等人进一步将其总结提升为著作《消费互联网和产业互联网：双轮驱动新增长》，相信本书一定可以帮助许多想端到端全链路数智化转型升级的企业，特强烈推荐！

王兵
索菲亚家居集团总裁

近几年，中国产业界在生产制造数字化转型升级方面做了大量努力，围绕产业互联网平台和服务进行了多种模式的探索。而延伸至消费领域，增加网络化、智能化成分，满足消费者（客户）诉求，形成全产业链条的互联网化，一直引人深思。肖利华博士等人撰写的本书，为解决这一疑惑提供了涵盖消费领域和生产领域的全局性思考框架和双轮驱动的实际做法说明。因此，本书的推出恰逢其时，值得产业界领导阅读实践，为全球的产业数智化转型贡献中国方案与东方智慧。

宋郑还
好孩子集团创始人、董事局主席

《消费互联网和产业互联网：双轮驱动新增长》一书，基于对中国

消费互联网和产业互联网发展进程的细致梳理,提出了下一步数智化发展的关键路径——如何更好地实现两者融合与让双轮驱动的飞轮获得持续的加速度。肖利华博士等人撰写的本书给出了深入可信的趋势分析,精准到位的实施方法和鞭辟入里的案例剖析,值得以发展产业互联网为己任的各界人士充分借鉴。

李厚霖

恒信钻石机构 I Do 珠宝创始人、董事长

《消费互联网和产业互联网:双轮驱动新增长》一书的出版恰逢其时,在中国经济进入产业互联网这一数智化应用的改革深水区后,各行业企业、区域产业促进机构等都对正确的发展思路、可实施的建设步骤、可落地执行的方案有着迫切需求。肖利华博士等人撰写的本书无疑对各界在开展相关实践前做好准备必不可少。

高飞

山西懒熊火锅超市管理有限公司董事长

互联网发展已进入下半场,产业互联网将在消费互联网兴起之后紧接着走到舞台中央。中国的产业互联网发展之路想要行稳致远,必须充分考虑国情和产业实际情况,努力发挥已形成的消费互联网优势。如何做到这一点,引爆消费互联网和产业互联网双轮驱动的倍增效果,肖利华博士等人在本书中做出了扎实的归纳梳理,给出了相关的解决方法,本书值得大家认真阅读、体会和实践。

李祥

青岛飞熊领鲜科技有限公司创始人、董事长

数字化、网络化、智能化的发展有赖于其对生产力释放的积极促进作用,因此互联网技术和商业模式从民众喜闻乐见的消费领域进入事关国家未来的产业经济领域也就势在必行。本书恰好反映了肖利华

博士等人对于这个问题的深度与宽度兼具的思考，理论与实践相结合，具有显著的现实意义和可操作性。

巩书凯
重庆忽米网络科技有限公司 CEO

《消费互联网和产业互联网：双轮驱动新增长》是在中国产业互联网蓬勃发展大背景下的研究力作。肖利华博士等人撰写的本书依托扎实的理论分析和丰富的案例解剖，为我们展示了一幅产业数智化转型的全景图，因此值得产业界、研究界持续关注，营造一个将双轮驱动话题深入讨论的良好氛围。

龚大兴
鑫源集团 SWM 斯威汽车董事长

中国产业互联网发展已然箭在弦上，为各界带来可预期的美好前景和新的商业蓝图，也为各行业连接数字世界做好了接口。通过产业＋物流＋金融来改变原有的工作流程、业务模式和经营视野，以数据推动产业发展和经济发展，适应消费互联网和产业互联网双轮驱动的新格局，有哪些值得借鉴的经验，肖利华博士等人撰写的本书进行了系统化、精确化、"知行合一"的详细阐述，是广大企业家了解、拥抱、利用产业互联网的指导手册。

龚建军
北京易联汇能网络股份有限公司董事长

近几年，产业互联网的概念火热，也不乏各类实践场景。参与主体的多样化使得产业互联网的内涵和外延变得丰富多彩。不同于消费互联网，产业互联网毋庸置疑对"产业"本身的认知要求高得多，互联网技术如何重现消费互联网领域的辉煌，肖利华博士等人撰写的本书从技术、行业、需求场景、产业变革等多个角度深入浅出地给读者全面系统地梳理了各方关心的要点，本书具有产业互联网战略指南和战术指引双重价值，值得对产业互联网有兴趣的人们好好学习研讨。

李成

智慧链（上海）科技有限公司创始人、CEO

互联网已经刻在每个企业的命轮之上，命运的齿轮从此旋转起来。产业互联网正在成为每个行业的"第二增长曲线"，产业互联网的大潮正奔涌而至。从物理世界到数字世界，从实体经济的物理反应到数字经济的化学反应，消费互联网和产业互联网不再是冰与火相互对抗，而是冰与水相互交融。如何结构性释放中国过去40多年来为全球经济增长建立起来的庞大但相对过剩的产能？如何指数提高每个行业至今仍然高度分散、供需严重错配的效率？如何快速打破每个企业碎片式生存和单打独斗的模式？本书提出的"消费互联网和产业互联网双轮驱动新增长"的前瞻理念和最佳产业实践，犹如一道光照进每个产业的裂缝和每个企业的战略黑暗之地。

颜艳春

盛景嘉成基金合伙人，山丘联康董事长，
《产业互联网时代》作者，《第三次零售革命》作者

我国制造业在总量上已位居世界前列，但细分领域仍有待加强，因此"专精特新"制造企业的发展逐渐进入政府部门、投资界和产业界的视野。"专精特新"要持续健康发展，在坚守核心竞争力的同时要充分拥抱市场。消费互联网和产业互联网双轮驱动的实施和发展，将为众多的"专精特新"企业将生产端的优势转化为消费端的优势奠定坚实的基础。肖利华博士等人撰写的本书不仅是行业数智化的指南，也为"专精特新"企业拥抱双轮驱动的时代提供了指导。

邱世梁

浙商证券研究所联席所长、CFA、CPA

数字经济加快实体经济的深度融合，是应用场景创新的重要方向，对生产力有革命性的促进作用。数智化时代，消费与生产的联动必将带来前所未有的新经济发展格局。消费互联网和产业互联网双轮驱动的观点独树一帜，打破了两者囿于自身小圈子的开发局限。本书对促进这种深度融合、提升中国的产业竞争力有宝贵的价值。

盛森

湖畔宏盛基金创始人

消费互联网时代是模式创新兴盛的时代，产业互联网时代将是科技创新兴盛的时代。《消费互联网和产业互联网：双轮驱动新增长》不仅勾勒出一个双轮驱动的新增长时代，更让我们对科技和商业界的发展有了新的认知。

唐文

氢原子 CEO

推荐序
RECOMMENDATION

本书是张建锋、肖利华和安筱鹏等人关于数字经济如何助力中国经济增长这一课题的研究力作。

本书阐述了消费互联网和产业互联网双轮驱动为何重要、是否可行，提出了双轮驱动背后的原理和建设路径，展示了全产业链各环节实施双轮驱动的创新热点，提供了各行业领军企业探索突破的综合案例。系统化、创新性、问题导向、可操作性是本书的突出特色，本书值得企业界、政策界、研究界相关人士深入研读。

以互联网、大数据为代表的数字技术及其商业模式，只有深入产业端和实体经济才能发挥对生产力的真正变革作用。产业界，在企业内部特别是制造环节上的数字化转型之后，一定要联通消费端、连接上下游，才能敏捷应对市场变化，立于不败之地。因此，消费互联网和产业互联网的打通及双轮驱动势在必行，这也是消费互联网和产业互联网各自独立发展后，现阶段和面向未来的真实发展诉求。双轮驱动正是贯彻"需求牵引供给""供给创造需求"、实现供需动态平衡的重要举措，是从数字化方向给出的有力解决方案。

双轮驱动显然不是一蹴而就的，坚持以客户为中心的市场导向，增强数据的纽带作用，各产业链条上下游环节紧密联动、协同发力，技术支撑平台和技术基座效能充分发挥等，每个方面都不可忽视和怠慢。双轮驱动必然要求以上这些方面同步更新和升级，传统工作方式的惯性克服也必须合理推动。可喜的是，我们看到了一些来自互联网和传统行业的领军企业的探索实践，有理由期待双轮驱动促进经济增长在未来的良好发展前景。

消费互联网和产业互联网双轮驱动经济增长的征程才刚刚开始，希望各界继续加大技术、人才和资金投入力度，深化消费互联网领域和产业互联网领域的价值共创与协同，以期形成数字经济领域的中国方案，为我国与全球经济增长贡献力量。

陈煜波

清华大学经济管理学院互联网发展与治理研究中心主任、教授

序言 FOREWORD

产业互联网的本质是数字化、网络化、智能化的技术在各产业领域中的广泛应用，以及在产业全链条中产生的像研发、生产、制造、供应链、营销，包括服务等方面的模式创新。

产业互联网兴起之后，特别是移动化兴起之后，企业合作边界从原来的工厂向两端延伸，即向上游延伸和向下游延伸。它的组织非常复杂，协作也非常复杂，这是一个明显的趋势，最终会带来消费互联网和产业互联网双轮驱动商业模式的创新。

产业互联网除了生产、营销，管理也非常重要，特别是现在的企业内部可能有几万名员工，上下游加起来可能有几十万名员工。这些员工需要一个非常好的平台对他们进行协同管理，平台上非常多的应用，从趋势来看就是用低代码甚至无代码的方式进行开发。

在产业互联网领域，目前有几个方面的重点工作：第一，产业互联网要有基础非常良好的新型 IT 设施；第二，产业互联网的创新将极大地依赖数据化、智能化，因此要有一个标准化的大数据平台；第三，数据应用的特点，以智能化的算法为主，大量的数据需要用人工智能进行计算；第四，产业互联网兴起之后，商业模式需要不断创新。

产业互联网需要在生产、制造、研发、营销、服务等环节综合应用数字信息技术。因此，需要有些企业提供底层基础平台，比如阿里云提供的基于云的 IT 解决方案，提供了产业互联网的技术支撑平台和技术基座，以满足通用需求。

如今，企业要实现产业互联网，要依赖大数据技术。数据来自什么地方呢？来自生产环节、流通环节、制造环节等，这些环节需要一个支撑平台来快速获取数据，计算完毕后通过平台执行这些操作，这都是阿里云可以做出的贡献。

消费互联网不难理解，以消费者为核心的淘宝等电商业务早已在全球扩张，而产业互联网在很长一段时间却是普遍的"盲区"，原因是其跨度之广、信息密度之大让企业无从下手。

对产业互联网而言，云计算最重要的是，坚实的底层技术保障。2021年的全球数字经济大会指出，云计算在产业互联网的基础、平台、行业三个层级中属于基础层，稳定、可靠是最重要的。

面对产业互联网，云计算另一个问题是，必须拥有针对不同行业的经验——解决方案精准对应行业特点。阿里云已发布数字化转型成长模型，并宣布建立"数字样板工程"长效运营机制，近乎标准化的流程背后，阿里云和生态合作伙伴的实践经验正在释放给广大企业，成为数字化红利。

阿里云不仅是一家云计算公司，更是数字化转型的服务提供商。为推动消费互联网和产业互联网双轮驱动，阿里云将努力形成一个多方参与、共生共赢的生态平台，一个1+N的大平台，在N个行业中实现共同的创新。

云为产业互联网提供了统一的IT基础设施、数据化和智能化技术、全产业链协同平台和生态系统平台四项新价值。依托数据化和智能化，可以实现从研发、采购到生产、销售的全局性智能。

我们将与业界各位同人携手，借助消费互联网和产业互联网的双轮驱动，为产业升级做出新贡献。

张建锋（行癫）

阿里云智能总裁、阿里巴巴达摩院院长

前言 PREFACE

当前，中国经济正处于从"大"向"强"转变的关键期，要实现这一质的跃升，产业界必须坚定不移地走高质量发展道路。

数智化由数至智，因数而智，用于描述数字化与智能化并行发展的新阶段。其中，"数"就是数字化，是从消费端到供给端的全链路、全要素、全场景、全触点、全网全渠道、全生命周期持续的数字化和在线化；"智"就是智能化，是基于数字化的闭环形成的人工智能（Artificial Intelligence，AI）、商业智能（Business Intelligence，BI）、数据智能（Data Intelligence，DI）和心智智能（Mindset Intelligence，MI），实现对市场需求变化的精准响应、实时优化和智能决策。

在贯通各经济环节，进而形成更高水平动态平衡上，数智化可以发挥巨大作用。

消费互联网在激发和满足消费需求上的成效有目共睹，而产业互联网在提升供给能力和经营效益上的进展也逐步显现。

在两个独立的领域，技术水平持续提高、运营经验得到积累，但广大消费者、商家、企业都着眼于未来发展提出了更高的要求。只在自身擅长的事项上做"局部优化"是不够的，两个领域都已无法再单独破解成长难题、突破增长瓶颈，以站上更高一层的发展台阶。

只有打破藩篱、予以贯通，实现消费互联网和产业互联网的双轮驱动，才有可能畅通经济循环，实现更高水平的供需动态平衡。消费互联网和产业互联网的双轮驱动，将为经济增长提供新动能。

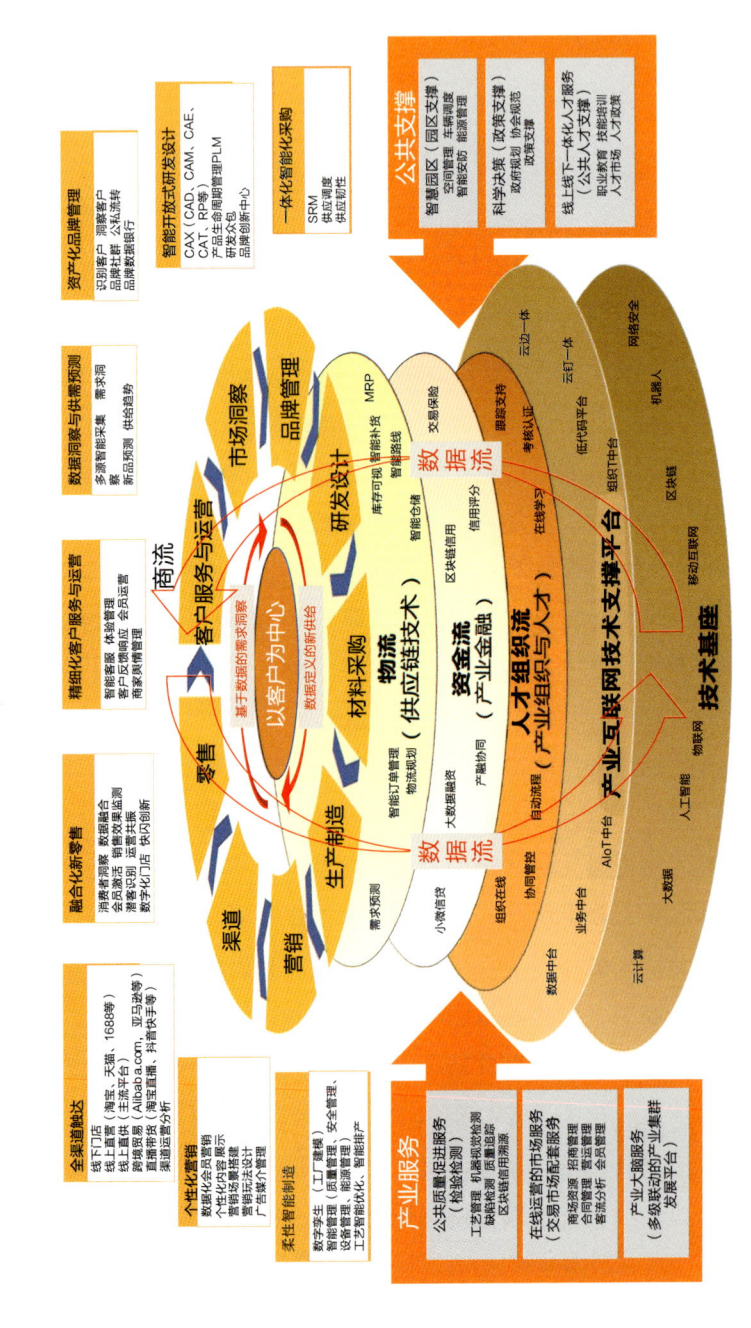

双轮驱动演进示意图

本书共分3篇14章，展开论述消费互联网和产业互联网双轮驱动问题。

第1篇（第1～3章）全面阐述消费互联网和产业互联网双轮驱动增长的趋势。

首先，归纳了近年来中国消费互联网在"人、货、场"数字化上的突出变革和取得的成效，并指出了再升级可能会遇到的难题。

"经济大国"+"网络大国"的基本盘已为消费互联网蓬勃发展提供了足够强大的底部支撑，网络消费在规模和种类上都得到了空前发展。

消费决策体系重构日益显著，具体表现为新消费人群崛起、决策链路变化、决策模式变化和新消费主张出现，消费者主权得到了前所未有的彰显。

网络商业空间容量无限、新品迭出，购买便利、陈列多样，品牌原生、物种创新已成为商品数字化的突出表现形式。基于数字化场景生成的便捷性，通过全息互动、购物节庆、社群推荐和社区团购，多元、新颖的购物氛围环绕在消费者周边，显著促进了消费行为的产生。显现成效的同时，消费互联网进一步发展的瓶颈也暴露出来，无论是消费者还是商家都渴望与需求精准匹配的新供给。

其次，总结了中国产业互联网的发展历程、面临的机遇，各国不同的开发思路和方法，以及希望解决的发展难题。

产业互联网被认为是互联网经济"下半场"的重点，是互联网向生产制造领域的延伸。产业互联网逐渐显示出"建立联结"的工具性特征、"集成性服务"的功能性特征、"综合采用"的技术性特征、"跨产业、跨区域"的融合性特征及"迭代发展"的渐进性特征。在政策导向、经济牵引、社会所需与科技支撑四项利好之下，产业互联网迎来发展机遇期。产业互联网发展的思路和方法，各国依国情有所不同。德国以制造产业优势为核心，美国以先进制造技术为核心，而中国以多元主体推动为核心，形成了多级分层、消费倒逼产业互联网化的态势。

产业链协同程度不足，没有充分考虑消费者（客户）需求，对数字技术和人才的投入有限，管理模式变革不彻底等发展难题亟须破解。

最后，论述了消费互联网和产业互联网双轮驱动经济增长的原理、可能取得的收益和可行的建设路径。

消费互联网和产业互联网双轮驱动具有四个方面的突出特征：以消费者（客户）为核心；全渠道、全链路连接和优化；数据驱动，算力支撑，算法提升；需求牵引供给，供给创造需求，创造有效供给。

$B=C2B2C^n$（消费和生产构成正反馈循环）、$G=(P \times O \times C)^i$（新增长力公式）揭示了双轮驱动运作原理和发力点，而网络智能和数据协同的落地及进步则构成了双轮驱动的实现方式。

双轮驱动的实施、解决方案的不断迭代优化，将为更好地满足消费者需求、促进商家健康成长、提高生产企业市场竞争力提供有力支持。

双轮驱动正在通过以新阶段产业互联网平台为代表，多方积极参与、场景层出不穷的产业数字化生态建设，为传统与新兴企业、大企业与中小微企业等借助数字化手段，满足消费者（客户）需求快速变化，建立柔性化生产能力提供全方位帮助，为探索形成"需求牵引供给""供给创造需求"的动态平衡，提升国民经济体系整体效能，乃至为全球产业升级贡献中国力量。

第2篇（第4~9章）全景式展示了双轮驱动下产业互联网各环节创新热点，具体说明了各环节是如何发挥消费互联网和产业互联网双轮驱动增长效果的。

数据作为纽带，将串起需求与供给、连接消费与生产、黏合各利益相关方。企业内部和产业生态上的商流、物流、资金流和人才组织流将协同发力，将消费者（客户）作为服务的中心，努力创造新价值，以带来产业全局的突破。产业互联网技术支撑平台和技术基座将构成双轮驱动的有力依托。此外，产业公共服务将聚合来自产业带、企业间、各区域的资源和服务，为产业互联网加速推进贡献力量。

第 3 篇（第 10～14 章）深入分析了一些行业领军者是如何拥抱消费互联网和产业互联网双轮驱动增长大势、积极投身实践的。

犀牛智造、盒马、老板电器、波司登、招商蛇口等众多创新者，以其丰富的商业想象力和科技应用意识，为我们带来一幅新的创新增长图景。

希望本书能激发各界对消费互联网和产业互联网双轮驱动增长这一实践动向的探讨，促使这一领域产生更多创新，以支撑中国产业升级，为经济发展贡献力量。

目录

第1篇　经济增长新动能：消费互联网和产业互联网双轮驱动势不可当

第1章　消费互联网：增长显著，难题待解　003

- 1.1 数字化加持的消费者——日益崛起的消费者主权　003
  - 1.1.1 网络消费规模惊人　004
  - 1.1.2 网络消费范畴广阔　007
  - 1.1.3 消费决策体系正在重构　009
- 1.2 数字化陈列的商品——无限扩张的商品货架　013
  - 1.2.1 容量无限，新品迭出　013
  - 1.2.2 购买便利，陈列多样　015
  - 1.2.3 品牌原生，物种创新　017
- 1.3 数字化构建的场景——随心变换的购物氛围　020
  - 1.3.1 全息互动　020
  - 1.3.2 购物节庆　027
  - 1.3.3 社群推荐　028
  - 1.3.4 社区团购　030
- 1.4 难题待解——消费互联网升级呼唤供需联动　031
  - 1.4.1 三项不足　032
  - 1.4.2 三大挑战　034

第2章　产业互联网：势头强劲，亟须突破　038

- 2.1 产业互联网正值发展机遇期　040

	2.1.1 产业互联网特征浮现、持续演进	040
	2.1.2 四项利好揭示发展新机遇	045
2.2	产业互联网应用的趋势分析	070
	2.2.1 数据化驱动	070
	2.2.2 新技术融合	071
	2.2.3 商业新模式	073
2.3	主要国家产业互联网的探索	076
	2.3.1 德国：工业4.0	077
	2.3.2 美国：先进制造	083
	2.3.3 中国：多元主体推动	091
2.4	五大瓶颈——产业互联网发展如何破局	099
	2.4.1 产业链协同程度不足	100
	2.4.2 消费者（客户）需求考虑不够	101
	2.4.3 中小微企业支撑不够	102
	2.4.4 数字技术和人才投入有限	102
	2.4.5 管理模式变革不彻底	103

第3章 经济增长新动能：消费互联网和产业互联网双轮驱动　105

3.1	双轮驱动的基本原理	106
	3.1.1 双轮驱动的四大特征	106
	3.1.2 双轮驱动的运作原理——$B=C2B2C^n$	110
	3.1.3 双轮驱动的发力点——$G=(P \times O \times C)^i$	112
	3.1.4 双轮驱动的实现方式	114
3.2	双轮驱动的预期效果	115
	3.2.1 双轮驱动更好地满足消费者需求	115
	3.2.2 双轮驱动促进商家健康成长	117
	3.2.3 双轮驱动提高生产企业市场竞争力	118
3.3	双轮驱动的建设路径	119
	3.3.1 平台化、生态化的产业互联网平台	119

3.3.2 新老兼顾、大小并重的企业解决方案　　121

第2篇　数智驱动新蓝图：消费互联网和产业互联网双轮重构产业

第4章　商流数智化：以客户为中心　　125

4.1 市场洞察——更贴近真实需求　　126
　　4.1.1 从功能型消费向体验型消费转变　　126
　　4.1.2 数据洞察赋能企业全价值链　　129
　　4.1.3 精准市场洞察实现零售智慧化　　133
4.2 品牌管理——让企业经营有沉淀　　136
　　4.2.1 数智化新品牌建设　　136
　　4.2.2 数据驱动如何影响或者改变品牌　　139
　　4.2.3 数智化品牌管理为企业决策赋能　　144
　　4.2.4 新兴消费品牌数智化之道　　145
4.3 研发设计——引领迭代创新　　147
　　4.3.1 研发设计数智化趋势及创新　　147
　　4.3.2 TMIC新品研发全链路解决方案　　149
　　4.3.3 AI+设计：数据智能技术赋能设计　　151
4.4 材料采购——发挥快速响应优势　　154
　　4.4.1 采购互联网化　　154
　　4.4.2 连接更深入的供应商关系管理系统　　156
　　4.4.3 采购数智化平台探索　　157
4.5 生产制造——推动有效供给　　160
　　4.5.1 新智造出现的必然性　　160
　　4.5.2 大数据赋能制造业转型升级方向　　162
　　4.5.3 数智化生产制造引领新时代　　163
　　4.5.4 数智化制造效益凸显　　167
4.6 营销——打通全链路　　169

  4.6.1 数智化营销新局面 169
  4.6.2 数智化全链路营销 171
  4.6.3 基于全域数据中台实现数字化营销 174
4.7 渠道——打造经营矩阵 175
  4.7.1 从单渠道转向全渠道发展 175
  4.7.2 数智化新型渠道 176
  4.7.3 数智化推进全渠道布局 178
4.8 零售——形成销售新效能 179
  4.8.1 零售业的瓶颈与痛点 180
  4.8.2 数智化新零售时代 180
  4.8.3 数字化门店带来零售新体验 184
4.9 服务——探索客户体验新上限 186
  4.9.1 数智化新服务的产生 186
  4.9.2 数智化服务创新 187
  4.9.3 会员运营：形成用户的自我圈层 189

第 5 章　物流数智化：更加智慧的供应链 191

5.1 物流数智化——克服障碍，迈向新阶段 191
5.2 需求预测——把握消费脉搏，促进物流创新 194
  5.2.1 响应消费需求变化 194
  5.2.2 覆盖多经营场景 195
  5.2.3 助力物流领域创新 196
5.3 智能仓储——多级缓冲，智能高效 199
  5.3.1 智能仓储设备 199
  5.3.2 智能仓储系统 200
  5.3.3 物料管理与可视化 202
  5.3.4 智能无人仓 203
5.4 智能订单管理——智能拆分，高效管理 204
  5.4.1 订单智能拆分 204

	5.4.2 异常订单智能处理	205
5.5	路径优化及协同——算法驱动，多方合作	206
	5.5.1 路径规划	207
	5.5.2 末端配送	209
	5.5.3 社会化协同物流	210
5.6	智慧物流体系——全链贯通，价值共创	211
	5.6.1 智慧运输体系	211
	5.6.2 智慧物流园区	212
	5.6.3 全链路可视和智能分析决策	213
	5.6.4 跨境物流	213

第6章 资金流数智化：算法驱动产业金融 218

6.1	产业金融迈入数智化新阶段	218
	6.1.1 产业金融的核心发展逻辑	218
	6.1.2 我国产业金融的发展阶段	219
6.2	数智化技术赋能产业金融发展	220
	6.2.1 信用评分：多维信息量化贷款风险	220
	6.2.2 大数据风控：数据洪流下实现高精度风控	222
	6.2.3 区块链信用：构建去中心化信任机制	223
6.3	产业金融创新助力双轮驱动	223
	6.3.1 小微信贷：缓解账期压力	224
	6.3.2 科技保险：构建多方信任	225
	6.3.3 消费金融：促进扩大再生产	227
	6.3.4 供应链金融：创新融资模式	228

第7章 人才组织数智化：网络协同的敏捷组织 237

7.1	组织面临的挑战：高速变化的外部环境	239
7.2	组织演进方向——敏捷组织	240
	7.2.1 组织能力：核心竞争力+动态能力	241

　　　　7.2.2　组织结构：扁平化，无边界，弹性化　　　　　　　　242
　　　　7.2.3　管控过程：注重沟通，信息共享，智能决策　　　　　243
　　　　7.2.4　组织文化：以人为本，包容多元，共同成长　　　　　244
　　　　7.2.5　外部联系：网络协同，价值共创　　　　　　　　　　245
　　7.3　数智化赋能敏捷组织　　　　　　　　　　　　　　　　　　245
　　　　7.3.1　网络协同增强组织柔性　　　　　　　　　　　　　　246
　　　　7.3.2　智能决策优化组织效能　　　　　　　　　　　　　　250
　　　　7.3.3　双轮驱动促进快速创新　　　　　　　　　　　　　　252
　　7.4　数智化人才与组织共同成长　　　　　　　　　　　　　　　257
　　　　7.4.1　数智化为人才成长赋能　　　　　　　　　　　　　　258
　　　　7.4.2　数智化为人才管理赋能　　　　　　　　　　　　　　260
　　7.5　数智化敏捷组织升级路径及实践　　　　　　　　　　　　　262
　　　　7.5.1　数智化升级的四大关键技术　　　　　　　　　　　　262
　　　　7.5.2　中台化：重构企业业务运营体系　　　　　　　　　　264
　　　　7.5.3　云钉一体助力组织数智化升级　　　　　　　　　　　266
　　　　7.5.4　云钉一体应用与数智化新组织案例　　　　　　　　　268

第8章　产业公共服务数智化：产业服务和公共支撑　　　　272

　　8.1　产业公共服务平台——数字化时代的创新温床　　　　　　273
　　　　8.1.1　产业公共服务平台的作用　　　　　　　　　　　　　273
　　　　8.1.2　产业公共服务平台的发展历程　　　　　　　　　　　274
　　　　8.1.3　产业公共服务平台的数智化升级需求　　　　　　　　276
　　8.2　数智化赋能产业公共服务平台　　　　　　　　　　　　　　277
　　　　8.2.1　大数据、人工智能支撑科学决策　　　　　　　　　　277
　　　　8.2.2　产业服务功能提升　　　　　　　　　　　　　　　　278
　　　　8.2.3　产业发展环境优化　　　　　　　　　　　　　　　　280
　　　　8.2.4　从智慧城市到行业产业大脑　　　　　　　　　　　　282
　　8.3　数智化产业公共服务平台实践探索　　　　　　　　　　　　287
　　　　8.3.1　杭州未来科技城　　　　　　　　　　　　　　　　　287

8.3.2 绍兴五大行业产业大脑		288
8.3.3 广东飞龙工业互联网平台		290

第9章 产业互联网技术支撑平台和技术基座 293

9.1 消费互联网和产业互联网平台技术生态 293
- 9.1.1 消费互联网技术知识图谱 293
- 9.1.2 产业互联网技术知识图谱 296

9.2 撬动：产业互联网技术支撑平台 300
- 9.2.1 数据中台：聚焦数据的贯通使用 300
- 9.2.2 业务中台：业务统一管理和加速开发 305
- 9.2.3 AIoT中台：万物互联中枢 308
- 9.2.4 组织中台：灵活应对组织协同 310
- 9.2.5 云钉一体：应用拓展的组织化 312
- 9.2.6 云边端一体：统筹使用计算资源 314
- 9.2.7 低代码平台：让敏捷开发成为现实 316

9.3 融合：技术基座奠定转型基础 320
- 9.3.1 云计算：算力基础 320
- 9.3.2 大数据：数据基础 323
- 9.3.3 人工智能：能力沉淀基础 325
- 9.3.4 物联网：感知基础 328
- 9.3.5 区块链：信任基础 330
- 9.3.6 机器人：特殊作业基础 331
- 9.3.7 安全技术：风险防范基础 334

第3篇 多元纵深新实践：消费互联网和产业互联网双轮威力初显

第10章 犀牛智造：联动产销不止于制造 341

10.1 犀牛智造的发展历程 342

  10.1.1 酝酿——智能制造新征程 342
  10.1.2 启动——联动产销新动向 342
  10.1.3 进步——贡献双轮驱动新方案 342
10.2 推动服装行业走在双轮驱动实践前列 343
  10.2.1 服装行业面临的痛点 343
  10.2.2 犀牛智造赋能产销两端 344
  10.2.3 双轮驱动取得成效 345
10.3 犀牛智造的发展经验 346
  10.3.1 聚焦五项关键突破 346
  10.3.2 提升行业三大能力 347
10.4 犀牛智造双轮驱动实践获赞誉 348
  10.4.1 入选灯塔工厂 348
  10.4.2 实力赢得认可 349
10.5 犀牛智造引领双轮驱动实践 350
  10.5.1 从制造到智造 350
  10.5.2 从程式到柔性 350
  10.5.3 从分散到整合 350

第 11 章　盒马：端到端生鲜链条创新 351

11.1 盒马成长历程 351
11.2 消费互联网下新零售模式迎风而起 352
  11.2.1 消费者精准定位 353
  11.2.2 业务模式创新 355
11.3 产业互联网下全球供应链脱颖而出 356
  11.3.1 消费者需求驱动全球供应链重构 356
  11.3.2 新农业与新零售产消融合 357
11.4 科技和商业共同赋能 359
  11.4.1 3 公里范围内 30 分钟送达 359
  11.4.2 店仓一体 361

11.4.3 云价签实时更新 362
11.4.4 智能化运营体系 364
11.5 盒马实践双轮驱动 365
11.5.1 实践（C2B2C）的 n 次方——消费者价值最大化 365
11.5.2 着力（P×O×C）的 i 次方——获取新增长 368

第 12 章 老板电器——消费者导向的无人工厂开创者 371

12.1 锐意进取：四十多年行业领跑 371
12.2 挖掘业务增长着力点 372
12.3 双轮驱动：全链条数智化升级 375
　　12.3.1 产业端：树立数智化转型理念 375
　　12.3.2 消费端：消费者导向集成系统 377
　　12.3.3 组织变革：打造信息融合平台 378
　　12.3.4 重构产业：驱动供需动态平衡 380
12.4 再上台阶：开启消费者导向的无人工厂时代 382

第 13 章 波司登：贯通全产业链的数智化转型时尚先锋 386

13.1 布局消费端：构建新零售能力 389
13.2 改造供应链端：强化商品快反优势 391
13.3 深挖数据价值：探索数据中台建设 394
13.4 加强内外协同：钉钉助力数智化加速 396

第 14 章 招商蛇口：数智化推动多业态融合升级 398

14.1 数智化助力破解多业态经营难题 400
14.2 探索地产行业双轮驱动：以大会员平台建设为切入点 402
14.3 双轮驱动落地：大会员平台构建和业务实施 405
14.4 推动组织升级，形成双轮驱动增长飞轮 407

后记 410

经济增长新动能：消费互联网和产业互联网双轮驱动势不可当

第1篇

消费互联网快速发展,直接助推中国成为互联网大国。当前,我国互联网的总体规模、业务体量、技术积累及商业生态方面均处于领先地位。数字化、网络化、智能化进程加快,正在贯穿所有经济领域。

如果说消费互联网引发了需求侧大变革,那么在供给侧,产业互联网将有可能带来等量齐观的巨变。如何联动被割裂的消费互联网和产业互联网,形成双轮驱动的增长新格局,成为未来十几年中国经济新动能开发的重要课题。

第1章
消费互联网：增长显著，难题待解

1994年4月20日，连接着数百台主机的中关村地区教育与科研示范网络工程成功实现了与国际互联网的全功能链接[①]。此后，20多年间，互联网在中国的拓展日新月异，尤其是面向消费者一侧，帮助人们获得信息、进行社会交往、获取衣食住行等各种商品和服务的互联网业态占据主流。中国的电子商务、内容服务和社交网络等应用均位居世界前列，可以说消费互联网一枝独秀。

无论是"人"——消费者、"货"——商品，还是"场"——消费场景，数字化程度都在不断提高。消费互联网商业模式日臻成熟，毫无疑问已成为中国消费增长的撒手锏，呈现出"需求释放"的持续发展态势，而进一步发展的难题也浮出水面，呼唤着"供给提能"的扎实落地。

1.1 数字化加持的消费者——日益崛起的消费者主权

"一部手机走天下"，随时、随地、方便、快捷地享受着数字商业

[①] 参见张新欣，《中国"触网"20年的三次浪潮》，新华社，2014年4月20日。

的消费者，正经历着 5 年、10 年前无法想象的消费体验。习以为常的数字生活，让消费者的决策链条悄然间加速重构。数字化时代，供需双方的话语权发生着实质性变化，"顾客是上帝"从商家的宣传用语转变为心悦诚服的行动，"消费者主权崛起"已成为商业界的公认趋势。

1.1.1 网络消费规模惊人

数字不会说谎，在经济发展和数字化转型两条增长线上，中国的优异表现都显示出其作为"经济大国"与"网络大国"的实至名归，这也为中国努力成为"经济强国"与"网络强国"的征程揭开了序幕。

1. 经济发展里程碑接踵而至

"十三五"期间（2016—2020 年），中国经济发展不断取得举世瞩目的成就，迎来一座座里程碑（以下数据引自国家统计局网站发布的数据）。

里程碑 1——2019 年中国人均 GDP 首次突破 10 000 美元大关（10 276 美元），这一数值仍在不断攀升，2020 年为 10 484 美元。

里程碑 2——2020 年中国 GDP 总量首次超过 100 万亿元（101.5986 万亿元）。此前的 2016 年、2017 年、2018 年接连越过 70 万亿元、80 万亿元、90 万亿元门槛，2019 年达到 99.0865 万亿元。这种加速度令人叹为观止，在世界经济发展史上留下了浓墨重彩的一笔。

里程碑 3——中国拥有世界上规模最大、最具成长性的中等收入群体，2017 年已超 4 亿人，约占总人口的 30%，预示着消费在我国经济增长中将稳健地发挥基础性作用。

这一系列事件标志着中国经济实力的整体跃升，彰显了"经济大国"的地位。

2. 网民规模持续扩大

网民规模的不断扩大，以及网民在网络服务上投入时间的增多，托起了新的网络消费时代。

根据中国互联网络信息中心（CNNIC）的报告[①]，截至2021年6月，我国网民总体规模已增长至101 074万人，较2020年12月新增网民2175万人；互联网普及率达71.6%，较2020年12月增长了1.2个百分点。从2018年6月到2021年6月，3年间增长了13.9个百分点，仍然保持着快速增长。2018—2021年网民规模和互联网普及率如图1-1所示。

图1-1 2018—2021年网民规模和互联网普及率

在101 074万网民中，网络购物用户规模高达81 200万人，占网民整体的80.3%。中国网民每周人均上网时长约为26.9个小时。101 074万网民已构成世界上最大的网络社会，为中国经济的潜在增长提供了关键基数。

（1）网络零售成为居民消费的又一主要渠道

随着全民数字素养普遍提高，以及市场竞争加剧，居民广泛接受并大量使用网络购物方式，网络零售正在成为居民消费的又一主要

---

① 参见第48次《中国互联网络发展状况报告》，中国互联网络信息中心，2021年9月15日。

渠道。

根据国家统计局数据，2020年中国网上零售额达11.76万亿元，同比增长10.9%。其中，实物商品网上零售额为9.76万亿元，同比增长14.8%。2020年社会消费品零售总额为39.1981万亿元，网上零售额占社会消费品零售总额的比重接近1/4。[①]

（2）快递、网络支付水平刷新纪录

由于网购规模的持续增长，快递、网络支付水平不断刷新纪录。根据国家邮政局网站发布的数据[②]，2020年我国快递业务量达到833.6亿件，同比增长31.2%；业务收入累计8795.4亿元，同比增长17.3%。每年快递数量破100亿件的速度越来越快，2021年所用时间为38天，大幅度刷新了2019年79天、2020年80天——受新型冠状病毒肺炎疫情（以下简称新冠肺炎疫情）影响的记录。

根据中国互联网络信息中心的报告，截至2021年6月，中国网络支付用户规模达87 221万人，较2020年12月增长了1787万人，已占网民整体的86.3%。从2018年6月到2021年6月，3年间增长了15.3个百分点，增长趋势依旧强劲。2018.6—2021.6网络支付用户规模及使用率如图1-2所示。

由此可见，中国的经济体量、居民的消费潜力，以及网民规模、网络消费服务的采用率，在如此大基数下仍在不断扩大，"经济大国"+"网络大国"的基本盘为消费互联网的蓬勃发展提供了足够强大的底部支撑，让我们对这一领域的未来充满信心。

---

① 参见《商务部有关负责人谈2020年网络零售市场发展情况》，商务部网站，2021年1月23日。

② 参见国家邮政局公布的2020年邮政行业运行情况，国家邮政局，2021年1月14日。

图1-2　2018.6—2021.6网络支付用户规模及使用率[①]

1.1.2　网络消费范畴广阔

数字化时代，大多数消费者的生活都受到软硬件工具的影响，呈现出"碎片化"与"多样化"并存的状态。消费者在各式各样的互联网应用、线上线下融合的消费中"忙"并"快乐"着。

商家对消费者注意力的争夺，每时每刻都在进行。网络内容上形态各异、趣味十足，令人目不暇接、欲罢不能。例如，"10万+"的"现象级"网文、"病毒式"传播的长图、"代表风尚"的长视频、"成瘾化"的短视频、"千万人涌入"的直播等。内容与商业的结合已密不可分，成为众所周知的"流量密码"。

购物的线上、线下渠道开发，从"创意萌生"到"规模化落地"速度惊人，让消费越来越便捷、越来越贴近人们生活，且性价比更高。电商平台主动链接线下，同城零售、社区零售、销地仓方面的动作频繁。

---

① 参见第48次《中国互联网络发展状况报告》，中国互联网络信息中心，2021年9月5日。

传统企业和零售商向线上要效益，在渠道数字化上与电商平台的合作也日趋紧密。

根据中国互联网络信息中心的报告，2021年上半年，中国个人互联网应用呈持续增长态势，网络消费的类别丰富性和各类应用的渗透率都达到了相当高的程度。在各式各样的应用中，网上外卖、在线办公和在线医疗的用户规模增长最为显著，增长率均在10%以上。基础类应用中，与2020年12月相比，搜索引擎、网络新闻的用户规模分别增长了3.3%、2.3%。商务交易类应用中，与2020年12月相比，网络购物、在线旅行预订的用户规模分别增长了3.8%、7.0%。网络娱乐类应用中，网络音乐、网络直播的用户规模较2020年12月均增长3%以上。各类互联网应用用户规模和网民使用率如表1-1所示。

表1-1 各类互联网应用用户规模和网民使用率[①]

应用	2020年12月 用户规模（万人）	2020年12月 网民使用率（%）	2021年6月 用户规模（万人）	2021年6月 网民使用率（%）	增长率（%）
即时通信	98 111	99.2	98 330	97.3	0.2
网络视频（含短视频）	92 667	93.7	94 384	93.4	1.9
短视频	87 335	88.3	88 775	87.8	1.6
网络支付	85 434	86.4	87 221	86.3	2.1
网络购物	78 241	79.1	81 206	80.3	3.8
搜索引擎	76 977	77.8	79 544	78.7	3.3
网络新闻	74 274	75.1	75 987	75.2	2.3
网络音乐	65 825	66.6	68 098	67.4	3.5
网络直播	61 685	62.4	63 769	63.1	3.4
网络游戏	51 793	52.4	50 925	50.4	-1.7
网上外卖	41 883	42.3	46 859	46.4	11.9
网络文学	46 013	46.5	46 127	45.6	0.2

① 参见第48次《中国互联网络发展状况报告》，中国互联网络信息中心，2021年9月5日。

续表

应用	2020年12月 用户规模（万人）	网民使用率（%）	2021年6月 用户规模（万人）	网民使用率（%）	增长率（%）
网约车	36 528	36.9	39 651	39.2	8.5
在线办公	34 560	34.9	38 065	37.7	10.1
在线旅行预订	34 244	34.6	36 655	36.3	7.0
在线教育	34 171	34.6	32 493	32.1	-4.9
在线医疗	21 480	21.7	23 933	23.7	11.4
互联网理财	16 988	17.2	16 623	16.4	-2.1

除此之外，不同年龄段的消费者在应用使用上也特点各异。20～29岁年龄段的网民对网络视频、网络音乐、网络直播等应用的使用率最高，分别达97.0%、84.1%和73.5%。30～39岁年龄段的网民对网络新闻类应用的使用率最高，达83.4%。10～19岁年龄段的网民对在线教育类应用的使用率最高，达48.5%。

消费者在内容越来越丰富的网络世界里遨游。他们的选择更多，也越来越愿意把握主动权，直接影响了商业数字化的发展方向。

1.1.3 消费决策体系正在重构

消费者作为需求方，购买什么商品，就是在市场上向这种商品投出了庄严"一票"，买哪种、买多少反映出消费者对不同商品的偏好程度，体现了消费者的真实消费意愿和支出考虑。生产商会根据消费者的"选票"确定生产数量、雇佣员工数量和采购原材料数量，同时改进技术、降低成本、增加品种等，并保证质量、性价比与交期，以赢得消费者的青睐，从而获得最大收益。通过这一系列互动，消费者行使了自己的"主权"。

数字化时代，消费者主权得到彰显，消费决策体系正在重构。这种重构表现在四个方面：一是新消费人群崛起，整个消费文化也被其引领变迁；二是新决策链路形成；三是新决策模式产生；四是新消费主张出现。[①] 消费者决策体系重构的四个方面如图 1-3 所示。

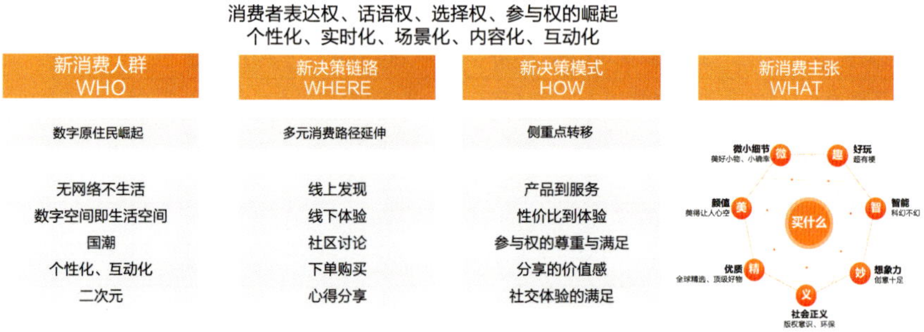

图1-3 消费者决策体系重构的四个方面[②]

1. 新消费人群

与"数字移民"不同，"数字原住民"从幼年伊始就在网络环境中长大，前互联网时代的生活方式对他们来讲颇为陌生。"90后""00后"对于"数字化生存"全身心拥抱且颇具心得，他们是离不开网络的一代。在数字空间及生活空间中，他们更追求国潮、个性化、互动化、二次元等新理念，将"亚文化"推至主流。随着年龄渐长，他们成为核心消费者，正在引导和塑造新消费文化。

2. 新决策链路

消费高度数字化之后，消费人群的决策链路变了，不再局限于线上或者线下，而是表现为线上发现、线下体验、社区讨论、下单购买、心得分享等线上、线下融合式的新决策链路。

调研显示，沿着消费行为路径，中国消费者从发现、研究到购买、付款、配送，再到售后的每个环节已形成线上和线下多渠道、多触点

---

① 参见安筱鹏，《展望 2030：企业数字化转型的 10 大趋势》，正和岛，2021 年 9 月。
② 参见安筱鹏，《数字化如何助力双循环》，阿里研究院，2021 年 8 月。

全面融合的现象。同时，中国消费者在线上、线下不同触点间的切换转化更加频繁[1]。网络时代消费行为路径的变化如图1-4所示。

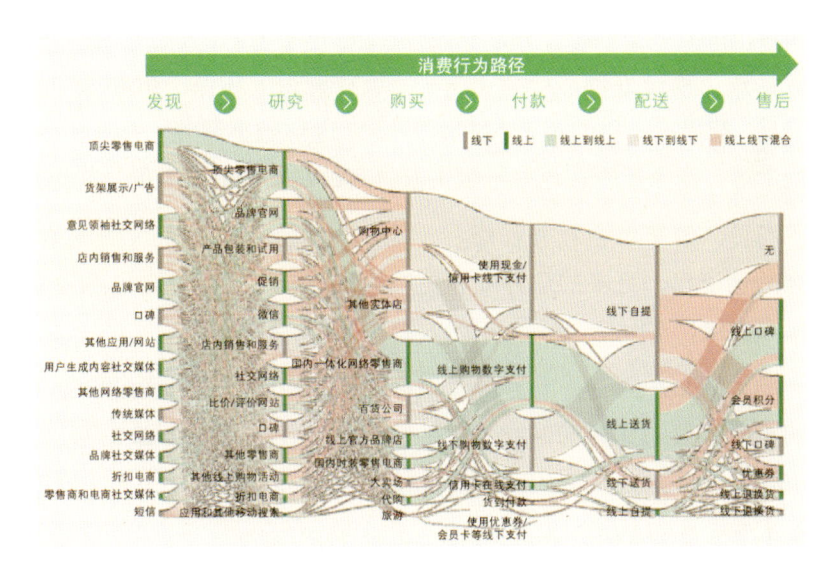

图1-4　网络时代消费行为路径的变化[1]

3. 新决策模式

消费决策模式的转变愈发显著。消费者过去更为看重性价比，而如今精神上的享受愈发显示出重要性。消费者主权意识的觉醒，使其尤其强调内容和服务的价值，内容的丰富度和服务的水准对消费者的影响越来越大。消费者迫切希望参与设计、生产、流通各种活动，并希望将消费作为生活中的重要内容，希望自己成为社会网络中的知识分享者。"内容经济""体验经济"的兴起体现了内容、服务与商业的深度捆绑。

---

[1] 参见波士顿咨询公司、阿里研究院与百度发展研究中心联合发布的《中国互联网经济白皮书2.0——解读中国互联网新篇章：迈向产业融合》，2019年1月。

4．新消费主张

随着消费人群的变迁、消费决策链路的改变和消费决策模式重点的转移，消费主张也随之变化，表现为颜值——美得让人心空，优质——全球精选、顶级好物，社会正义——版权意识、环保，想象力——创意十足，智能——科幻不灭，好玩——超有趣，微小细节——美好小物、小确幸等。商家能否在这些维度上取得突破，事关消费者的最终选择。

当前，消费者主权正在崛起，他们面对企业有了更大的表达权、更强的话语权、更多的选择权和更广的参与权，消费行为也越来越体现出个性化、实时化、场景化、内容化和互动化倾向。

长久以来，没有哪个消费者不希望产品和服务可以满足自身个性化的需求，但为什么偏偏数字化时代的消费者才能做到这一点，他们的主权真正得到了凸显呢？[1] 这是因为过去有很多制约消费者主权的问题，主要表现为以下三个方面。

一是成本问题。若要求生产商都满足消费者的个性化需求，必然导致生产成本大幅上升，以至于只有极个别的人才付得起这个价钱，得到个性化的产品和服务，如服装高级定制等。

二是产能问题。个性化的产品生产成本高，而且企业能触达的消费者是小众群体，规模也不大。因此，企业倾向于将产能投向大宗、同质产品，不屑于满足消费者的个性化需求。

三是基本需求满足问题。消费者本身在任何时候都有个性化的需求，但是以前没有那么强烈，因为他们还有一些基本需求尚未满足。

现在，数字基础设施降低了交易成本、扩大了市场规模，使得上述三个方面都发生了显著变化，生产成本急速降低、产能大幅提高、物质丰富程度极大改善，消费者主权进而从隐性变成显性，成为决定

---

[1] 参见梁春晓，《数字基础设施与消费者主权崛起》，阿里研究院，2020年5月。

未来经济发展的核心力量。

面向消费者进行需求设计，一定是未来商业的基本原则。只有依托现有的数字基础设施，消费者的需求才能通过数字化的方式被充分表达、汇聚，才能跨越多个环节的数据化流动支撑被精准地传递给供给侧。

1.2 数字化陈列的商品——无限扩张的商品货架

商品的数字化及其规模、范围的扩大，剧烈地撼动着传统零售业的格局，不仅有利于网络购物选择的多样性、购买的便利化和新品的不断推出，也为通过线下与线上联动让零售业重新焕发生机提供了足够的支撑。

1.2.1 容量无限，新品迭出

线上零售与线下零售的最大区别在于，线上商品陈列的边际成本极低。

对于线下商铺来讲，商品对实体空间的占据是不可避免的，同一时间、同一物理位置只能摆放一件商品，必须满足"20/80法则"。因此，陈列什么商品一定存在取舍问题，也让商铺的管理者大伤脑筋。万一进店购物的消费者不喜欢现在摆放的商品，而喜欢没摆上去的商品，这样会造成实实在在的销售额损失，机会成本无法避免。

而网络空间则不同，由于是数字化的，商品也以数据化的虚拟状态存在，因此可以容纳数量极大的商品，而且想要增加一件商品，只不过是轻点鼠标的事，边际成本微乎其微。而借助于商品排列的精心设计和搜索技术，在海量商品中发现心仪之物亦非难事，甚至成为一种乐趣。

因此，在网上购物，消费者就像在一个具有无限容量的货架上选购，真正步入了"购物天堂"。对于商家而言,在网络平台上为消费者提供服务的成本极低,从而可以聚集大量用户。商品成本优势与海量用户优势叠加,可以同时满足爆款商品的大规模销售和长尾商品的聚沙成塔式销售,可以面对更多细分市场,满足更多层次的消费者需求。

正是由于网络空间中增加商品的成本极低,它逐渐成为商家新品发布与销售的首选渠道。

第一财经商业数据中心(CBNData)联合天猫发布的报告[①]显示,2021年天猫"6•18"有140万款新品首次面世,459个新品牌拿下细分行业第一。许多新品在天猫上市即成为爆品,新品首发成功率达到了60%。其中,既包括凭借新品迅速切入市场的新锐玩家,也包括通过推陈出新焕发新活力的成熟品牌。作为对比,传统渠道新品首发成功率仅在10%左右。

新品以优异的表现直接带动了线上销售大盘的增长,而品牌商与电商平台都将新品电商作为实现增量的重点。

近年来,天猫平台新品总量逐年翻倍增长。2018年新品总量为5000多万件,2019年超过1亿件,2020年更是超过2亿件,3年翻了两番,呈现出爆发态势。2020年天猫平台35%以上的大盘成交量由新品构成,同时新品的平均单价是整体大盘的1.3倍,电商平台对品牌商增长的贡献自不待言,将推动商品首发更快速地向线上转移。

品牌商充分利用电商平台提供的服务显著缩短了新品孵化周期。2020年,各细分行业新品成交达到亿级/千万级/百万级的头部新品体量所需天数,比2019年缩短了20～45天,而各行业新品成交达到十万级、万级(高潜新品体量)所需天数,比2019年缩短了5～20天。网络平台新品孵化周期如图1-5所示。

---

① 参见天猫小黑盒发布的《2021线上新品消费趋势报告》,2022年1月10日。

第1章 消费互联网：增长显著，难题待解

品类	缩短天数
闪存卡/U盘/移动硬盘	45
咖啡/麦片/冲饮	34
速食/烘焙	34
美发/护发	29
钻石/珠宝/黄金	26
彩妆/香水	24
婴童用品	23
家清用品/卫生巾/纸	22
医疗及健康服务	21

■ 新品成交达到亿级/千万级/百万级缩短天数（2020年vs2019年）

（a）头部新品（亿级/千万级/百万级）

品类	缩短天数
个性定制/设计服务/DIY	18
速食/烘焙	14
医疗及健康服务	13
乐器/吉他/钢琴	13
闪存卡/U盘/移动硬盘	11
保健食品	10
家清用品/卫生巾/纸	10
婴童用品	10
美容仪	9

■ 新品成交达到十万级/万级缩短天数（2020年vs2019年）

（b）高潜新品（十万级/万级）

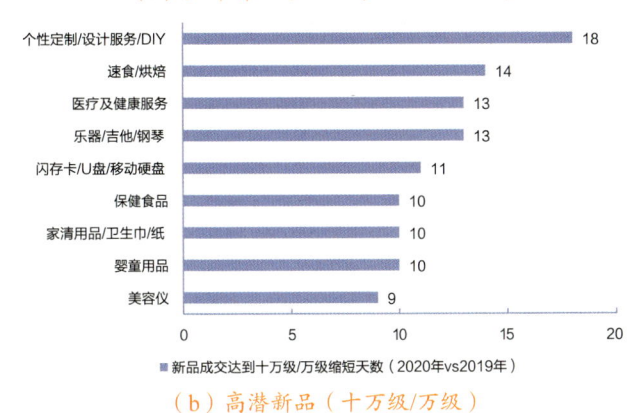

图1-5 网络平台新品孵化周期

为应对消费者快速变化的消费倾向，如今越来越多的品牌商努力缩短周期开发和推出新品，以期创造超出行业水平的商业价值和利润。商品的数字化和线上发布创造着一个又一个销售奇迹，持续不断地抓住消费者的注意力，这是传统的线下渠道无法做到的，商品数字化变革的力量已经显现出来。

1.2.2 购买便利，陈列多样

网络购物时代以前，当消费者想要购买某件特定的商品时，往往需要投入很多的时间与精力——或者向身边的熟人打听，或者逐个对相关商家进行询问，或者在成堆的商品中进行比较。

如今，我们可以足不出户地随心选购。电商平台提供了海量容量、无限变幻的商品货架，尽管商品数量庞大，消费者却可以通过一系列的条件筛选迅速、准确地找到心仪商品。消费者在享受商品多样性的同时，购物过程也变得更有效率。

百货商店、专卖店、超市等精心布置的商品陈列，为消费者选择相关商品提供了独特价值；而数字化更胜一筹，可以尝试海量的商品组合。网络购物之所以让人流连忘返，就在于它为消费者提供了数量可以几何倍数增长的商品陈列方式。数字化商品陈列如图1-6所示。

（a）多购买入口页面　　　（b）用户对商品的评价与分享页面

图1-6　数字化商品陈列

基于对消费者的精准画像，依托能力不断增强的推荐算法，电商平台以"千人千面"、瀑布流"无限供给"的方式，将千变万化的商品组合"个性化"地呈现给每个消费者。无论是在图文并茂的商品信息页面、其他消费者的购物感受页面、商家服务的质量评价页面，还是在时尚趋势的介绍文章页面，我们都能看到不一样的商品陈列，它们构成了与消费者的多个销售接触点。

正是有了如此多变且智能化的商品陈列，消费者决策中对"个性化"与"信息丰富"兼顾的综合诉求才得以体现。一方面是消费决策链路与模式的改变，另一方面是消费端数字化的不断加深，两方面的依赖与反馈，不断创造新的商业模式。

1.2.3 品牌原生，物种创新

数字化时代，基于技术与渠道的变革，一些新品牌、新物种获得了充足的生长空间。

1. 品牌原生

网络原生品牌异军突起，逐渐进入了大众的视野。一般来讲，传统品牌的打造和推出依赖品牌创始人对于市场的经验或直觉，正是这样的原因，传统的品牌定位存在一定的局限性、固化性，深入人心所需的时间也比较长。当商品数字化之后，结合数据分析，可以更精确、更快速地找到想要触达的消费者群体，对品牌打造进行更精细化的运作和调整，从而抓住时机迅速推出网络原生品牌。

近几年，食品、日用化学产品、服装等领域出现了大量的网络原生品牌，成为不可忽视的新锐力量。例如，麦片市场的"王饱饱"，成立不到两年就成为天猫麦片品类第一名；三只松鼠销售额从几亿元迅速提高到几十亿元；阿道夫洗发液的电商销量超越国际大品牌；完美日记、花西子等超越老牌化妆品品牌，在国货彩妆上占据一席之地等。

这些原生品牌及时捕捉消费者（尤其是"数字原住民"）需求倾向的变化，迎合他们的消费主张，因此能够在线上迅速崛起，并随后向线下延伸，形成线上与线下的紧密结合。这些品牌推出的周期短，新鲜感十足；特点鲜明，品牌气质突出；注重商品相关内容的打造，不断设置话题，引发消费者的关注、讨论和共创；进行粉丝群体的运作，保持规模化、黏度高的粉丝群体，持续关注品牌和商品。可以说，网络原生品牌是商品数字化的"受益者"，更是商品数字化的强大推动力量。

2. 物种创新

无论是日益增多的定制商品（服装、家具、家纺、电器等）厂商、新风尚商品（国潮、二次元等），还是数字化的商品体验中心（云货架、次日产地直达、线上的就近店铺推荐等），甚至拼购、线上的买手店、线下的无人零售店和快闪店等，新物种不断涌现，不断给予消费者新鲜的商品供应和购物体验。

全面拥抱数字化的年轻一代消费者，是将国潮等商品带到了流行前沿的群体。伴随着中国综合实力的不断增强，民众的文化自信心和文化认同感也不断增强。正在成为主流消费群体的"90后""00后"，对于商品的文化内涵极为看重，因此构成了当前流行文化市场的消费主力军。他们在追求与全球时尚同步的同时，对中国传统文化也很欣赏，并主动接纳与展示。因此，将国潮文化融入商品设计，是抓住年轻一代消费者的有效举措。

第一财经商业数据中心（CBNData）报告显示[1]，近年来"新国货"相关搜索内容呈现稳定上升趋势，线上国货市场消费规模2018—2020年保持增长态势。其中，服饰约占线上国货整体消费规模的60%，是国货消费主阵地；食品、母婴、化妆品和特色文创商品也占据一定比例。"90后"与"95后"成为线上潮流服饰消费主力军，在所有年龄段中

---

[1] 参见第一财经商业数据中心（CBNData）发布的《这就是95后的国潮地盘报告》，2020年6月22日。

占比超过40%，其中"95后"的潮流服饰消费增速在各年龄段中排位第一。年轻、追求个性化和多样化的"95后"正在大力助推线上潮流服饰消费浪潮。

除了服装行业，国潮文化还在其他商品领域有所体现，如茶饮等[①]。无论是与中国风紧密相连的国潮品牌茶颜悦色、茶百道等，还是正在迎合国潮趋势的西式快餐品牌肯德基、麦当劳等，通过网络宣传和借助网络外卖销售的国潮茶饮商品均获得了消费者的认可。

第一财经商业数据中心（CBNData）报告指出，国潮文化包容了越来越多的品牌和商品。在"95后"消费者心目中，国潮的代表除了回力、飞跃等重新焕发活力、借助网络翻红的老牌国货，还包括以BEASTER、TYAKASHA、INXX为首的年轻原创潮流品牌，它们都获得了年轻一代消费者的认可。

2021年天猫"双11"期间，国潮商品迎来全面爆发[②]。11月1日开始销售的第一个小时，20家新锐国潮服饰销售额增长接近100%。国产新锐品牌Bosie Agender、街头风格潮牌INXX和714street、质感潮牌WUT，这些定位明确的国潮品牌，在天猫"双11"期间销售成绩突出。推动汉服流行的主力军正是年轻一代，他们在网络上的热烈讨论、线下公开场合的自信穿着，令这一类国风服饰引发社会普遍关注，走向了主流。汉服在天猫"双11"期间的销售依然抢眼，汉服品牌"十三余"第一个小时销售额是去年同期的2.7倍。消费者对国产品牌的信任度明显提升。李宁、安踏等国产运动品牌也将国潮风运用到产品设计中。美食、手表、新文创、玩具等产品上出现了越来越多的国潮元素。国产手表品牌如海鸥、雷诺、中国北斗的多款单品在天猫"双11"期间

[①] 参见北京大学CCAP食物消费课题组、饿了么，《2021下午茶数字经济蓝皮书》，2021年8月23日。

[②] 参见《天猫双11观察：国潮汹涌，国潮新锐实现成倍增长》，天下网商，2021年11月2日。

销售势头良好，第一个小时销售量破万。老字号翻新后房获了一批年轻人，海天酱油店铺首页设计成了国漫风。大白兔凭借着系列国潮翻新，赢得了年轻群体的关注。而方回春堂针对年轻人推出的"熬夜茶"成为爆款，这家老字号第一个小时的销售量就超过了去年全天。故宫博物院麒麟蟠龙摆件、国家博物馆秋影金波茶盘套装等融合了中国文化元素的产品受到热捧，博物馆文创成交量同比增长超过400%。潮流国货玩具如SOAPSTUDIO、拼奇、BEASTBOX第一个小时销售量也超过去年全天，继盲盒之后，年轻人正在捧红国产潮玩。

国潮商品的崛起充分显示了商品数字化在品牌原生和物种创新上的独特价值和成效。

1.3 数字化构建的场景——随心变换的购物氛围

数字化场景中的"场"不仅指商场、门店或网店，还指消费者生活、工作等与零售商产生交集的所有场景的组合。对于消费者来说，无论是衣食住行还是吃喝玩乐，都已完全融入数字化消费场景中。由于数字化场景生成的便捷性、与线下场景融合的多元性，通过全息互动、购物节庆、社群推荐和社区团购可以形成多种购物氛围，从而极大地促进消费行为。

1.3.1 全息互动

1. 直播让流量与交易更靠近

根据中国互联网络信息中心报告[①]，截至2021年6月，中国网络直播用户规模达6.38亿人，同比增长7539万人，占网民整体的63.1%。其中，电商直播用户规模为3.84亿人，同比增长7524万人，占网民整体的38.0%。

---

① 参见第48次《中国互联网络发展状况报告》，中国互联网络信息中心，2021年9月15日。

与传统的图文信息相比，电商直播让消费者对商品的了解更全面，从接触到交易的链条更短，因此兴起之后就呈现出爆发态势，迅速拓展至各品类。

对消费者而言，主播无论是在商品筛选还是在价格谈判上，都帮助消费者先行筛选，而且对商品相关的疑问给予及时解答，既实惠又方便。对于品牌商而言，既开展了营销传播活动，又完成了实际销售任务，实现了多功能的"品效合一"。对广大生产商而言，可以省去多个中间流通环节，直接面对消费者，从而更好地把控销售主动权和获得用户反馈。对主播而言，能从商品销售中实现影响力变现，并不断扩大和运营粉丝群体，保证持续的商业收益等。各方均能从电商直播中获益，实现多方共赢，因此相关市场的发展动力十足。

2020年，在线直播行业进入"全民直播、万物皆可直播"的时代。[1] 相关数据显示，2020年中国直播相关企业超过8.1万家，其中新增直播相关企业超过6.5万家；2020年上半年全国电商直播超过1000万场，1月到11月电商直播超过2000万场，活跃主播超过40万人，观看人次超过500亿，上架商品数超过2000万件。

主播群体增长很快，来源多样。不仅有专业主播、品牌商家和电商商家工作人员直播带货，还有明星网红、媒体工作人员、虚拟IP偶像等。各类主播的参与带来了直播的流量聚集效应，直播成为当下非常热门的带货方式。

以淘宝直播[2]为例，截至2020年2月，有超过100种职业人员成为淘宝主播。其中，导购主播累计人数超过3万人，农人主播累计人数超过5万人，线下市场主播累计人数超过1.9万人；并且覆盖了各种年龄

---

[1] 参见艾媒咨询，《2020—2021中国在线直播行业年度研究报告》，2021年3月。
[2] 参见淘宝直播，《2020淘宝直播新经济报告》，2020年3月31日。

段,"80后""90后"是淘宝主播的核心力量,占比超8成,其中"90后"占比超过一半,他们是绝对主力军。年纪最大的主播已经109岁了,最小的"00后"也登上了直播舞台。女性主播占主导,超过65%。全民直播、全员参与成为电商直播的特征之一。

直播内容拓展至多行业、多场景,既有电商、游戏、助农、旅游、户外等场景化直播,也有针对服装鞋包、美妆个护、珠宝玉石、食品保健等细分市场开展的电商直播,吸引了大量消费者。电商直播已经实现针对不同细分市场的广泛和全时段覆盖,需求各异的消费者均能找到适合自己的直播内容。其中,女装仍是女性用户最爱购买的商品,男性用户则更偏好3C数码、大彩电、家装、汽车、户外运动等类目。淘宝直播品类及男、女性用户偏好如图1-7所示。

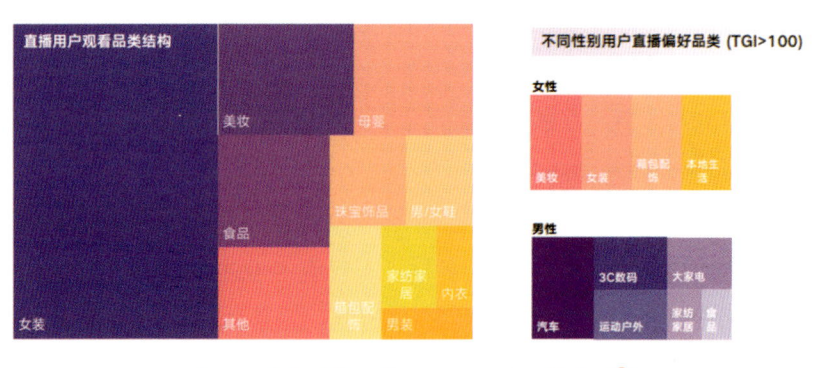

图1-7 淘宝直播品类及男、女性用户偏好[①]

直播方式也在不断推陈出新,主播走出了直播间,仓库、市场档口、工厂、田间地头、旅游景点、餐饮、文化设施等成为更接地气的直播场所。仓播、档口播、厂播等,吸引了越来越多消费者的注意。其中,仓播是将直播间设在存放商品的产地仓等现场,消费者可以直接看到售卖的商品,所见即所得,下单后商品可快速出仓。这种方式既能节省直

---

① 参见淘宝直播,《2020淘宝直播新经济报告》,2020年3月31日。

播场地支出，又能发挥供应链优势，是直播探索的新方向。新直播形式——仓播如图 1-8 所示。

图1-8　新直播形式——仓播

档口播是直播与批发市场很好的结合方式，我国众多专业批发市场的优势可以得到发挥，实现从线下到线上的升级。以服装批发市场为例，凭借商家对服装行业的了解和市场上经营积累的经验，加之与专业模特的合作，能直观显现面料、服装的核心卖点，和消费者形成良好互动，形成了档口播的先天优势。

厂播则是制造业与电商直播的完美结合，已经有不少制造企业将工厂搬进直播间，优质的原材料、先进的生产工艺、严格的质量把关，通过直播都成了商品的有力卖点。并且，面向消费者开放的新工厂模式，将有可能促进制造业的数字化转型升级。

预计 2023 年直播电商规模将超过 4.9 万亿元[①]。直播将会成为最有效的渠道之一，牵引供应链，快速满足消费者的实时需求，实现对供给侧的有力带动。

---

① 参见艾瑞咨询，《2021 年中国直播电商行业研究报告》，2021 年 9 月 15 日。

2. 虚拟购物（VR/AR）让交互身临其境

虚拟现实（VR）和增强现实（AR）技术，为消费者带来了身临其境的全新体验和附加的多维信息，能够让消费者对商品的认知更全面，并实现全天候的交互性。无论是对现实的 3D 建模、数字孪生的仿真，还是虚拟空间与现实空间的融合，技术和应用都在不断进步。VR 购物、看房（见图 1-9）、赏樱、逛博物馆……新冠肺炎疫情期间，实体商业遭受冲击，线下销售正尝试利用 VR 购物等模式寻求突围，而 5G 及光纤宽带网络等新型信息通信技术的发展为其打下了良好的基础。

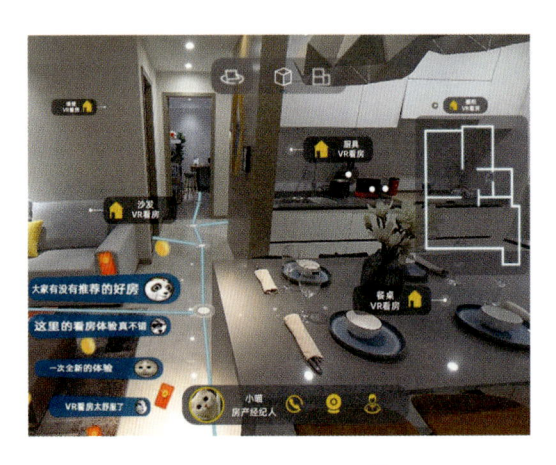

图1-9 VR看房示例[①]

当前，"元宇宙"概念受到社会各界关注，它被认为是一种集用户身份及关系、沉浸感体验、实时性、多元化和经济体系等元素于一体的下一代互联网形式。随着这一领域的规模化的商业探索和投资涌入，虚拟购物的成长空间也被持续看好，具有巨大的发展空间。

通过 VR 与 AR 技术应用，购物将不再局限于"逛"。消费者在三维导览支持下，浏览 360 度全景店铺和商品时，可以与人工智能支持

---

① 来源：阿里巴巴达摩院。

下的虚拟店员互动，获得商品的全面推荐信息；也可以发送弹幕与其他消费者打破时空进行交流，领取优惠券并分享到社交网络；还可以实现"一键呼叫"门店值班店员，享受 1 对 1 线上服务（见图 1-10）。此外，直播时能够逛店。

（a）展厅场景　　　　（b）门店场景　　　　（c）虚拟店员

图1-10　VR/AR购物场景示例[①]

随着 VR/AR 内容制作越来越便捷、成本越来越低，场景开发将越来越多样，促进商家和商圈成功将线下零售实体搬到线上。VR/AR 技术兼顾线上购物的效率特长与线下购物的体验优势，将带来零售业的新一轮全息革命。

3. 游戏让消费趣味倍增

游戏化是一种提升用户活跃度、增加用户黏性的有力方法。

在"注意力经济"统治下，为争夺消费者关注，游戏化正成为商业企业，尤其是电商企业的关注焦点。繁忙的工作与生活之余，人们渴望获得娱乐性、趣味性项目，而游戏恰好符合这种需求。游戏能够对用户的特定活动给予即时反馈，这些反馈可积累升级为荣誉或物质奖励，游戏进程在用户的好友圈之间形成对比，其奖励和竞争带来"成就感"，从而很好地获得了用户的持久关注。

---

① 来源：阿里巴巴达摩院。

电商与游戏的结合有两个主要方向："游戏电商化"和"电商游戏化"。"游戏电商化"重在导流，在游戏端通过游戏代理、个性化定制等方式，将游戏用户引流到电商平台；"电商游戏化"重在黏性，在电商平台内嵌入游戏模块，通过趣味横生的游戏和电商活动优惠的绑定提升用户活跃度。在"双11"活动中，电商平台的游戏植入已经成为促销中的保留节目，养猫、盖楼等花样频出，海量用户的参与营造了浓厚的消费节庆氛围。"电商游戏化"更可与绿色生活、消费助农等活动进行扩展型结合，吸引消费者的同时为社会公益增添了价值，让人们对这一方向的前景充满期待。

相关数据显示[1]，蚂蚁森林从2016年上线至2021年8月，已累计带动超过6.13亿人参与低碳生活，产生"绿色能量"2000多万吨。为了激励社会公众的低碳生活，5年来蚂蚁森林参与全国11个省份的生态修复工作，累计种下3.26亿棵树，其中在甘肃、内蒙古均超过1亿棵。同时，蚂蚁森林还在全国10个省份设立了18个公益保护地，保护野生动植物1500多种。通过在各地的生态环保项目，蚂蚁森林累计创造了种植、养护、巡护等238万人次的绿色就业机会，为当地群众带来劳动增收3.5亿元。

芭芭农场的出现吸引了亿万用户成为芭芭农场主。在消费者中，芭芭农场迅速掀起一阵"种果树兑免费水果""收阳光买水果"的潮流。芭芭农场拥有亿级的用户基础，每天有4000万名用户在芭芭农场种果树、买水果。背靠阿里巴巴庞大的消费者基数和成熟的农产品运营经验，芭芭农场在带动销量的同时，更帮助"中国农产品"走品牌跨越之路，帮助原产地加速农业的线上化、品牌化进程。[2]

---

[1] 参见李冰，《5年带动6亿人"减碳"：蚂蚁森林联合百家企业开启"绿色能量行动"》，证券日报，2021年8月25日。
[2] 参见《超过4000万用户加入芭芭农场，芭芭农场阳光的秘密首次公开》，天下网商，2020年9月3日。

1.3.2 购物节庆

借鉴线下零售商利用节庆进行大规模促销的经验,从 2009 年 11 月 11 日开始,中国电商平台陆续创造了"双 11""6·18"等多个全国性消费时点。

在这些新涌现的线上购物节庆中,参与的商家逐渐增多,消费者的购物热情也被激发出来,成交额记录不断被刷新,远胜于传统的购物节庆。数字化消费场景再造将商业想象力推至一个新高峰。

在众多的电商节庆中,"双 11"无疑是最早、最具标志性的。2009 年天猫的前身淘宝商城发起了"双 11"购物节,此后天猫成交额逐年增长,从最初的 5200 万元增至 2021 年的 5403 亿元,实现了上万倍的增长。

成交额数量增长的背后是消费者体验的升级、新商业形态的涌现和商家营销能力的全面提升。

在 2021 年天猫"双 11"中可以看到商家的踊跃参与和消费者得到的实在价值[1]——共计 1400 万款商品打折,29 万家品牌商参与,其中 1000 个品牌旗舰店爆款商品优惠到 5 折。还可以看到规模各异的品牌商共同成长——截至 11 月 11 日 0 点 45 分,411 个 2020 年"双 11"成交额过百万元的品牌突破千万元,40 个 2020 年"双 11"成交额过千万元的品牌突破 1 亿元大关,382 个品牌在天猫"双 11"的成交额超过 1 亿元。

同样可以看到的是,电商直播这一商业形态受到消费者的热烈欢迎——建设并运营自营直播间已成为品牌商的标准动作。品牌自播成为淘宝直播平台上增长最快、最具活力的新形态[2]。2021 年"双 11"期间,

---

[1] 参见祝梅,《2021 天猫双 11 第一张成绩单来了!411 个中小品牌销售额破千万》,浙江日报-浙江新闻客户端,2021 年 11 月 11 日。

[2] 参见《天猫双 11 终极榜单来了!》,天下网商,2021 年 11 月 12 日。

超过 10 万个品牌在自播间与消费者互动,其中 43 个品牌自播间成交额超 1 亿元,510 个自播间超千万元,女装、美妆、家电、家装、珠宝成为最受益的行业。鸿星尔克、追觅等 183 个品牌首次跻身"千万直播间",淘宝直播间成为重要的品牌核心资产。老庙黄金、菜百电商等 184 家"中华老字号"集体上淘宝开直播间,成交额同比增长近 80%,粉丝群体也得到了迅速扩大。消费者在直播间里不仅能买到化妆品、服饰,直播也在不断渗透到鲜花宠物、消费医疗等新的领域。2021 年"双 11"期间,萌物、珠宝饰品、个护家清、方便速食等行业同比增长超过了 100%,超两万个品牌自播成交额同比翻番。

经过多年发展,"双 11"的购物氛围浓厚,电商平台和商家提前营造购物氛围,通过预售、抢先购等方式,将"双 11"从一天延展至多天。线下零售也借助这个时机扩大"双 11"商家和人群的覆盖范围。欢快节日氛围的营造,创新活动的引入,紧紧地抓住了消费者的心,使"双 11"从一个平常的日子变成了一年一度的期待。

在"双 11""6•18"这样的购物时段,消费者、商家参与规模庞大,交易数量峰值显著,支付稳定性要求极高,供应链和物流承载着巨大压力,为保证消费者顺畅的购物体验,技术和服务在需求的倒逼下唯有不断升级。数字基础设施能力、商业运作效率的极大改善,让中国的电商体系一次次经受住考验,为中国商业的全面数字化转型奠定了基础。

1.3.3 社群推荐

以即时通信为代表的网络社交应用和各类网络购物应用,在中国有着庞大的用户群体,两者的结合意味着巨大的商业机会。

研究报告显示[1],品牌商正在通过线上社交生态来影响消费者购买

---

[1] 参见腾讯、波士顿咨询集团,《2020 中国"社交零售"白皮书》,2020 年 2 月。

决策，中国社交电商（社交零售）渗透率已达71%。社交电商具有鲜明的特征——在社交场景下创造了销售机会，让品牌与消费者的沟通更直接，使营销和销售渠道合二为一。品牌商利用关键意见领袖（KOL）或网红、品牌在各社交/电商/短视频平台的官方账号和小程序、社交拼购等方式，从多端触达消费者，通过有效运营产生消费增量。

社群推荐是充分发挥社交电商价值的重要手段。人以群分，在一个社群里，人们的消费主张相似，社群内部成员的消费往往会带动其他成员进行类似消费。因此，品牌商可以借力社群推荐，深耕品牌内容阵地，持续连接消费者。

商家可以自行运营社群以形成私域流量，高频次传播新品信息、发放优惠券等；也可以与适合的关键意见领袖或网红合作，通过他们与粉丝的互动引入新流量、促进新销售。他们不仅以容貌、才华取胜，更是具有审美与专业技能的"知识生产者"。阿里巴巴集团学术委员会主席曾鸣曾在文章中指出："网红崛起，品牌运营模式和营销已从根本上被改变。网红的典型运营方式是以C为核心构建社群认同。在社群中，B、C不再割裂，而是融合为一个共同体，服膺共同认可的价值观。网红本人则是社群价值观的人格化表现。"同时，网红利用互联网各种先进技术手段，低成本、全方位、立体、及时地展现自己的方方面面，以及背后想要表现的价值体系。视频、微博、直播平台……生活中各方面的分享，都是用低成本、高科技的方法，更丰富地构建一个社区，让目标人群产生认同。

社区本身并不凝固。网红和粉丝的互动不能停顿，也不能有过重的表演痕迹。互动是网红、粉丝之间不断进行的双向选择——在价值上，远非区区价格层面双向确认。"网红的进一步演化，不仅会从根本上摧毁传统媒体的生存方式,还将摧毁传统的品牌广告模式。在网红经济下，大家最直接的感受就是对明星代言商品的冲击。因为一方面，网红产生的门槛大幅降低；另一方面，明星代言的商业价值，被快速转移到网红所营造的社群。这是一个双重打击。"曾鸣说。

社交电商的发展让社交场景和电商消费更充分地融合，形成了新形态的零售场景，营造了高频、可持续的购物氛围。

1.3.4 社区团购

社区团购是一种 S2B2C（供应商到商家再到消费者）形态的社区分销[1]。一般来讲，团购平台企业提供产品供应链、物流仓储及售后支持；"团长"（社区便利店/水果店/快递站点店主、家庭主妇等）负责社区消费者运营、销售链接投放、订单收集和最终货品分发；参与方还包括商品生产企业和服务支持方等。[2] 社区居民加入后参与拼团购物。

2018 年起社区团购渐入佳境，重点服务三线以下城市，即时通信工具、移动支付在人群中的高渗透，居民对生鲜产品高频的消费需求，均为社区团购业务高速发展提供了有力支撑。之后，投资的涌入，互联网平台的深度参与，显示了这一领域的成长空间。政府的规范化管理，相关企业的整合优化，将有助于社区团购的稳健发展。

社区团购，通过采购端的集采、销售端的团购减少中间流通环节，利用互联网和供应链的技术优势，将生鲜等商品的流通损耗减少、流通成本降低、流通速度加快，从而保障农户、企业的收益留存，让消费者买到高性价比的商品。易观报告显示[2]，社区团购把生鲜链条的 6 次加价变成了 3 次加价的新链条，其加价率显著下降，利益分配格局发生了显著变化（见图 1-11）。

社区团购从 2015 年起步，2018 年、2019 年行业市场规模达到了

---

[1] 参见前瞻产业研究院，《2021 中国社区团购行业市场现状、竞争格局及发展趋势》，2021 年 5 月。

[2] 参见易观分析，《中国社区团购市场专题分析 2021》，2021 年 12 月。

73.6 亿元、340 亿元，2020 年行业市场规模约为 720 亿元，实现了跨越式增长。社区团购深植于实体社区，潜在用户规模巨大，具有鲜明的优势、特点及细分的服务对象，是移动互联网时代近场电商的又一创新。

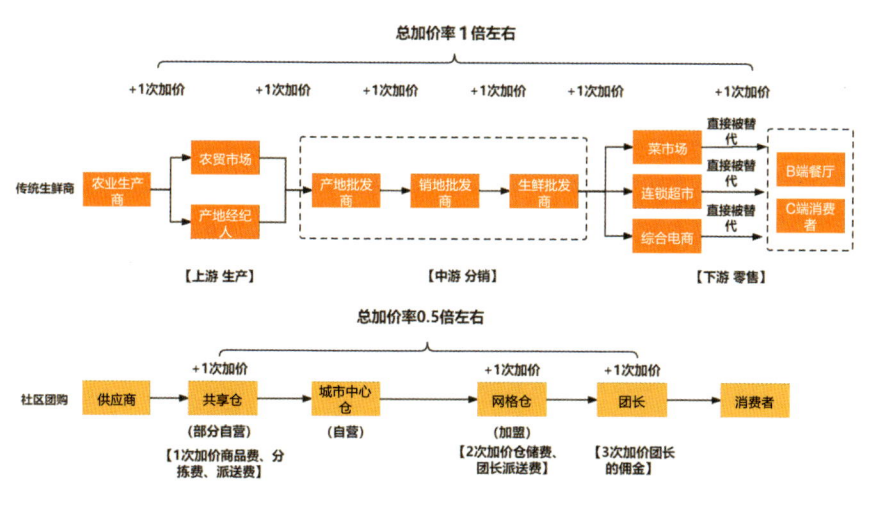

图1-11 社区团购减少生鲜流通环节及加价率①

1.4 难题待解——消费互联网升级呼唤供需联动

依托技术优势和应用扩展，"人、货、场"的数字化有效刺激了新消费行为的产生，形成了惊人的消费增量。但随着消费规模达到高位，未来消费者的需求必然从对商品数量的追求向对商品量、质兼顾迁移。这种转变让消费互联网显示成效的同时，暴露出制约进一步发展的瓶颈。我们能清楚地观察到，无论是消费者还是承担销售职能的商家，他们的困惑与期待都展现了需求侧对于供给侧的新诉求。

---

① 来源：易观分析。

1.4.1 三项不足

中国消费规模持续扩大，消费结构也在悄然发生变化。恩格尔系数（食品支出总额占个人消费支出总额的比重）连续多年下降，2019年已降至 28.2%，当前我国的恩格尔系数指标已经远远超过小康水平，进入富足的区间。[①] 温饱问题已基本得到解决，衣食无忧的生活正在获得强有力保障，而发展型消费日渐成为主流。同期，消费互联网革新了传统零售业态，大幅度提升了消费者体验。两方面的效应叠加，使得消费者对未来消费的想象不断扩展、要求越来越高。

如今，消费者期待解决的主要问题包括以下三个方面。

1. 高品质、个性化商品供给不足

消费者通过网上购物接触了大量的商品信息，变得更为见多识广，对商品品质和个性化的呼声日渐高涨。

追求品质，从"买得到"向"买得好"转变。消费者调查显示[②]，95.5% 的受访者表示自己在消费时比以往更注重商品品质了，54.8% 的受访者感到如今人们的消费行为普遍更加理性。对于品质更好的商品，72.1% 的受访者认为能提升生活品质，58.4% 的受访者认为它们经久耐用、性价比更高，48.7% 的受访者感觉能提升使用体验，45.7% 的受访者认为不危害身体健康。受访者认为，人们消费最明显的变化是注重少而精（58.0%），还有看重独特性（46.0%）、注重实用性（42.8%）、不愿意凑合（41.2%）等。消费者对品质的要求可见一斑。从各社交网站、电商平台的消费者反馈来看，现有商品的品质仍显不佳、改善缓慢。在电商从"粗放型竞争"迈向"精细化运作"的新阶段，亟须源源不断地供给高品质商品。

[①] 参见冯其予，《消费升级，全面小康的品质跃升》，经济日报，2020 年 8 月 5 日。
[②] 参见中国青年报社社会调查中心联合问卷网对 2007 名受访者进行的调查的结果，2019 年 12 月。

追求个性化，从"大众化"向"小众化"转变。每个消费者对不同种类商品的要求并不是同一个标准：对有些商品要求"价格取胜"，对有些商品又要求"紧跟潮流"，对有些商品要求"小众化"，对有些商品又要求"定制化"。这背后实际上是"个性化"程度的区别。尽管消费者愿意为个性化付出"溢价"，但目前除了在服装、礼品、手机周边等商品上的小范围尝试，在拓展至更多品类，更精准地服务细分消费者群体上仍显不足。

2．购物快捷和便利化程度不足

近年来，电商发展取得的突破，让消费者对购买商品的快捷、便利有了更大期待。

从速度上来看，快递时效的提升最为显著。据报道，2016 年快递包裹平均送达时间是 2.4 天，2019 年 9 月长三角 26 城率先实现次日达[1]，2020 年 8 月平均送达时间已经缩短至 48 小时，5 年时间缩短了约 10 小时[2]。此外，从淘宝、菜鸟等网购和快递 App 上，消费者能够追踪包裹在空间上的移动情况。从便利程度上来看，同城零售、生鲜零售、社区团购、餐饮外卖等近场商业的出现，在日用、生鲜和餐饮等部分品类上让部分城市的消费者可以实现随时购买。

但总体来看，还存在非常大的提升空间。国家邮政局发布的快递业报告[3]显示，2020 年全国重点地区快递服务全程时限为 58.23 小时，72 小时准时率为 77.11%。尽管在前面提到的长三角城市全国平均水平更高，但各地区仍存在很大差异。此外，近场商业的商品品类覆盖有限，消费者快捷购物的选择面较窄。若要改变现状，快递系统的技术升级

---

[1] 参见刘捷萍等，《长三角26城率先实现快递24小时达 快递大提速带来什么？》，长沙晚报-掌上长沙，2019 年 9 月 10 日。
[2] 参见向菊梅，《菜鸟物流提速到平均 48 小时达》，重庆日报，2020 年 9 月 11 日。
[3] 参见《国家邮政局发布 2020 年中国快递发展指数报告》，澎湃新闻，2020 年 5 月 8 日。

和效率提升自不待言。

3. 高频、深度的参与机会不足

随着消费者主权的全面崛起，人们已不满足于只作为被动的商品购买者。他们更希望自身的意见、建议能够被倾听，并且有机会高频、深度地参与商品设计、生产、交易等诸多环节。

当前，在与客户服务相关的沟通层面，消费者与商家的互动是较为充分的。除此之外，消费者能参与的事项仍较少，选择有限且实际参与的频次不高。加之商家与生产企业联动不紧密，从而造成消费者游离于商品生产流通的链条之外，因此多数商品难以满足消费者不断变化的需求。

这些消费者期待解决的难题，为供需联动的数字化变革提示了方向。

1.4.2 三大挑战

商家是多年来消费互联网快速发展的创新性力量和直接受益者，他们广泛应用消费端数字化技术，提出了电商领域的实用化方法。随着消费者规模的不断扩大，数量红利减弱，商家转而希望挖掘精细化运作新机会，寻求质的突破。

与此同时，商家必然面临一系列挑战。

1. 库存浪费挑战

当前，市场上的大多数商品是由生产企业根据自身经验，提前较长的时间进行研发设计、采购原材料并组织生产的。生产企业为了提高生产效率、降低单位生产成本，通常每批产品的生产数量较大，希望通过各渠道努力取得好的销售效果。但由于生产企业缺乏对市场真实需求的了解，对竞争动态考虑不足，经常会造成产品积压情况。

据统计[①]，A股主流服装品牌2021年第三季度末的存货相较于2020年并未得到改善（见表1-2）。大部分服装企业的存货规模在最近一年中仍然处于上升态势，这样的趋势势必会影响企业运营效率，甚至直接影响企业业绩。只有少数企业实现了正常的库存优化。

高库存带来的挑战很大。企业资金周转将遭遇直接冲击，而低价清理库存的行为将会导致收入、赢利水平的下降，极大影响新产品的生产和向市场投放。

表1-2　A股主流服装品牌存货表（2020—2021年）

公司	主要品牌	2021.9.30的存货规模（亿元）	占流动资产的比率	2020.9.30的存货规模（亿元）	占流动资产的比率
海澜之家	海澜之家	92.51	41.33%	86.38	46.49%
森马服饰	森马、巴拉巴拉	40.22	28.67%	32.46	28.45%
太平鸟	太平鸟、乐可	28.17	42.59%	22.52	42.72%
美邦服饰	美特斯邦威、ME&CITY	12.32	46.73%	18.51	55.30%
报喜鸟	报喜鸟、哈吉斯	12.00	39.81%	11.05	45.74%
安正时尚	玖姿、尹默	12.18	50.35%	15.20	50.12%
七匹狼	七匹狼 Karl Lagerfeld	11.19	23.11%	12.22	26.93%
朗姿股份	LANCY FROM 25 LIME PLARE	10.55	50.43%	9.17	49.46%
九牧王	九牧王、ZIOZIA、FUN	9.49	38.99%	8.18	35.08%
地素时尚	DAZZLE RAZZLE	3.33	8.97%	3.58	10.13%
红豆股份	红豆	1.59	9.83%	1.39	8.87%
歌力思	ELLASSAY、Laure	6.69	30.63%	5.04	28.88%
比音勒芬	比音勒芬、威尼斯狂欢节	6.45	11.96%	6.52	23.44%
拉夏贝尔	拉夏贝尔、PUELLA	2.02	26.80%	7.21	47.99%

---

① 参见陈碧婷，《服装业大逃杀》，斑马消费，2021年11月12日。

2. 脱销、断货挑战

无论是在以"双 11"为代表的购物节庆，还是在具有影响力的直播带货活动中，爆品的出现都有相当高的概率。一次成功的营销活动，有可能迅速点燃消费者在那一刻的购物热情，带来远远超出预期的销量，"秒光""卖空"等情况屡屡出现。

商品的脱销、断货会令商家陷入甜蜜的烦恼中，不仅辜负了消费者的热情，竞争对手的替代产品还有可能取而代之、占据优势。

3. 高退货率挑战

相较于传统零售，电商为消费者组织了场次更多的促销活动，提供了数量更多的商品选择，完善了退换货等售后保障服务。消费者在冲动购物、凑单后的犹豫和反悔，以及对商品品质不太满意等情况下，比较容易选择退货，相应退货率有所提高。

退货率的提高，一是在退货费用方面增加了商家和生产厂家的成本，二是退货的集中处理占用了相关人员的大量时间，三是过多的退货会影响后续销售并造成商品积压。

综合消费者的高标准要求与商家的突破性期待，让我们认识到在消费互联网领域，虽然数字化技术和应用已处于较高水平，但与之相匹配的有效供给仍显不足，这就需要生产制造和供应链体系迎头赶上，借助数字化变革迎来高质量发展。

对于企业来讲，应该加快数字化转型，努力实现具体可感的"以客户为中心"，形成对消费者需求的响应式感知，全力提升消费者的消费体验，释放消费者的潜在消费意愿。供需匹配的精度不足，不仅造成了生产者的损失，还导致了消费者的损失。在授权下，移动和数据化技术准确分析消费者相关消费意愿的同时，如何将合规的数据洞察应用于生产，无疑是亟须解决的难题。我国电商迅速发展带动的整个流通体系变革，为消费者提供了前有未有的便利和良好体验。商品推介精准、与商家互动顺畅、支付移动化操作、物流确定性提升等，已经提高了消费者对购物的一般性要求。然而，遗憾的是，绝大多数商品从研发到上市还要经历漫长的时间，规格和功能还缺少个性化成分，售后问题解决还难言满意。如何将消费互联网一侧的创新传导到生产侧，带来对消费者诉求的进一步满足，是企业数字化必须考虑的问题。

一个成长中的消费互联网，为持续满足消费者在品质、精准需求、快速响应与互动上的诉求，仅在原有领域提升是不够的，其与产业互联网联动，实现双轮驱动是颇为急迫的任务。产业链每个环节都必须借助数字化技术做到极致优化、提升响应能力，唯此才能使产业升级到高水平，实现新动能，推动中国经济进一步发展。

第 2 章
产业互联网：势头强劲，亟须突破

人类社会进入工业时代之后，已经历了三次工业革命，如今正处在第四次工业革命的历史拐点上，生产方式和消费方式发生了根本性改变（见图 2-1）。

2016 年 1 月，第 46 届世界经济论坛（达沃斯论坛）召开，主题是"掌控第四次工业革命"。世界经济论坛创始人兼执行主席克劳斯·施瓦布指出，我们已来到第四次工业革命的门口，从移动网络到传感器，从 5G、人工智能到机器学习，移动互联网的红利逐渐见顶，数字、物理和生物技术正引发全球经济新变革力[1]。同时，第四次工业革命正如海啸一般，颠覆几乎所有国家的所有行业，其蕴含的希望和潜在的危险超过以往任何时候，而产业互联网正是第四次工业革命的重要基石。

---

[1] 方译翎. 产业互联网背景下企业战略、组织模式与发展路径[J]. 商业经济研究, 2021(13): 118-121.

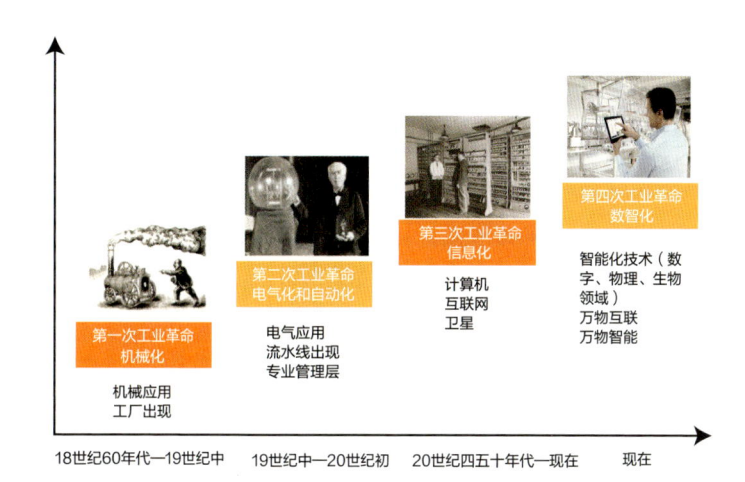

图2-1 四次工业革命示意①

目前，消费互联网高速发展，使人们的生活发生了巨大变化。相对于蓬勃发展的消费互联网，产业互联网还处于起步阶段，实体经济的供给能力成为互联网消费进一步升级的关键因素。② 同时，随着"逆全球化"思潮出现，以及新冠肺炎疫情对于世界经济固有矛盾的加剧，产业链、供应链的稳定日益重要。为加速数字经济与实体经济的融合发展，达到供需平衡，实现产业链、供应链的安全稳定，产业互联网的发展意义重大。在这样的大背景下，各级政府、传统行业龙头企业和互联网企业等都将产业互联网的建设提升到了战略高度，并开展了一系列积极建设和探索工作。

---

① 根据文献自行绘制。刘湘丽. 第四次工业革命的机遇与挑战 [J]. 新疆师范大学学报（哲学社会科学版），2019（01）：123-130.
② 顾文彬，刘浩然. 2018中国产业互联网发展白皮书 [J]. 互联网经济，2019，46（Z1）：62-69.

2.1 产业互联网正值发展机遇期

2.1.1 产业互联网特征浮现、持续演进

产业互联网被视为互联网经济的"下半场",是在消费互联网的基础上向生产、制造延伸而来的。

《中国互联网经济白皮书 3.0》中指出,"中国互联网数字化路径在于以前端消费互联网带动后端产业互联网的发展"。[①] 消费互联网前端应用与商业模式创新沿着产业价值链牵引后端生产环节实现数字化协同。产业互联网是应对新信息技术的智能化革命,实现产业转型升级的重要抓手。

1. 产业互联网的五大特征

一是"建立联结"的工具性特征。工具性特征主要体现在供需更精确匹配及产业链上下游畅通上[②]。产业互联网是互联网连接从消费端向产业端渗透的过程,将突破产业主体之间的信息壁垒,将生产流程有效打通,建立供给侧与需求侧的新联结。在其作用下,行业参与主体之间的资源与信息快速交互、响应,最终将重组产业网络并形成价值生态。

二是"集成性服务"的功能性特征。功能性特征体现在产业互联网平台通过搭建产业基础设施对产业链内经济体进行连接和赋能,解决产业痛点,成为产业级基础设施,为产业参与者提供集成性服务,实现产业链经济体关系在线化、闭环化、规模化、低成本、高效率、高收益,最终实现整个产业链价值的提升。

三是"综合采用"的技术性特征。技术性特征体现在产业互联网的发展离不开新一代数字技术的支撑,比如 5G 通信、物联网、大数据、

---

① 参见 BCG&阿里研究院,《中国互联网经济白皮书 3.0》,2020 年 11 月。
② 参见清华大学互联网研究院 & 艾瑞咨询,《中国产业互联网发展指数》,2020 年 7 月。

云计算、人工智能、区块链等,这些技术协同推进了产业互联网的持续发展。

四是"跨产业、跨区域"的融合性特征。产业互联网平台的融合性逐渐显现,在城乡产业发展方面体现出四大融合性,包括产、城、乡经济融合,打破原有城乡产业链分离状态;跨区域市场融合,整合垂直产业全国各区域专业市场,促进国内大循环和国际双循环;一、二、三产业经营融合,将农业、工业、服务业数据链接共享,形成产业链上、中、下游的一体化经营;资本融合,实现政府、金融机构、社会资本等主体多元化。

五是"迭代发展"的渐进性特征。产业互联网依靠技术进步在实践中不断发展改进。产业升级是持续迭代的发展过程,依靠线上与线下相结合的运营不断发现问题、分析问题,基于客户的价值创造不断调整运营策略和优化解决方案,在实践中持续完善[1]。

2. 产业互联网取得的进展

(1) 重要发展节点

纵观产业互联网的发展历程,企业的不断探索和政府的政策支持共同推动了国内产业互联网的发展。1999 年阿里巴巴成立,B2B 电商平台开始发展,开启了互联网与产品交易场景的结合模式。21 世纪初,互联网迅速融入物流场景,伴随电子商务的爆发式发展,电商物流迅速崛起。2012 年之后,产业互联网在工业生产场景的应用为智能制造发展提供了保障。2013 年,电商平台等介入供应链金融业务,使得互联网在金融场景进一步深化应用[2]。同时,政府相继出台了多项政策推动产业互联网的发展,以提高国内制造业的数字化、智能化水平,

---

[1] 参见浙江清华长三角研究院产业互联网研究中心,《2021 产业互联网白皮书》,2021 年 9 月。
[2] 顾文彬,刘浩然.2018 中国产业互联网发展白皮书 [J]. 互联网经济,2019,46(Z1):62-69.

如 2016 年工业互联网产业联盟正式发布《工业互联网体系架构（版本 1.0）》，2019 年工业和信息化部、国家标准化管理委员会联合印发《工业互联网综合标准化体系建设指南》，为工业互联网标准建设提供了顶层设计[①]。产业互联网相关大事时间点如图 2-2 所示。

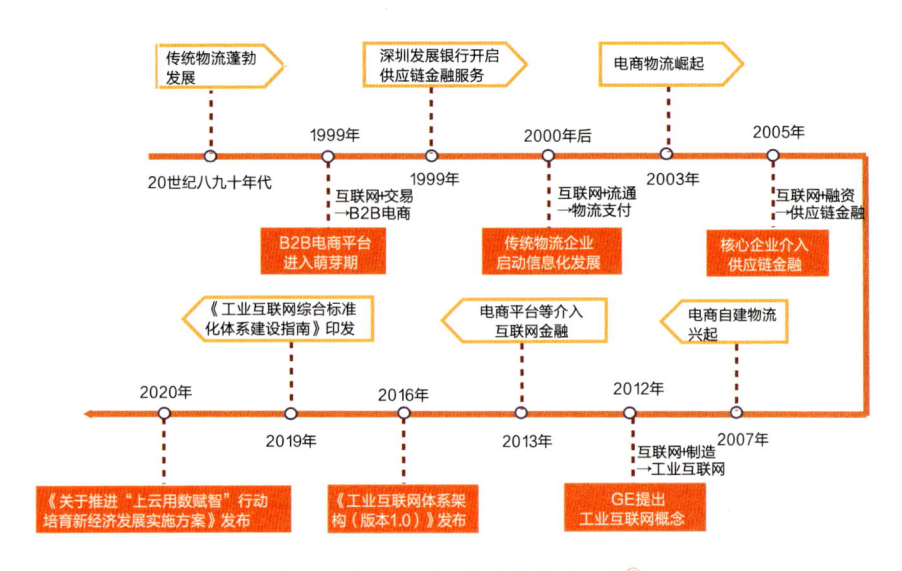

图2-2　产业互联网相关大事时间点[②]

（2）重要技术演进阶段

随着信息技术的发展，产业互联网领域的技术演进可以分为 PC 时代、移动网络时代和数智时代三个阶段。在互联网各个分支技术纵向升级的同时，互联网技术横向融合到产业互联网的各个环节。

第一阶段（PC 时代）：企业开始使用计算机及机械化设备进行产

---

① 李森彪. 我国产业互联网的发展演进及趋势展望 [J]. 未来与发展，2021（01）：6-11.
② 根据公开资料整理。顾文彬，刘浩然.2018 中国产业互联网发展白皮书 [J]. 互联网经济，2019，46（Z1）：62-69；李森彪. 我国产业互联网的发展演进及趋势展望 [J]. 未来与发展，2021（01）：6-11.

品的设计和生产。第二阶段（移动网络时代）：产业链上企业通过企业管理软件、信息通信技术实现了商品流通过程中的信息化。传统产业从消费需求侧出发倒逼上游制造流程，由封闭式转向用户参与的开放式设计和生产，推动企业生产由标准化向个性化、柔性化转变。第三阶段（数智时代）：通过新一代信息技术，将产业链各环节与互联网全面融合，从而降低企业成本和风险、提高企业运转效率（见图2-3）。[①]

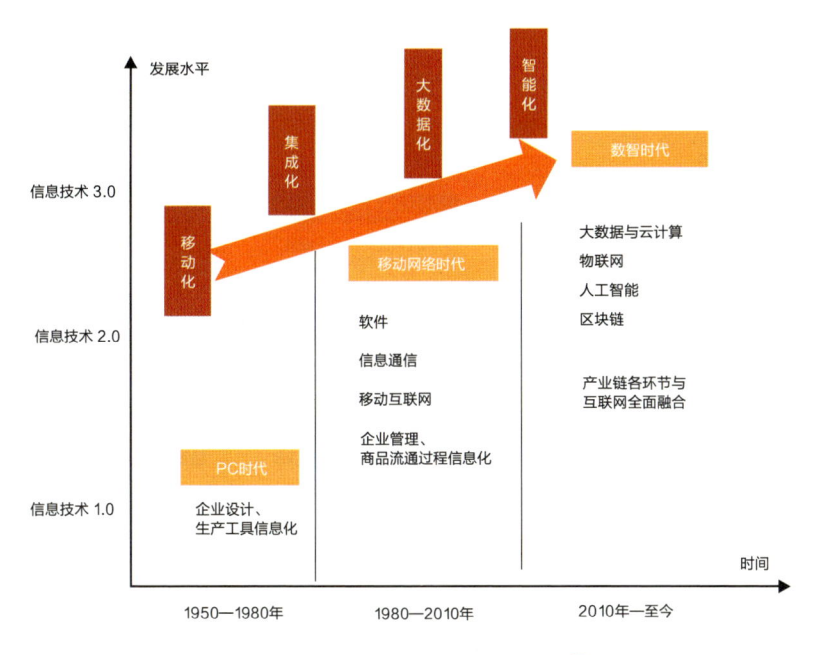

图2-3 产业互联网相关技术演进[①]

（3）已有的应用场景进展

随着产业互联网在各个场景不断深入，逐渐形成了四个细分领域：物流，供应链金融，B2B电商，工业互联网。由于产业互联网应用场

[①] 顾文彬，刘浩然.2018中国产业互联网发展白皮书[J].互联网经济，2019，46（Z1）：62-69.

景出现的时间有所差异,其各领域发展的成熟度也有所不同。图2-4展示了产业互联网应用场景演进的过程。其中,物流环节信息化转型时间较早,目前发展成熟度较高;工业互联网提出时间较晚,目前处于起步阶段。从产业互联网各细分领域来看,各领域的生产经营模式都在信息化的基础上继续向智能化发展,并且商业模式逐渐从产品向服务过渡,领域内各参与者也在努力营造生态闭环,以实现产业链内互惠共赢的良性循环[①]。

领域	阶段1	阶段2	阶段3
物流	合同物流：合同期内为生产商和贸易商提供整车或零担运输服务	电商物流：电商平台带动的第三方物流和电商自建物流	智慧物流：自动化、智能化的物流运作体系
供应链金融	银行主导：应收账款、库存质押和预付款为主	供应链参与者主导：供应链各节点企业全方位参与、充当协调者和管理者	垂直平台主导：电商等产业平台凭资源优势和连接能力介入
B2B电商	B2B电商1.0：以资讯类平台为主	B2B电商2.0：以撮合交易为主导的电商平台	B2B电商3.0：以服务为核心的电商交易平台
工业互联网	机械化：初步的机械化生产	数字化：电子和IT技术应用到工业自动化生产中	智能化：基于工业互联网平台的智能生态系统

图2-4 产业互联网应用场景演进[①]

产业互联网将是下一个风向标,为实体经济实现质量变革、效率变革和动力变革提供契机,为各产业结构升级、高质量发展提供理念和路径。

---

① 顾文彬,刘浩然.2018中国产业互联网发展白皮书[J].互联网经济,2019,46(Z1):62-69.

2.1.2 四项利好揭示发展新机遇

1. 政策视角：实体产业转型的国家政策和战略导向

在经济全球化背景下，市场竞争不再主要体现在企业之间，而是产业之间的竞争与合作。在支持产业发展的政策方面，近几年我国出台了一系列支持产业发展的利好政策，对经济高质量发展产生了直接影响，对产业发展起到了引领作用（见表2-1）。

表2-1 产业互联网相关政策和规划[①]

时　间	政　策	相关内容
2016.05	《关于深化制造业与互联网融合发展的指导意见》	到2018年，制造业重点行业骨干企业互联网"双创"平台普及率达到80%，成为促进制造业转型升级的新动能来源，制造业数字化、网络化、智能化取得明显进展；到2025年，力争实现制造业与互联网融合"双创"体系基本完备，融合发展新模式广泛普及，新型制造体系基本形成，制造业综合竞争实力大幅提升。
2016.10	《信息化和工业化融合发展规划（2016—2020）》	到2020年，信息化和工业化融合发展水平进一步提高，提升制造业创新发展能力的"双创"体系更加健全，支撑融合发展的基础设施和产业生态日趋完善，制造业数字化、网络化、智能化取得明显进展，新产品、新技术、新模式、新业态不断催生新的增长点，全国两化融合发展指数达到85，比2015年提高约12，进入两化融合集成提升与创新突破阶段的企业比例达30%，比2015年提高约15个百分点。

---

① 根据公开资料整理。参见浙江清华长三角研究院产业互联网研究中心，《2021产业互联网白皮书》，2021年9月；中国工业互联网研究院，《中国工业互联网产业经济发展白皮书》，2020年8月；国泰君安证券，《新基建——工业互联网产业链梳理：万物互联智能制造》，2020年12月。

续表

时　　间	政　　策	相　关　内　容
2017.09	《工业电子商务发展三年行动计划》	到2020年，工业电子商务应用进一步普及深化，建成一批资源富集、功能多元、服务精细的工业电子商务平台，工业电子商务支撑服务体系不断完善，发展环境进一步优化，线上线下融合水平逐步提升，形成开放、规范、诚信、安全的工业电子商务产业生态。
2017.10	《国务院办公厅关于积极推进供应链创新与应用的指导意见》	到2020年，形成一批适合我国国情的供应链发展新技术和新模式，基本形成覆盖我国重点产业的智慧供应链体系。供应链在促进降本增效、供需匹配和产业升级中的作用显著增强，成为供给侧结构性改革的重要支撑。
2017.11	《国务院关于深化"互联网＋先进制造业"发展工业互联网的指导意见》	到2025年，基本形成具备国际竞争力的基础设施和产业体系。覆盖各地区、各行业的工业互联网网络基础设施基本建成。工业互联网标识解析体系不断健全并规模化推广。形成3-5个达到国际水准的工业互联网平台。
2018.04	《商务部等8部门关于进一步做好供应链创新与应用试点工作的通知》	创新一批适合我国国情的供应链技术和模式，构建一批整合能力强及协同效率高的供应链平台，培育一批行业带动能力强的供应链领先企业，形成一批供应链体系完整、国际竞争力强的产业集群，总结一批可复制推广的供应链创新发展和政府治理实践经验。
2019.02	《关于推进商品交易市场发展平台经济的指导意见》	按照国家战略布局要求，结合区位优势、资源禀赋和产业特色，力争到2020年，培育一批发展平台经济成效较好的千亿级商品市场，推动上下游产业和内外贸融合，形成适应现代化经济体系要求的商品流通体系，更好服务供给侧结构性改革。
2020.04	《关于推进"上云用数赋智"行动 培育新经济发展实施方案》	提出：打造数字化企业。构建数字化产业链。培育数字化生态。

续表

时　间	政　策	相 关 内 容
2020.09	《关于规范发展供应链金融 支持供应链产业链稳定循环和优化升级的意见》	准确把握供应链金融的内涵和发展方向；稳步推动供应链金融规范、发展和创新；加强供应链金融配套基础设施建设；完善供应链金融政策支持体系；防范供应链金融风险；严格对供应链金融的监管约束。
2021.05	《数字经济及其核心产业统计分类（2021）》	数字经济是指以数据资源作为关键生产要素、以现代信息网络作为重要载体、以信息通信技术的有效使用作为效率提升和经济结构优化的重要推动力的一系列经济活动。

产业互联网将是未来若干年的新蓝海，产业数字化也可能覆盖所有的产业。根据艾瑞咨询的推算，在2021—2024年间，产业互联网的应用将为中国经济带来每年7000亿～10000亿元的GDP增量，产业互联网对中国GDP增长的贡献比例将增长到14.2%[①]（见图2-5）。加快实施产业互联网国家战略，采用数字技术助力各行业和公共服务机构实现数字化转型升级，将有效促进中国实体经济高质量发展和国家治理能力的现代化。

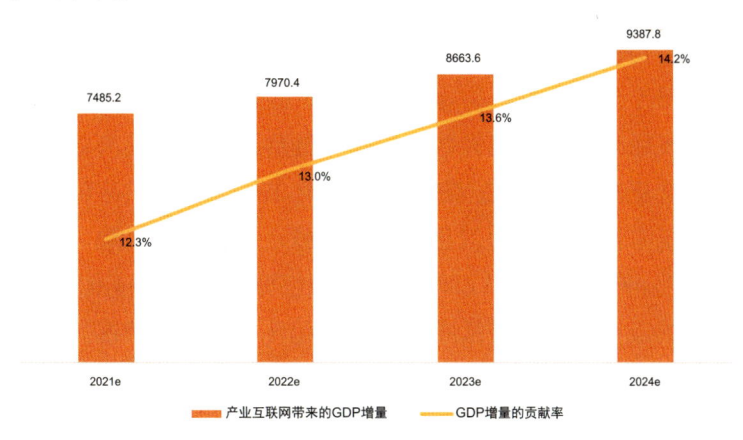

图2-5　2021—2024年中国产业互联网带来的GDP增量（单位：亿元）和贡献率[①]

[①] 参见清华大学互联网研究院 & 艾瑞咨询，《中国产业互联网发展指数》，2020年7月。

（1）供给侧结构性改革

中国社会当前的主要矛盾是"人民日益增长的美好生活需要与不平衡、不充分的发展之间的矛盾"，解决矛盾的核心是"深化供给侧结构性改革，加快建设创新型国家"。供给侧结构性改革努力解决的是供给与需求在规模、结构、时空上的匹配等关键性问题，实现供需精准对接。当前产业发展不充分、不平衡现象，导致了供给侧和需求侧的很多错配现象。在需求侧，人们对美好生活的需要，以及消费互联网发展带来的新体验，不断促进消费升级；在供给侧，大部分产业链条较长，存在着信息不对称、供需失衡、生产水平落后、同质化竞争、盈利能力弱等诸多问题。一边是需求得不到满足，一边是产能过剩和库存积压[1]。

产业互联网一方面会从供给侧提高生产效率，另一方面会促进供给需求的精准对接，主要表现为以下四个方面。

一是有利于降低企业成本。供应链是企业成本控制的重点。产业互联网将促进供应链的数字化转型，有效提高供应链的合理化和高度化，切中"降成本"的要害。数字化供应链将以数字化平台为支撑，依靠链上的物、人、信息的全链路连接，将大数据、人工智能、5G等新兴技术贯穿到产品设计、原材料采购、生产运营、销售服务等各个环节，实现融合创新。因为数字化供应链促进各环节的高效协作，整个链条也会更加敏捷智能。在资金来源环节，数字化供应链、产业链可以解决资本供求双方的信息不对称问题，控制融资风险，降低融资成本；在生产和消费环节，可以运用销售分析预测，精准对接供需，避免资源的浪费，降低经营成本；在采购环节，可以通过数字化采购帮助企业预测采购需求和支出结构，实现对供应商的分级评价和风险

---

[1] 孙利君. 我国数字经济发展战略与对策研究[J]. 管理现代化，2020，40（03）：74-76.

预警，保证供应更加可靠，降低采购成本；在物流环节，可以依靠数字化物流优化供应线路，降低库存，提高周转率，获得丰富、稳定的仓配资源，降低物流成本[1]。产业互联网通过整合和优化供应链，可以加快产业链上下游、产供销的有效衔接和完善产业配套体系，提高供应链协同管理能力，有效降低企业各项成本。

二是有利于提高供给质量和效率。企业效率提高的关键在于以市场化途径促进要素资源的优化配置和集成创新。以产业互联网为基础的供应链，依托信息科技优势，将对链条中的各企业进行技术、金融赋能，促进企业之间按照上下游战略协同及时准确地做出市场反应、理性决策，打通从前端设计、生产到流通、最终消费等各个环节，大幅提高生产效率和流通效率，促进供需精准匹配和产业转型升级。麦肯锡的研究报告显示，通过供应链等方式推进运营转型，可使中国劳动生产率提高 15%～30%[2]。

三是有利于畅通产业链。产业互联网以产业价值链为基础，连接产业链各类资源，对传统产业链进行整合、优化，减少不增值环节，通过产业大数据实现供需精准匹配。从微观到宏观，用数字化实现生产和消费的良性互动，提高从需求侧到供给侧的整体效率。[3]

四是有利于培育经济新动能，补齐产业发展短板。产业互联网通过资源再配置，有利于促进新业态、新模式的出现。一方面，在制造业与服务业融合发展过程中，通过推动供应链跨界整合创新能够产生新的服务和商业模式，形成专业化的供应链服务，培育新的经济增长点；

---

[1] 祝合良，王春娟．"双循环"新发展格局战略背景下产业数字化转型：理论与对策［J］.财贸经济，2021，42（03）：14-27.

[2] 路红艳，王岩，孙继勇．发展现代供应链 助力深化供给侧结构性改革［J］.中国发展观察，2019，3（Z1）：67-70.

[3] 参见浙江清华长三角研究院产业互联网研究中心，《2021产业互联网白皮书》，2021年9月.

另一方面，在传统产业升级过程中，通过改造传统供应链实现供应链的数字化、网络化和智能化发展，能够促进传统产业转型升级，形成经济发展新动能[1]。

（2）新型要素的市场化配置

要素市场化配置的重点是提高要素流动性，促进要素向先进生产力集聚。

生产要素，尤其是数据要素的市场化配置，将推动经济高质量发展。数字经济时代，数字化的知识和信息成为关键生产要素和核心资产，数据这一新型要素对其他要素的效率也具有倍增作用。数据要素市场化配置将有力促进数字经济与实体经济的深度融合，不断提高产业数字化、网络化、智能化水平，加速重构经济发展与治理模式的新型经济模式，推动产业互联网的建设[2]。

国家大力支持要素市场化配置，是产业互联网转型发展的战略支撑。同时，产业互联网将优化资源的配置。新一代信息技术具有实时连接的特性，能够有效缩短中间环节，打造扁平化的交易平台，解决供需关系、市场价格等信息不对称问题，实现事前有效预防、事中科学引导、事后严格监管的目的。同时，通过对传统企业内部及企业间生产数据的整合利用，能够有效指导企业的生产经营活动，提高资源和资产设备的利用率。

（3）产业体系协同发展战略

中国要着力加快建设实体经济、科技创新、现代金融、人力资源协同发展的现代产业体系。其中，实体经济是建设协同发展的现代产

---

[1] 路红艳，王岩，孙继勇.发展现代供应链 助力深化供给侧结构性改革[J].中国发展观察，2019，3（Z1）：67-70.

[2] 戚聿东，刘欢欢.数字经济下数据的生产要素属性及其市场化配置机制研究[J].经济纵横，2020（11）：63-76，2.

业体系的核心要义,科技创新是建设协同发展的现代产业体系的动力引擎,现代金融是建设协同发展的现代产业体系的媒介基础,人力资源是建设协同发展的现代产业体系的关键支撑。当前,产业互联网已重塑现代产业体系,成为支撑现代产业体系构建的重要抓手。协同发展战略将为产业互联网的建设提供发展机遇[1]。

科技创新、现代金融、人力资源为产业互联网的发展提供关键支撑,促进产业的转型升级。依托产业互联网平台,企业加速构建大配套、大协作的网络化协同体系,实现研发、制造、管理、运维的一体化协同,做深、做精、做强产业链,降低运营成本,提高生产效率。所以,产业互联网必将赋能实体经济的发展,促进经济转向高质量发展[2]。

2. 经济视角:国内国际双循环发展格局

中国提出要加快构建以国内大循环为主体、国内国际双循环相互促进的新发展格局的重大战略部署。要坚持供给侧结构性改革这个战略方向,抓住扩大内需这个战略基点,使生产、分配、流通、消费更多依托国内市场,提升供给体系对国内需求的适配性,形成需求牵引供给、供给创造需求的更高水平动态平衡。通过产业互联网连通国内国际市场,推动国内生产要素循环流动和国际供给与需求的匹配衔接,促进形成新发展格局[3]。图2-6展示了产业互联网对国内国际双循环的赋能作用。

---

[1] 参见卢福财,《以实体经济为核心建设协同发展的现代产业体系》,光明网-光明日报。
[2] 参见李晓华、司晓,《产业互联网如何更好服务实体经济》,经济日报,2019年9月10日。
[3] 参见工业互联网研究院,《2021年中国工业互联网产业经济发展白皮书》,2021年10月。

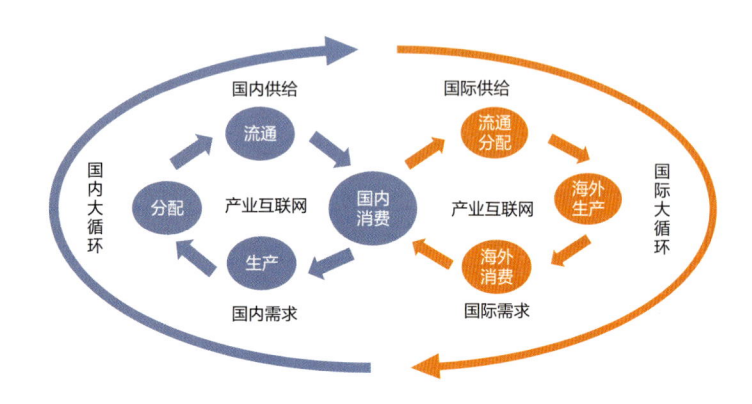

图2-6 产业互联网对国内国际双循环的赋能作用[①]

（1）支撑国内消费增长

世界主要发达国家的经验表明，在经济实现起飞后，消费率都会经历一段较长时期的上升，并最终维持在高位水平，为经济增长创造最终需求空间。我国作为拥有14亿人口、4亿多中等收入群体的大国，提供了全球最大、最有潜力的不断扩张的市场。[①] 产业互联网的发展是发挥需求潜力的重要前提，能够把需求有效转化为经济增长，以产业规模支撑大国经济。

同时，我国拥有全球最完整和规模最大的产业体系。经过几十年的经济建设和高速发展，目前我国是世界上唯一一个拥有联合国产业分类目录中所有产业门类的国家，共39个工业大类和525个小类。[②] 另外，我们还有1.5亿户市场主体。[③] 产业体系越完整，市场主体数量越多，防范供给体系系统性风险的要求就越高，产业互联网的发展意

[①] 刘鹤. 加快构建以国内大循环为主体、国内国际双循环相互促进的新发展格局 [J]. 资源再生，2021（09）：51-54.

[②] 顾学明. 加快构建双循环新发展格局 [J]. 中国外资，2020（21）：12-16.

[③] 参见《突破1.5亿户市场主体蓬勃发展为稳增长稳就业提供坚实支撑》，新华社，2021年11月5日。

义也更加重要。

（2）巩固和加强出口贸易

产业互联网将促进产业基础高级化、产业链数字化发展，巩固和加强出口贸易，畅通国内国际双循环发展格局。面对当前错综复杂的国际经济形势，唯有坚持创新驱动发展战略，加快关键核心技术攻关，增强自主可控能力，才能更好地维护供应链、产业链的安全稳定[①]。首先，产业互联网有助于供应链、产业链夯实产业基础能力，补齐短板。针对薄弱环节，在产业互联网的加持下，供应链、产业链要努力攻破关键核心技术，推动产业基础再造，竭力摆脱对国外技术和零部件的依赖。其次，在产业互联网趋势下，供应链、产业链会加快新一代信息技术的融合，锻造长板。锻造长板需要产业进一步精耕细作，在供应链、产业链上形成独有优势，以此加强和巩固国际领先地位。传统产业应紧紧抓住改革机遇，立足产业规模优势、配套优势，结合自身实际情况，积极进行智能化改造升级，优化生产流程，强化协同能力，提高产品附加值和竞争力，增强自身的核心竞争力。最后，产业互联网有助于供应链、产业链数字化，帮助供应链、产业链实现从产业局部完善到全域完善的转变。供应链、产业链数字化是未来的发展方向，促使下一阶段的产业更加注重数字基建、云服务、物联网、远程链接。产业互联网的建设与供应链、产业链的数字化转型相辅相成，都有助于提高中国经济的韧性，服务于中国的实体经济[②]。

（3）实现价值共创

产业互联网可以给我们提供更大的价值共创空间，产生更多的价

---

① 李猛.新时期构建国内国际双循环相互促进新发展格局的战略意义、主要问题和政策建议[J].当代经济管理，2021，43（01）：16-25.
② 祝合良，王春娟."双循环"新发展格局战略背景下产业数字化转型：理论与对策[J].财贸经济，2021，42（03）：14-27.

值共创机会。企业与消费者之间的价值共创。在产业互联网模式下，互联网平台并非强调撮合交易，而是侧重深度分析消费者数据，洞察消费者需求，进行大规模个性化定制，提升消费者体验，同时将提高企业的收益。在新一代信息技术赋能下，企业更容易理解消费者，更加方便与消费者直接连接、互动，这将为企业创造消费者价值提供更大的空间和可能性。例如，小米当年的"发烧友"，为产品的更新迭代提出了很多建议，公司根据这些建议改良产品，制造出更多受欢迎的产品，这个过程便实现了企业、消费者之间的价值共创。在此过程中，消费者深度参与共创，企业不再是产品价值的单一核心，消费者也不再被动接受，双方变成了合作关系，最终实现效率的提升[1]。

企业与企业之间的价值共创。产业互联网致力于打造一个互联协同的产业链、供应链体系，以做到实时动态的整体优化，可以实现个性化、低成本、快速度的全新的价值组合。产业互联网的数据共享化和智能化，将有助于节点企业之间的研发、设计、制造、销售等多个环节的协同管控和价值共创。基于产业互联网，信息在产业链上下游之间的传递会更加畅通，上下游的协同效率会更高。产业互联网能够优化采购、生产、制造流程，提高资源的利用效率。在面对个性化、差异化、品质化的消费需求时，产业互联网促进各环节创新，扩大优质产品的供给，加快产品和服务的标准升级，以提升产业的整体竞争力[2]。

3. 社会视角：劳动力发展新态势

中国经济长期依赖低成本劳动力的比较优势，但伴随着中国于2011年经济出现"刘易斯拐点"与劳动力人口在2012年绝对值减少，

---

[1] 陈春花. 价值共生 [M]. 北京：人民邮电出版社，2021.
[2] 方译翎. 产业互联网背景下企业战略、组织模式与发展路径 [J]. 商业经济研究，2021（13）：18-121.

各地频繁出现用工荒①。随着新一代信息技术的应用,人工智能机器人能够代替工人去做一些危险及重复性流程的工作。在挑战与机遇并存的背景下,企业亟须探寻转型的发展途径,加快产业转型升级。

(1)劳动力数量与成本带来的挑战

目前,我国已经出现劳动力短缺和劳动力成本增加的趋势。有关中国"刘易斯拐点"到来的观点得到很多人认可,劳动力已经从无限供给转向有限供给,并呈现供给短缺的迹象②。根据国家统计局发布的第七次全国人口普查(以下简称七普)主要数据③,中国劳动力人口变化的趋势有以下两点。

一是劳动力人口规模和比重持续下降。七普数据显示,2020年我国15～59岁劳动年龄人口规模为8.94亿人,占总人口的比重为63.35%,与2010年相比,该年龄段人口规模下降了约4530万人,比重减少了6.79个百分点。2020年我国15～64岁劳动年龄人口规模为9.68亿人,占总人口的比重为68.55%,与2010年相比,该年龄段人口规模下降了约3000万人,比重减少了5.98个百分点。我国15～64岁劳动年龄人口的规模在2013年达到10.06亿人峰值后,开始负增长并逐年下降,在2019年已降至9.89亿人,并呈现持续缩减的态势。表2-2展示了1999—2020年中国15～64岁劳动年龄人口规模和比重变动趋势④。

---

① 蔡昉.人口转变、人口红利与刘易斯转折点[J].经济研究,2010(4):4-13.
② 薛继亮.从供给侧判断"刘易斯拐点":到来还是延迟[J].中央财经大学学报,2016(09):83-91.
③ 参见国家统计局发布的第七次全国人口普查主要数据情况,国家统计局网站。
④ 童玉芬,刘志丽,宫倩楠.从七普数据看中国劳动力人口的变动[J].人口研究,2021(03):65-74.

表 2-2　1999—2020 年中国 15～64 岁劳动年龄人口规模和比重变动趋势[①]

年份	劳动年龄人口规模（亿人）	劳动年龄人口比重（%）	年份	劳动年龄人口规模（亿人）	劳动年龄人口比重（%）
1999	8.52	67.7	2010	9.98	74.53
2000	8.89	70.15	2011	10.03	74.43
2001	8.98	70.4	2012	10.04	74.15
2002	9.03	70.3	2013	10.06	73.92
2003	9.1	70.4	2014	10.05	73.45
2004	9.22	70.92	2015	10.04	73.01
2005	9.42	72.04	2016	10.03	72.51
2006	9.51	72.32	2017	9.98	71.82
2007	9.58	72.53	2018	9.94	71.2
2008	9.67	72.8	2019	9.89	70.65
2009	9.75	73.05	2020	9.68	68.55

二是劳动力人口的年龄结构进一步老化。人口年龄结构老化不仅表现为老年人口的规模和比重不断上升，还意味着劳动力人口年龄结构随之老化。表 2-3 展现了不同年龄段劳动力人口比重变化的情况，从中可以看出我国劳动力人口内部不断老化的变动趋势。2011—2019 年间，我国 15～24 岁青年劳动力人口比重呈现不断下降趋势，25～44 岁中年劳动力人口比重整体呈现先波动上升后持续下降的趋势，而 45～64 岁老年劳动力人口比重则呈现明显上升趋势，增幅达 8.2 个百分点，说明我国劳动力人口呈现老化趋势。由于年龄的老化是年龄组推移的结果，因此可以预见，未来劳动力人口老化趋势不会发生扭转，而是会继续老化下去[②]。

[①] 来源：2010 年和 2020 年数据来自七普主要数据情况（国家统计局，2021），其他数据来自《中国统计年鉴》。

[②] 童玉芬，刘志丽，宫倩楠.从七普数据看中国劳动力人口的变动[J].人口研究，2021（03）：65-74.

表 2-3　中国不同年龄段劳动力人口比重变动趋势[①]（%）

年份	15～24 岁	25～44 岁	45～64 岁
2011	22.18	44.09	33.74
2012	21.07	44.38	34.55
2013	20.09	44.03	35.88
2014	18.83	44.21	36.96
2015	17.49	44.33	38.18
2016	16.76	43.99	39.25
2017	16.1	43.77	40.13
2018	15.51	43.14	41.35
2019	15.2	42.86	41.94

同时，根据联合国人口预测及国内部分学者的人口预测，未来我国劳动年龄人口规模仍会继续下降[②]，劳动力供给会进一步萎缩（见表 2-4）。

可见，随着传统人口红利逐渐消失，劳动力供给将面临短缺的潜在风险，给产业互联网的发展带来一定的挑战。

另外，根据刘易斯二元经济结构理论，当农村剩余劳动力被吸收，劳动力不再无限供给的时候，随着对劳动力需求的增加，劳动者的工资将开始上涨，这将进一步给企业带来成本压力。随着国际分工的加深，中国劳动力成本上升将引发劳动密集型产业向外转移。在新经济时代，随着劳动力数量的减少及成本的攀升，产业间的比较优势也会发生变化，将会诱发产业转型。

---

① 根据历年《中国统计年鉴》相关数据整理。
② 王欢，黄健元，王薇. 人口结构转变、产业及就业结构调整背景下劳动力供求关系分析 [J]. 人口与经济，2014（2）：96-105.

表 2-4　中国 15～64 岁劳动年龄人口规模和比重的三种预测结果[①]

年份	《世界人口展望》2019 年修订版年份中方案 规模（亿人）	比重（%）	陆杰华、刘瑞平（2020）中方案[②] 规模（亿人）	比重（%）	翟振武等人（2017）方案[③] 规模（亿人）	比重（%）
2020	10.12	70.32	9.82	70.05	9.87	69.13
2025	10.07	69.05	9.73	68.82	9.83	67.78
2030	9.86	67.37	9.51	67.4	9.6	65.98
2035	9.43	64.56	9.08	64.8	9.32	64.45
2040	8.98	62	8.54	61.7	8.94	62.51
2045	8.71	60.94	8.13	59.81	8.63	61.25
2050	8.38	59.78	7.71	58.28	8.24	59.83

（2）劳动力价值的提升

在先进制造催生"无人化"生产的前提下，更多的人会从传统枯燥的工作中解脱出来，转向更有价值的工作。例如，在工业制造方面，人工智能机器人能够代替工人去做一些危险的建筑工作和一些重复性的流程工作，那么他们就有更多的时间去思考，他们应该怎样把产品做得更加精致、怎样加快企业的升级；在金融方面，人工智能可以利用自己的语音识别和语义理解等方面的技术来实现智能客服。人工智能今后会以不同形式融入各个行业，加快企业的发展速度。同时，对企业来说，人工智能的优势在于，计划、领导、组织、控制各个环节的智能化，产销两端进一步透明化。总体来说，大数据、人工智能等新一代信息技术凭借自身优势能够轻松处理海量数据，提高工作效率，

---

① 根据联合国人口司发布的《世界人口展望》2019 年修订版数据（United Nations，2019），以及陆杰华、刘瑞平（2019）和翟振武等人（2017）文章中的相关数据整理。

② 陆杰华，刘瑞平. 新时代我国人口负增长中长期变化特征、原因与影响探究 [J]. 中共福建省委党校（福建行政学院）学报，2020（1）：19-28.

③ 翟振武，陈佳鞠，李龙. 2015～2100 年中国人口与老龄化变动趋势 [J]. 人口研究，2017（4）：60-71.

这不仅会大大提高工作质量，还能让更多的人有机会去提升自身能力，执行更为增值的任务，促进企业的转型升级。

根据第七次全国人口普查数据，中国劳动力人口素质大幅提升。2020年我国具有大学文化程度的人口达到21836万人，与2010年相比，每10万人中具有大学文化程度的人口数由8930人上升到15467人，几乎增加了1倍；15岁及以上人口的平均受教育年限由9.08年提高至9.91年；文盲率由4.08%下降到2.67%，接近1982年的1/10[①]。

人口和劳动力的素质大幅提升，为我国产业互联网的发展奠定了非常好的基础。目前，我国产业互联网还处于探索阶段，高素质人才的出现将有助于企业更好的转型升级。

4. 科技视角：数字创新

我们正在进入一个"大智物移云"（大数据、智能化、物联网、移动互联网、云计算）的时代，一个计算无所不在、软件定义一切、网络包容万物、连接随手可及、宽带永无止境、智慧点亮未来的时代。新一代信息技术迅速发展并广泛渗透到各行业，数智化转型成为发展趋势，将引领新的科技革命。

1)"新基建"的助推作用

2018年年底的中央经济工作会议上首次提出新型基础设施建设（以下简称"新基建"）。新型基础设施建设主要包括5G基站建设、特高压、城际高速铁路和城市轨道交通、新能源汽车充电桩、大数据中心、人工智能、工业互联网七大领域，产业互联网与"新基建"的七大领域均可融合发展、相互促进。例如，产业互联网与特高压、新能源汽车充电桩融合为智能电网应用，与城际高速铁路和城市轨道交通融合为

---

① 童玉芬，刘志丽，宫倩楠.从七普数据看中国劳动力人口的变动[J].人口研究，2021(03):65-74.

智能轨道交通系统，与5G基站建设、人工智能、大数据中心结合，可实现5G+工业互联网应用、工业智能化应用，以及建立工业互联网大数据中心。因此，5G、大数据、边缘计算、人工智能、云计算等新一代信息技术是产业互联网融合发展的驱动力[1]。

对产业互联网来说，数据是核心资产，也是其价值创造的来源，对数据分析和挖掘的深度在很大程度上决定了产业互联网实际应用价值的大小。在以数据智能为中心的闭环中，新一代信息技术集群成为数据采集、传输和处理等整个体系的底层架构。边缘计算采集数据，5G通过更宽的带宽、更好的连接、更好的方式传输数据，大数据分析处理数据，人工智能提升算法、算力，云计算形成计算的底部基础，区块链加强数据安全[2][3]。图2-7展示了产业互联网的技术体系。

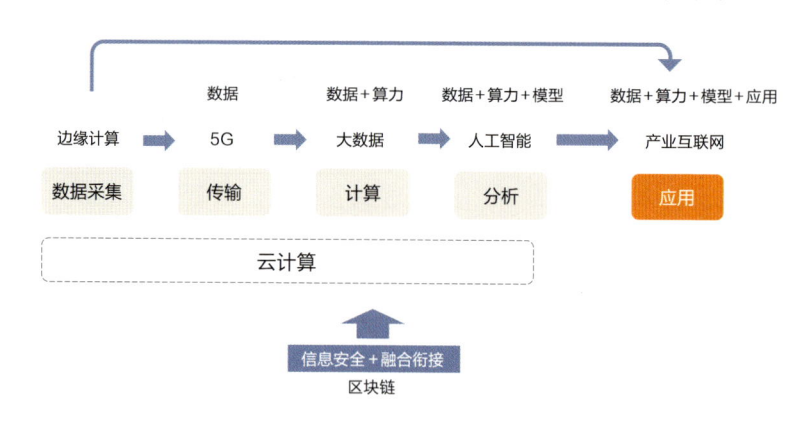

图2-7 产业互联网的技术体系[4]

---

[1] 参见艾媒咨询，《"新基建"背景下中国工业互联网与工业智能研究报告》，2021年8月。
[2] 参见九合创投，《数智洞察——产业互联网的四张技术底牌》，阿里研究院，2021年9月。
[3] 参见东方证券，《计算机策略报告——科技赋能B端成为趋势，看好云计算与产业互联网龙头企业》，2018年11月。
[4] 根据公开资料整理。参见东方证券，《计算机策略报告——科技赋能B端成为趋势，看好云计算与产业互联网龙头企业》，2018年11月；九合创投，《数智洞察——产业互联网的四张技术底牌》，阿里研究院，2021年9月。

(1)边缘计算：数据采集+全面互联

产业互联网的核心是基于全面互联而形成数据驱动的智能，而边缘计算可以协同调度计算、存储、网络等资源，实现企业内各层数据的纵向集成及实时高效处理，充分释放数据价值。首先，边缘计算能够采集工业数据，并且更加实时可靠。边缘计算具有机器人、机床、高炉等工业设备数据接入能力，以及 ERP（Enterprise Resource Planning，企业资源计划）、MES（Maunfacturing Execution System，制造企业生产过程执行系统）、WMS（Warehouse Management System，仓库管理系统）等信息系统数据接入能力，实现对各类工业数据的大范围、深层次采集和连接，实现产业互联网设备、协议、数据互联互通。同时，因为边缘计算在靠近物或者数据源头就近提供边缘智能服务，所以实时性和可靠性能够满足工业互联网的发展要求。其次，边缘计算可承担数据预处理工作，缓解云中心带宽压力。边缘计算可将采集连接的各类多源异构数据进行格式统一和语义解析，并进行数据剔除、压缩、缓存等操作后传输至云端，之后云端进行数据的再处理和深入分析。最后，边缘计算可以为企业提供更强的安全保障。边缘计算网络架构可将核心网下沉到园区或工厂，实现企业业务数据"不出户"，满足企业对数据安全、隐私保护的需求[1]。图 2-8 展示了边缘计算赋能产业互联网的体系架构。

(2)5G：数据传输+满足多样化需求

5G 是高速公路，能够满足产业互联网应用的多样化需求，增强产业互联网的服务供给能力，为产业互联网快速发展提供坚实的技术保障。5G 在产业互联网中的价值主要是超高可靠、低时延达到了工业控制对网络时延和可靠性的极高要求，海量大规模连接物联网将满足企

---

[1] 参见宋纯贺等，《工业互联网智能制造边缘计算：现状与挑战》，中兴通讯技术，2019 年 6 月。

业对海量设备的数据采集需求，增强移动宽带能够支撑工业环境中超高清视频的应用[1]。目前，5G+产业互联网的应用场景有 5G+ 超高清视频、5G+AR、5G+VR、5G+ 无人机、5G+ 云端机器人、5G+ 远程控制、5G+ 机器视觉等。图 2-9 展示了 5G 的重要应用场景，图 2-10 展示了 5G 的四大应用趋势。

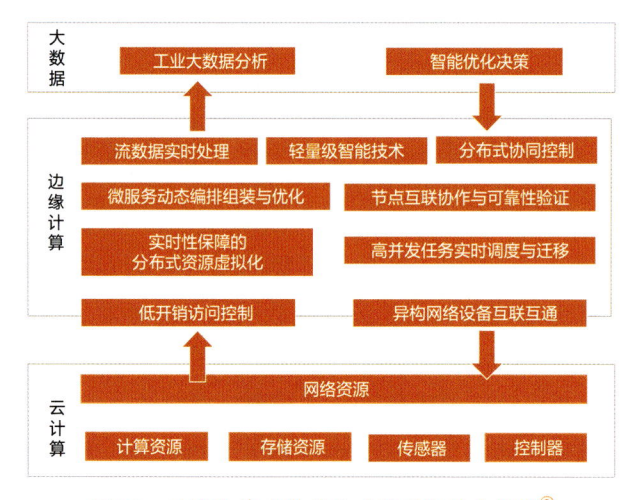

图2-8　边缘计算赋能产业互联网的体系架构[2]

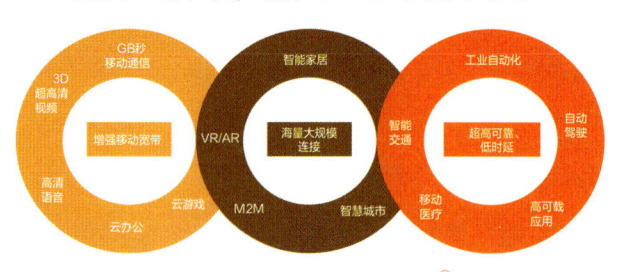

图2-9　5G的重要应用场景[3]

---

[1] 参见中国工业互联网研究院，《中国工业互联网产业经济发展白皮书》，2020 年 8 月。
[2] 参见宋纯贺等，《工业互联网智能制造边缘计算：现状与挑战》，中兴通讯技术，2019 年 6 月。
[3] 参见肖剑，《5G 引爆 8 大行业》，阿里研究院，2020 年 10 月。

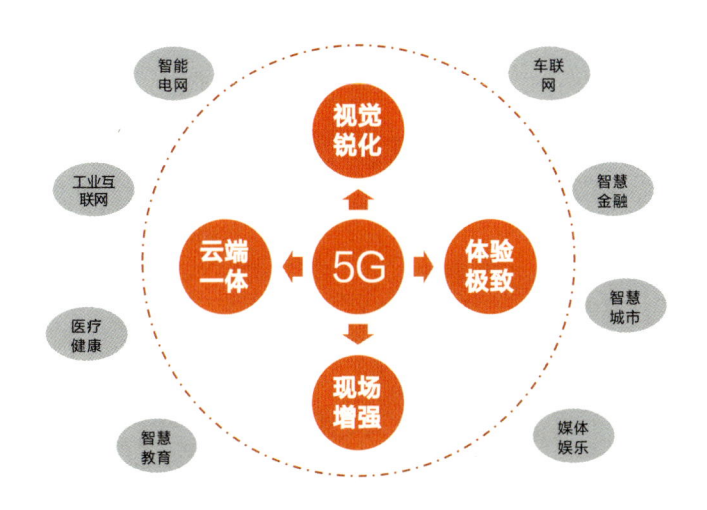

图2-10　5G的四大应用趋势[1]

（3）大数据：数字分析＋创造核心价值

大数据是对上传到云平台的海量数据进行深入分析和挖掘，从中发现一些隐藏的规律、现象、原理等的技术，是产业互联网实现全要素互联之后的核心价值创造者。大数据还能够将数据可视化，帮助企业做出改善业务成果的数据驱动决策。总体来讲，大数据在产业互联网上的应用分为三个层次。第一层次，用于设备级管理。大数据对设备健康管理的意义不仅在于设备现在的状态怎么样，还包括设备发生故障之后可能出现的连锁反应与后果，最终需要回归到引发设备健康问题的相关性甚至因果性关系上。第二层次，用于生产线和工厂级的智能制造。在这类应用中，大数据的服务对象由独立的设备变成生产线和工厂，实现生产各个环节的数字化和智能化，优化生产效率，提升工艺水平。第三层次，用于工业互联的产业链优化场景。产业运用大数据将促进采购、销售、物流、研发等各个环节的协同，以及与上

---

[1]　参见肖剑，《5G引爆8大行业》，阿里研究院，2020年10月。

下游的业务的协同[①]。工业大数据的价值如图 2-11 所示。

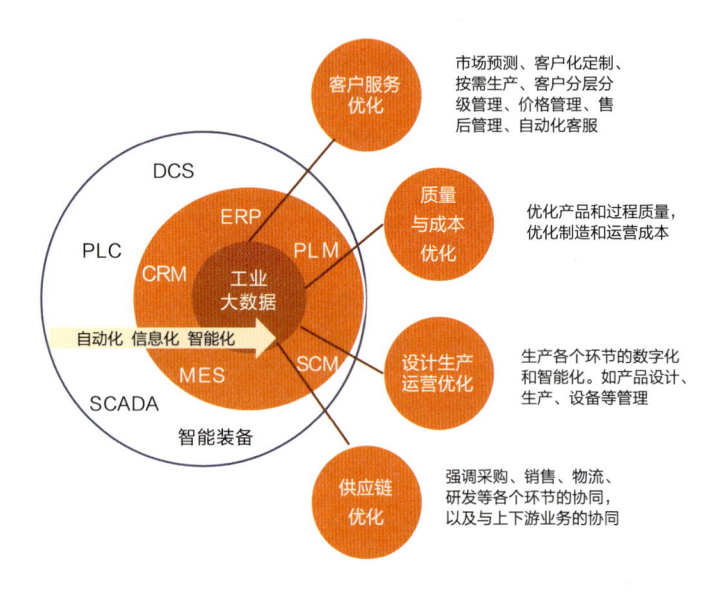

图2-11 工业大数据的价值[②]

（4）人工智能：深入分析 + 实现真正的数智化

人工智能将有助于产业互联网更加深入、更加细致地利用数据，促进其实现真正的数智化。产业互联网的核心是数据驱动的智能分析与决策优化，人工智能从广义上来看正是一种通过算法模型处理数据的方式，因此，人工智能被广泛应用于产业互联网建设中。工业领域有着纷繁复杂的应用场景，如产品研发设计、产品瑕疵质检、生产工艺优化、流程自动化等许多场景的工业机理复杂，对数据分析能力要求较高，所以人工智能也被视为能使工业互联网形成数据优化闭环的关键。人工智能全面融入企业的研发、生产、销售、运维等各个环节，

---

① 参见《发展工业大数据，促进工业互联网深化应用》，人民邮电报，2021 年 7 月 15 日。
② 参见付威，《工业大数据架构与应用简介》，东方金信，2020 年 10 月。

能够帮助企业建立具备自感知、自学习、自适应、自执行的智能制造系统，实现数据价值深挖掘，强化企业的数据洞察力，优化决策。其中，以深度学习和知识图谱为代表的人工智能从根本上提高系统建模和处理复杂性、不确定性、常识性等问题的能力，显著提高了工业大数据分析能力与效率，为解决工业各领域诊断、预测与优化问题提供得力工具，进一步扩大了产业互联网平台解决工业问题边界的深度和广度。同时，随着人工智能在产业互联网的不断渗透，催生了多场景系统化应用，如设备健康管理、生产质量管理、生产工艺优化、能耗与排放管理等，帮助工业企业降低了运维成本及能耗成本、提升了产品质量及服务价值，将有助于实现降本增效的目标[①]。人工智能在产业互联网中的赋能区域如图 2-12 所示。

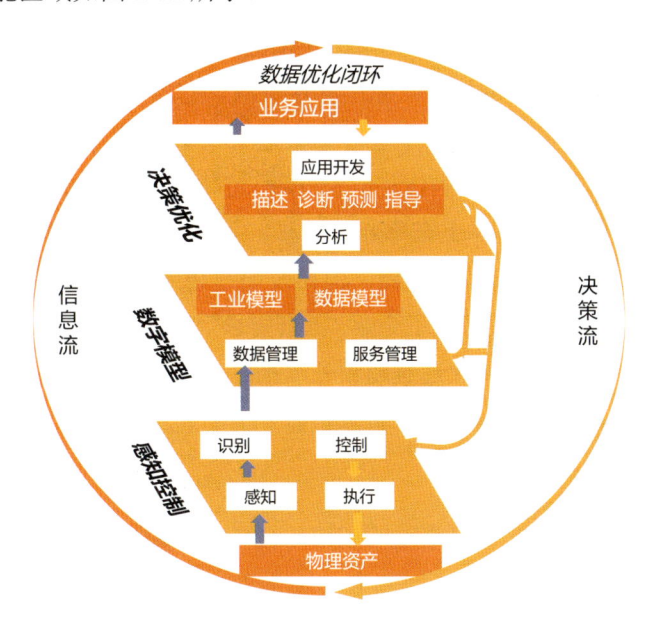

图2-12　人工智能在产业互联网中的赋能区域[①]

---

① 参见艾媒咨询，《"新基建"背景下中国工业互联网与工业智能研究报告》，2021 年 8 月。

（5）云计算：数据存储和处理＋奠定基础

云计算被喻为未来商业的主干道，通过便捷和按需的弹性模式，提供服务器、存储、应用软件、网络等计算资源的共享池，使得计算能力就像水、电、煤一样作为商品在互联网上流通，解决了由于数据爆炸性增长带来的计算需求。对建设产业互联网而言，云计算通过网络将硬件、软件、平台等系列资源统一起来，实现数据的计算、存储、处理、共享，将补足企业信息化短板，解决企业全局优化需求与碎片化供给之间的矛盾，为产业互联网部署奠定基础。企业上云是指企业以互联网为基础进行信息化基础设施、管理、业务等方面应用，并通过互联网与云计算手段连接社会化资源、共享服务及能力。云架构会给企业带来更大的灵活性和移动性，通过数据中台、业务中台、IoT中台等实现数据在线、实时共享、技术架构统一、自动化运维，通过丰富的前端应用实现快速响应、业务创新。通过云端的大数据处理，企业可以对庞大的交易、管理等数据进行分析，精准地洞察用户需求，有利于企业提高资源配置效率、降低信息化建设和维护成本。当前，虽然中国企业整体上云率相对较低，约为50%，与欧美等国家的70%～80%相比仍有较大差距，但在发展速度上，中国已保持较大的增速，近两年更是极大激发了企业"上云需求"，再加上政府的扶持政策，持续助力中国在云领域快速赶超领先水平。[1]

（6）区块链：数据安全＋融合衔接

区块链具有不可篡改、分布式、去中心化等特点，与产业互联网深度融合可以提高产业互联网数据的安全性、可靠性，并且能够打通数据孤岛，提高上下游的协同效率。区块链是非对称加密、分布式计算、哈希指针等密码与计算机技术的集成，主要具有共享账本、智能合约、

---

[1] 参见中信建投证券，《产业数字化：数字经济新原点》，2019年12月。

机器共识和权限隐私四个技术特征，能够有效解决产业互联网发展中数据安全、系统安全、个人隐私等问题，同时能够有效促进产业互联网各企业之间的融合，打通产业链上下游。区块链对产业互联网的赋能作用如图 2-13 所示。

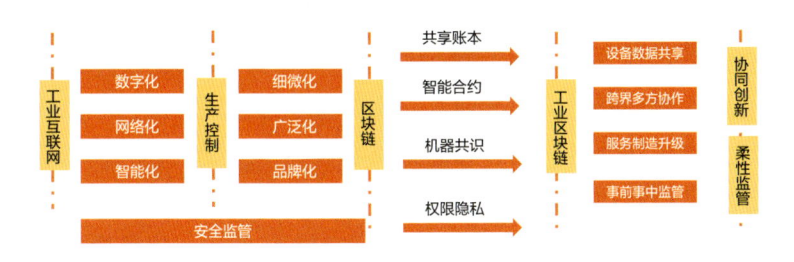

图2-13 区块链对产业互联网的赋能作用[1]

对企业而言，借助区块链，一是可以提升企业内部数据共享的稳定性，有助于实现从设计、生产、销售、服务到回收的全生命周期数据互联，提高设备使用可靠性，降低能耗、物耗与维护费用等；二是可以实现设备的安全互联，利用区块链分布式记账不可篡改、不可抵赖、可溯源等特点，给设备分配一个区块链的身份，可有效进行数据确权，打通企业内设备数字身份的可信互联。图 2-14 展示了区块链对企业内部生产管理的赋能作用。

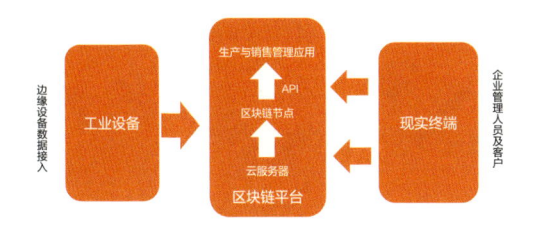

图2-14 区块链对企业内部生产管理的赋能作用[2]

---

[1] 来源：2019 工业互联网峰会。
[2] 参见智能制造推进合作创新联盟，《工业区块链应用白皮书》，2020 年 9 月。

对产业来说，一是能够助推在企业之间实现产业链协同。产业链融合区块链，将订单信息、操作信息和历史事务全部记录在链上，交易便具有不可篡改、不可抵赖、可溯源等特点，能够使人、企业、物因"连接"而信任，减少摩擦，实现智能制造产业链各参与者业务协同和价值网整合。二是有助于在企业和金融机构之间构筑可信互联的新型产融协同生态，从而有望全面推动产业互联网实现跨越式发展。此外，区块链还能够助力产业互联网的柔性监管。一方面，监管机构能够通过调用区块链智能合约的方式获取整个产业链上所有的运营状态信息，从而行使监管统计的可信审计监察职能，实现低介入的柔性监管。另一方面，可以用区块链技术实现市场需求、技术设计、项目采购、制造生产等企业间的全流程有效监管，推动工业数据在监管条件下的有效共享和深度挖掘[1]。图2-15展示了区块链对产业协同的赋能作用。

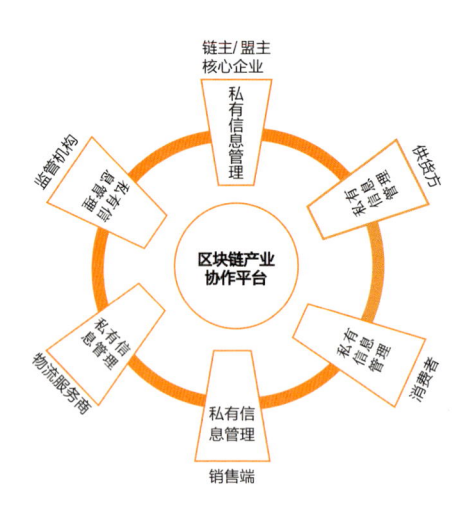

图2-15 区块链对产业协同的赋能作用[1]

---

[1] 参见智能制造推进合作创新联盟，《工业区块链应用白皮书》，2020年9月。

2）数智化普及加速

数智化的普及将颠覆传统产业的服务模式和价值体系，为中国实体经济的增长注入新活力，也将促进产业互联网的发展。如今，数智化普及加速，主要表现在以下三个方面。

首先，在通信网络基础设施方面，中国已建成全球最大 5G 网络。截至 2021 年 8 月，中国已开通 5G 基站 96.1 万个，占全球 70% 以上，覆盖全国所有地级以上城市和部分重点城镇。目前，企业外网建设持续加码，网络服务质量明显提升，固定宽带普及率已达到发达国家水平。截至 2020 年年底，中国网民规模达 9.89 亿人，互联网普及率为 70.4%[1]。同时，企业内网加快部署，部分制造企业积极探索，"5G+ 产业互联网"成为改造新路径。截至 2020 年 8 月，已建、在建项目超过 800 个，具有一定行业、区域影响力的平台超 70 个，"十大双跨平台"平均连接设备数量达到 80 万套，平均工业 App 数量超过 3500 个[2]。

其次，在用户互联网应用上，2021 年 6 月网民规模已超过 10 亿人。截至 2021 年 6 月，中国手机网民规模为 10.07 亿人，较 2020 年 12 月新增手机网民 2092 万人，占比 99.6%[3]。

最后，在消费互联网积累的势能上，中国的消费互联网已经相当发达，以阿里巴巴等为代表的企业，在消费互联网上建立了平台优势，同时积累了丰富的 B 端场景，极大地推动了产业互联网的建设[4]。虽然产业体系复杂程度更高、数据结构更多元、数据量级更庞大，但是过去建立数据能力的过程仍具有共通性。互联网巨头将会加速中国企业

---

[1] 参见中国信通院，《全球数字经济白皮书——新冠肺炎疫情冲击下的复苏新曙光》，2021 年 8 月。
[2] 参见国泰君安证券，《新基建——工业互联网产业链梳理：万物互联智能制造》，2020 年 12 月。
[3] 参见中国互联网络信息中心（CNNIC），《中国互联网络发展状况统计报告》，2021 年 8 月。
[4] 参见 BCG& 阿里，《解读中国互联网：局部领先、快进的数字化发展》，2020 年 11 月。

的数字化进程，带来运营效率、服务质量的全面提升。消费互联网积累的势能将沿着价值链释放，数据能力的体系也可以在产业端进行延伸和迁移，并不断结合产业特性适时调整，更进一步提升治理数据的能力，最终促进产业互联网的发展。

2.2 产业互联网应用的趋势分析

回顾过去，中国互联网从零起步，快速发展，如今已成为不少领域的"领先者"；展望未来，中国互联网在数字经济浪潮中具有长远的增长态势和巨大的发展潜力。这一趋势除了政策助推，还得益于以下三个方面：一是数字化进程加速，数据为产业互联网的发展持续注入"原材料"；二是技术融合与平台助力，这是产业互联网建设的"发动机"；三是新商业模式的出现，这是产业互联网应用的"助推器"。

2.2.1 数据化驱动

在传统工业体系中，数据由各机构自主管理，造成了物理上的数据孤岛现象。随着第四次工业革命的到来，大数据、人工智能、云计算等前沿技术在不同领域得到应用，数字经济成为各国新的增长点。数据重要性逐渐显现，从一种资源变成了资产，逐渐成了有别于土地、资本、劳动力等的独立生产要素，主要表现为基于互联网平台整理、挖掘、提取对经济运行主体生产经营发挥作用的信息要素[1]。

在这种背景下，中国政府高度重视数据价值，多次强调数据是新的生产要素、基础性资源和战略性资源，也是重要生产力。数据作为生产要素，可以借助新兴技术，通过产业互联网对数据的整合分析和创新应用，与土地、资本、劳动力等传统生产要素更好地融合，在各个领域以数据化解工业场景中的不确定性，简化企业内部生产环节和

---

[1] 王胜利，樊悦. 论数据生产要素对经济增长的贡献 [J]. 上海经济研究，2020（07）：32-39，117.

外部交易成本，提高生产效率，在全面综合成本、质量、柔性和时间等竞争因素的前提下，有效地化解需求个性化与大规模生产之间的冲突[1]。

2.2.2 新技术融合

新一代信息技术加速产业数字化进程。云计算、边缘计算、大数据、移动互联网、物联网、人工智能等新技术加速促进物理世界和数字世界深度融合[2]。这些新兴技术向当代社会加速渗透，在经济生活中的影响日益凸显。不同领域的产业不断推进数字化进程，"互联网+"新型商业模式蔚然成风，供应链管理和物流设计管理等更适应新技术，新商业模式的管理构架在实践中逐步成形。

先进制造技术快速突破、广泛渗透。微电子、信息（计算机与通信、控制理论、人工智能等）、新材料、系统科学所代表的新一代工程科学与技术的迅猛发展及其在制造领域中的广泛渗透、应用、延伸，极大地拓展了制造活动的深度和广度，改变了现代设计方法、产品结构、生产方式、生产工艺、设备及生产组织结构，产生了一大批新的制造技术和制造模式，如材料和表面的纳米工程、增材制造、精密仪器制造、非硅基下一代电子产品、生物制造等。这些高精尖制造业将新兴技术运用到数控机床、机器人等设备上，将实现加工过程自适应控制、加工参数智能优化和选择、故障自诊断与修复等功能，提高产品智能化水平，引领产业互联网所需重点设备深化创新和快速发展。从屏幕到零件，从晶体管到电路板，先进技术的突破让数字技术得以在物理世界实现[3]。

---

① 张雅妮. 数据要素驱动产业创新[N]. 河北日报，2021-03-19（5）.
② 王琼. 产业互联网发展态势研究[J]. 信息通信技术与政策，2019（11）：70-72.
③ 周佳军，姚锡凡. 先进制造技术与新工业革命[J]. 计算机集成制造系统，2015，21（08）：1963-1978.

工业企业数字化转型的本质是 OT 技术（Operation Technology，操作技术）与 ICT 技术（Information Communication Technology，信息通信技术）的深度融合。OT 技术和 ICT 技术的深度融合，即软硬件的解耦，带来了制造业生产设备实质更新周期的缩短，新方法、新工艺更易投入使用，产能数据更易监测，从而为企业网络构成的柔性生产制造留足了空间，最终将推动制造业实现数字化、智能化，完成产业互联网的布局[①]。新一代工业融合基础设施架构如图 2-16 所示。

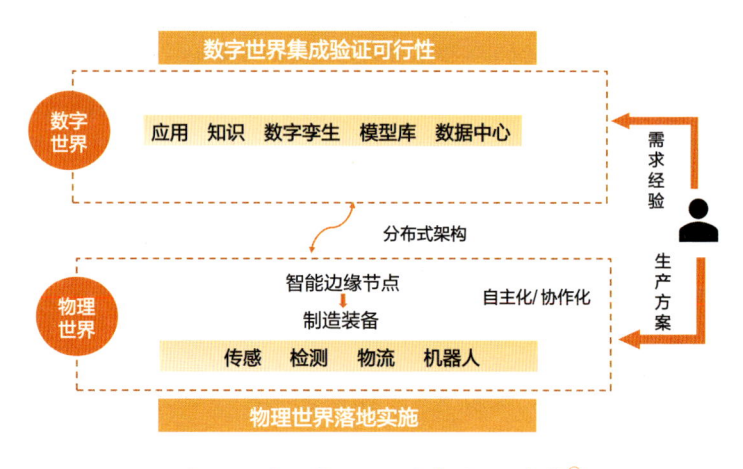

图2-16 新一代工业融合基础设施架构[②]

首先，云计算、5G、边缘计算、工业软件、工业大数据等相关领域与产业互联网产业发展相辅相成，是产业互联网应用效率化落地的基础，将推动工控系统、通信系统和信息化系统的智能化升级。通过以制造装备为核心，协同传感、检测、物流、机器人等设备，通过 AI、边缘智能、无线化等新一代信息技术赋能，促进企业从自动化向智能化延伸，实现装备集成智能化和自动化产线集成智能化，进而实现柔

---

① 参见华为云&IDC，《工业知识与 ICT 技术深入融合，驱动产业生态重构》，2020 年 11 月。

性制造,同时工厂上下游制造产线能实时调整和协同[1]。因此,相关新兴技术的出现和演进显著地提升了产业互联网的服务供给能力,为产业互联网快速发展与应用提供有力保障。

其次,新一代信息技术与制造技术在尖端领域不断加速融合,并从头部企业向数量更多的中小企业扩散,不同技术应用融合的深度和广度逐步加强,促进了产业链整体的协同发展。产业内部、产业链上下游及跨产业链的平台优势互补,在横向和纵向的方向上将产业链上各主体进行连接,提高对企业的支撑能力,发挥其赋能作用,加速产业链生态环境构建,提高价值创造的质量和效率。

最后,技术的融合和平台的搭建进一步促进了决策智能化的转型,实现设计、制造、配料、仓储、售后等相关环节信息互联互通,不断提高生产质量和效率。在新技术的赋能下,决策机制将由传统的人工经验驱动方式转向更加依靠人工智能、大数据等技术的数据驱动方式。企业依靠数据驱动方式,可以促使人 - 机协作边界的升级,提高运营效率,同时降低成本和损耗,避免人为因素带来的失误,使决策程序化和智能化,做到信息实时反馈,实现最优决策,最大化供给效率,从而创造更稳定、更安全、更健全的产业生态。这些数据放在一个易于访问、可用、可信和可靠的平台中至关重要,在上述情况下,高效安全的产业互联网逐渐兴起[2]。

2.2.3 商业新模式

传统企业的商业模式有收入方式单一、固定投资占比较大、交易风险高等固有缺点。在新兴商业模式下,人、产品、服务和信息全链接,能够做到不同个体间信息的实时互动、实时反馈、在线监测,提

---

[1] 参见艾瑞咨询发布的《行者方致远 "新基建"背景下中国工业互联网与工业智能研究报告》,2021年。
[2] 参见王锦,《工业互联网,让工业更智慧——向工业应用智能平台迈进》,2020年。

升数据的共享程度，提高企业数据的利用效率，提高企业以客户为核心的咨询、物流运输、售后服务等增值服务的能力，拓宽企业利润空间，促进企业数字化转型的步伐[1]。在产业数智化的浪潮下，以制造业服务化、生产性服务业、共享制造、分布式制造等为代表的商业模式逐渐成形，促使产业互联网商用成为可能。

制造业服务化是通过客户参与、服务要素的投入和供给，最终实现价值链中各利益相关者的价值增值。企业利用制造业服务化的商业模式，可以推行基于网络的数字化制造，发展个性化定制、众包设计、云制造等网络生产新模式，支持工业云和中小企业公共服务平台建设，融合数字孪生技术，推进研发设计、数据管理、工程服务等资源开放共享，激发市场化力量，沉淀行业知识，逐步形成行业的知识中心，构建网络化的企业集群，孵化新生态[2]。

生产性服务业是从制造业中分离出来的，以金融服务、信息服务、研发及科技服务等为主导产业的服务性行业，具有知识密集、技术密集、信息密集、人才密集的特点，能够提高商品和服务生产过程的运营效率、经营规模，以及其他投入要素的生产率，同时增加其产出价值，从而促进制造业和经济发展。生产性服务业就是保障整个产业互联网的顺畅运作的信息流、物流、资金流通道，其未来价值取决于和大数据、产业生态的紧密程度。大数据是产业互联网的核心，数据维度包括生产经营、交易行为、供应链、资金流等。产业生态是由全产业链上不同生产环节的制造商、经销商、物流公司等形成的生态系统。产业互联网以万物互联为目标，能够在重塑产业生态、创新商业模式方面发挥重要作用。产业互联网借助云计算、人工智能等新一代信息技

---

[1] 任保平,朱晓萌.中国经济从消费互联网时代向产业互联网时代的转型[J].上海经济研究, 2020（07）：15-22.

[2] 杨蕙馨,孙孟子,杨振一.中国制造业服务化转型升级路径研究与展望[J].经济与管理评论,2020,36（01）：58-68.

术,依托产业生态、大数据、生产性服务业,利用互联网思维,将设计、生产、销售、售后等产业链流程全部打通,从而提高企业利润[①]。

共享制造是运用共享经济理念,在多个制造业主体的制造业全生产流程上,将生产资源模块化、智能化、弹性化地与需求进行对接的一种生产模式和生产组织形态,是具有集约、高效、灵活等特点的一种共享经济模式。传统数字化转型IT架构是以流程自动化为中心,预先确定流程场景,包括营销管理系统、物流系统、客户系统等,用软件进行自动化的平台;而产业互联网平台搭建之后形成的基于云边协同数智化转型的新构架,是以核心能力服务化和数据在线为中心,快速实现创新和应对不确定性的框架,以云基础设施为基础,以业务中心、数据中台、IoT中台为接口,以营销系统、客户系统、研发系统、物流系统、制造系统、服务系统等为前端,实现快速响应、数据共享的新平台。这样的平台相较于传统平台有以下五个优点:一是技术构架统一,自动化运营效率高;二是自由团队能力提升,数字化运营组织建设;三是避免"数据烟囱"现象,打通数据孤岛,实时共享数据;四是持续运营,可以沉淀相关能力;五是以用户为导向,可以满足外延用户的不同需求[②]。

分布式制造是利用不同地区的制造设施、利用网络进行调节,使不同地区的制造设备可以分散制造的形式。产业互联网融合发展了现有信息化制造(信息化设计、生产、实验、仿真、管理和集成)技术,以及云计算和高效能计算等新兴技术,可以将各类制造资源和制造能力虚拟化、服务化,构建制造资源和制造能力的服务云池,并进行统一、集中的优化管理和经营,是对网络化制造的延伸和变革。产业互联网

---

① 李平,付一夫,张艳芳.生产性服务业能成为中国经济高质量增长新动能吗[J].中国工业经济,2017(12):5-21.
② 向坤,杨庆育.共享制造的驱动要素、制约因素和推动策略研究[J].宏观经济研究,2020(11):65-75.

将各类制造资源（设备、软件等）虚拟化封装为服务并进行统一的、集中的管理和经营，从而为制造全过程提供生产性服务的智能化商业模式[①]。

2.3 主要国家产业互联网的探索

各国对产业互联网都加大了投入力度，出台了很多政策以促进产业互联网战略的快速落地。总体来看，各国在发展思路、政策措施、"新基建"投入的侧重点、引领主体、实施战略和标准化进程等方面都有较大差距。产业互联网的探索——德、美、中针对不同国情的实践如图 2-17 所示。

德国：工业 4.0

以制造优势为核心

- 转型背景：出口下滑、产业升级成为趋势、保持竞争力、创新驱动
- 内涵与实现途径：生产工艺与信息技术融合、产品个性化、生产人性化，建设信息物理系统（CPS）

美国：先进制造

系统化推进

- 转型背景：先进信息科技的助推、重塑制造业竞争力
- 内涵与实现途径：基于机器、设备、集群及网络而构建的广阔的物理世界，在更深层次上与连接能力、大数据、数字分析进行密切结合，促进企业的转型升级

中国：多元主体推动

多层分级、消费互联网倒逼

- 多元主体推动：政府、产业、大企业、中小微企业
- 阶段一：工厂/车间协同（成本导向）
- 阶段二：组织内部协同（效率导向）
- 阶段三：组织外部协同（用户导向）
- 阶段四：产业生态融合（创新导向）

图 2-17 产业互联网的探索——德、美、中针对不同国情的实践

[①] 李良军，金鑫，周佳，等.新工业革命对分布式制造领域人才培养的影响研究 [J].高等工程教育研究，2015（04）：70-75.

2.3.1 德国：工业 4.0

德国为巩固在全球制造业的龙头地位，积极布局产业互联网。德国的产业互联网经常被称为工业 4.0。

2011 年，德国提出了"第四次工业革命"，并将其命名为工业 4.0。2012 年，德国成立工业 4.0 工作小组，为工业 4.0 的实施提供具体发展建议。2013 年 4 月，在全球国际工业博览会上，德国工业 4.0 工作组发布了报告《保障德国制造业的未来：关于实施"工业 4.0"战略的建议》，提出了发挥德国制造业的传统优势，掀起新一轮制造技术的革命性创新与突破的战略构想。2015 年，德国工业 4.0 工作组发布了工业 4.0 参考架构模型（RAMI4.0），从产品生命周期/价值链、层级和架构等级三个维度，分别对工业 4.0 进行了全面阐述。2019 年，德国智能工厂联盟重新修正了工业 4.0 的概念，将其精简为自主产线 L4（Production Level 4）。德国的一系列实践促进了工业 4.0 的落地与进化[1]。图 2-18 为德国工业 4.0 参考模型。

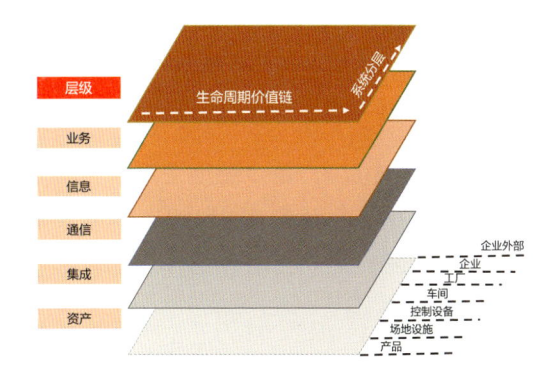

图2-18 德国工业4.0参考模型[2]

---

[1] 杜传忠，杨志坤. 德国工业 4.0 战略对中国制造业转型升级的借鉴 [J]. 经济与管理研究，2015，36（07）：82-87.

[2] 参见肖鹏，《工业互联网白皮书》，2021 年 10 月。

1. 德国工业 4.0 的转型背景

德国出口产品一直具有技术含量高、质量好的优势。但是，在数字经济发展过程中，德国在信息技术竞争中落后于美国等国家，从而失去一部分国际市场份额。产业技术的跃迁促使德国工业界和政府提出工业 4.0 战略，希冀通过结构改革与产业升级来进一步增强竞争力，保持德国的制造业优势。德国经济的国际竞争力和成就主要归功于创新驱动，德国在汽车、机械制造、化工及电气技术方面长期保持世界领先地位。但是，随着数字经济的发展，德国在数字化方面的劣势开始显现出来。德国的科研机构能力、知识产权、专利申请数量等方面都在不断下滑。德国的创新态势亟须科研机构、大学、工业界和政府联合推进，而工业 4.0 战略显然能成为一个重要的推手[①]。

因此，在上述压力下，德国需要尽快实现产业升级，促进数字技术等新兴业态的发展，尽快摆脱"路径依赖"，积极面对美国等发达国家和以中国为代表的新兴国家在国际市场上的竞争。

2. 德国工业 4.0 的内涵

德国工业 4.0 主要基于信息物理系统（Cyber-Physical System，CPS），将制造业向智能化转型。

德国工业 4.0 有两大主题：一是"智能工厂"，重点研究智能化生产系统、过程，以及网络化分布式设施的实现；二是"智能生产"，主要涉及所有企业的生产物流管理、人机互动及 3D 技术在工业生产过程中的应用[②]。

德国工业 4.0 有三层内涵：一是生产工艺与信息技术融合，即通过

[①] 赵剑波. 推动新一代信息技术与实体经济融合发展：基于智能制造视角 [J]. 科学与科学技术管理，2020，41（03）：3-16.

[②] 贺正楚，潘红玉. 德国"工业 4.0"与"中国制造 2025"[J]. 长沙理工大学学报（社会科学版），2015，30（03）：103-110.

CPS——传感器+微处理器+执行器+联网能力,实现人、机、物的融合;二是产品个性化,即工厂的生产要高度灵活,以符合客户对产品个性化、多样化、不断改变的要求;三是生产人性化,即通过工厂智能化,更多的员工可以有更多灵活的工作时间[1]。

德国工业 4.0 有三个重点:一是通过价值网络的横向集成,把产品、机器、资源和人有机地联系在一起,各环节数据共享,实现产品全生命周期和全制造流程的数字化;二是从工程端到数字端的集成,在所有终端实现数字化的前提下,客户可实现随时参与和决策,并自由配置各个功能组件;三是纵向集成,即在智能工厂中,制造结构将不再是固定和事先定义好的结构,而是根据信息技术组合规则自动形成特定结构[2]。

依靠 CPS 构建智能工厂,实现智能制造的步骤可分为以下四步,如图 2-19 所示。

图2-19 实现智能制造的步骤

在技术层面,工厂要建立信息物理系统,包括物理系统信息化和信息系统物理化;在数据层面,要保证数据的绝对安全,同时保证知识产权和隐私;在应用层面,企业需要保证工业 4.0 流程的安全;在系统层面,要保证信息物理系统的安全[3]。

---

[1] 丁纯,李君扬.德国"工业 4.0":内容、动因与前景及其启示[J].德国研究,2014,29(04):49-66,126.

[2] 李金华.德国"工业 4.0"与"中国制造 2025"的比较及启示[J].中国地质大学学报(社会科学版),2015,15(05):71-79.

[3] 参见孙博,《艾纳·安德尔:德国工业 4.0 的实施路径》,阿里云,2017 年 9 月 6 日。

3. 德国工业 4.0 的逐步深入

(1) 数字化转型的理念已经被普遍接受

目前,在员工人数超过 100 人的德国企业中,59% 的企业正在应用工业 4.0 范畴中的新技术。22% 的企业计划在近期实施产业数字化,17% 的企业对未来参与产业数字化进程表示乐观。95% 的德国制造业企业将工业 4.0 和产业数字化视为其改进自身业务的良机。①

在德国联邦经济事务和能源部提出的一系列数字化战略中,中小企业的数字化占有重要位置。智能工厂联盟是德国具有代表性的产学研联盟机构。在联盟中,中小企业通过合作不仅可以得到软硬件支持和技术帮助,还能加强企业员工在相关专业方面的培训。此外,中小企业还可以从政府获得直接资助,相关研究方向有生产自动化、智能传感器等。截至 2017 年,德国已建立了 22 个"中小企业 4.0 能力中心"(Mittelstand 4.0-Kompetenzzentrum),为中小企业提供数字化、生产流程网络及工业 4.0 应用方面的支持②。

(2) 数字化入口建设大幅推进

网络联盟(Netzallianz)是 2014 年德国成立的一个由德国联邦交通与数字基础设施部发起,旨在扩大宽带网络建设的投资和创新平台,由德国电信、沃达丰等多家德国通信公司组成。2015 年和 2016 年,Netzallianz 每年在扩大高速网络建设上投入 80 亿欧元,德国联邦交通与数字基础设施部投入 40 亿欧元。通过企业平台与政府的合作,德国实现了网络使用环境的优化,无线网络覆盖范围比之前大为扩大,宽带的铺设范围大大增加。Netzallianz 计划到 2023 年共投入 1000 亿欧元建设网络,德国政府也将每年相应投入 30 亿欧元的配套资金,以实现

---

① 参见袁勇等,《数字经济成国际竞争主赛道》,经济日报,2021 年 9 月 26 日。
② 李阳春,王海龙,李欲晓,等. 国外工业互联网安全产业布局及启示研究[J]. 中国工程科学,2021,23(02):112-121.

德国政府提出的"千兆比特社会计划"①。

(3) 德国工业 4.0 的企业案例

截至目前,德国一些基础较好的大型工业企业逐步步入了工业 4.0 时代。西门子公司作为德国制造的"优等生",已瞄准物联网、云计算、大数据、工业以太网等技术,集成了目前全球非常先进的生产管理系统,以及生产过程软件和硬件,如西门子制造执行系统软件 Simatic IT、西门子产品生命周期管理软件、工业工程设计软件、全集成自动化、全集成驱动系统等,已从一个硬件专业提供商发展成为系统解决方案的专家。②

德国汽车制造业巨头宝马、奔驰、大众等公司也纷纷改造工厂,推进工业 4.0 进程。宝马汽车公司莱比锡工厂是智能化程度很高的工厂,已经应用了很多工业 4.0 的先进技术,生产中实现了自动机器人代替人工接管工厂,在汽车产品方面自动驾驶功能越来越完善。宝马汽车智能制造的背后是西门子、菲尼克斯电气、倍福等优秀供应商提供的系统解决方案。德国大陆汽车公司通过蓝牙传输信息实现人、机、物的信息互通的部分覆盖,采用自动机器人配送物料,并在沿着工业 4.0 的方向快速发展。德马吉公司的数控机床已应用于军工、航空航天、汽车制造等先进领域,物联信息程度很高,能实现虚拟仿真和现实流程的高度融合。德国曼商用车公司已在整车装配的部分工序中采用自动机器人,积极朝着工业 4.0 方向推进③。

---

① 参见史世伟,《德国"工业 4.0"战略的进展与挑战(上)》,澎湃新闻,2018 年 7 月 11 日。
② 阮建兵.德国"工业 4.0"发展现状调研及启示 [J]. 新课程研究(中旬刊),2017(06): 134-136.
③ 参见经济日报,《德国汽车工业向智能化转型——全球产业发展新趋势》,2021 年 10 月 23 日。

4. 德国工业 4.0 的借鉴意义

德国和中国同为工业大国，两国的产业转型升级战略目标具有较多的相似之处。德国工业 4.0 战略的诸多经验和实践，为中国从制造业大国向制造业强国转变提供了有益启发。

第一，重视工业发展。在经济发展过程中，德国以工业创新应对各方面的挑战，拓展新型工业化的内涵，将物理信息系统作为"两化融合"的载体，推动工业和国民经济体系智能化，这种视野比"机器人革命"更为宏大，目标也更为长远。第二，提升中小企业的政策思路。德国政府不仅努力解决中小企业发展中面临的资金、技能、创新、管理等各方面存在的实际问题，更重要的是为中小企业营造透明、公平、开放的经营环境，构建有利于大企业和中小企业协同发展的产业组织结构，促进中小企业创新能力的提升。第三，重视企业管理能力提升。德国工业 4.0 战略重视企业管理工艺复杂度，主张采取优化组织流程、以终身学习延长技能工人职业生命、最佳实践示范项目等措施，提升企业自身能力，降低转型风险[1]。

5. 德国工业 4.0 面临的问题

在德国，成功应用工业 4.0 的企业仍是少数，大部分企业倾向于渐进性探索。部分企业表示，现有生产技术和模式足以应对当前的业务数量，因而倾向于"保持传统"。

一是传统企业转型热情不高。一些较为传统的企业对拥抱数字化有着自己的考虑，主要是短期和长期经济效益的权衡。企业投入数字化设备、引入智能制造模式，不仅在短期内增加企业投入、提高负债水平，而且新产品和新商业模式难以迅速得到传统客户的认可。例如，德国最具优势的精密机械、化工、汽车等领域，依靠长期以来的技术

---

[1] 黄阳华. 德国"工业 4.0"计划及其对我国产业创新的启示 [J]. 经济社会体制比较，2015（02）：1-10.

储备和口碑，无须过多创新即可在国内外市场上具备较强的竞争力，因此对新设备的投入热情不高[①]。

二是网络安全能力有待提高。企业对网络安全方面的担忧使得它们不敢轻易数字化、网络化。工业 4.0 概念下的物联网和智能制造意味着企业的生产、经营、物流等均需上网，在直接对接市场和客户，令生产与销售各环节信息无缝对接的同时，面临较大的网络风险，一旦受到区域性的网络攻击就可能导致生产的瘫痪。此外，德国及欧洲在新技术运用和隐私保护问题上有着较强的伦理思维和风险预警意识，诸多企业在无法确定绝对安全和拥有成熟监管法规框架的背景下，对新技术抱有较大怀疑态度，这影响了它们拥抱新技术潮流的积极性[②]。

三是机器难以互通互换。设备商及自动化厂商有着天然自我循环的倾向，导致了自动化孤岛。例如，西门子的控制系统所驱动的机器，与施耐德电气控制的机器，遵循不同的技术体系和逻辑。而智能制造所追求的除了网络层的互通，还包括工程层面的设备相通，无论是设备商还是自动化厂商，都可以借助数据互联并通过软件发挥更大价值，这意味着工业 4.0 的建设要求企业达成共享制造的共识[③]。

2.3.2　美国：先进制造

在美国赢得制造业全球竞争优势中，先进制造扮演了重要角色，而工业互联网是美国推动先进制造发展的重要抓手。因此，美国对工业互联网的建设主要是通过先进制造的政策实践体现的。

美国是全球互联网经济的领导者和开创者，自互联网诞生以来，其几乎主导了信息技术领域的历次技术革命与商业模式创新。为应

---

① 参见董一凡，《德国"工业 4.0"步履维艰的启示》，环球时报，2019 年 12 月 26 日。
② 参见《德国"工业 4.0"推进缓慢》，经济导刊，2020 年。
③ 参见林雪萍，《德国制造，正在想什么》，工业互联网说，2021 年 11 月 17 日。

对第四次工业革命浪潮，美国政府采取了一系列战略部署。2011年6月，美国启动了"先进制造业伙伴计划"（Advanced Manufacturing Partnership，AMP），主要内容是创造高品质制造业工作机会，以及对新兴技术进行投资，目标是提高美国制造业全球竞争力。2012年2月，美国正式推出"先进制造国家战略计划"，着力推动工业互联网在各产业的横向覆盖，鼓励发展高新技术、先进制造工艺等工业互联网基础技术。2014年3月，GE联合4家IT巨头（IBM、思科、英特尔和AT&T）共同发起成立了工业互联网联盟（IIC），该联盟基于企业发展与市场需求，在技术、标准、产业化等方面做出前瞻性布局，推动全国乃至世界制造业互联。2018年10月，美国在"先进制造国家战略计划"的基础上，推出"先进制造领导力战略"，将制造业网络安全作为战略实施的重要着力点和产业布局方向，出台了一系列安全政策与标准规范，以保障工业互联网产业安全有序发展[1]。美国依托物理信息系统、大数据分析、信息安全等关键技术，产业互联网的发展领先于全球。美国工业互联网参考架构如图2-20所示。

1. 美国先进制造的转型背景

20世纪末以来，美国在航空航天、信息、通信、生物工程、新材料、新能源、环保等领域都拥有明显优势。对基础研究和应用研究的持续投入和长期积累，使得美国在制造业的众多关键领域保持着整体性的全球领先[2]。

---

[1] 陈醒. 说说美国先进制造业战略计划 [J]. 国际融资，2019（09）：16-19.
[2] 杜传忠，金文翰. 美国工业互联网发展经验及其对中国的借鉴 [J]. 太平洋学报，2020，28（07）：80-93.

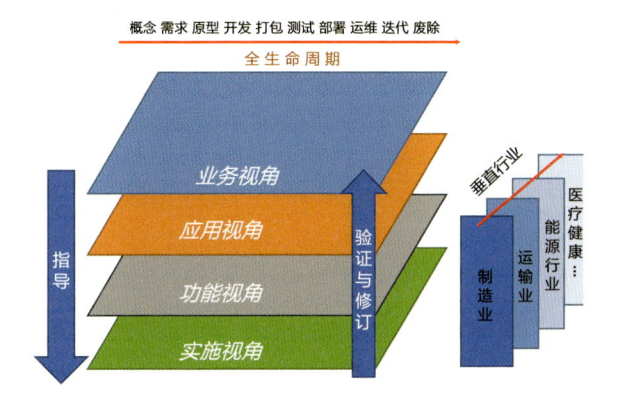

图2-20 美国工业互联网参考架构[1]

2008年的金融危机中，由新古典主义经济学家主导的政府采取的经济刺激计划并不能解决经济增长动力不足的问题。金融危机过后，美国进行了深刻检讨，并启动了新的工业化战略。奥巴马政府决心重振美国制造业。一是强化制造与创新的联系及政府干预作用的理念，主要通过《重振美国制造业框架》与两份创新战略确认制造业对美国在全球创新领先地位的重要性，并通过法律形式确定设立先进制造协调机构与制定先进制造国家战略。二是寻求制造业创新政策，制定先进制造国家战略，重塑美国工业生态系统，以实现"本土创新、本土制造"。特朗普上台后，更加注重发展制造业，大力推动制造业回流，强调供应链的安全，希望占据更多的产业制高点，维持制造业的领导地位。美国先进制造战略就是在这样的背景下制定并不断改进完善的。伴随着先进制造战略的提出，产业互联网应运而生[2]。

2. 美国工业互联网的内涵

美国工业互联网主要是基于机器、设备、集群及网络而构建的广

---

[1] 参见肖鹏，《工业互联网白皮书》，2021年10月。
[2] 徐礼伯，张雪平.美国先进制造业领导战略的本质、特点及其启示[J].经济研究导刊，2021（17）：12-14.

阔的物理世界，在更深层次上与连接能力、大数据、数字分析进行密切结合，促进企业的转型升级。工业互联网战略的核心内容主要体现在信息供应网络方面，技术模型主要涉及互联网技术、大数据、云计算及宽带网络等，通过数据陆续对工业环节进行准确化的有效控制，最终实现提高效率的目的[①]。

同时，美国的工业互联网注重要素集成。工业互联网主要涵盖工业智能机器、高级分析、工作人员三大要素。智能机器要素是将机器、设备、网络等通过传感器、控制器、软件应用程序进行有效连接，陆续推动信息这个重要生产要素的高效整合；高级分析要素是对机器、大型系统的运作方式进行整体把握，进而促使数据为技术集成做充分准备；工作人员要素主要是在不同工作场所构建工作人员的实时连接，进而提供较为智能的设计、操作、维护、高质量的服务与安全保障。

美国工业互联网的发展机制如图 2-21 所示。一是政府部门的支持和引领，包括布局工业互联网相关技术、营造良好的生态环境、重视工业互联网相关人才的培养；二是企业联盟和龙头企业的主导和推进，包括建立并完善工业互联网参考架构、针对企业需求收集应用案例、推进标准化协作、支持测试床项目的建设工作等；三是基础技术的支撑和推动，先进的网络技术、数据技术、安全技术为工业互联网的发展提供了重要支撑和保障。这三方合力，共同推动美国工业互联网的快速发展[②]。

---

① 闫敏，张令奇，陈爱玉.美国工业互联网发展启示 [J]. 中国金融，2016（03）：80-81.

② 杜传忠，金文翰.美国工业互联网发展经验及其对中国的借鉴 [J]. 太平洋学报，2020，28（07）：80-93.

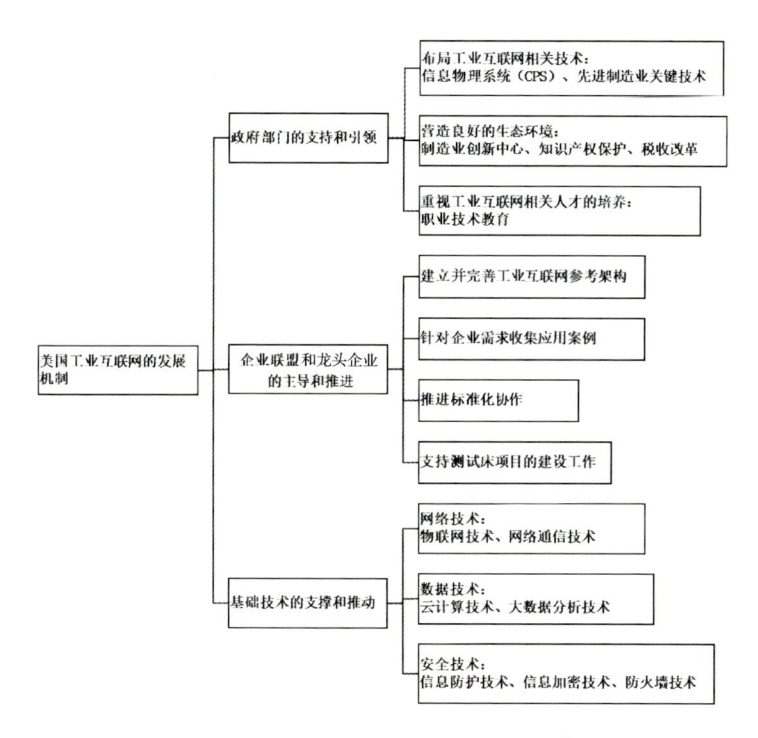

图2-21 美国工业互联网的发展机制[①]

3. 美国工业互联网的发展

自2014年美国GE、IBM、思科等龙头企业主导的工业互联网联盟成立以来，美国政府及联盟组织成员的动向一度成为全球工业互联网发展的风向标。在推进策略上，美国更加注重以创新为驱动，发挥互联网、信息通信、软件等优势，利用信息技术"自上而下"重塑制造业。目前，美国工业互联网的发展领跑全球。

（1）政策支持力度持续加大

为重振制造业，美国不仅密集而持续地出台了一系列政策措施，

---

① 杜传忠，金文翰.美国工业互联网发展经验及其对中国的借鉴[J].太平洋学报，2020，28（07）：80-93.

还不断加大对工业互联网关键技术的投资力度，为工业互联网的发展和应用提供了有力支持。表 2-5 展示了 2016—2019 年美国政府研发支出（R&D，Research and Development），从中可以看出政府对技术创新支持力度不断加大[1]。从结构上看，基础研究、应用研究和技术开发的投入都连年增长，产业、大学和学院资助的研发中心（FFRDCS）获得的资助均保持增长。

表 2-5　2016—2019 年美国政府研发支出

类别	支出（亿美元）				增长率（%）		
	2016 年	2017 年	2018 年	2019 年	2017 年比 2016 年	2018 年比 2017 年	2019 年比 2018 年
R&D 总额	1158.3	1189.7	1294.3	1415	2.7	8.8	9.3
产业	358.1	378.8	397.5	435.8	5.8	5	9.6
大学和学院	282	289.6	315.3	333.6	2.7	8.9	5.8
FFRDCS	114.2	116.9	124.6	148.7	2.4	6.5	10.6
基础研究	322.9	332.7	362	396.8	3	8.8	9.6
应用研究	348.1	366	383.9	437.6	5.1	4.9	14
技术开发	487.3	491	548.4	580.6	0.8	11.7	5.9

资料来源：美国国家科学与工程统计中心（NCSES）发布的数据

2013 年，美国国家标准与技术研究院（NIST）授出 19 个 AMTech 计划项目，总额 900 万美元，支持从柔性电子制造到生物制造、从制浆造纸到成形与连接技术等多项先进制造技术路线图的制定。2015 年 5 月，AMTech 公司授出第二批资助项目。这 16 项资助项目资助金额共计 780 万美元，确定了先进制造技术基础领域的空白，将研究制定行业技术路线图，确定美国亟须解决的技术问题，并支持工业界、学术界合作实施研究计划，加速美国先进制造业的发展。此外，美国还

---

[1] 参见刘戒骄，《美国制造业复兴困境与启示：保护主义政策失灵的现实考察》，中国社会科学院工业经济研究所，2020 年 7 月 8 日。

重点加强对中小企业劳动力的教育培训[①]。2019 年，美国国防部为数字化制造拨款 1000 万美元，对服务水平低下的中小制造商进行培训，加强财务模型和易用工具的使用，创建更具弹性的工业体系。具体业务包括推行网络安全工具试点计划；实施就业分类 2.0 计划，帮助员工深入分析特定工作角色；开展数字能力工作坊，助推识别数字计划；提供技术实习机会；开展工业物联网培训，推动中小企业加快物联网制造[②]。

（2）领军企业优势明显

GE 作为美国传统制造业的巨头，率先意识到数字化转型的重要性，于 2013 年推出工业互联网平台 Predix，大力推动工业互联网发展。随后，GE 投入大量资源，以 Predix 为核心成立新的业务部门 GE Digital，将其作为 GE 战略的关键部分。到 2016 年，Predix 提供的应用软件为 250 个，合作伙伴为 400 多户，软件开发者为 2.2 万名。GE 还与微软、思科、IBM 等巨头建立合作关系，共同推动工业互联网发展，提升平台服务能力。2018 年 12 月，GE 正式宣布将向私募基金公司银湖出售部分 GE Digital 业务，并投入 12 亿美元成立新的工业互联网公司，独立运营 Predix 平台及相关数字化业务，在工业互联网发展道路上进行新一轮尝试。此外，美国参数技术公司凭借 ThingWorx 平台被多家研究公司评为 2018 年全球工业互联网市场技术领导者，已成为全球应用最为广泛的工业互联网平台企业[③]。

（3）优秀初创企业获得资本青睐

2014 年成立的 Uptake 公司在短短 4 年间获取超过 2.5 亿美元融资，

---

① 张楠楠，唐甜甜.美国先进制造计划[J].军民两用技术与产品，2018（03）：21-23.
② 李阳春，王海龙，李欲晓，等.国外工业互联网安全产业布局及启示研究[J].中国工程科学，2021，23（02）：112-121.
③ 参见中国工业新闻网，《全球工业互联网发展实践及启示》，2019 年 2 月 19 日。

市场估值高达 23 亿美元。提供边缘智能软件的 FogHorn 公司累计融资 4750 万美元，仅 2017 年 B 轮融资就获取 3000 万美元。独角兽企业 C3IoT 基于工业互联网平台开发了一系列工业 App，2019 年接入设备数已超过 7000 万，4 轮累计融资 1.1 亿美元，市场估值达 14 亿美元[①]。

（4）积极打造工业互联网发展生态

2014 年 3 月，GE、IBM、思科等 5 家企业联合成立工业互联网联盟，推动工业互联网技术标准化和试点应用，打造工业互联网生态体系。2015 年 6 月，工业互联网产业联盟发布《工业互联网体系架构 1.0》，系统性界定工业互联网架构体系。2016 年 3 月，工业互联网联盟和工业 4.0 平台代表在瑞士苏黎世探讨各自推出的工业 4.0 参考架构模型和工业互联网参考架构的潜在一致性。截至 2019 年 2 月，工业互联网联盟已有来自全球 33 个国家的 260 余家成员单位，致力于测试验证、标准制定、国际合作等工业互联网生态建设。[②]

4. 美国工业互联网的借鉴意义

作为全球重要的工业大国，美国的工业互联网在发展过程中积累的一系列经验，对中国制造业发展具有重要启示意义。

首先，完善顶层制度设计，构建支撑智能制造的生产体系。美国奥巴马政府先进制造伙伴战略的实施，既立足当前，又布局长远，其完善的顶层制度设计，既涵盖了先进技术的研发、推广和使用，又包括来自财政和货币政策的直接支持，同时始终注重加强和改善美国商业环境。其次，增加研发投入，汇聚人力、物力、财力、智力推动技术创新。奥巴马政府对于先进制造业发展的资本支持，不仅包括财政拨款和货币优惠政策，还进一步设立国家制造业创新网络基金、商务

---

① 参见通文，《国际工业互联网发展跟踪研究：工业互联网构筑第四次工业革命的基石》，2019 年 2 月 27 日。

② 参见中国工业新闻网，《全球工业互联网发展实践及启示》，2019 年 2 月 19 日。

部先进制造技术基金、先进技术汽车制造贷款等专项基金。再次，重视大企业主导，同时加强对中小企业的扶持力度。在美国工业互联网发展过程中，GE、IBM、思科等大企业发挥了至关重要的作用[①]。此外，在美国工业互联网发展过程中，科技型中小企业的地位非常重要，它们是美国推进工业互联网建设的微观主体。美国政府致力于为科技型中小企业营造公平开放的经营环境，着力解决其成长过程中面临的资金、技术、管理等方面的问题，助力各中小企业形成自己的核心竞争力，并广泛参与市场竞争。最后，给予工业互联网更多的帮助和耐心。工业互联网平台建设整体处于起步阶段，工业互联网需要更多的资金、技术、人才的投入[②]。

美国的特点是软件基础好、信息技术领先，所以美国转型的战略以软件为本，从软到硬。美国在工业互联网和先进制造推进的过程中，囿于几十年来制造业大量外迁其他国家的局面，真正能够发力的区域集中于尖端技术研发与部分产业链环节，对于海外的依赖度仍然很大，其消费互联网与产业互联网的联动受到一定程度的制约。

2.3.3 中国：多元主体推动

为了应对风起云涌的第四次工业革命浪潮，中国相继出台了一系列政策。随着工业互联网布局的不断深入，转型升级不再局限于工业，逐渐演变成整个产业的改造升级，产业互联网的概念逐渐得到广泛认可。

聚焦中国，产业互联网是从消费互联网中孕育而来的。以 C 端用户为出发点的消费互联网，逐渐完善了信息、商品与服务的连接与匹配，也为新技术、新商品、新消费模式的诞生与发展提供了良好环境。中

---

① 闫敏，张令奇，陈爱玉. 美国工业互联网发展启示 [J]. 中国金融，2016（03）：80-81.
② 袁晓庆. 工业富联离建成跨行业跨领域工业互联网平台还有多远?[J]. 互联网经济，2018（12）：12-17.

国的消费互联网被公认为在全球居于领先地位。中国是全球非常大的制造业国家，制造业 GDP 规模相当于美国、德国、日本的总和[1]。以消费互联网为基础，依托中国强大的制造业基础，产业互联网应运而生。同时，消费互联网存在的升级痛点，将为产业互联网提供有潜力的新发展方向。

1. 多元主体推动

中国产业互联网的发展是多元主体共同推动的结果。从政府角度来看，中国高度重视产业互联网建设，提出加快新型基础设施建设，包括 5G 基站建设、特高压、城际高速铁路和城市轨道交通、新能源汽车充电桩、大数据中心、人工智能、工业互联网七大领域。另外，提出要加快网络、平台、标识、大数据中心四大基础设施建设，拓展融合创新应用，培育壮大创新发展新动能，支撑制造业实现高质量发展。新型基础设施建设会给产业领域带来深刻变革。产业互联网通过与实体企业的连接，倒逼产业转型升级，跨越行业界别，融合三次产业，把人类的生活与工作中的行为场景连接打通，使其真正进入产业互联网时代，引发企业经营管理模式的变革。产业互联网增强产业集群创新引领力。它启动实施产业集群创新能力提升工程，发挥科技创新中心、综合性国家科学中心创新资源丰富的优势，推动特色产业集群发展壮大。

从产业角度来看，产业互联网是促进供给侧产业升级的重要力量。从产业的健康发展来看，目前中国经济运行面临的主要矛盾仍然在供给侧，供给结构不能适应需求结构变化，产品和服务的品种、质量难以满足多层次、多样化的市场需求。因此，通过需求侧的消费升级促进供给侧的产业升级至关重要。然而，产业集群的科技化、高端化、智能化进程相对滞后，在中国"以国内大循环为主体、国内国际双循环"

---

[1] 参见安筱鹏，《展望 2030：企业数字化转型的 10 大趋势》，正和岛，2021 年 9 月。

的背景下，企业既难以掌握需求侧的个性化需求，又难以有的放矢地进行供给侧升级改革。产业互联网的 C2B2、B2C 模式会倒逼企业通过信息化与数字化的形式掌控需求侧数据，从而高效智能地优化供给侧的研发、设计、生产制造等环节，形成良性循环，这将是中国经济向高端智能化方向发展的挑战与机遇。

从大企业角度来看，大企业面临着组织架构臃肿、信息传递效率低下、部门协调困难等问题，产业互联网将有助于其解决这些问题。大企业可以通过采用去中心化的平台型组织结构，开放技术、资本、市场等优势内部资源，链接各类外部资源，打造创新创业生态圈，促使大量社会创新主体围绕大企业在线上、线下形成集聚，从而解决大企业所面临的问题[①]。平台化转型是大企业应对颠覆性创新、适应快速变化的环境、实现企业持续发展的重要途径。在实现自身转型升级的同时，更能盘活存量资源，有利于大量中小微企业实现爆发式成长，为培育壮大经济发展新动能提供重要机制。经过转型，大企业从封闭发展模式转向内外协同模式，从生产者、交付者转变为资源的链接者、整合者。大企业相对集中的区域，虽然在新旧动能转换过程中会遇到严峻挑战，但完全可以通过推动大企业平台化转型释放能量，促进新经济发展，将区域内大企业多年积累的势能有效转换为新动能，变被动为主动，创造新的发展机遇。

从中小微企业来看，主动布局产业互联网，将有助于自身专业能力沉淀并提升竞争力。中国中小微企业目前面临要素价格过高、技术水平落后、融资渠道少、产能过剩严重等一系列问题，导致中小微企业在这种情况下生产成本居高不下，盈利空间不断压缩，从而使中小微企业在转型升级中受阻。对此，阿里巴巴提供了很多技术，助力中

---

① 长城企业战略研究所.大企业平台化转型：新时代推进企业变革的必由之路（上）[J].新材料产业，2019（12）：57-61.

小微企业的数智化转型升级[①]。例如，钉钉面向中小微企业提供大量免费服务，让中小微企业可以更高效地和客户、合作伙伴协同沟通；云钉一体提供一站式数智解决方案，实现人财物、产供销的数字化精准管理。中小微企业应当在政策引导、产业推动的背景下，大力运用数字技术提高有效供给能力，充分发挥数字技术优势，利用数字技术改变传统产业的商业模式，激发生产活力，推动业务流程重组、生产要素重组，优化资源配置，解决其要素、技术、融资、产能等方面的问题，进而推动传统产业的转型升级，提高供给能力。同时要兼顾技术、商业模式、管理模式等的创新实践，促进智慧城市、人工智能、绿色生态等新兴需求不断被释放，从产品、应用到服务蕴含着巨大的发展空间，满足人们更加多样化、个性化、便利化的需求。

2. 中国产业互联网的发展

（1）总体势头发展较好

首先，中国产业互联网呈"野蛮生长"的趋势。无论是利好政策、资本注入、新参与者涌入，还是新技术、新产品落地，都为其发展创造了一个良好的环境。同时，各类工业互联网平台纷纷涌现，根据中国信通院《工业互联网平台白皮书（2019讨论稿）》统计，中国工业互联网平台已有300家左右，具有一定规模与影响力的平台数量达到50家之多。其中，既有垂直行业的龙头企业，也有以BAT为代表的数字企业，而高科技初创企业的加入为工业互联网的发展注入了新的创新元素。值得肯定的是，越来越多的平台从起步逐步走向成熟，从最初的一窝蜂、追风口到现在的聚焦与专注，无论是在产品能力、服务体验、商业模式上，还是在发展路径上，对平台建设都有了更为深刻的认知。据中国信通院发布的《工业互联网产业经济发展报告（2020年）》，

[①] 孙卫东.产业集群内中小企业商业模式创新与转型升级路径研究——基于协同创新的视角[J].当代经济管理，2019，41（06）：24-29.

2018年、2019年中国工业互联网产业经济总体规模分别为1.42万亿元、2.13万亿元，预计2020年为3.1万亿元，同比增长47.9%，占GDP的比重分别为1.5%、2.2%，对GDP增长的贡献分别为6.7%、9.9%[1]。图2-22展示了中国产业互联网发展阶段。

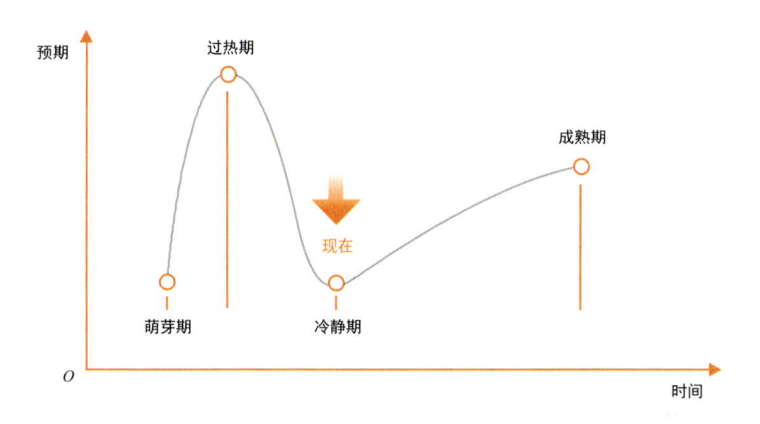

图2-22　中国产业互联网发展阶段[1]

其次，应用广度和深度不断拓展，大中小企业各具特色。不同规模企业间融通发展不断深化，推动产业链上下游协作水平快速提升。根据中国信通院评估，大型企业的融合应用普及率为86.1%，中型企业的融合应用普及率为68.7%，小型企业的融合应用普及率为51.8%[2]。

最后，随着产业互联网的快速发展，其应用范围已经不再局限于制造业，逐步延伸到建筑、医疗服务、能源、交通等领域，并不断向第一、二、三产业其他领域扩展。根据中国信通院调查，2019年工业互联网在三大产业的渗透比例分别为0.27%、2.76%、0.94%[3]。

---

[1] 参见阿里研究院，《新一代工业互联网发展模式与成功实践》，2021年1月。
[2] 参见刘多，《中国工业互联网发展成效评估报告》，2020工业互联网大会。
[3] 参见肖鹏，《工业互联网白皮书》，2021年10月。

（2）产业互联网网络基础设施加快部署，应用创新持续活跃

工业互联网标识解析体系实现从 0 到 1 的突破，中国分别在北京、上海、广州、武汉、重庆建立了国家顶级节点。以国家顶级节点为核心的工业互联网标识体系成效初显，"东西南北中"一体化格局初步形成。截至 2021 年 10 月，已上线运营 60 个二级节点，覆盖 21 省 26 个重点行业，接入企业节点超 3000 个，标识注册量突破 54 亿个。同时，工业互联网应用创新持续活跃，各类新模式、新业态不断涌现。从图 2-23 中可以看出，相当一部分企业已经应用了新模式，这将不断驱动实体经济的数字化转型[①]。

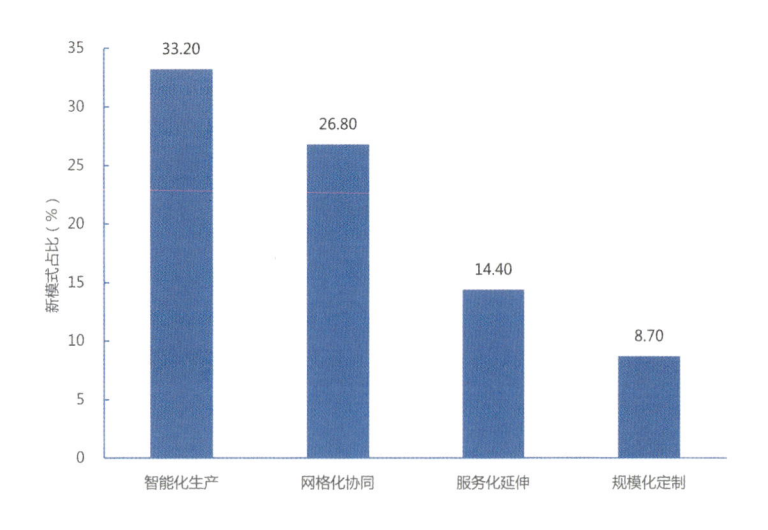

图2-23　2019年企业应用新模式占比[①]

智能化生产　33.20
网格化协同　26.80
服务化延伸　14.40
规模化定制　8.70

3. 工业互联网发展路径探索

国内建立工业互联网平台的企业主要有四类，即传统的制造业、工业设备提供商、工业软件企业和信息通信企业，这四类企业主要凭

---

① 参见肖鹏，《工业互联网白皮书》，2021 年 10 月。

借自身优势从工业知识与信息技术两个方向切入工业互联网平台。由互联网企业及通信企业构成的信息通信企业主要发挥其 IT 技术优势，将已有的云平台向工业领域延伸，构建包括边缘层、IaaS（Infrastructure as a Server，基础设施即服务）层及 PaaS（Platform as a Server，平台即服务）层的工业互联网平台。制造企业、工业设备提供商及工业软件企业均是基于工业领域的知识、经验构建工业互联网平台。规模大的企业具有构建完整的工业互联网平台的能力，中小企业通常选择在 ICT 企业建立的通用 PaaS 之上构建具有特定功能的工业互联网平台[1]。

制造企业转型过程大致可以分为四个阶段，如图 2-24 所示。

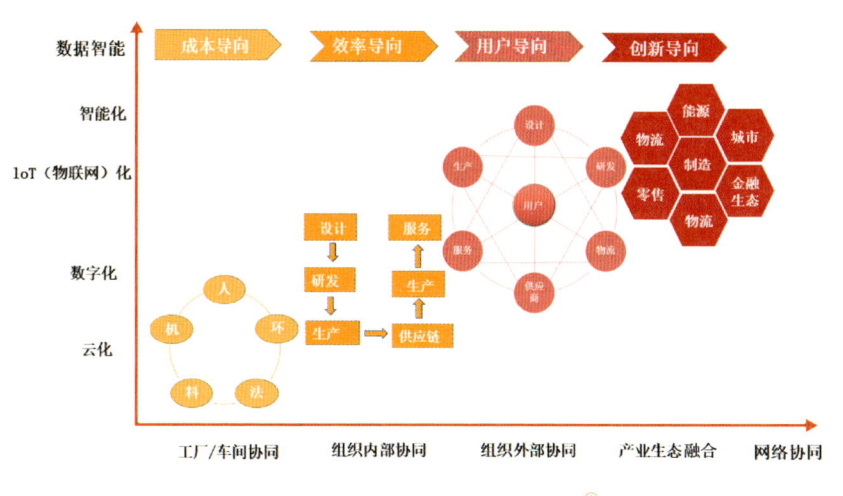

图2-24 制造企业转型的四个阶段[1]

（1）工厂/车间协同（成本导向）

工厂/车间内部生产运营的局部云化与数字化往往成为制造企业，尤其是广大中小企业数字化转型尝试的第一站。工厂数字化改造的迫切性与传统信息化手段的高成本之间的矛盾，驱动制造企业的生产运

---

[1] 参见阿里研究院，《新一代工业互联网发展模式与成功实践》，2021 年 1 月。

营纷纷转向工业云平台。局部的工业设备云化、工业应用云化，可以帮助制造企业快速打造一个入门级的"数字孪生"工厂。制造企业按照时间、人、使用频次订阅工业云服务，仅用传统工厂数字化改造 1/5 的时间与成本，便可连通工厂内部的人、机、物，有效提高工厂/车间的可视化运营效率，优化决策。

（2）组织内部协同（效率导向）

制造企业依托互联网架构（如数据中台、业务中台），打通传统架构造成的企业内部数据孤岛与业务孤岛，包括产品设计、生产工艺、库存管理、生产执行、订单管理在内的所有环节都可以打通，促使企业有能力站在全局的角度优化企业决策。在数据自动化与智能化驱动下，一线业务的实时决策逐步替代管理层的经验决策，并支撑制造企业由线性、静态协同向网状、动态协同转变。同时，随着云、边、端一体化协同的深入，数据得以快速双向流动并形成反馈闭环。制造企业将更有信心尝试数据智能在多个工业场景上的应用，逐步将其作用到核心业务，并赋予机器更多的认知能力，辅助人们决策。

（3）组织外部协同（用户导向）

该阶段，平台构建的价值网络将替代传统的价值链模式。无论是 2B 还是 2C 模式的制造企业，都渴望通过平台的方式获得更为开放的协作能力，不仅指组织内部的协同能力，更渴望打通上下游供应链、销售链，加快构建大数据支撑、网络化共享、智慧化协作的上下游全产业链体系。制造企业将更加依赖工业互联网平台，以实现设计在线、研发在线、生产在线、用户在线、服务在线与消费在线，以及内外部业务间的直链。届时，全局的数据智能将提高组织的整体运行效率，所有环节的交互都是以网状的方式推进，所有业务决策都是围绕用户洞察出发，所有生产活动都可以柔性化，所有产品与服务都可以满足个体的需求。

（4）产业生态融合（创新导向）

更多垂直行业的领军者将其所在行业的复杂性与知识的不对称性转化为自身的竞争优势，并从中受益。一方面，制造企业将多年累积的知识、经验、资源及数据资产，以数字化、云化、平台化的方式开放给上下游企业或跨行业用户，让知识与数据资产以规模化的方式变现。另一方面，制造企业通过构建跨平台、跨产业的生态体系形成更大维度的交叉与协同，创造新商业模式与新业态，如工业电商平台、供应链金融、移动出行服务、工业大数据交易平台等。届时，人工智能、区块链等新一代平台型数字技术将成为工业互联网创新的"数字神经中枢"，推动制造业进入全面"业态化"的发展状态[1]。

2.4 五大瓶颈——产业互联网发展如何破局

产业互联网大潮正涌入传统行业，一些企业联合互联网及 IT 企业，开始运用数字技术，有意识、分阶段地对核心生产要素、主要生产环节及销售经营环节等进行数字化、网络化与智能化，努力突破企业原有边界，并向产业链上下游延伸，期望形成更有效率的资源配置与更有效果的价值创造，从而走在转型升级的前列。

产业链条上各项生产性服务的融合与共享，将不断深化。在此基础上，越来越多的企业将具备柔性生产能力与个性化服务能力，可以为消费者（客户）提供更大的商业价值，从而在市场上不断提高供给的质量。

在蓝图展开的过程中，产业互联网在中国的发展仍将面临关键瓶颈制约，只有准确把握才能找到应对之策，以确保在成长道路上行稳致远。

---

[1] 参见阿里研究院，《新一代工业互联网发展模式与成功实践》，2021 年 1 月。

2.4.1 产业链协同程度不足

中国产业互联网建设目前处于初期阶段，同消费侧相比，供给侧数字化水平还有相当大的差距。目前，数字化工作更多地局限于企业内部，产业链的打通相对不足，数字化建设价值释放的拐点尚未到来。

如图 2-25 所示，在具有代表性的三大类、九小类工业行业，各环节的数字化程度上，我们可以看到生产设备数字化率（38.7%～53.7%）、数字化生产设备联网率（29.7%～52.8%）、数字化研发设计工具普及率（47.6%～83.5%）三项指标水平较高，表明企业内部的设备及工具数字化程度令人满意，但智能制造就绪率（2.8%～9.2%）和实现产业链协同的企业比例（3.3%～9.2%）两项指标要低一个数量级，前者表明企业内的生产数字化综合集成水平偏低，后者表明产业链协同受重视程度不够。

行业	细分	智能制造就绪率	生产设备数字化率	数字化生产设备联网率	数字化研发设计工具普及率	实现产业链协同的企业比例
消费品行业	轻工	5.1%	43.9%	37.5%	48.5%	9.2%
	食品	5.7%	45.6%	37.4%	59.2%	5.7%
	纺织	5.9%	46.5%	35.5%	55.3%	9.1%
	医药	2.8%	38.7%	29.7%	77.3%	5.5%
装备行业	机械	9.2%	47.5%	——	83.5%	6.9%
	汽车	4.3%	44.1%	39.2%	50.0%	5.9%
原材料行业	建材	5.5%	47.7%	——	47.6%	3.3%
	钢铁	7.4%	53.7%	52.8%	55.5%	8.2%
	石化	4.4%	39.7%	32.1%	61.2%	5.8%

图2-25　工业行业数字经济发展全景图[①]

---

① 来源：《2018 中国数字经济发展报告》，中国信息化百人会。

产业互联网技术基础和体系不完善,是阻碍产业链协同的因素之一。传统工业设备种类、通信协议、数据格式繁杂,缺乏有效技术手段实现低成本、便捷化的设备间互联互通[1]。支撑消费互联网快速崛起的云计算、大数据、人工智能和区块链等技术,可以迁移应用到广阔的产业场景中。

数字化能力弱、数据共享意愿不强,是阻碍产业链协同的因素之二。目前,中国传统企业数据种类少、质量较低、有效性不足,同时企业内部及企业间存在着较大的数据流通壁垒,协同联动因此受阻。此外,产业上下游之间没有建立必要的信任,没有从数据共享中获得利益,因此共享意愿不强,数据孤岛情况严重,产业链协同效应得不到有效发挥[2]。

产业互联网应用场景探索仍然不够,是阻碍产业链协同的因素之三。在技术支撑下,如何将商流、物流、信息流、人才流和产业公共服务等通盘考虑、有机组合,产生增值效果明显的新场景、新商业模式,是决定产业链协同的又一关键点[3]。

2.4.2 消费者(客户)需求考虑不够

过去几年,德国工业 4.0 和美国工业互联网、先进制造等理念及案例在中国产生了非常大的影响,业界争相学习、努力开展相关的产业互联网实践。

诚如上节对各国产业互联网探索的初步分析,各国国情不同,相应侧重点和路径也有所区别。不拘泥于制造端及高端研发,充分利用中国市场空间大、产业布局广泛的优势,应是中国产业互联网发展的

---

[1] 参见中国工业互联网研究院,《中国工业互联网产业经济发展白皮书》,2020 年 8 月。
[2] 参见华为等,《5G 确定性网络 + 工业互联网融合白皮书》,2020 年 11 月。
[3] 参见艾媒咨询,《"新基建"背景下中国工业互联网与工业智能研究报告》,2021 年 8 月。

关键。

目前，产销两端联动还存在着比较大的问题，对生产端发力多、对消费者（客户）需求考虑不够，中国产业互联网发展必须突破这一瓶颈。传统的分级批发渠道的需求数量是靠频次不高的订货会收集上来的信息加总得出的，这一数量的背后存在两方面问题：一是提供的商品种类有限，消费者（客户）选择余地不大，潜在消费意愿受到一定程度的压制；二是各区域具体需求数量，主要靠批发商、店长等个人经验判断，并不一定是消费者（客户）真实的需求。因此，应用新技术和系统推进全产业链变革迫在眉睫。生产企业既要更高频次地与消费者（客户）互动，提供更多种类的商品，也要更直接、有效地获取消费者（客户）的真实需求数据。

2.4.3　中小微企业支撑不够

中小微企业是经济发展的重要力量，但目前中国产业互联网在建设过程中对它们的关注和帮助并不充分。

多数中小微企业囿于自身体量，在市场上议价能力不强，面对原材料价格上涨等情况，消化能力也较弱。当需求结构骤然变化、传统渠道不断遇阻、新业态持续出现时，相对于大企业，中小微企业面临着更大的挑战。

中小微企业接入大企业或政府提供的产业互联网平台，是其更具现实性的选择。

2.4.4　数字技术和人才投入有限

产业互联网作为一个新兴事物，应用场景的开拓、核心服务的提供都在探索中，它的快速推进有赖于相关各方对数字技术和人才的必要投入。

这些投入主要包括物联网等硬件设备和软件，数据、计算和网络资源，分析和处理工具，研究开发人才，运营和维护队伍等。尤其是研发和运营人才，既要懂数字技术和商业，又要懂工业知识。对于任何一家企业来讲，单独投入成本都很高。从意愿上讲，大企业希望及早看到商业模式是否可行，中小微企业希望快速获得经营效益，量入为出，各自孤立地投入数字技术和人才进行研发，显然不具备可行性。

如果不能解决数字技术和人才的必要投入问题，未来产业互联网发展将举步维艰。从产业互联网基础技术层面而言，互联网公司、IT 企业的参与有助于核心技术和共性服务的快速导入。从行业应用层面而言，行业或区域垂直化产业互联网平台、物流、金融、公共服务、组织数字化等企业的加入，有助于具体场景应用的快速落地。再加上企业自身的努力，各方通力配合，产业互联网才能有效地运转起来。这一进程将受到产业政策和市场竞争合作动态的直接影响[①]。

2.4.5　管理模式变革不彻底

传统管理模式难以适应数字技术对产业格局、组织和价值链的重组。"自上而下"的管理模式，重控制、重制约、重制度、重规范，繁多的管理层级、阻滞的沟通渠道、复杂的审批流程等，已无法满足数字经济时代企业快速迭代创新的需要。在产业互联网时代，人、机、物、系统广泛互联，将不同信息在产业互联网平台上转换为行业知识并进行沉淀和共享，高度数字化、网络化让企业高度透明，而传统管理模式缺乏协作创新和推进，阻碍了企业转型升级[②]。

为融入产业互联网生态、获得发展红利，企业亟须改变目前碎片化的管理模式，将业务流程标准化、精细化、可视化，进行优化调整，打通信息和管理孤岛，提高对关键资源的管理能力，提高企业边界的

---

① 参见国泰君安证券，《新基建——工业互联网产业链梳理：万物互联智能制造》，2020 年 12 月。

② 参见赛迪研究院，《工业互联网平台新模式新业态白皮书》，2020 年 8 月。

延伸能力。

在数字化引发的需求巨变时代，企业竞争正演变为更有效地匹配供需的能力之争，演变为如何高效地满足个性化、场景化、实时化、互动化需求的竞争。在政策战略支持、人口红利消失、技术变革加快等多种因素影响下，产业互联网的发展也被按下了加速键。

产业互联网能够很好地打通产销两端，促进有效供需匹配，为中国实体经济发展不断注入活力。当前，供给侧与需求侧仍存在割裂现象，尤其是产业链协同不足，对消费需求满足不够深入，对中小微企业帮助不充分，对数字技术和人才的投入有限，对管理模式变革不彻底等问题凸显，中国产业互联网亟须打破发展瓶颈，借鉴国外先进经验，充分结合国情，走出一条可持续、有成效的产业互联网发展道路。

第 3 章
经济增长新动能：消费互联网和产业互联网双轮驱动

当前，中国正处于从"大国"向"强国"转变的关键时期，要实现这一质的跃升，必须走高质量发展道路。

在贯通各经济环节，进而形成更高水平动态平衡上，数字化转型可以发挥很大作用。当前，消费互联网在消费需求激发和满足上的成效有目共睹，产业互联网在供给能力和效益提升上的进展已逐步显现。在两个不同领域内，技术开发有所进步、运营经验得到积累，但广大消费者和商家、各行业不同规模的企业都着眼于未来发展提出了进一步要求。只在自身擅长的事项上做"局部优化"，两个领域将无法再破解难题、突破瓶颈、站上更高的发展台阶。只有打破藩篱，将两者贯通，实现消费互联网和产业互联网的有效协同、双轮驱动，才有可能贯通经济各环节，形成更高水平供需动态平衡。消费互联网和产业互联网的双轮驱动，将为经济增长提供新动能。

3.1 双轮驱动的基本原理

为了充分发挥消费互联网和产业互联网双轮驱动的作用,了解其突出特征、掌握其运作原理、把握好其发力点、不断强化其实现方式尤为关键。

3.1.1 双轮驱动的四大特征

消费互联网和产业互联网双轮驱动具有以下四大特征,做到了指向明确、范围清晰、智能化升级,提供了良性供需互动机制。

1. 以消费者(客户)为核心——指向明确

基于前述分析,在过去的一个阶段,中国消费互联网借助数字化技术和应用,让商家更贴近消费者,由此取得了飞速进步。

相对来讲,产业互联网截至目前仍然更多地偏重于生产端的数字化,并且更多探索还集中在企业内的数字化转型上。显然,产业互联网对消费者(客户)的关注仍然是不足的,企业制造的整体理念还处于"以产品为核心"的时代。

一方面,如果企业的生产经营不以消费者(客户)为核心、缺乏对消费者的理解,必然会造成生产出来的产品与消费者(客户)需求的偏差,那么销售不畅乃至积压的状况将不可避免。

另一方面,如果企业生产出来的产品不符合消费者(客户)的实际需求,则消费端面向消费者做得再好也是空谈。因此,消费互联网一侧的商家从自身扩大发展的角度出发,也有动力携手产业互联网一侧的生产企业形成上下游联动,真正按照消费者(客户)的需求去生产和销售产品。

由此,消费端的商家、生产端的厂家都将更好地满足消费者(客户)需求放在了经营原则的首要位置。消费互联网和产业互联网要实现双轮驱动、取得乘数效应，必然会将指向明确到以消费者（客户）为核心上来。我们欣喜地看到已有生产企业逐渐做出这种改变，同时带动了物流、金融、数字化等一系列生产性服务企业围绕消费者（客户）做出各领域的创新。

2. 全渠道、全链路连接和优化——范围清晰

数字化在各领域的实践遵循一个普遍的演化规律，可以总结为"数字化解构、数据化表达和全链条重构"。

初期，数字化技术总是在原有业务流程的单个环节上取得突破。以电商为例，如在商品的数字化展示、支付的数字化实现、物流的数字化管理等环节上，这是"数字化解构"的阶段，用以替代原有的商品陈列、现金支付和纸质物流单据等传统方式，单点的数字化提高了各部分的效率。接下来的阶段，由于经历了数字化的过程，业务状态逐渐可以用数据来表达，人们可以得到关于商品的丰富数据、支付的详细数据、物流的过程数据等，这就是"业务数据化"的过程，进而可以从数据层面来考虑做出相应的改变。最后的阶段就可以数据为纽带，将某项业务的各环节、全链条地串起来，通过不断地分析、优化实现进步，乃至从量变到质变。当今的电商与20年前相比的巨大改变，正是这种全链条优化的直观体现。

这一普遍规律在当今会再次显现威力。电商等在消费互联网做出的全链路尝试，逐渐延伸至产业互联网端的生产企业、原材料企业和其他生产性服务企业。围绕着消费者（客户）这一核心，无论是消费互联网还是产业互联网涉及的部门都在寻求合作，跳出自身小范围优化的局限，寻求全渠道、全链路连接和优化的最大成效。

3. 数据驱动，算力支撑，算法提升——智能化升级

网络化、数字化和智能化是一个信息处理层面自动化程度逐渐加

深的进程，在前两方面不断取得进展的情况下，智能化成了新任务，这是数据业务化的新征程。

数据驱动、算力支撑和算法提升构成了智能化升级的"铁三角"，三者缺一不可、相辅相成。

在各环节数据化开展良好的情况下，全链路优化提上日程。唯有依靠数据驱动，各环节的连接才能更快速、更紧密，对来自消费者（客户）的实时动态给出及时、有效的回应。例如，消费者下单的同时就自动同步触发物流任务，以便消费者更早收到货物，享受更好的购物体验。如果依赖人为操作，而不是数据驱动，就会存在明显的效率瓶颈。

若要做到及时、有效的决策和行动，一定离不开算力的强力支撑。例如，金融业务对市场和交易行情的迅速反馈价值连城，而算力的支撑就是竞争取胜的关键。再如，家居设计服务，快速渲染成图、减少消费者的等待时间，就可能挽留住一笔价值不菲的订单。云计算等能力强大、稳定且成本可控的共享算力服务，是数字化时代算力的可靠保障手段。

各行业的进步，长期以来经验的积累和传承，在市场快速发展变化的情况下，这种方式显然跟不上时代的步伐。算法体现了在数据化基础上，依托算力的一个加速的学习过程。算法带来了决策能力的不断提升和决策速度的加快，在某些领域不断超越人类能力的极限，形成了"新智能"。例如，电商等消费互联网服务中的搜索推荐，其对消费者偏好的准确把握，超越了传统的导购人员。

数据驱动、算力支撑、算法提升在消费互联网领域应用较多，且仍在不断探索，而消费互联网和产业互联网双轮驱动带来的全链路优化空间更加广大。在产业互联网领域，人们也会看见数据、算力、算法结合的威力，同时在消费互联网和产业互联网两者的连接上，智能化将弥合产销鸿沟，释放全链路的红利。

4. 需求牵引供给，供给创造需求，创造有效供给——良性供需互动机制

消费互联网和产业互联网的贯通、联动和双轮驱动，将会带来更高水平的动态平衡，从而提高整个经济系统的运行效率。

围绕消费者（客户）的需求，在消费侧可以产生基于数据的需求洞察，将这种洞察传递到生产侧，会倒逼符合需求的有效供给，构成了"需求牵引供给"的过程。这种供给的产生是以最新的需求信息引导的，尤其是在量的判断上更精确，而不是依据生产商或渠道商的事先经验判断，因此是更为有效和匹配目标客户的现有产品供给。唯有如此才能避免供应链反应滞后、失真的"牛尾效应"，让产业链条上的企业更敏捷地应对市场变化，打赢效率、效益和创新战役。

在现有产品之外，依托对消费者（客户）消费偏好的洞察，生产企业有针对性地开发新产品并推送到消费侧，这种数据定义的新供给将更符合消费者（客户）的意愿，从而更有可能成功地激发新需求，并快速迭代，使得生产企业获取更大的竞争优势，构成了"供给创造需求"的过程。这种新供给不是盲目推出的，而是以对潜在需求的数据分析为基础，因此是更为有效和匹配目标客户的新产品供给。

以数据为纽带，这种需求牵引供给、供给创造需求的不断迭代和循环很好地体现了消费互联网和产业互联网双轮驱动的动态效果，这一过程可以满足供需动态平衡，实现有效供给的目标。消费互联网和产业互联网双轮驱动示意图如图3-1所示。

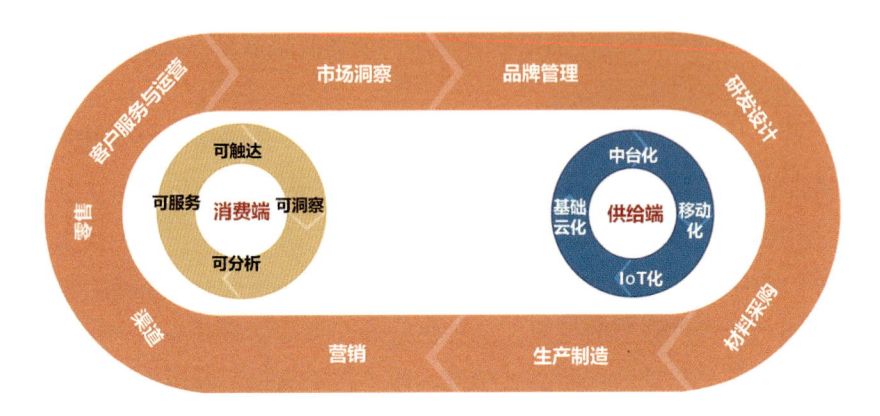

图3-1 消费互联网和产业互联网双轮驱动示意图

3.1.2 双轮驱动的运作原理——B=C2B2C^n

消费互联网和产业互联网双轮驱动可以很好地解决供需匹配如何更精准的问题。双轮驱动的运作原理可以通过B=C2B2C^{n}公式进行描述。

B=C2B2C^{n}展现了一条动态循环的价值实现路径，更清晰地揭示了需求牵引供给、供给创造需求过程中不同主体的互动关系。

随着电子商务的兴起，各界在分析商业模式时广泛采用B2C、B2B、C2C、C2B等模式。但上述模式通常是单向关系，反映了业务的流向。通常，B2C反映了商家提供产品给消费者，如采用直销方式的商家；B2B反映了企业间的原材料、设备、服务等购销过程，如批发网站；C2C反映了消费者之间或小商家与消费者之间的交易关系，如商品集市网站；而C2B则是随着电商发展逐渐新兴的概念，体现了消费者（客户）主权崛起带来的商业模式变革，反映了消费者（客户）对供给的影响力。

B=C2B2C^{n}是消费者（客户）和企业间非线性的互动关系，体现着双方在生产、流通、交换、分配、服务中的紧密依赖和互相影响。C——消费者（客户）居于核心地位，B——生产企业等是服务的角色；

C2B 代表消费侧——消费者（客户）的需求传导至供给侧（生产企业等），促使其开展新产品研发、供应链优化等一系列活动，代表了消费端到供给侧的价值牵引；B2C 代表供给侧——生产企业等将创造的巨大价值反哺到需求侧的消费者（客户），实现供给侧到消费端的价值回归。一切以消费者（客户）为核心，倒逼企业做好消费者（客户）运营、产品创新、产品设计、产品研发、智能制造、产品营销、渠道管理、零售、品牌建设、配送等事宜，然后精准推广，服务全网、全渠道更多的消费者。n 次方即利用"数据+算力+算法"的智能化手段反复迭代，对端到端全产业链路、全流程、全场景、全触点、全网、全渠道、全域、全生命周期进行优化。$B=C2B2C^n$ 指向双轮驱动的动态循环，是消费对供给、供给对消费的不断激发和满足，进而促进生产消费体系的进一步完善（见图 3-2）。

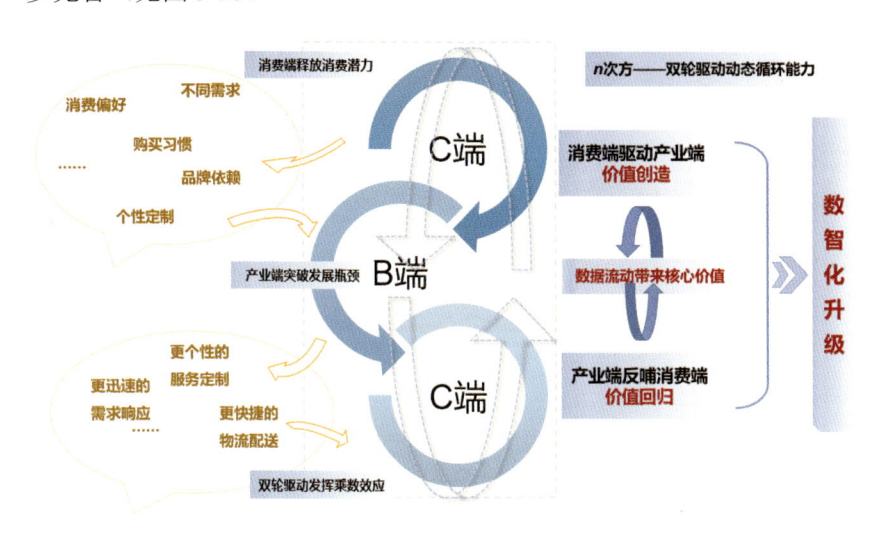

图 3-2 双轮驱动的运作原理——$B=C2B2C^n$

在此驱动模式下，消费端和供给侧始终处于一个不断靠近的状态，消费者（客户）、商家、生产企业和供应链参与者相互促进。在需求侧，消费互联网潜力持续释放，促进产业互联网发展的内在动力和巨大市场需求；在供给侧，产业互联网发展突破瓶颈，推动供应链优化升级，在量和质的层面不断提高消费水平。

把握好 B=C2B2C^n 的规律，就能抓准参与主体持续发展及形成高频和深入互动的重要事项。

3.1.3 双轮驱动的发力点——G=(P×O×C)^i

消费互联网和产业互联网双轮驱动力度很重要，这需要消费互联网涉及的商家、产业互联网涉及的生产企业和服务企业等不断发展，以更好的实力服务消费者（客户）。

为破解相关商家、企业不断发展的相关因素，我们用 G=(P×O×C)^i 这一公式来加以归纳。

G 代表一个组织的增长动力，它的大小是由四个主要因素来决定的：一是产品力（Product），用字母 P 来表示；二是组织力（Organization），用字母 O 来表示；三是消费者资产（Consumer），用字母 C 来表示；四是数智化的能力（Digintelligence），用字母 i 来表示（见图3-3）。

图3-3 双轮驱动的发力点——G=(P×O×C)^i

G=(P×O×C)^i 这一公式反映了人们对影响商家、企业发展的关键因素的认识。

增长动力反映了一个企业在增长上超出行业平均水平的程度。无论是新兴行业还是成熟行业，总有异军突起的代表，在数字经济时代更是如此，如网络原生的商品品牌（食品、服装、美妆、智能汽车等行业）增长速度极快，远远超出了传统的行业领袖。这种增长背后是有着严密的举措作为支撑的,利用好数字化技术和应用,可以做到事半功倍。

产品力显然是企业经营成败的关键。企业提供给消费者(客户)的商品和服务是企业传递价值的载体,而产品力对于增长动力具有基础性作用。除了产品本身的技术含量,新品推出的速度也是制胜的根本。例如,天猫平台上2020年领跑者新品对销售增长贡献达到30%～80%,线上新品增速超过70%,约25%的头部商家新品销售占比超过50%,数据驱动的新品创新时间和成本减少约1/3。在这种形势下,商家和生产企业不从数据上洞察消费者群体需求、跟踪消费者群体偏好变化、上新速度不够快、爆款翻单能力跟不上等都将制约企业的产品力,因此来自消费侧的需求洞察、来自生产侧的柔性制造能力等都是必不可少的,消费互联网和产业互联网各自能力都要不断加强,而且要做好联动。

组织力强调企业适应环境变化,做出快速调整的重要性。在数智化时代,企业间的竞争呈现高频状态,业务稳定性也受到挑战。为了应对环境变化,企业必须利用数智化手段做出敏捷调整。企业结构调整后,实际上相应的业务系统、审批流程和资源支持能不能跟上、需要多长时间跟上决定了企业变革的成败。在当今时代,企业管理正从控制型向赋能型转变,管理者要为企业员工搭建施展才华的平台,为他们提供足够的支持。企业还要不断地突破边界,建立与上下游企业、政府、消费者(客户)、社会组织等的实时协作关系,打造生态圈。从依赖员工个人绩效的改善向依托组织、产业链、商业生态的力量协作创新,寻找新的商业价值来源。同时,还应力争将企业积累的隐性知识显性化,不断地形成新标准,通过系统实现数据的自动化流转,达到决策的智能化。要完成全链路优化,打通消费和供给的藩篱,一个强有力的企业不可或缺。只有汲取组织力,不断迭代优化,企业才能长期避免落入常规，长期保有创新活力。

消费者资产体现了企业赢得市场的长期能力。相关数据显示，在天猫平台上，近年来领跑者新客增速是行业平均的 5～17 倍。电商的发展丰富了消费者资产的内涵。电商不是仅仅向消费者（客户）销售现有产品，更重要的是赢得具有一定特征的细分消费者群体。通过对消费者群体的画像，商家也好，生产企业也好，都可以围绕消费者（客户）不断推出新的商品和服务，满足消费者更广泛的需求，从而最大限度地实现盈利，这是线下单纯以销售现有产品为导向的企业所无法做到的。正是在这个意义上，消费者资产得到持续积累，并不断带来新的商业机会。

产品力、组织力和消费者资产结合在一起，将协同发挥乘数效应，放大增长的效果。

人们也能体会到，数智力将起到杠杆作用，触发产品力、组织力和消费者资产的指数级增长。不管是云计算提供的算力，还是整合了资源和能力的数据中台、业务中台，或者触达亿万消费者（客户）的智能设备和应用软件端，都是这种能力的具体体现。善用这些工具，将增强产品力、组织力和消费者资产的叠加效应、聚合效应、倍增效应，企业增长动力将取得突破常规的效果。

3.1.4 双轮驱动的实现方式

数字经济要像工业经济曾经做到的一样，带来经济发展方式的根本转变，最关键的是要依靠网络协同和数据智能。消费互联网和产业互联网双轮驱动是数字经济发展到新阶段，促进经济增长的又一利器。因此，双轮驱动的实现方式是，在现有条件下促进网络智能和数据协同的落地及发展。

阿里巴巴集团学术委员会主席曾鸣曾提道："网络协同和数据智能

是数字化转型的双螺旋。"网络智能和数据协同的本质就是平台化、生态化，将产业链上下游所有参与主体都协同起来形成贯通的网络体系。天猫的上千万商家、服务商、平台和数以亿计的消费者，在数据的联通下形成了大规模的社会化协同，超出想象的多样性促进了电商在中国的蓬勃发展，使中国的消费互联网发展水平位居世界前列，而消费互联网的这一发展规律同样适用于消费互联网和产业互联网的双轮驱动。当生产企业、原料供应商、渠道商、各类生产性服务商、平台、政府、商家、服务商和消费者通过数据智能形成网状协同时，既能产生产业解决方案和消费创新方案的多样性，又将带来新的商业机会。数据在消费互联网和产业互联网中更大范围地流动，将创造新的应用场景，催生新的智能产品。

3.2 双轮驱动的预期效果

前文在描述消费互联网和产业互联网取得的进展和成效后，还分别谈及了它们进一步发展待解的难题、待破的瓶颈。单纯在各自领域内寻找破解之法，显得颇为困难。在分析研究了消费互联网和产业互联网双轮驱动的突出特征、运作原理、发力点和实现方式后，我们对难题的解法、瓶颈的破法有了更清晰的认识。

双轮驱动的落地实施，解决方案的不断迭代和精细化，将有利于攻克难关，更好地满足消费者需求、促进商家健康成长、提高生产企业市场竞争力，从而从整体上促进经济高质量发展、带来新价值。

3.2.1 双轮驱动更好地满足消费者需求

1. 提供更多高品质商品，满足消费者的个性化需求

消费互联网和产业互联网打通，将使更多生产企业从生产制造拓展至销售的前端，利用数字化的渠道和零售设施、精准化的营销工具触达目标人群，沉淀自有的消费者资产。生产高质量商品的企业同有高品质要求的消费者可以更有效地匹配，从而解决消费者难寻高品质商品、生产企业难觅高价值用户的困境。

通过垂直化、区域化的产业互联网，商家可以与众多的产业集群生产企业建立紧密的业务联系并互通核心数据，由商家或平台将数据化需求传导到生产端，研发和推广更多品类商品生产的标准化作业，依靠数据调整产能形成规模化快速反应能力，满足更多消费者的个性化、定制化需求。

2. 优化物流配送时效，便利消费者购买心仪商品

建立生产企业与物流配送企业及线上、线下销售渠道的联动，通过数据共享做好仓网建设和使用规划、重要销售时点和区域的商品销售预测、运力预测等，将消费者最希望购买的商品推送到距离他们更近的地方，满足他们即刻实现的商品需求，实现从 Just in Time（敏捷）到 Just in Case（随心）的转变。

在中西部地区，可以通过垂直化、区域化的产业互联网平台汇聚物流需求，形成与物流配送企业的规模性对接，提高物流配送企业在特定区域的业务密度和需求稳定性，降低其设施投资的风险，从而最大限度地为本地商家和企业服务，降低物流成本，加快送达速度，以赢得更多消费者的青睐。

3. 提供消费者高频、深度的参与机会

企业通过多种线上渠道开展互动，可以促进消费者高频和深度参与。例如，企业在商品设计层面可以开展竞赛和众包活动，吸纳消费者创意和个性化要求；企业通过消费群体数据分析开展销量预测，将消费者对数量和周期的要求作为产能安排的重要决定因素，倒排生产计划；企业建立和运营消费者社群，为消费者分享更多商品信息，提高消费者推荐购买销售分成，使其成为有效的推销群体；企业主动邀请和组织消费者参与品牌推广活动，收集、分析他们对品牌的理解和

形象的塑造，让品牌在消费者中更具生命力，更好地获得他们对品牌的忠诚等。

3.2.2 双轮驱动促进商家健康成长

1．降低高库存风险

商家依托线上、线下多渠道进行用户授权数据的收集、整理和分析，或者与电商平台等开展合作，可对现有商品和新品进行精准的需求预测，以此确定商品进货量，降低销售风险较高的商品的进货量和库存水平，从而节约运营成本。

2．减少脱销、断货风险

商家为避免脱销、断货，需要通过垂直化、区域化产业互联网平台或与生产企业直接建立快速供货渠道，这对生产企业的热销款快速翻单能力提出了更高要求。因此，需要建立商家与平台或生产企业需求信息、产能信息的共享和快速传递渠道，以形成销售与生产的反馈式联动，以及产业集群内生产企业有准备的产能安排等，供应链全链条的数字化也将逐步推进。

3．降低高退货率风险

商家应对高退货率挑战的关键是，打通不同渠道的库存，避免"两盘货"，实现线上、线下多渠道共享一致的消费者和订单信息，以提供更多的就近退换货机会。此外，要将对商品和消费者需求的洞察共享到生产端，以生产更贴近消费者需求的高品质商品等。多部门协同的全渠道、全链路数字化工具，将有助于这些举措的付诸实践。

当前，一部分商家已开始通过数字化打通线上、线下渠道，这对于解决上述高库存、高脱销、高退货的"三高"问题有很大帮助。通过消费互联网和产业互联网驱动的柔性化制造体系"双飞轮"，越来越多的商家将参与其中获得显著收益。

3.2.3 双轮驱动提高生产企业市场竞争力

1. 推进全产业链的深度协同

消费互联网和产业互联网双轮驱动直接指向产业链缺乏协同的不足之处，两者的贯通和联动将弥补之前的"裂痕"，将产业数字化从"企业内的数字化转型"推进至"上下游产业链集成"的新阶段。支撑消费互联网快速崛起的云计算、大数据、人工智能和区块链等技术，可以迁移应用到广阔的产业场景中，弥补产业互联网技术上的短板。通过"需求牵引供给""供给创造需求"的业务联动、应用场景的创新和商业模式的形成，多方受益带来的信任让数据壁垒逐渐被打破，数据共享趋向共识。

2. 按照消费者（客户）的真实意愿生产

生产企业利用数字化营销和全渠道销售高频次地与消费者（客户）互动，从而更直接、更有效地获取消费者（客户）的真实需求数据，分析、洞察消费者（客户）的真实消费意图并联动开发、设计和生产，避免了单纯依靠经验的销量估算和忽略消费者（客户）实质影响力的痼疾，实现了对"以销售为中心"的运营思路的突破。通过对销售数据的及时掌握，减少了积压商品的生产量，扩大了适销产品的供给量，还及时通过数据分享减少了原材料采购的浪费，巩固了与上下游合作伙伴的信任关系。

3. 共享数字技术和人才投入

从基础技术层面而言，互联网公司、IT 企业的参与有助于核心技术和共性服务的快速导入。从行业应用层面而言，行业或区域垂直化产业互联网、物流、金融、公共服务、组织数字化等企业的加入，有助于具体应用场景的快速落地。

4．有助于生产企业推进管理模式变革

为融入消费互联网和产业互联网双轮驱动生态，获得发展红利，企业有动力改变当前碎片化的管理模式，逐渐将业务流程标准化、精细化、可视化，进行优化调整，打通信息和管理孤岛，提升企业对关键资源的管理能力和突破边界的延展能力，助力企业的高质量发展。

3.3 双轮驱动的建设路径

消费互联网和产业互联网双轮驱动，正在通过以新阶段产业互联网平台为代表，多方积极参与、场景层出不穷的产业数字化生态建设，为传统与新兴企业、大企业与中小微企业等借助数字化手段，适应消费者（客户）需求决策的快速变化，建立柔性化生产能力提供全方位帮助，并以此探索形成"需求牵引供给""供给创造需求"的更高水平动态平衡，提升国民经济体系的整体效能，为产业升级贡献中国的创新方案。

3.3.1 平台化、生态化的产业互联网平台

21世纪初，中国的消费侧率先、快速且全面地拥抱了互联网技术及应用，直接促成了消费互联网的崛起。为何消费互联网的发展速度如此之快？原因在于，它把连接的作用发挥得淋漓尽致。"人、货、场"被数字化，消费者、商家、服务商间建立了网状的充分连接，由此消费侧的信息不对称现象大为减少，控制了交易风险，降低了交易成本。

在消费互联网各方的连接较为完善之后，下一步就是将连接扩展至供给侧，在全渠道、全链路上连接各业务方，从而减少供给侧乃至经济活动总体的信息不对称现象，让商业界向无摩擦状态靠近。消费互联网和产业互联网双轮驱动就反映了这种趋向。

消费互联网平台通过提供查询、交易、支付、物流、内容、社交、

导购等功能,将各方连接得更紧密,成为消费互联网发展的重要引擎。随着产业互联网的不断演化,在实现双轮驱动的背景下,产业互联网平台将不断丰富其内涵,将消费侧、供给侧各方紧密连接,并创造倍增价值。在图3-4中,我们可以清晰地看到这种阶段性的变化。

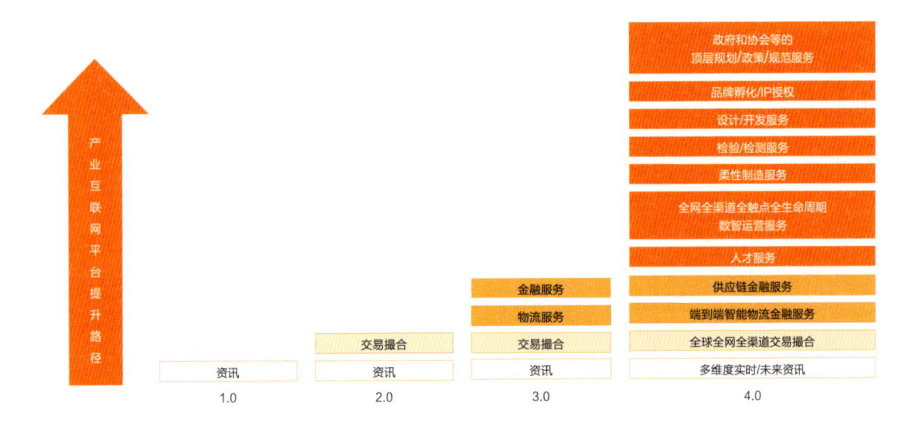

图3-4 产业互联网平台构成演进示意图

产业互联网1.0平台:主要服务为资讯。这一阶段只是提供在线产业资讯等服务,消费侧体验的改善有限,受限于信息展示和交换层面,还没有达成企业之间的交易。

产业互联网2.0平台:主要服务为资讯+交易撮合。这一阶段在原有基础上增加了交易撮合智能,为匹配供需、达成交易提供了支撑性商务服务。

产业互联网3.0平台:主要服务为资讯+交易撮合+物流服务+金融服务。这一阶段由于增加了物流服务和金融服务,在线交易得以完成,线下履约也被考虑在内。

产业互联网4.0平台(双轮驱动下的产业互联网平台):主要服务为多维度实时/未来资讯、全球全网全渠道交易撮合、端到端智能物流金融服务、供应链金融服务、人才服务、全网全渠道全触点全生命周期数智运营服务、柔性制造服务、检验/检测服务、设计/开发服务、品牌孵化/IP授权、政府和协会等的顶层规划/政策/规范服务。

我们可以看到，双轮驱动下的产业互联网平台与之前的产业互联网平台相比，主要是通过信息流（数据流）将商流、物流、资金流、人才流、公共服务等紧密融合，为贯通供给侧和消费侧提供了越来越多开放、共享的增值服务。双轮驱动下的产业互联网平台围绕消费者（客户）价值的最终达成，依托先进数字基础设施和支撑技术服务，为产业链上各方带来全链条优化的商业价值，实现了产业链的整体升级。

双轮驱动下的产业互联网平台的实际运营方可以是行业龙头企业，也可以是垂直化/产业集群平台企业、互联网公司、政府所属机构及行业协会中的一方或多方，它们提供的服务种类有所不同。

因此，围绕着产业互联网平台，技术类的数字基础设施服务商、协同工作软件服务商，支撑服务类的物流服务商、产业金融机构、人才培训机构，公共服务类的智慧园区运营商、公共检验/检测服务提供机构、产业咨询机构，经营服务类的广告策划公司、渠道商、零售商、电商企业、客户服务外包服务商、数据分析企业、品牌商等，生产服务类的研发设计机构、工业软件服务商、各行业生产企业、采购服务商等都可以广泛地参与进来，形成具有丰富的行业解决方案，惠及不同类型企业的双轮驱动产业互联网生态。生态中的众多相关方充分互动和网络协同，将不断推进这一领域的持续创新。

3.3.2　新老兼顾、大小并重的企业解决方案

消费互联网和产业互联网双轮驱动着眼于通过平台化、生态化的产业互联网发展提供适用于不同企业的解决方案。

一方面，双轮驱动兼顾传统与新兴企业的优劣势，可以向它们提

供不同的解决方案。传统的生产企业已在行业发展多年,具有产品制造和服务提供的丰富经验,但同行缺乏基于数据的需求洞察推动产品开发,以及全网、全渠道的数字营销能力。新创品牌企业则在品牌塑造、研发设计、需求分析和数字营销上有突出的专业能力,但普遍缺乏渠道、智能制造及供应链管理能力和资源。双轮驱动下的产业互联网生态,将有多样化的服务方,为它们取长补短,兼顾供需、产销两端。

另一方面,关注大企业与中小微企业的诉求,有能力向它们提供差异化的解决方案。双轮驱动下,无论是企业内部的数字化转型,还是延伸至上下游的产业互联网平台建设,大企业都拥有更多主动权,还有将行业带入新时代的志向和行动。雄厚的资金实力、长年的技术积累、规模化的订单优势和产业链上的核心地位,让大企业有余力借鉴国内外先进经验、依靠内部研发和外部支持方实施系统化的产业互联网建设方案,并尝试延链、补链、强链,率先成为行业垂直化产业服务平台的提供方。

中小微企业可以根据自身的业务发展优先级,利用行业、地缘等条件,接入大企业或政府提供的产业互联网平台,获取相关服务。开放、共享的产业互联网平台将惠及更多中小微企业,让中国生产端的长尾、集群化优势继续得以发挥。协同工作应用、轻量化物联网设备和软件、直播等线上销售服务、外包设计服务等联动产销端、价格合理、效果显著的模块化服务,将助力中小微企业进行有效的数智化转型,搭上双轮驱动带来的发展快车。

数智驱动新蓝图：消费互联网和产业互联网双轮重构产业

第 2 篇

消费互联网与产业互联网双轮驱动之所以能重构产业，形成经济发展的新格局，核心在于突破企业数字化的局限、打通企业间数据流转的瓶颈、破解消费端和供给侧的信息不对称难题，从技术应用对产业链的散点解构到数据化的全局表达再到产业生态的数智化重构。

数据作为纽带，将串起需求与供给、连接消费与生产、黏合各利益相关方。企业内部和产业生态上的商流、物流、资金流和人才组织流将协同发力，将消费者（客户）作为服务的核心，努力提供不断升级的价值，实现产业全局的突破。产业互联网技术支撑平台和技术基座将构成双轮驱动的有力依托，参见前言中的"双轮驱动演进示意图"。产业公共服务将聚合来自产业带、企业间、区域化的不同资源和服务，为产业互联网的快速发展加上"一把火"。

第 4 章
商流数智化：以客户为中心

数字化时代，企业运营的核心理念是以产品为中心，致力于解决产品成本、质量、效率和交付问题。数字智能组织正在思考的首要问题是如何关注客户运营，如何提升客户体验的全生命周期，如何构建一套以客户运营为中心的技术体系。

数字化转型并不是一个新话题。对于企业来说，大致可以分为两个阶段：数字化转型和数智化转型。数字化是将企业过程的数字化。中国企业从 20 世纪 90 年代开始进行数字化转型，经历了传统软件安装阶段和在线消费阶段。目前，企业正进入数智化转型新阶段，基础设施云化、中台化、移动化推动企业从业务数据化向数据业务化转型，从单轮驱动向双轮驱动转型，并最终实现全链路数智化。企业经营的所有商业要素正在走向全领域、全流程、全方位的数字化运营。

"以客户为中心"一直是商业成功的底层密码，数字化时代的到来赋予了其更深层次的含义（见图 4-1）。如何以客户为核心，提升客户全生命周期体验，构建一套以客户运营为中心的技术体系，将是数字化、智慧化组织必须考虑的重要问题。"以客户为中心"不再是简单地收集客户反馈，持续提升自身服务，而是更加全面地挖掘客户深层次的需求，创造性地拓展服务领域和服务方式，实现与客户的共同成长。从市场洞察、品牌管理、材料采购、研发设计、生产制造、零售、渠道、营销到商流的最终端客户，服务与运营都将基于数据的需求洞察全面展开，体现出数据驱动各环节紧密结合带来的突出价值。

图4-1 商流的数智化：以客户为中心

4.1 市场洞察——更贴近真实需求

4.1.1 从功能型消费向体验型消费转变

随着功能型消费逐步向体验型消费转变，消费结构进入了加速分化升级的阶段，消费者已不再满足于功能和外观日渐趋同的商品，消费也不再是单纯地消费商品或消费服务。消费者已从被动转为主动，为构建"自我觉醒"的生活方式或营造"悦己"的内心满足而消费。随着技术快速突破及消费者群体特征的改变，消费者洞察成为一个必选项。一方面，消费者被数据影响着；另一方面，通过消费者行为产生了更多的数据。

消费者是企业最基本的要素，消费者的变化是推动企业变革的重要因素之一。近几年，商业从经营商品到经营人的变化尤为明显。过去的企业专注于描述商品自身的信息，如质量、材料和功能，现在它们开始展示商品的客户属性，如人们的气质，这种商品符合哪种人格，体现了什么人格特征。从"物以类聚"到"人以群分"，是数字化时代企业面向消费者经营的一大显著特征。消费者需求、行为和习惯的变化也在不断推动业务升级。消费者和消费信息的数字化已成为必然趋势，如何快速、准确地描绘消费者，了解他们的个性化需求，并实时到达他们，已成为企业成长的关键。

当企业能够完全满足消费者行为的个性化、实时性、情景、内容和交互时，数字化将成为一种新的生产力，它将继续促进数字商务的快速增长，或者说数字商务正在定义新的增长。

消费者行为的变化也会影响购买决策过程的变化。在全渠道、多接触、应用不断细分的背景下，决策转换层面从"理解"到"兴趣"再到"购买"进一步打开，从需求到最终购买之间存在跳跃式无序链接（见图4-2）。

中国消费者已经彻底改变了，消费者决策体系的重构体现出市场需求的现状：中国已经迎来了最复杂的市场需求。

如今，互联网使消费者能够在没有时间和空间限制的情况下购物：一方面，购物时间是零散的，从常规到全天候；另一方面，空间对购物方式的限制逐渐消失。这一趋势的迅速发展导致不同消费群体的网购方式不同，不同消费群体的网购类别、费用和期望也存在着很大差异。

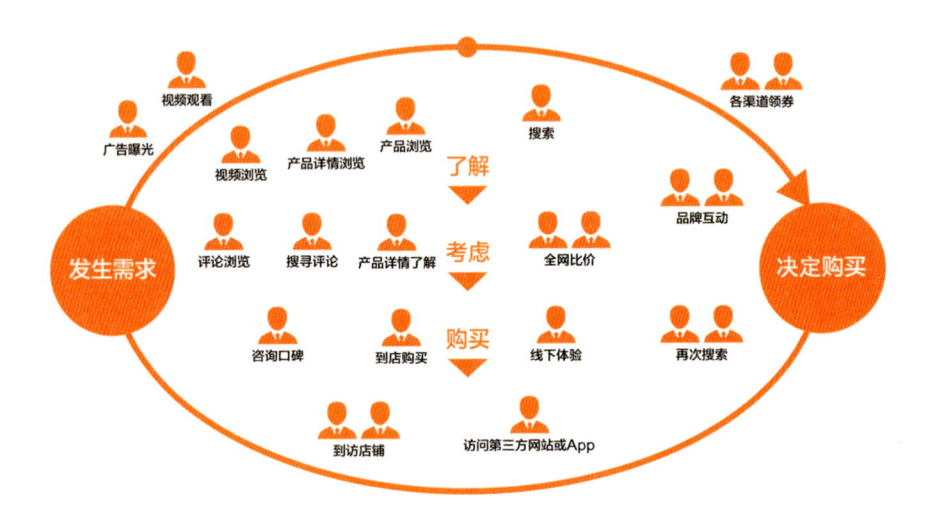

图4-2 消费者决策过程呈现跳跃式无序链接

自新冠肺炎疫情暴发以来，消费"代沟"逐渐扩大，"部落主义"逐渐渗透到零售领域。不同"部落"消费群体根据群体的特征不同，与品牌互动的方式也不同。特别是自新冠肺炎疫情暴发以来，品牌营销已转向在线渠道。零售商面临的压力是，如何通过产品和服务吸引需求日益增长的消费群体。例如，"Z世代"，即1995年至2009年间出生的一代，是此类消费群体的代表。"Z世代"是数字设备（特别是智能手机）广泛普及之后成长起来的第一代"网络原生消费者"；"Z世代"最注重体验，他们成为整个购物过程的中心。绝大多数"Z世代"希望通过互联网快速响应产品查询，并习惯于品牌使用人工智能等技术，根据购物记录和偏好筛选产品。此外，随着消费选择性的增加，新一代消费者越来越追求个性化的消费体验，产品定制已成为一种趋势。

数字经济的发展降低了社会的信息成本，使得消费者与企业之间的信息对称成为可能。在数字技术的推动下，"以制造商为王"的时代终将结束。制造商响应速度的提升和商品供应的丰富使得消费者需求快速迭代，市场竞争的激烈程度逐渐加剧。

4.1.2 数据洞察赋能企业全价值链

企业在数字化时代需要启动和激活数据的商业价值，充分挖掘自身高价值的"小数据"，并充分结合生态的"大数据"，实现数据驱动业务，形成分析和洞察驱动型的企业文化。通过完善的数据体系，数字化企业可以利用数据洞察赋能企业的全价值链，为企业的员工和合作伙伴提供运营指导，帮助企业提高运营决策的效率，提高与合作伙伴之间的协同效率，改善消费者与企业的关系。

企业外部环境的变化呈现出快速性和不确定性，市场洞察深刻影响着产业价值链的各环节，不仅研发、市场、供应链、生产运营等价值链要素，整个行业价值体系都在不断重构。"天下武功，唯快不破"，速度和敏捷成为企业在数字化时代成功的关键要素，这就导致了工业化时代的组织模式将不再符合数字化时代的要求。因此，如果企业想在数字化浪潮中乘风破浪，将不得不进行市场洞察以适应外部环境的变化。

1. 市场洞察助力品牌构建

据36氪报道，以曾经的淘女郎陈暖央为例，最早拿货是通过1688进货，在淘宝开店创业，然后升级，在天猫开店，打造聚焦运动服饰的"暴走的萝莉"品牌。这个中小品牌选择与天猫新品创新中心（TMIC）合作，公开征集消费者有关"宅家三千米"的服饰需求，3天内收到超过2万条的消费者创意，基于消费者创意测款选出大众呼声高的前8款，并与阿里巴巴犀牛智造合作，通过"小单快反"实现柔性供应链快速响应[1]。再通过与分众传媒的战略合作加大品牌引爆力，由此"暴走的萝莉"所蕴含的女性运动时尚文化将能更精准地传递给目标人群。

---

[1] 参见《双11的变与不变：深耕长期经营，持续投资未来》，36氪，2021年11月1日。

2．市场洞察支撑产品研发

（1）数据洞察在 TMIC 中的运用

法国品牌欧莱雅与 TMIC 合作的色彩知识库上线，欧莱雅将品牌原有的 87 个口红色号开放给了 TMIC。TMIC 通过图像识别等技术，结合天猫的消费洞察与消费者的使用反馈，将色彩知识库扩充至 2000 多个，用于欧莱雅旗下 YSL、阿玛尼等更多高端彩妆线做新品研发。

为了适应中国消费市场的变化，2020 年 7 月拜尔斯道夫在上海落地了仅次于汉堡总部的全球第二大创新研发中心，为中国消费者定制新品。与德国式创新不同，拜尔斯道夫的中国式创新主要与 TMIC 合作，从天猫的消费洞察出发，确定新品研发的方向，并且在开发、生产、上市的过程中，利用天猫的数字化产品和工具提高新品的成功率和研发效率。[1]

（2）天猫"造新工厂"助力"日着"服饰新品研发

在新品研发中，趋势预测中心走在最前面。服饰是整个天猫体量最大的板块之一，为了预测未来的流行元素，并且和品牌商共同研发新品，天猫服饰事业群专门成立了流行趋势预测中心。"其实，我们要解的是世界性难题，消费者买衣服有感性的成分，也有理性的成分。"天猫服饰事业群流行趋势预测中心认为，孵化符合流行趋势的新品包含两个能力，第一个能力是去解析，要对过去销售的产品和现在的服装市场进行数据化；第二个能力是做预测，服装本身是一个非常长尾的市场，流行趋势点非常多，这意味着预测难。

在天猫服饰预测项目中，阿里巴巴首先解决了 AI 识别问题，通过 AI 可以识别一件衣服的流行因素、板型、款式。然后是数据化问题，除了通过 AI 识别解构天猫平台的服饰信息，另一个重点是对外部经授

---

[1] 参见《造新，试新，上新，双 11 新流量密码》，36 氪，2021 年 10 月 1 日。

权采集的信息进行解读，包括时装周、时尚流行领域的机构、社交媒体等。最后是通过算法进行解析，预测趋势点。

流行趋势预测中心会给品牌输出三个机会点：第一个是利用天猫服饰平台洞察当下的趋势和机会点；第二个是结合外部经授权使用的数据，得到 3 个月之后的新品爆发系数值，包括有多少消费者会感兴趣、收藏或者购买；第三个是跨季度、跨年度的趋势预测。[①]

3. 市场洞察助力生产制造预测

在洞察前台的消费数据和趋势后，后端供应链也需要快速反应，从需求侧驱动供给侧到柔性化生产正在实现。

过去，蒙牛的销量上报是靠人工上报订单，销售人员根据订单历史和经验，对下个月的销售额做出人为判断。这种传统人工经验的方式，调配效率不高，无法快速应对市场变化；再加上牛奶全国运送、物流庞大，同时牧场和工厂分布范围大，有时候出现一些变量，很有可能导致预测颗粒度不够、准确度不高的问题，很难算出最优的方案和线路。为了实现更精准的预测，蒙牛基于阿里云的数据中台架构，将供应链相关系统全部打通，集成品牌线上实际销售、线下直营经销商实际销售等数据，进行更精准的数据建模，将"基于订单历史的人工预测"变为"基于实际销量的智能预测"，提高预测准确度。在未来数据生态逐渐建立的情况下，蒙牛还可以将该预测结果反向输出给下游经销商和零售商，指导其订单发布，实现经销链条的成本最大节约和共赢。

蒙牛的管理层很希望知道是哪些人购买了蒙牛的产品，这次购买的 20 万人与上次购买的 30 万人哪些是重合的？用户画像是怎样的？基于阿里云数据中台的理念和技术，蒙牛正在建立基于"采集—识别—分析"的一整套智能营销体系，实现对消费环节的全局洞察。市场洞

---

① 参见李静，《爆款是这样诞生的 揭秘天猫"造新工厂"》，中国经营网，2019 年 11 月 5 日。

察支撑产销运营如图 4-3 所示。

图4-3 市场洞察支撑产销运营

4. 市场洞察支撑品牌运营

2021 年 3 月初，李佳琦成为"天猫宝藏新品牌首席发现官"，花名"打分琦"。顾名思义，"打分琦"就是为新品牌的品牌力和货品力打分。用大数据衡量品牌力，让直播不仅是带货手段，还成为新品牌的孵化空间，实现品牌、消费者、主播、直播间和平台的多方共赢。

在选品上，"打分琦"专场直播中，李佳琦联合天猫宝藏新品牌，基于 DeEP 数字化模型进行打分。该模型根据消费者花在品牌和产品上的时间，衡量其兴趣深度，挖掘出其最喜欢的单品。DeEP 品牌营销数字化的方法论，使品牌营销有了数字化的统一度量衡，可以更好地帮助商家精准测量品牌目标消费人群的互动深度和心智规模。新品牌的 DeEP 心智指数越高，代表它越受消费者欢迎。最终，不少由消费者选出来的新品牌进入了李佳琦直播间。[①]

---

① 参见丁洁，《它凭什么成为天猫最大的"造新工场"？》，天下网商，2021 年 4 月 7 日。

4.1.3 精准市场洞察实现零售智慧化

大数据驱动的消费者洞察是通过先进的研究方法，准确、及时、立体地分析消费者画像、偏好、行为和消费旅程的过程。在竞争日益激烈、创新层出不穷的新零售环境下，大数据驱动的消费者洞察是企业转向"以消费者为核心"的策略制定、赢得消费者心智的必经之路。

1. 数据为服饰产业赋能——太平鸟的新零售

（1）优化消费者信息，抓住新生代消费者

过去服饰品牌商了解消费者对产品的需求更多的是通过访谈、调研和抽样，依靠行业经验去捕捉时尚的变化；现在可以通过互联网凭借消费者的地理分布及喜好对消费者进行画像，并依据这些消费者信息优化产品设计和生产。如今的互联网消费者主体已经开始向"90后"及"00后"转移，这些年轻的消费者年均消费增长率超过14%。对服饰行业而言，抓住年轻人就是抓住未来。

太平鸟从2008年试水淘宝商城，一开始是想开拓新渠道，解决传统订货模式带来的库存积压问题，但线上销量的增长和变化让太平鸟董事长张江平非常惊讶，因此后期不断调整线上的定位和产品，并开始重视线上的发展。年轻消费者恰恰是网络线上空间的重度人群，因此线上是太平鸟触达消费者的重要途径，可以更准确地了解消费者对于产品和时尚的需求。例如与可口可乐、芝麻街等品牌联合生产产品，在这些联名款服饰成为爆款后，太平鸟吸引了大量的年轻消费者。此外，对于线上天猫门店和线下实体门店之间的关系，太平鸟在10年的时间里经历了从"相加"到"相融"的过程。基于敏锐的市场嗅觉和勇于创新的文化，太平鸟在2017年开始与阿里巴巴全面合作新零售，实现线上、线下全渠道一体化运营及会员的全域运营。目前，太平鸟已经对超过200家门店进行智慧化改造，自动感知消费者需求，实现全域营销，并已经实现了线上、线下打通，包括商品打通、支付打通、物流打通，支持门店扫码购和线上购物、线下自提。

（2）数据驱动战略选择

在数据驱动的战略方向，主要包括门店的数据化改造、门店的合规数据收集、大数据门店选址、智能算法驱动商业决策及供应链 TOC（Theory Of Constraints，约束理论）的数字化变革等。其中，TOC 是指增强产业传统系统中最薄弱的环节，从而带来整体增强的企业管理方法，落实到服饰企业中则是将推式供应链演变成拉式供应链，即以销定产。服饰行业传统的预测型生产方式是造成门店销售高缺货、高库存的根本原因。传统的订货预测型生产方式主要凭经验，从而带来门店畅销的产品严重缺货、不好销的产品积压成大量库存的结果。为了改变这一现状，需要彻底改变供应链的运作模式。

太平鸟实现供应链快速反应的关键在于数据驱动。首先是门店的数据化。公司需在门店获取数据，了解各种尺码、款式的产品在每个门店的销售情况。对于销售量好的产品，太平鸟通过每周两次的产销协调会议对反馈信息进行整理、确定补单，并把补单产品按数据分析结果将不同的数量分发到不同的门店。这样将以前补单需要的 40 天周期成功缩短到 10～14 天。其次是将供应链数据信息打通。不仅各个数字化门店的销售动态实时数据可以直接提供给供应商、加盟商，而且太平鸟企业资源计划实现了和外包生产工厂的数据打通。数据在产业链上的各个环节实现了畅通，最终达到快速跟踪市场变化、以销定产的目标。

（3）聚焦消费者购买行为

我们分析了如何捕捉消费者在社交媒体的声音之后，聚焦消费者的电商购买行为同样重要。消费者购买产品的行为路径大致为"产生需求—萌发解决需求的意愿—收集能解决需求的产品信息—选择产品—决定购买"。在消费者的电商购物过程中，如何利用消费者购物路径实现最大化的转化购买,是品牌方需要思考与解决的问题。消费者购物路径中的一个关键概念是"触点",它是指消费者在购物路径中接收到的所有与品牌相关的、可能影响购买行为的信息触点,而关键词搜索、促销页、商品图片、商品详情、评价等触点都会对消费者的购物行为产生影响。通过分析消费者群体在各大电商平台的购物路径,洞察消费者群体的购物行为及媒介内容偏好,品牌商能够帮助品牌优化影响销售转化的关键触点。

新零售时代已来,线上、线下融合才是未来趋势。未来没有纯电商的公司,也没有纯线下的实体公司,线上、线下以客户为中心,再加上快速反应的物流和供应链组合,才能真正创造出新零售。评价一种模式的标准,一个是成本、效率,另一个是购物体验。新零售业态的产生、发展和壮大都是基于这两点,好的模式就是要同时满足低成本、低库存、货品运作高效率、收入高效率及消费者体验良好。对于太平鸟而言,新零售就是以消费者为中心、以数据为纽带,供应链全环节打通,实现线上线下一体化、全渠道、全域运营的数字化变革。

太平鸟和阿里巴巴的合作模式可以为服饰产业赋能,这种赋能将深刻影响到上游的时尚设计、中游的生产制造、下游的品牌传播、产品分销、物流分发、门店运营、精准营销等环节,这种合作可以作为剖析中国服饰行业新零售未来转型路径的典型样本。新零售的核心载体是高度数字化,并可以通向智能化的商业基础设施。太平鸟基于数据能力驱动打通供应链的全网营销,利用平台统筹管理各业务版块数据,并在未来做到精准营销和智慧运营,这是推进太平鸟战略走向纵深的关键布局,也是推动传统服饰行业与新技术深度融合的全方位变革。

2. Quick Audience 驱动消费者洞察

从消费者角度来看,消费者资产平台分为两个层面:一是消费者洞察，确定消费者特征、价值诉求、营销偏好、渠道偏好、售点偏好等；二是消费者运营，即基于对消费者的洞察配合合适的运营手段，将消费者人群运营得更好。

在阿里巴巴消费者运营 Quick Audience 中，消费者资产平台的消费者洞察模块会对消费者做非常多的人群分析，可大致分为潜力用户、活跃用户、睡眠用户和流失用户。分类完成后，针对不同的用户采用不同的策略，和实际业务做进一步的结合。例如，核心目标就是提高 GMV 或销售额，可通过开展营销等活动及内部组织协同，协助完成目标。

4.2 品牌管理——让企业经营有沉淀

在具备了大数据资源和分析能力后，品牌的定位可以以数据为依据，市场行为可以用数据来验证，这极大地提升了品牌定位方向的准确性，为打造企业核心价值奠定了基础。

4.2.1 数智化新品牌建设

1. 品牌管理的痛点

在数字化时代之前，品牌的发展依赖于渠道的扩张和在媒体中的传播。企业无法直接和消费者连接，也就无法真正地洞察消费者需求。品牌市场行为往往是地毯式的广告轰炸，品牌管理存在着以下痛点。

一是消费者感知弱。品牌推广策略仅仅依靠经验，互动体验缺少数据反馈，使得消费者对品牌的感知不强。企业无法深刻洞察消费者，了解消费者的真实需求，难以占据消费者心智。

二是品牌难以管控。品牌推广、巡检、舆情等核心业务主要依赖线下流程，在此过程中缺少管控，产品或服务品质缺陷易引发质量事故，品牌风险控制能力弱。

三是人群难以匹配。目标人群的构建缺少数据指导，难以根据消费者的社会属性、生活习惯和消费行为等信息抽象出一个标签化的消费者模型，品牌策略和调性缺少数据洞察支撑。

数字化品牌建设已经由 1.0 时代的流量运营发展到 2.0 时代的人群运营，如今正式迈入 3.0 时代的消费者心智及关系运营。品牌的数字化营销活动不仅关注触达范围、引发的消费者行为和转化，更不断考察是否能够加深消费者与品牌的关系，使得未来消费者能够持续与品牌产生互动，主动对品牌进行探索，甚至传播品牌形象。

如今，品牌管理强调与消费者的有效互动，并通过数字化实现品牌资产的有效沉淀。在未来新的增量市场开拓中，有着 IP 化、分众化、个性化特质的品牌将会胜出。

2．数字化下新品牌力建设

企业品牌管理是一种经营管理活动，管理的对象主要是企业产品或服务的品牌。企业品牌管理是最大限度地利用人力、物力等各种资源，通过市场调研与分析、品牌策划、品牌建立、推广与传播、品牌反馈与评价、品牌提升等活动进行全方位的管理，最终实现企业形象、美誉度、知名度提升的目标。

在数字经济环境下，品牌与消费者的连接变得更加容易，呈现出短路径、多触点、可量化的特点，这为品牌力的构建带来了新的机遇与挑战。在数字化时代，品牌管理必须重新审视品牌建设的新模式，以及由此带来的组织变化。未来需要引入适用于数字化经营环境的"超级品牌力"建设框架：既包括传统定义的品牌声量和品牌效率，又包括真正体现品牌质量的品牌心智。其中，品牌心智更强调目标人群对品牌核心价值的感知，是打造目标人群价值的核心（见图 4-4）。

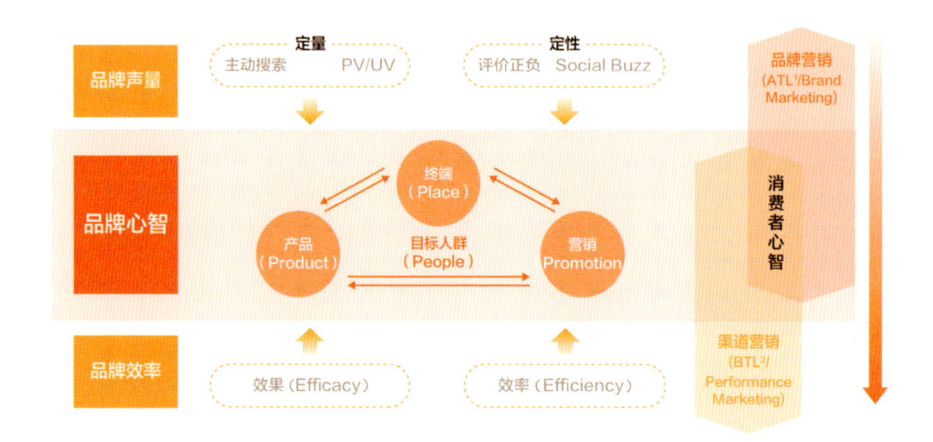

图4-4　数字化驱动下的完整品牌力建设框架[①]

注：1. ATL即Above The Line，通常指品牌高空营销；
　　2. BTL即Below The Line，通常指品牌渠道营销。

在新的"超级品牌力"视角下，必须以消费者为中心，聚焦品牌心智建设。事实上，品牌心智相较于品牌声量、品牌效率而言，牵涉面更广，"人、货、场"的协同更为深入，而这一切的基础都是对消费者需求的深度洞察。即使在如今的数字化环境下，经典的品牌力建设模型依然奏效：产品（Product）、终端（Place）、营销（Promotion）是品牌力建设中不变的品牌落地三方面。然而，在市场从"渠道驱动"走向"以消费者为中心"的今天，品牌如何运作这三方面的思路和方式将发生改变：过去提升品牌力的主要介质在于围绕终端的渠道组合，而消费者驱动思维下的品牌力建设则着眼于消费者需求洞察驱动的产品创新，以及围绕消费者全生命周期的场景与触点运营，最终构建直接支撑品牌价值感知的品牌心智。

3. 数字原生企业品牌管理

数字原生企业有着以下特征：第一，以互联网为核心开展业务，

[①] 参见罗兰贝格 & 天猫，《2021 超级品牌力白皮书：数字时代的品牌人群心智重塑》。

并依存平台生存和发展（如谷歌、百度、亚马逊、阿里巴巴、京东等）；第二，重视拓展与维护商业生态，通过不断整合内外部资源提供新的产品和服务，满足消费者的多元需求，增强消费者的黏性，提高消费者的忠诚度；第三，将高科技人才、信息基础设施、技术体系、数据资产和算法作为企业的战略资产，并对该类资产进行开发与不断优化；第四，将海量数据的分析处理、分析与决策支持能力、异构数据的整合和人工智能技术的应用作为组织的关键知识；第五，有较高的发展速度与较大的规模，由于拥有厚实资本，数字原生企业将获客数量和规模作为核心目标，发展速度显著高于传统企业。

数字原生品牌利用网络吸引大量跨地域消费者，通过便捷的在线登录访问来发展在线销售、扩大知名度，以较低成本扩展业务。当在线业务发展到一定规模时，逐渐发展线下实体店，将商业模式逐渐拓展至全渠道运营。

数字原生品牌开启了从线上包围线下的道路，线上业务与传统零售的融合逐渐成为新的发展趋势。品牌希望与消费者存在互动，以确保与消费者维持可持续的关系。在数字原生品牌创造了独特的店内体验后，人们从原先的访客变为熟客便成为可能，大大增强了消费者黏性。

4.2.2 数据驱动如何影响或者改变品牌

1. 数字化品牌资产评估模型 DeEP Index

DeEP Index 模型评估了品牌的关系资产总值，计算了与品牌发生过互动关系的人群总和。品牌资产模型为：

$$品牌资产 = \sum（品牌人群 \times 品牌心智份额 \times 消费者价值）$$

首先，品牌心智份额代表了不同互动关系的品牌在消费者中的心智份额。天猫将品牌与消费者之间的关系划分成三个不同层级，并对所有关系进行加总求和。

发现（Discover）：消费者对品牌的兴趣，包括消费者在品牌上花时间浏览内容的行为总和，通过品类消费力量化了每个行为的价值。与传统的全链路营销模式相比，DeEP Index 模型统计了品牌对消费者的有效触达，且不仅反映触达人数，还反映触达质量（浏览时间和内容停留时间）。

探寻（Engage）：消费者与品牌的交互关系，包括搜索、聊天和非粉丝会员的点赞、收藏、加购行为，通过品类消费力量化了每个行为的价值。在传统的全链路营销模式的基础上，DeEP Index 模型囊括多渠道、跨触点、不同类型的消费者交互行为（不仅仅体现为与购买直接相关的行为），才能应对消费者的触点多元化，以及消费者购买决策流程跳跃、无序化带来的挑战。

热爱（Enthuse）：消费者与品牌的忠诚关系，包括主动分享、美誉评论和活跃的会员资产，以及主动传播品牌的行为总和，通过品类消费力量化了每个行为的价值。相较于传统的全链路营销模式，DeEP Index 模型对热爱的消费者行为进行了扩充定义，更加有效地体现品牌会员与品牌间的情感忠诚关系。

DeEP Index 模型将每位消费者与品牌互动行为占据该消费者与此品类全部品牌互动行为的份额作为品牌心智份额。这样的衡量方法会对传统的人群占比衡量形成补充，如触达同样数量的人群，但因消费者在该品牌上所产生行为的总时间占比高，所以为品牌带来了更大的价值。

其次，消费者价值——DeEP Index 模型综合考虑每位消费者在品类的总消费及其收入水平，预测其长期潜在价值。品牌与不同消费者产生同样的互动关系，对品牌的价值不同。在同样的互动关系下，高消费力的消费者代表着更大的价值。

除了品牌数字化资产计算，DeEP Index 模型还引入资产变现指标，用于评估品牌资产和销售表现间的相对关系。品牌资产代表未来潜在生意机会，资产变现则表示在潜在的生意机会中，目前实际的销售成绩转化情况。品牌资产模型如图 4-5 所示。

图4-5　品牌资产模型

2. 三大核心指标及应用方法

在 DeEP Index 模型中，我们将重点关注三大核心指标。

品牌资产总额：衡量品牌未来潜在收益规模。通过与品类平均值和竞争对手资产总额及细分比较，明确自身的核心资产、品牌的优劣势。

品牌资产结构：衡量消费者对品牌的好感度、认可度及忠诚度水平。通过与品类、竞品对比，理解自身品牌的资产结构，帮助企业制定下一步发展策略和最佳的品牌建设路径。

品牌资产变现率：衡量品牌营销与销售转化效率及潜在收益留存。分析现有品牌资产与销售规模之间的转换效率情况，将其与品类平均及竞品对比，以此判断品牌可预期收益的留存空间，帮助企业优化品牌的变现运营。

品牌在使用 DeEP Index 模型时，需要同时关注三大核心指标。针对每个品类，DeEP Index 模型会发布品类平均 index，以便品牌进行比较，指导品牌数字化营销（见图 4-6）。

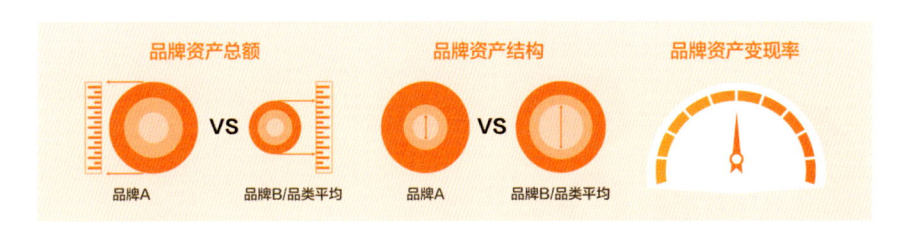

图4-6 品牌资产估值模型关注的主要指标[①]

3. 数字化生命周期经营方法论

为应对各行业品牌的增长需求，2021 云栖大会发布的天猫数字化生命周期经营方法论在 FAST+GROW 模型的基础上进行了两个方面的升级和创新。

第一，消费者全生命周期价值管理（CLVM）方法论：FAST+ 和 GROW。

首先，为了解决品牌流量瓶颈和单位获客成本的增加等问题，CLVM 方法论升级了品牌私域运营的能力和场景，以提高老客留存率和增强黏性，最大化消费者生命周期价值。其次，目前消费者旅程各触点分散且割裂，影响了品牌的营销效率，本方法论体系及数字化能力拓展了全域的消费者运营场景、链接了阿里生态内外、打通了线上和线下的场景、加强了公域和私域的联动，致力于实现从"千人千面"到"千人千程"的升级。最后，为了应对消费者需求的日趋多元化和个性化，本方法论将原有的天猫策略人群升级为心智人群，加入了生

---

① 参见 BCG& 天猫联合发布的《数字营销3.0：DeEP 品牌心智增长方法论》，2020 年 5 月。

活方式和消费行为的属性，帮助品牌更好地洞察和锁定目标群体。

第二，把握产业互联网机遇，新增全渠道货品生命周期价值管理（PLVM）方法论和与之对应的 SUPER 指标，全面助力企业提升围绕货品的全链路运营能力。

在新品期、成熟期、尾货期等不同的货品生命周期阶段，PLVM 方法论针对全链路货品运营设计了 7 大核心业务场景和 30 个子场景，提供了基于数智驱动的解决方案及对应的数字化服务与工具，聚合了更丰富的外部生态能力，以实现对品牌在趋势洞察、新品研发、上市营销、优品运营、渠道组货、供应链管理、清仓促销等货品全链路智能化运营方面的支撑。为了协助品牌有针对性地提升货品运营效率，本方法论还创造了围绕货品五大关键表现的 SUPER 指标，为品牌商的全链路货品运营提供了有力支持。

PLVM 覆盖了"新品期—成熟期—尾货期"的货品全生命周期，并针对各阶段货品运营的核心业务场景提供了数字化驱动的有效方案。通过行业实践证实，PLVM 能有效提升货品管理 SUPER 指标（见图 4-7、图 4-8）。

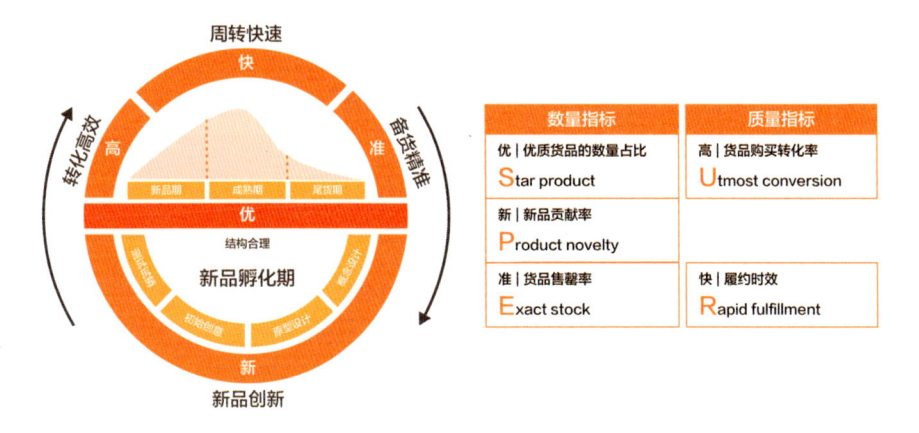

图 4-7　货品管理 SUPER 指标

> **S**tar product
> **优 | 优质货品的数量占比：** 单位时间内优质货品的数量在所有货品数量中的占比，以评估现有货品组合的竞争力。
>
> **U**tmost conversion
> **高 | 货品购买转化率：** 浏览商品详情页的消费者发生购买支付行为的比例，以衡量货品的销售转化能力。
>
> **P**roduct novelty
> **新 | 新品贡献率：** 新品成交金额在所有商品成交金额中的占比，以体现新品孵化和引爆的效果。
>
> **E**xact stock
> **准 | 货品售罄率：** 单位时间内商品销售件数在同期备货量及补货量中的占比，以确保备货量与消费者需求量相匹配。
>
> **R**apid fulfillment
> **快 | 履约时效：** 商品订单从支付到签收的平均时长的倒数，以表现货品履约的时效性。

图4-8　SUPER指标解析

4.2.3　数智化品牌管理为企业决策赋能

企业通过沉淀品牌营销、舆情、行为偏好等多方数据实现基于数据驱动的品牌运营，通过构建智能化算法赋能品牌运营和决策场景实现品牌策略和调性与目标人群的精准匹配，实时掌握品牌舆情动向，促进品牌忠诚群体的转化和持续运营。数智化品牌市场定位分析、品牌竞争优势和劣势、品牌市场机会、精准代言人/KOL、精准媒体等分析与决策为企业的整体决策与规划布局奠定了基础。

沉淀品牌线下消费者资产，识别线下潜在消费者，提供360度消费者画像，并可自定义目标消费者，针对线下场景进行多渠道触达。品牌数据沉淀为企业提供了消费者基础数据、行为数据、交易数据及关系数据链，在使用数据中台技术构建运营关系后，企业的核心业务就能构建在云上，由软件驱动逐步向智能化发展。企业智能化不仅能实现自动决策，而且决策的效率和效果可以通过学习的闭环不断优化和改进。

4.2.4 新兴消费品牌数智化之道

当前,品牌价值有两个核心因素:一是拥有多少个忠诚消费者,二是能为消费者提供多少附加价值。当培育认知型市场过时后,人们的消费理性也在不断提高,企业将进入品质型、服务型的品牌时代,谁在品牌上率先突围,谁就是胜利者。

传统品牌最终的销售点是货架,而货架的有限性会形成局部垄断性与排他性,且在销售地点的选择上,由于区域化和货架有限,消费者往往不能找到自己想要的产品,存在较多的被迫性。品牌形成的过程则是首先通过电视、报纸等传统媒介塑造一个品牌形象,然后消费者去商场找到这个产品,但在这个过程中消费者接受品牌大多是被绑架式、被灌输式的。互联网改变了这一切,消除了局部垄断性与排他性。由于互联网无限制的货架陈列,消费者可以在网上看到成千上万的产品,并根据爱好选择其中想要的任何产品。正因为如此,品牌成了唯一让消费者选择的理由,消费者还可以与品牌对话,利用社会化媒体进行循环传播。

对于三只松鼠这样的新兴品牌而言,互联网形式的推广可以缩短品牌运营的时间,营销推广将是打赢品牌崛起之战的关键。为了实现两个月内崛起的目标,三只松鼠选择了阿里妈妈的直通车渠道进行投放,投放的效果非常明显,品牌知名度大大提升,搜索流量和搜索排名都快速上升。

两个月后三只松鼠发现,网购消费者对于营销资源位的留意时间通常不超过 1 秒钟,仅仅依靠直通车并不能让消费者很好地认识三只松鼠。建立品牌,本质上不是在和竞争对手竞争,而是在和消费者的头脑竞争。在能力相对有限的情况下,集中精力突破一点更能引发消费者关注。

于是,他们开始投放阿里妈妈的另一种展现型互联网营销工具钻石展位，确定了图片的三原则：松鼠、坚果、低价，并且只聚焦于喜欢登录淘宝首页的群体，只投放首页焦点图，放弃投放其他位置，以此突破消费者心智。

一开始，投资回报率（ROI）很低，以此推测当月销售任务根本不可能完成，但是就在当月的下半月，流量开始猛涨，销售额也开始倍增。最终，几乎是一夜之间，在淘宝和天猫坚果类目的搜索结果里，三只松鼠都占据了前三的位置。

接下来依靠持续的钻石展位投放，最终超越了原来的坚果市场老大，登顶类目第一。在2012年关键的"双11"期间，三只松鼠依靠以消费者为中心的互联网营销策略，最终创造了766万元的单日销售额，全网食品销售额第一。

这一战为三只松鼠未来的发展获取了更多的资源、人才、风险投资，社会媒体关注纷至沓来，基本上就是三只松鼠建立品牌的奠基之战。

在品牌心智上，主要表现为各种仪式感满满的设计，小到一件文化衫、一句口号，大到一场活动、一次营销，三只松鼠都会精心设计。三只松鼠非常擅长把一个元素、一个概念植入到消费者心智里，也非常擅长让消费者参与进来。值得一提的是，三只松鼠的店铺和包装设计都发生了一些变化，"连续五年中国坚果零食销量第一""坚果，就吃三只松鼠"等字样一眼便能看到，让相关观念深入人心。

在2021年的"双11"期间，三只松鼠在天猫的坚果销量比第二名至第十名的总额还要多，遥遥领先。其中，十亿级大单品每日坚果占据48%的市场份额，坚果礼盒市场份额更是高达62%，这意味着每售出三份坚果礼盒，其中就有两盒是三只松鼠，三只松鼠用实力诠释了冠军精神。

4.3 研发设计——引领迭代创新

4.3.1 研发设计数智化趋势及创新

随着智能制造时代的来临,制造企业仅凭过去的规模效应或者依靠生产更优质产品创造价值的时代已结束。在工业 4.0 浪潮的推动下,越来越多的智能化技术正在被应用到企业的转型过程中,制造企业逐渐踏上数智化转型道路。当制造企业的产品变得更加智能、万物开始实现互联、个性化定制消费观念出现,以及新的产品创新模式在不知不觉中逐渐形成后,制造企业不得不思考在新时代如何进行产品创新,在产品生命周期迅速缩短的竞争环境中满足客户需求,以及生产零缺陷的产品。

1. 产品生命周期管理

目前,市场变化越来越快,客户的个性化需求越来越显著,市场竞争也越来越激烈。在这种环境下,企业需要不断规范、完善设计和研发环节,定期管理研发过程,提高研发效率,最终实现缩短产品开发周期的目标。

相关统计数据显示,如果产品开发过程得到有效管理,从最初构思到最终产品发布,上市时间可以缩短近17%。企业集中管理项目组合,包括从预测和规划到跟踪和会计的所有方面,将适当的资源投资于适当的项目,确保其战略与业务目标相一致,可有效管理成本。随着企业的不断发展,设计和研发的权利和工作内容变得模糊,阻碍了优质产品的引进、生产效率的提高、市场的快速占领和设计的标准化,因此企业必须提高设计和研发管理水平。

产品生命周期管理(PLM)是企业信息化的一种经营战略。它有效地集成人员、流程和信息,实施一整套业务解决方案,作用于整个企业,贯穿产品从概念到报废的整个生命周期,管理产品数据信息,支持与产品相关的协同研发，促进管理层分发和使用产品等。PLM 可以帮助企业构建一个适合异构计算机操作环境的集成应用平台，对以"粗放"方式开发的各种计算机辅助技术进行"集约"管理。

PLM 不仅是一种企业信息化理念，也是一种技术集合。首先，PLM 作为一种先进的企业信息化理念，解决了企业在激烈的市场竞争中如何运用最有效的方式和手段增加收入、降低成本的问题。其次，PLM 集合了一套技术和最佳实践方法，如产品数据管理、并行工程、仿真管理、企业系统集成、零部件管理和其他业务解决方案。通过 PLM 的应用，企业可以将多年积累的所有产品相关数据放到统一的 PLM 数据库中进行集中管理。

PLM 可以帮助企业增加收入、降低成本，加快产品上市速度，为企业创造更大的商业价值。这些价值包括更快地将产品推向市场，加快营业收入增长速度，降低产品和生命周期成本，大大提高产品质量，推动工艺创新，提高生产力，最大化知识重用。

2. 智能研发提升企业竞争力

随着智能制造转型战略的不断发展和深化，以及客户个性化需求的出现，产品更新的步伐越来越快，企业的产品创新能力和交付速度将成为企业核心竞争力的重要组成部分。作为提高企业产品创新能力和核心市场竞争力的关键手段，智能研发已成为不可或缺的一环。通过数字化研发创新体系，企业可以加快产品交付速度，提高研发和工程设计水平，加快企业数字化转型。一般而言，智能研发将带来以下好处。

一是设计过程的有效整合。在统一平台的控制下，实现了产品零部件和装配的数字化定义和仿真分析。零部件和装配工艺的创建，工艺模型的创建，加工和装配仿真的验证和优化，三维工艺输出和显示的集成，彻底消除了业务障碍，消除了信息孤岛，实现了设计与工艺的有效集成。

二是整个过程的数字定义。智能研发实现了产品研发全过程的数字化定义，彻底消除了二维定义，消除了模型从设计到过程转换的降维转换，提高了产品信息传递的准确性。直观的制造工艺规划和工艺信息显示，提高了工艺设计的质量和可操作性。

三是数字模拟的有效重用和一致性。基于 MBD（Model Based Definition）的产品主模型贯穿产品开发的全过程，在产品设计阶段初步定义。然后，通过平台进行设计仿真分析、过程模型设计、过程仿真验证和三维过程输出，实现有效重用、有效管理和控制主模型数据，确保主模型数据来源单一，多链路重用数据的有效关联和同步变化，从根本上消除模型数据重构的环节。

四是基于模型的仿真验证。产品数字仿真是在虚拟环境中用模型代替真实对象，计算机自动进行工艺方案的设计和仿真验证，提前发现问题，提前进行优化迭代。实物制造前的设计阶段暴露出大量的问题，降低了后期的变更成本，以及后续制造和使用的风险，实现了基于模型仿真验证的闭环设计。

五是为并行协作奠定基础。多学科设计、设计与流程、设计与仿真通过统一的平台实现高效的信息流，大大降低不同业务之间的沟通成本，提高效率，便于协同工作。同时，在统一设计过程的环境下，该过程可以在不被动等待的情况下主动访问设计数据，为并行工作奠定了基础。

4.3.2　TMIC 新品研发全链路解决方案

1. TMIC 成为新供给的智能引擎

在天猫，新品研发的时间从两年缩短到 6 个月，新品从上市到成为爆款的时间，最快缩短了 1 个月。2020 年，经 TMIC 研发测试的货品数达到4万个，全年上市的百万新品数达到1500个，千万新品数达到150个。

TMIC成立于2017年，经过几年不断地打磨产品、创新业务模式，天猫的数字研发模型已经初现。该模型包括一个全链路新品数字系统：知识库、智能调研、创新工厂、测款等，品牌从趋势洞察到新品研发、上市，都可以在TMIC中找到智能化的工具、产品。一个多元化新品研发生态：TMIC的生态合作伙伴非常多元化，在市场研究公司、数据运营公司之外，新引入了原材料厂商、制造巨头、设计师和设计公司等。一个趣味性互动调研平台：2021年5月，天猫上线了"天猫造物星球"互动平台，吸引年轻人互动，共创新品。

2020年8月，天猫首次向新品牌全量开放TMIC的新品孵化、运营的能力，启动"黑马工厂"项目。超级补丁、宝莹、摇滚动物园、Amiro等成为首期入选的100家品牌，其中摇滚动物园成为2021年天猫"6·18"的行业黑马。

TMIC已经成为新供给的智能引擎。2020年，TMIC已经与全球150多家企业达成战略合作，每天就有1个爆品通过该中心孵化出来。

2. TMIC助力品牌孵化新品

TMIC联动天猫行业、淘宝教育及阿里巴巴生态内各营销IP启动的"黑马工厂"，助力新锐品牌孵化新品，让新品的开发变得简单、高效。

天猫品牌营销中心成为品牌在天猫的"造新中心"。在这里，品牌和天猫进入深水区，从最难的新品研发开始，通过TMIC挖掘趋势，投入新品研发，孵化新锐品牌。据悉，TMIC在过去四五年里深度孵化的品牌数已达上千家，且每天都有至少一款新品上市。2020年就孵化出了500多款新品，其中之一是与欧莱雅深度共创的"零点面霜"，上线20个月销售额达到3.4亿元。

为了加快"创新实验",TMIC 与品牌深度合作。其中,上海家化是 TMIC 的首批用户,到 2020 年旗下 10 个自有品牌及 3 个合作品牌均全面融入 TMIC 生态圈,并成功孵化出高夫锐智多效青春焕颜精华露、美加净酵米焕活保湿系列、家安洗衣凝珠、玉泽双腔精华等40 款新品。[1] 2021 年 3 月,上海家化又与 TMIC 进行新的深度合作。TMIC "黑马工厂"在天猫"双 11"期间助攻超 400 个品牌,驱动多款新品落地。

德国护肤品集团,妮维雅的母公司拜尔斯道夫,在中国开始改变研发策略。拜尔斯道夫与 TMIC 的合作始于 2020 年年初,为了满足激增的男士理容需求,妮维雅与 TMIC 合作共创了首款男士眼膜。拜尔斯道夫通过 TMIC 招募到数千名男士消费者参与新品的研发。这是妮维雅在中国的首款 C2B 产品,仅花费 9 个月便实现从 0 到 1,在直播间 3 秒售出 15 000 套,破直播间男士护理纪录。复刻男士眼膜的成功模式,妮维雅与 TMIC 联手打造了首款男士素颜霜。随后,妮维雅通过天猫的消费洞察,灵敏地捕捉到颈霜这一新消费需求,推出了妮维雅 Q10 紧致按摩颈霜。与此同时,妮维雅对其供应链进行柔性适配,实现了 1000 支女士精华的小批量生产,并通过试产试销的方式进行产品快速迭代。2021 年 9 月 23 日,拜尔斯道夫与 TMIC 签订战略合作协议,双方将共建创新工厂,深入供应链端进行新品创新。[2]

4.3.3 AI+ 设计:数据智能技术赋能设计

人工智能无法取代人类的想象力和创造力,但是可以帮助人类脱离机械工作,简化研发设计流程,重构生产要素,重塑业务流程。

---

[1] 参见《上海家化与 TMIC 达成深度合作,共建创新工厂 2.0》,化妆品财经在线,2021 年 3 月 3 日。
[2] 参见李立,《"妮维雅"中国式创新:牵手天猫开启数字化之路》,中国经营网,2021 年 10 月 16 日。

1. 洛可可携手阿里云 AI 一键设计企业专属 LOGO

在第一次与阿里云团队接触时，洛可可创始人贾伟看到了阿里云的智能设计产品"鲁班"。这个"AI 设计师"在 2018 年"双 11"期间为 20 万天猫、淘宝商家设计近 600 万张图片。"这样的能力能不能为洛可可所用？"贾伟和阿里云的团队同时想到了这个问题。于是，洛可可的智能创新计划被提上议事日程，双方开始深入探讨如何将数据智能技术赋能设计。

设计行业的翘楚洛可可与阿里云合作，实现了基础设施和业务全面上云。不仅使数据存储的安全性得到保障，还催生了"洛普惠""洛客云"这样的新物种。

凭借洛可可多年的设计数据积累，加之阿里巴巴达摩院人工智能技术，"洛普惠"用人工智能技术赋能设计创新，只要输入品牌名称、标语、行业、理念，10 秒钟就可以生成专属 LOGO，让小微企业和创业者可以用上符合品牌预期和客户要求的物美价廉的 LOGO。

2. 凌迪科技 Style3D 自研柔性体仿真技术推出数字服装

成立于 2015 年 11 月的凌迪科技，致力于以 3D 数字化重构时尚产业。目前，凌迪科技推出的 Style3D 是全球首个时尚产业链 3D 数字化服务平台，从最制约服装行业效率的研发设计环节切入，为服装企业提供从 3D 设计、推款审款、3D 改版到直链生产和在线展销的全链路数字化服务。3D 样衣如图 4-9 所示。

凌迪科技的核心产品分别为 Style3D Studio 数字化建模设计软件、Style3D Fabric 数字化面料处理软件、Style3D Cloud 研发全流程协同平台及 Style3D 创款供应链平台。目前，凌迪科技已与波司登、七匹狼、利郎、全棉时代、歌力思、万事利、日播、爱慕等知名品牌进行深度合作，同时与天猫、阿里巴巴国际站等电商平台达成服饰类 3D 数字化合作。

图4-9 3D样衣[1]

凌迪科技通过研发的 3D 柔性体仿真技术助力服装企业设计师快速完成设计。在设计师完成设计后,还可以直接为其提供视觉展示,为企业节省模特拍照费用和时间成本。在不同场景中实现不同视角展示,而且可以拥有无限空间的数字生态。这些数字服装是高仿真产品,其渲染图片可以直接上传至电商进行售卖,还可以用于制作产品画册、订货会宣传资料等。此外,这些图片可以被编辑,无论是换面料、辅料还是改变版型都可实现,让这种复杂的设计变得异常简单、便捷。

凌迪科技提供支持仿真渲染的 3D 设计工具及在线协同平台,实现了在服装研发中面辅料选择、款式设计、渲染仿真等全流程的数字化操作,并在过程中积累了大量的生产参数和产品结构化数据资源。数字服装可在线生成数字化物料清单,链接生产制造环节,打通服装行业流通的全链路,进一步推动服装行业的数字化。真实样衣与数字样衣对比如图 4-10 所示。

---

[1] 参见王志臣,《上新测款效率 7 倍提升,"凌迪科技 Style3D"自研柔性体仿真技术推出数字服装》,快鲤鱼公众号,2021 年 4 月 27 日。

图4-10 真实样衣与数字样衣对比[1]

4.4 材料采购——发挥快速响应优势

4.4.1 采购互联网化

采购互联网化正成为企业降低成本、提高效率的主要手段，它有助于企业从简单的服务保障转变为价值创造，提高采购管理水平，进而辅助商业模式的转变。该领域正呈现出平台化、协同化、渠道专业化、增值化、智能化的发展趋势（见图4-11）。

平台化	整合企业内部和外部资源，形成一个价值平台
协同化	供需双方通过各环节协同，实现供应链协同化管理
渠道专业化	细分市场平台进行交易,设置不同物资、服务的专业化采购渠道
增值化	关注创新增值领域，延伸电商价值链，如移动App、供应链金融等
智能化	通过大数据应用、机器人流程自动化等实现采购智能化

图4-11 采购互联网化发展趋势[2]

---

[1] 参见王志臣，《上新测款效率7倍提升，"凌迪科技Style3D"自研柔性体仿真技术推出数字服装》，快鲤鱼公众号，2021年9月27日。

[2] 参见安永的《互联时代，智慧采购——打造一体化企业采购电商平台》。

1. 前台、中台和后台各司其职

以物资采购供应链管理为基础，通过云计算和大数据应用推动技术化、智能化采购。在前台、中台、后台架构的基础上，构建一体化的企业采购电子商务平台，整合内外部信息系统，实现采购管理与交易的一体化。网络采购对物资采购供应链全过程进行管理和控制，为企业采购员、供应商、物流供应商和运营商提供服务，协助企业构建采购供应链生态系统。

前台不仅支持各种专业采购方式，还支持低值易耗品、办公用品、劳保等电商超市采购。可根据企业的业务需求设置不同的采购渠道，提供生产物资超市、企业超市、贸易服务、第三方超市、工程服务市场、电子商务社区、供应链金融等多种分类服务。

中台包括会员中心、订单中心、采购中心、商品中心、基础中心、分析中心、运营中心，实现对计划、交易、合同、物流、结算、物资采购流程、会员等业务支持模块的管理，助力商品经营与综合经营。

后台基于电子商务云平台的技术架构，按照"平台+应用"模式的整体云架构，支持买方应用、供应商应用、操作平台的功能，并提供数据库服务、负载均衡、云计算和远程灾难管理服务。

2. 全过程内外一体化

该平台还可以与 ERP 系统、合同系统、主数据管理系统、数据仓库系统、第三方电子商务平台、战略供应商系统等企业内外部系统集成，实现采购业务流程的覆盖。此外，该平台提供微信等移动终端接口，可实现微信移动信息推送、移动审批等功能（见图 4-12）。

3. 采购业务全覆盖

该平台充分支持企业的各种采购业务模式：竞争性谈判、比价、单一来源等方式的专业采购；通过年度预测计划生成框架协议后，目录采购和超市采购的电商模式,以及通过框架协议+订单模式整合第三方电商平台;供应商生命周期管理和供应商协调;支持大量采购业务的实时查询和可视化显示。

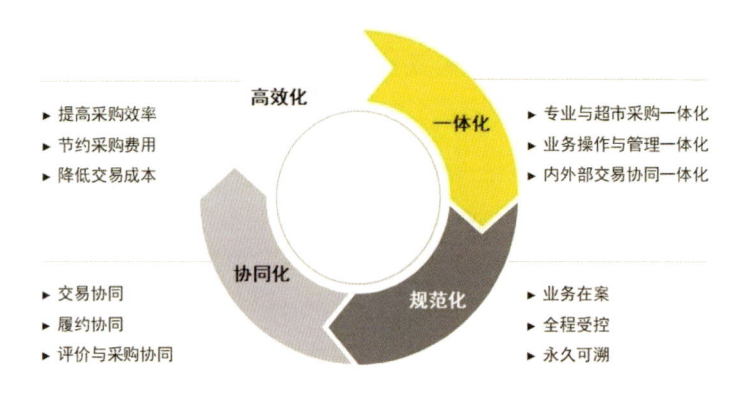

图4-12　一体规范协同高效[1]

4.4.2　连接更深入的供应商关系管理系统

采购是企业价值链的重要组成部分,采购管理是企业战略管理的核心。如何降低采购成本,控制采购风险,保证采购质量,提高采购效率,是企业采购管理中亟须解决的几个重大问题。采购管理协同和供应链管理平台的统一规划和建设凸显了其重要性和紧迫性。

在此背景下,企业需要全面规划采购协调和供应商关系管理体系,开展供应商关系管理体系信息化建设,运用现代管理理论和先进的信息技术手段,通过供应商门户和采购信息共享平台管理和协调采购业务的全过程,管理供应商的全生命周期,加强采购协调和信息共享。

供应商关系管理(SRM)系统包括供应商门户管理、请购管理、合同管理、寻源管理、结算管理、订单协同等模块。

---

[1]　参见安永的《互联时代,智慧采购——打造一体化企业采购电商平台》。

SRM 系统提供企业与供应商在线互动的平台，可以实现数据共享、协同管理、信息透明、共同进步。同时，为了提高供需双方的互动效率，SRM 系统往往与 ERP 系统、仓库管理系统、质量管理系统相连接，并倾向于与供需双方的 MES 系统相结合，交叉访问对方的实时生产动态，从而实现更准确、更深入的合作。SRM 系统可以逐步发展成为供应链管理系统。企业的所有供应商都在 SRM 系统提供的平台上进行管理，供应商的供应商也在这个平台上进行管理，从点到面提升整个供应链的竞争力。SRM 系统的价值如图 4-13 所示。

改进采购管理
- 管理新采购配额
- 优化采购费用管理
- 强化采购合规性管理

缩短周期时间
- 提升部门、公司协作能力
- 提升采购部门响应速度
- 提升财务运作效率

提升现金管理水平
- 更快捷的现金运转速度
- 引入资金管理的供应链管理理念

降低总体成本
- 降低采购成本
- 提升采购质量
- 获取更优采购服务

图4-13　SRM系统的价值

4.4.3　采购数智化平台探索

1. 阿里云采购数智化产品

阿里云采购数智化产品（Alibaba Cloud Enterprise Procurement）为大企业提供"采购协同工具＋市场资源＋数据增值服务"的综合性解

决方案。对于采购侧，该产品覆盖了从采购寻源到结算的全流程线上化，为其对接更多供应商资源，提高寻源效率，降低运营、采购成本。对于供应侧，该产品为其提供了采购需求匹配、报价权限及交易相关服务，帮助优质供应商搭建与大企业合作的通道，扩大供应半径，降低获客成本。

企业采购数智化产品中的报价服务主要涵盖了线上寻源报价和线下供需对接两个方面。其中，线上寻源报价为线上公开的采购需求进行报价，经买家对各供应商报价及其他的条件比较后，从中择优选定中标者进行交易。线下供需对接则帮助采购方快速寻找优质供应商，也为供应方精准高效对接关键采购人，现场洽谈，达成合作意向。

2. 某地产企业采购电商平台探索

随着互联网、大数据等技术不断发展，企业级采购电商化趋势愈发明显，运营、交互、供应链、组织和交易等电商生态各环节的运行效率得到全面提升。其中，建材是企业线上采购增速最快的品类，但线上渗透率仅为1%，发展潜力巨大。

某地产企业基于行业领先的采购价格优势、多年建材供应链管理经验，建立了公开透明、优质低价、便捷高效的交易模式和资源共享平台。该平台以自营为主，以撮合、联营、品牌运营为辅，整合产业链上下游资源，将产品质量、服务能力、管控标准、大数据、资本能力沉淀，打造建材产业互联共赢的生态平台。

该平台通过降本、提效、专业、赋能四大核心价值解决采购痛点。

降本：共享企业优势低价，实现"拿来即用"。目前，采购渠道少且体量小，议价空间小，市场寻源和招标比价过程周期长。该平台提出以下解决方案：共享企业采购低价，直接降低采购成本；提供一站式寻源、比价数据支持，通过大数据智能化匹配采购订单，帮助企业节省采购过程中的人工成本、时间成本；对项目进行精细化管理，提高采购质量，降低采购风险成本，从而降低人工、采购、时间及风险成本。

提效：实现交易智能化，提高供需双方采购效率。传统采购招标流程烦琐、耗时久、效率低，合同线下签订流程长，纸质文件来回邮寄易丢失、难保管。人工下单及办理结算工作量大，沟通成本高，供货周期长，履约管控环节弱，无法保障供货质量与时效。该平台提出以下解决方案：企业或个人实现实体认证及电子签章，合同线上无纸化签批可永久保存，订单结算系统全程可视化；移动端商城轻松便捷浏览，方便互联互通；提供区块链技术、供应商评级和履约数据分析，助力业务通过智能化系统进行分析和运营。

专业：输出专业化供应链管理模式，提供一站式精准解决方案。针对标准化程度不高，技术参数复杂，材料型号多，品牌范围广，高溢价产品选择难，产品质量管控难，供货履约能力参差不齐等采购痛点，该平台提出以下解决方案：平台配备专业运营团队、第三方检测机构和行业采购专家，严控产品质量，同时为客户提供专业采购意见和解决方案；重点甄选和推荐高溢价品牌品类，提供设计、选型、定价、供货、维保全过程服务。

赋能：平台交易数据沉淀，实现跨维度资源及资金整合。受行业惯例影响，建材采购付款方式以部分预付及赊销为主，账期长、资金压力大，而且中小型企业融资贷款难度大，融资渠道少且成本高，影响业务开展。该企业通过平台交易数据沉淀，帮助企业建立诚信及口碑影响力，并引入第三方金融配套服务，实现跨维度资源及资金整合，解决上下游企业融资难题和资金缺口，提升了企业信用，加速了资金流转，解决了负债问题。

4.5 生产制造——推动有效供给

4.5.1 新智造出现的必然性

当前，成本、规模等传统优势随着时代的进步逐步弱化，制造业的链条又非常长，当需要对其中的每个环节进行规模化设计时，想要实现"小单快返"就会变得很复杂。新模式与原有规模化制造模式之间难以兼容，而且新变化背后有着巨大投入与不可预期风险。对于大多数品牌企业而言，它们目前所拥有的全球市场依然能够支撑它们享受规模化的红利，所以变化和调整可以慢慢来。但对于数量庞大的挣扎在危急存亡边缘的中小企业来说，它们缺乏单纯凭借内部优势破局的能力，需要快速寻找外部机会。

如今的制造业早已不是过去的样子。工业时代所建立的百年游戏规则，进入数字化时代正快速被打破。云计算、物联网、5G、人工智能、自动驾驶、区块链等数字技术，以飞一般的速度进入制造企业所有的毛细血管中，制造对数字技术的想象力、驾驭能力，以及将技术与业务结合的能力，决定了其是否会成为未来的领军者或者被颠覆者。

面对数字技术带来的冲击，数字化转型一直是业界的共识。数字化转型的实质是"数据 + 算法 + 算力"带来的认知革命，它对制造企业的研发、生产、供应链、营销和服务进行重构。评估自身的数字化转型阶段是制造企业转型之旅的第一步，而所有的数字化转型活动都应围绕数智化及网络协同展开。从制造企业的演变来看，其经历了数字转换的三个阶段：数字化追随者、数字化转型者和数字化变革者。

1. 数字化追随者

信息系统与核心 IT 应用（如 MES、PLM、CRM、DMS）的持续投入，以及在云计算、大数据、物联网等技术上的尝试，帮助制造企业打破数据孤岛及业务孤岛。

以数据为基础的业务和网上服务，提高了跨部门和产业链上下游的协同效率，但大部分是事件驱动的线性协同模式。制造企业正试图借助数据来做决策，减少经验主义导致的决策偏见，提高洞察力和决策能力。数字化创新是以单点、试验、随机、分散的方式进行的，缺乏跨业务协同，质量、一致性及用户体验都难以保证。

2. 数字化转型者

云计算、大数据、数据中台等数字技术的充分运用，可以实现数据的全链路打通及跨价值链的流转。数据业务化与数字化带来的决策自动化，有效支撑制造企业由线性协同向用户洞察驱动的网络化协同演进，加速制造企业的规模化发展。平台成为制造企业的核心战略，无论是运营层面的数字化供应链平台、数字产品创新平台，还是商业层面的数字营销平台，或者服务层面的智能网联平台。同时，集团层面统一的数字化中台成为支持以上平台发展的关键。此外，围绕大数据、人工智能、3D打印、VR/AR、机器学习等数字技术的创新项目正在以试点方式开展，并不断得到推广与复制。

3. 数字化变革者

数据已经成为制造企业的核心资产，围绕数字技术的创新已经完全嵌入制造企业的核心业务中。精细化的数据智能开始大规模落地，包括研发、生产、供应链、服务等核心业务。数字产品、服务和新的数字商业模式将成为制造企业的重要收入来源。未来，制造企业的核心竞争力将体现在跨境资源的连接和整合能力上，包括行业联系、技术联系、数据联系和服务联系。连接性的共生平台、生态系统将决定制造企业在数字化转型中能走多远。

4.5.2 大数据赋能制造业转型升级方向

1. 大数据赋能制造业的全流程

大数据对于制造业的全流程都可以起到非常积极的作用，比如从产品设计和研发开始，直接对接消费者，依据对消费者人群的行为数据分析，定位相应的产品设计和研发。同时能够依据消费者对产品的喜好和需求量，进行定向精准的市场营销，以及产品的计划和生产的排产，减少相应的库存。此外，大数据对于线上、线下销售的协同，对于供应链优化和管理可以起到重要的作用。在提升对消费者的服务水平方面，以及如何针对不同细分市场需求进行全渠道销售的设计规划方面都会起到重要作用。

2. 大数据驱动生产和制造柔性化趋势

电子商务及互联网所带来的用户需求呈现实时、少量、碎片化、快速翻新等特点，对于传统制造企业来说，满足这种长尾需求难度很大，因此生产制造的柔性化变得很重要。例如，淘工厂把工厂的生产能力通过互联网实现了与商家需求的快速对接，通过数据联通把需求与供应之间的信息对称化，减少了中间商环节，缩短了生产周期，降低了交易成本，并加快了周转速度。

3. 大数据创新商业模式

C2B 的本质是基于消费者群体偏好数据和群体需求画像倒逼制造业供应方面的许多环节，如产品设计、研发、生产、供应链、营销等。真正的 C2B 应该先有消费者需求然后生产企业生产，即先有消费者提出需求，然后生产企业根据需求组织生产。一般来说，消费者有必要根据自己的需求定制产品和价格，或者主动参与产品的设计、生产和定价。C2B 的核心是以消费者为中心，以消费者为主导。从消费者的角度来看，C2B 产品应具备以下特征：第一，同一制造商的同类产品，对于不同终端也应当统一价格；第二，C2B 产品价格结构应当合理；

第三，渠道具备高透明度；第四，供应链具备高透明度，能使品牌间共享。

4.5.3 数智化生产制造引领新时代

与传统制造体系相比，智能制造生产体系的优势主要表现为：消费者洞察从间接到直接，研发环节从串行到并行，采购环节实现低库存化、社会化和自动化，生产环节全面智能化，以及无所不在的智能销售和售后服务。数据驱动制造体系重构与再造如图 4-14 所示。此外，智能制造还能带来工具革命和决策革命。

图4-14　数据驱动制造体系重构与再造

1. 需求发现变为直接

在智能化时代，随着"数据+算法=服务"这一逻辑的持续演变，越来越多的个性化需求被进一步识别、激发出来。越来越多的消费者已经主动参与研发设计环节，如服装的在线定制、新闻的阅读定制等。个性化消费需求在服装行业表现得尤为明显。

在服装行业中，消费者的个性化充分体现在从研发设计到生产制造的各个环节中。从实现方式来看，包括模块化定制（如衬衫）、由消费者为款式打分并决定是否生产等；从定制化的程度来看，包括号型定制、款式设计定制、面料定制等；从生产本身来看，AI 对服装消费数据的挖掘，智能化设备在车间的应用，生产数据的上云，生产数据与零售数据的对接，都是该行业内进行的商业实践。

2. 并行的研发环节

并行工程是指随着计算机辅助设计（Computer Aided Design，CAD）、计算机辅助工程（Computer Aided Engineering，CAM）、计算机辅助工艺过程设计（Computer Aided Process Planning，CAPP）等研发工具的大量使用，高度集成的数字化模型及研发工艺仿真体系终于能够实现，传统上相互独立、顺序进行的研发工作在时空上终于实现了交叉、重组和优化，一些原本下游的开发工作提前到了上游进行，跨区域、跨企业、跨行业的研发设计资源被有效整合，研发流程也在整体上实现了从串行向并行的转化。今天，随着数据采集技术和设备的进一步普及，以及基于互联网、云计算的高效协同平台，并行逻辑将在更多领域得以实现。

3. 低库存化、社会化、自动化的采购环节

智能化时代的采购环节，将具有以下三个特征。

一是低库存化。随着 AI 对消费者需求挖掘的日益精确化，企业可以更精准地预测和把握某个时间、某个空间上的消费者需求，从而更有计划地安排采购和生产，这将使得各个企业的成品库存水平进一步下降。

二是社会化。在大数据和智能化的环境下，数据将驱动更多企业由原来相对稳定的供应链体系转向一种更大范围、更灵活、更多向、更社会化的协同体系。

三是自动化。随着 AI 应用的不断深化，未来的采购领域，日常化和高频化的采购将会被 AI 系统大规模代替，企业借助算法和数据可以

更准确、更高效地寻找到潜在匹配度更高的供应商。

4．全面智能化的生产环节

从生产环节来看，未来的制造业将在多方面呈现出巨大变化，下面详细讲述设备、效率、组织三个方面。

一是生产设备的智能化。工业时代的制造业，基础是机械设备和电动零件，但今天的、未来的制造业已经成了包括芯片、传感器、网络设备等硬件，以及数据库、生产管理软件等在内的复杂系统。设备的数字化、智能化，连接的即时化，已经在越来越多的行业和企业成为现实。以机器人为例，类似机器人的智能化设备早已进入工厂，如今机器人的应用场景则越来越广泛。在萧山，菜鸟与圆通速递联合启用"超级机器人分拨中心"，其中有350个"小蓝人"带着包裹自动运行——2000平方米的场地内，350个机器人昼夜不停，每天分拣的包裹可以超过50万件。

二是数据和算法驱动生产效率持续优化。这类尝试已经在很多场景中展开。据国家能源局数据，2017年全国弃风电量419亿千瓦时，弃风率约为12%，而影响风电弃风、漏风量的重要因素之一是风电功率预测准确性。为此，国家电网及一些大型风力发电企业纷纷加速构建工业互联网平台，通过采集风机设备运行、厂站管理、全球气象等各类数据，基于平台上沉淀的多种类型的功率预测模型、设备维护模型，实现对风电设备发电功率的精准预测、性能提升，较传统功率预测实际提高5.2个百分点。这一业务模式清晰地诠释了工业互联网平台的本质：数据+模型=服务。

三是生产组织方式的灵活化。工业时代的制造业，基本上可以概括为"全球购+集中生产+全球分销"。这种高度一体化、集中化的制造业体系，到今天开始受到一种更灵活的组织方式的冲击。互联网、大数据、云计算能够让跨地区的协同更加高效，如淘工厂平台。此外，

3D打印等生产方式的不断演化,则有助于本地生产、本地消费这一形态的出现。

5. 智能化营销和售后

营销和售后是离消费者最近的环节,也是数字化、智能化程度最高的环节。过去的消费者对于企业来说是一个陌生的"黑箱",即使拥有"会员体系"的企业也难以实现与消费者的实时互动,难以与消费者共创价值。而在智能化、数字化的环境下,随着消费者授权数据的不断沉淀,消费者的概念正在由"客户"变成"用户",并进一步变成"产消合一"视角下的"价值共创者"。在企业与消费者的实时、持续互动中,智能化已经越来越无所不在了。

6. 智能制造带来工具革命和决策革命

人类从农业时代、工业时代、信息时代,到目前正在进入的智能化时代,每次技术和产业的变革都带来了生产要素、生产组织、生产方式的创新和建构。在以智能化为代表的新经济中,在生产要素上,除了传统的资本和人才,信息和数据日益成为核心要素;在生产组织和社会分工方式上,更倾向于社会化、网络化、平台化、扁平化、微粒化;在生产方式上,由大规模的单一生产转变为以消费者为中心的大规模个性化定制服务。以"数据+算法+算力"模式推动的智能制造颠覆了传统产业几百年来赖以生存的"传统工具+经验决策"的发展模式,在工具和决策两个维度上掀起了深层次革命。

一是工具革命。人类科技的每次进步都带来了生产工具的革命。从早期生产中畜力代替人力,到机械化和电气化代替自然力,再到现代流水线式规模化生产,进而计算机、互联网技术发展带来了人类处理信息能力的飞跃。无论是在体力劳动上,还是在脑力劳动上,科技进步带来的工具革命都使人的生产更加高效、成本更低。

二是决策革命。和以往科技进步不同的是,智能制造通过"数据+

算法 + 算力"的深度赋能，不仅在工具端，还在决策端推动了新的革命。随着智能制造渗透从需求到生产的各个环节，智能化可以提高决策的精准性和科学性，缩短决策周期，并有效降低由决策的不确定性所带来的试错成本。智能制造在提供更好的工具的同时，将帮助生产企业做更好的决策，做"正确的事"。

随着新技术群落的进一步成熟和大规模落地，工具和决策的两场革命在未来将进一步融合，形成全新的决策机制，从局部决策优化进化到涵盖全局的整体决策优化。

4.5.4　数智化制造效益凸显

天合光能是全球领先的光伏企业。经过在生产工艺、信息化水平和管理模式上 20 多年的发展，其生产技术已经处于相对成熟的阶段，然而这也意味着通过传统的工艺方法与精益管理手段已经很难大幅度提升电池片 A 品率——当前占比为 40% 左右。将电池片 A 品率稳定在高水平，对利润非常微薄的光伏行业来讲具有很大的意义。在现有工艺水平和生产条件下，如何实现产品质量和成本的突破，是天合光能运营团队的重要任务。

1. 数字化转型的"梦之队"

电池片生产属于典型的流程制造，生产工艺复杂，主要生产环节包括制绒、扩散、后清洗、PECVD、丝网印刷、烧结、测试。整个过程都有化学腐蚀，充斥着各种化学变化与物理变化，任何一个变量及变量间关系的微妙变化都会对生产结果造成很大影响。因此，天合光能决定从现有的生产数据入手，通过数据驱动的方式找出数据背后隐藏的问题，识别不同参数间的关联性，获得生产工艺的最优参数，在不对产线做"大手术"的情况下，有效提升 A 类电池片占比。

2. 数据先行，量力而为

风险控制与成本管理是项目成功的基础。智能制造大数据项目团队一开始并没有大刀阔斧地对整条产线设备进行改造，而是以小步推进的方式，从现有离线数据切入。通过收集生产执行系统的数据，以及设备的离线日志，对现有数据维度进行分析。对于高实时性要求的数据，则通过高精度传感器及阿里云一站式数据采集接口进行数据的秒级采集、整合。

3. 寻找关键因子，学做减法

并非所有的生产参数都会对 A 品率产生关键性影响。工艺专家需要凭借其工业方面的专业技能对参数进行过滤、筛选、识别。同时，数据科学家借助大数据平台，通过数据建模对工艺参数进行量化分析，寻找关键因子。双方经过"经验"与"算力"的不断碰撞，最终发现"扩散"与"丝网印刷"是影响 A 品率稳定性的最关键的两道工序，项目团队将此作为突破口，把研究聚焦于印刷速度、印刷压力、印刷高度、网间距、冷却水温度、流速、风速等关键因子上，数据范围大幅度缩减，研究得以更为精准。

4. 工艺参数优化，"经验"与"算力"的碰撞

接下来的工作是从所聚焦的关键因子中找到最能为生产带来价值的参数组合。但是，哪怕只有十几个参数，也会产生天文数量级的组合方式，因此只有借助云计算的超级"算力"才能在短时间内完成如此庞大的计算量。数据科学家通过在算法平台上塔建工艺参数优化模型，分析不同变量间的逻辑关系，模拟推演出多个不同的参数组合。数据间存在基本的逻辑关系，比如速度越快压力就越大，与自然规律、常识相悖的数据。专家凭借经验并借助试验设计，将由数据模型推导出的参数组合做减法，排除不符合生产与工艺逻辑的参数，大幅度减少了后续的工作量，降低了时间成本。

5. 上线测试，产线上练兵

通过"小步、快跑、迭代"的方式，项目团队选中 4 条产线作为测试线。起初是以小批量进行测试（200 片电池片），根据测试结果进行持续调优。随着 A 品率及生产稳定性的不断提升，测试规模从百片到千片直至上万片，测试周期也从以小时、天为单位延长到以周为单位。经过几十次的批量测试及持续调优，最终得以发现能够突破原有生产 A 品率水平的最优参数组合。

最终，通过工业智能转型取得了四方面的成效。

一是 A 品率模型数字化。生产 A 品率的实际测试值提升了 7%。根据项目组测算，基于天合光能全年的产量，一个百分点的 A 品率提升可带来至少数百万元的利润，7% 则意味着数千万元的利润，相当可观。

二是生产数据在线化。通过阿里云的一站式数据采集接口，已连接天合光能超过 200 台生产设备，海量数据通过网络实时上传至阿里云大数据平台进行实时计算。

三是生产管理透明化。通过可视化大屏工具，实时展示产量、质量、设备相关数据，实现生产数字化、管理透明化。

四是生产预警自动化。通过对设备数据及工艺参数的实时监控，结合工艺参数分析模型，实现设备异常及工艺参数异常的提前预警，实现生产过程的主动管理。

4.6 营销——打通全链路

4.6.1 数智化营销新局面

1. 营销的瓶颈与痛点

中国市场规模大、层次多，过去大品牌的销售额主要由线下渠道的售点服务支撑，售点的量级支撑相应量级的销售额。品牌商为降低消费者选择成本和交易成本，厂家和经销商联合搭建"大品牌＋大媒体＋大渠道"的深度分销体系，利用规模效应垄断稀缺资源，从而获得竞争壁垒。但传统的深度分销体系存在局限性，主要体现在过于强调线下而忽略线上，无法支撑当前的创新零售场景、小众长尾分销和线上线下一体化，数据反馈周期过长和反馈精度不足导致供应链效率低下。

传统营销存在以下瓶颈与痛点。①画像模糊。授权的消费者全旅程行为数据收集存在断层，消费者画像不够立体，目标人群选取困难。②营销转化率低。对目标触达人群圈选缺少数据和标签的支撑，触达消费者的途径较少，内容传播的穿透力弱，对触达反馈缺少获取、洞察、分析的机制。③持续运营难。缺少对消费者持续运营的手段，对不同链路阶段的消费者采用同样的营销手段，缺少对消费者转化和复购有效、精准的刺激手段。

然而，随着授权消费数据的不断沉淀、消费者标签的不断深化、数字触点覆盖力的不断扩大，一切营销行为都变得透明起来。通过数智化，市场行为和销售行为的割裂得到连通，营销也从之前"营销营销，有营无销，有销无营"的局面转变为"营销营销，有营有销，有销无营，品销合一"的新局面。

2. 营销的数字化趋势

营销数字化的趋势是，以数据和技术为驱动力的营销呈现了客户的全生命周期价值管理，即企业以客户为中心，实时动态调整整个流程的营销策略，进行 360 度全方位洞察，构建以客户为中心的闭环营销体系。

全景数据实时采集与安全共享：线上、线下全景数据实时采集，多方数据安全共享，助力精细化营销。

"立体＋智慧"营销：新技术为营销场景、触点、洞察立体化赋能，

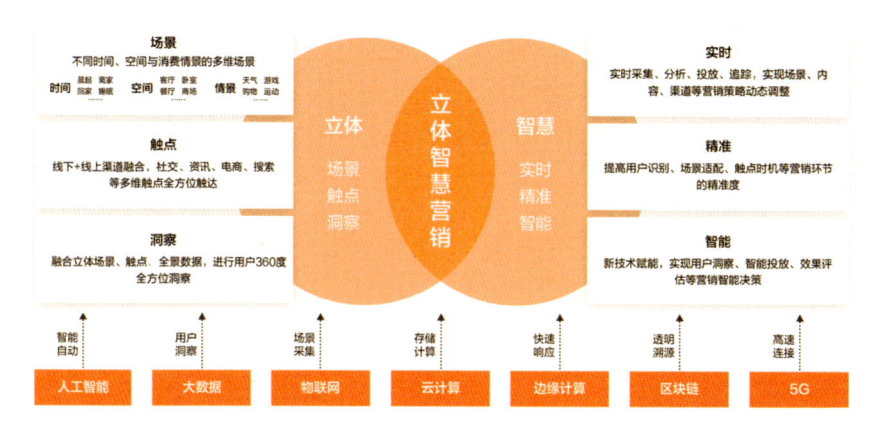

实现营销实时化、精准化、智能化（见图4-15）。

图4-15 新技术全面驱动营销立体化、智慧化[1]

4.6.2 数智化全链路营销

企业利用成熟的数据分析服务和丰富的人工智能技术解决品牌营销效率提升的瓶颈问题，还可以通过更丰富的渠道将信息准确投放到目标人群。阿里云提供智能化信息投放平台，覆盖线上、线下、移动App等多种场景，帮助企业快速构建完整高效的营销网络。全链路营销基于智能化信息投放平台，以AI核心技术提升品牌营销自动化水平，激活存量用户，拉升新客流量，促进产品二次销售，实现业务快速增长。

多渠道投放：提供移动消息推送、短信推送、邮件推送等丰富的信息推送通道，通过人工智能的方式提高信息投递的效率与准确率。

精准营销：借助精准目标用户营销管理平台实现智能输出人群策略和媒体策略，并基于智能投放系统做实时优化，完成投放效果分析评估。

---

[1] 参见中国移动通信有限公司研究院发布的《2021年数字化营销现状与趋势》，中移智库。

多场景投放：通过数据赋能为企业提供从潜客挖掘、媒体智选、预算分配、智能监播到效果评估的全链路服务，并结合高转化人群挖掘能力、AI全网流量精选能力和广告监测的反作弊能力实现营销全链路生命周期的循环优化。

1. 数智化营销实现过程

一是精准标签和人群运营。数智化营销破解了原来广告投放不精准、广告效果不能及时评测的难题，通过标签的条件筛选，让营销的精准度大幅提升，营销行为的频度也从原来的以季度、月为时间单元变为以小时为时间单元。

二是消费者扩容，标签识别人群扩大。通过标签组合可以完成精准人群的圈选，但是随着筛选条件的收窄，触达人群也逐渐变小，需要通过人群扩容进一步匹配同属性客户，放大客户群体。

三是全网全生态精准投放和营销。通过直播、网红、短视频和社交媒体等新兴数字触点，全方位采集全链路数据，形成精准客户群体和会员画像。依靠技术和数据来配置营销资源，实现营销活动计划、执行、优化的全链路在线与自动化，沉淀授权的客户数据、活动数据和三方数据并形成数据洞察，优化营销的投入产出，实现精准的消费者触达和全营销生命周期的消费者资产运营。

四是触达。精准触达客户群体，全渠道、全域消费者数字化资产沉淀，提升全域流量效率。

2. 全域营销打通全链路

企业通过全域化的营销思维打破"围墙"，才能在真正意义上打通所有环节的全受众、全场景、全链路，提供"千人千面"的个性化服务。全域营销指的是在新零售体系下，以客户运营为核心，以数据为能源，实现全链路、全媒体、全数据、全渠道的营销方法论。全域的含义，在形式上包括图文视频、直播等形态，平台涵盖微信、微博、淘宝、抖音、小红书、小程序、社群联盟等，计费方式有 CPM、CPC、CPA、CPS 等，可以全面涵盖原生广告、声量曝光、电商导购、用户引入等需求。

基于互联网时代的新特点，全域营销的各个环节都需要数据驱动，尤其是授权数据的采集、整合和挖掘能力，是实现全域营销的关键。数据驱动的全域营销主要解决以下问题。

一是受众主导的营销目标制定。商家的营销目标变成了受众主导，营销目标的设定从传统的商业数据分析转变为受众细分，产品设计甚至生产计划都需要基于海量的个人行为授权数据来发现潜在需求。

二是建立"小众"差异化的联系。每个受众不再是一个抽象的、表征模糊的实体，而是转化为一个复杂的、多面的、个体化的实体。从大数据中识别潜在的、垂直的、个性化的受众，将营销从模糊的大众推广转变为连接差异化的"小众"，在"小众"中发现潜在市场和新商机。

三是发现受众背后的诉求。受众不再是信息的被动接受者，而是内容和数据的贡献者。海量数据蕴含丰富的需求和潜在的营销机会，比传统的问卷调查和消费记录更真实、更高效。

四是受众媒体的"再营销"。受众本身开始具有媒体特征，在某些场景下"口口相传"的病毒式传播模式会比商家一厢情愿的单方面传播有效得多。从数据中寻找人与人之间的联系，找到网络传播方式的入口，将会事半功倍。

五是制定基于受众数据的整合营销方案。面向全域营销的跨屏渠道和多样化的垂直场景需要营销从单点计划到协同的跨屏、跨渠道、多场景的"整合联合"，实现 1+1>2 的营销目标，需要时间和场景数据来连接受众、渠道和商家。

六是从整体效应到受众效应。全域营销在特定场景下连接企业和特定受众，因此营销效果需要从整体数据细分到个人的全局效果路径，使营销从"黑盒"营销效果到细分到个人和各个环节的"白盒"营销效果，并返回效果数据驱动营销优化，形成全域营销闭环。

4.6.3 基于全域数据中台实现数字化营销

伽蓝集团是数字化驱动的生物科技美妆企业。该企业在全国建立了各类零售网点4万多个，覆盖全国各级城市和县城，进驻了许多线上销售平台，拥有直属员工近8000人，是中国市场份额、消费者口碑与社会影响力俱佳的行业领跑者。目前，伽蓝集团正在逐步拓展国际市场。

近几年，美妆行业整体增速平均为20%，而新锐美妆消费增速达到70%以上。作为传统国货代表的伽蓝集团拥有自然堂、春夏、美素等多个品牌，它很早就意识到，在急速发展的移动互联网时代，国货品牌仅靠传统渠道是远远不够的，能够围绕市场需求及时调整应对策略，利用数字化技术不断提升产品品质和消费服务水平、带动行业升级，才是持续占据市场的不二法宝。

基于数据中台建设为伽蓝集团打造数字化运营的管理平台，伽蓝集团的数据中台建设是以产品为导向的数字化平台建设，整个建设过程依托阿里云数据中台能力，并结合伽蓝集团的业务特点与文化，包含用户宝典、产品魔方、销售罗盘、营销锦囊、驾驶舱等具有伽蓝集团特色的数字化运营产品。

一是以消费为中心的数字化营销。基于QA的全域消费者运营平台，打通线上、线下全触点消费者体系，并利用阿里巴巴丰富的标签系统识别和洞察消费者，实现人群盘活、精准运营、敏捷洞察、创新迭代。

二是数据产品运营化,数字化团队打造。通过数据中台项目孵化并建设伽蓝集团的三大数据运营团队,包括营销和供应链侧的数据分析团队,相当于通过数据中台项目驱动企业的组织变革,最终驱动业务的数字化升级。

伽蓝集团通过精细化运营带来了高效增长,其点击率提升211%。线上精华、眼霜类目点击率提升211%,ROI提升90%,行动成本降低31%。

4.7 渠道——打造经营矩阵

4.7.1 从单渠道转向全渠道发展

渠道是将品牌和销售终端连接起来的通路。在数字化、智能化的趋势下,渠道已经从以往的单渠道方式逐渐向全渠道方式转变。从技术上讲,单渠道时代是实体店时代,它为少数人提供服务,限制了潜在消费者的规模和多样性。数据挖掘技术的快速发展为跨设备、跨渠道营销提供了基础,帮助品牌通过最合适的渠道与消费者进行沟通。从技术上讲,全渠道和跨渠道本质上是相同的。在数据挖掘和数据识别方面,尤其在线上、线下数据的匹配方面,全渠道优势更加明显。全渠道的出现给营销行业带来了崭新的一面——企业将不再简单地向消费者展示内容,企业将与消费者进行实时沟通,并且融合了消费者多样化的生活方式。

随着新零售概念的提出,越来越多的企业开始重视建设线上、线下全渠道模式。但在拓展新模式的过程中,多渠道之间各种数据的割裂给企业营销带来了困扰。阿里新零售全渠道营销解决方案通过数据挖掘对会员进行精准触达,帮助企业通过多渠道打通商品、会员、库存等各类数据,并统一线上、线下营销活动,防止渠道冲突。企业通过阿里云双中台体系打通线上、线下全渠道数据和营销业务,对全域会员进行统一营销，对不同等级、不同兴趣的会员进行精准触达。全渠道营销解决方案架构如图4-16所示。

图4-16 全渠道营销解决方案架构

阿里新零售全渠道营销解决方案有以下优势。①数据驱动精准营销：结合淘系新零售能力拓展线上渠道和线下渠道，基于用户画像进行精确推荐和线上、线下营销推送。②全渠道库存优化：交付方案可实时感知全渠道库存、订单、商品结构，减少高库存、高缺货现象，有效降低丢单率。③提升用户体验：统一会员体系及全渠道打造，使用户体验更佳，对品牌认识统一；线上、线下融合，提升用户购物体验；构建用户画像体系，实现精准用户营销等。

4.7.2 数智化新型渠道

1. 跨境贸易

中国出口跨境电商行业和卖家经历了从"野蛮生长"到"精耕细作"的演变。出口跨境电商正在成为中国外贸的重要支持力量，并正从外贸"新业态"成为"新常态"。随着中国电商逐步成熟，它们之间的竞争越来越激烈，走出国门是大家共识的新的增长点。过去几年全球跨境电商高速发展。新冠肺炎疫情促使全球消费趋势从线下转到线上，跨境电商行业的发展机遇与挑战并存。

AliExpress（全球速卖通）是阿里巴巴面向国外市场的 B2C 平台，覆盖了美国、日本、俄罗斯、巴西、西班牙等国家，熟悉淘宝等平台的国内商家能够快速上手 AliExpress，天猫商家还可以一键入驻。自 2016 年起，Lazada 成为阿里巴巴集团东南亚旗舰电商平台，Lazada 的官方商城 LazMall 目前聚集了 7000 多个国际和东南亚本地领先品牌，面向东南亚消费者销售。电子商品、家居用品、服装等品类在国内市场的竞争异常激烈，一部分商家转战 Lazada 市场，利用中国的供应链优势取得了很好的成绩。厨房家电、无人机、行车记录仪、旋转拖把、家居收纳等商品受到欢迎。同时，Lazada 实行"Sell to China"合作计划，与东南亚地区知名品牌进行合作，把这些品牌带到中国消费者面前。

2. 直播带货

直播是指 KOL 通过短视频、视频直播等形式推荐商品，并最终形成交易的电商模式。与传统电商相比，直播电商具有标签化强、互动性强、去中心化等特点。直播给电子商务带来了新的发展动力。目前，不少电商平台都新增了直播模块，增加电商平台流量；一些短视频平台也增加了电商模块，探索电商内容，利用现有流量变现。

直播电商行业是视频与电商行业的融合，是一种全新的营销模式，逐渐成为企业拓展销售渠道的主要方式，也成为经济复苏的重要手段。

直播电商渠道重新定义了"人、货、场"关系。

人：直播电商加上网红主播使其成为流量中心，输出专业内容，提升用户购物体验。用户已经从积极搜索产品转变为接受主播推荐和选择，这将改善用户体验并实现粉丝经济。

货：与其他渠道销售的货品相比，直播商品以高性价比、限量为主要卖点。目前，直播商品品类日益丰富，线上渗透率正在不断提升。

场：相比传统电商，直播电商场景整合效应强，营销效果更加明显。网红主播类似于线下百货公司，作为流量中心，相比线下渠道，直播电商渠道成本低、运营成本低，没有时间和地域限制。

4.7.3 数智化推进全渠道布局

随着数字化时代的来临，传统汽车经销商销售渠道竞争已成"红海"，业务在线化已成为汽车行业转型的必由之路。在消费方式逆向牵引业务领域转型的今天，营销服务领域是变革的第一站。

领克汽车实现了线上与线下经销商互补。以传统经销模式为基础，借助互联网思维打造线上＋线下全面融合的渠道模式，从而持续解决购车用户的痛点。线上领克商城和线下领克中心、领克空间各有侧重、全面协同，为用户带来颠覆传统的购车与服务体验，同时为经销商带来新的销售增长点。

线下领克空间主要选址于都市中最具活力的大型商圈，方便人们选车、购车。2018年6月29日，领克新零售营销平台——领克会员俱乐部（Co: Club）正式上线，以定期社交和分享活动的形式，结合相应参与激励机制，成功搭建了品牌专属的社交平台。Co客们可以在领克App上直接上传文字，分享购车感触，还可以通过线上报名、线下与的方式，参与由领克官方发布或领克车主自发的各种活动。

通过参加平台上的活动，Co客们可以获得相应的Co币。Co币不仅是虚拟积分，还可以在领克商城上直接转化为积分和货币，可以购买汽车的零配件。领克还多次携手时尚品牌进行跨界合作，推出与年轻潮人生活相关的文化服饰、电子产品等，这成了品牌营销的一大亮点，给大家提供了专属的潮流体验。领克通过Co币的发放建立了一整套用户激励机制,让领克 6S 服务模式中的 Social 和 Share 发挥作用(见图 4-17)。

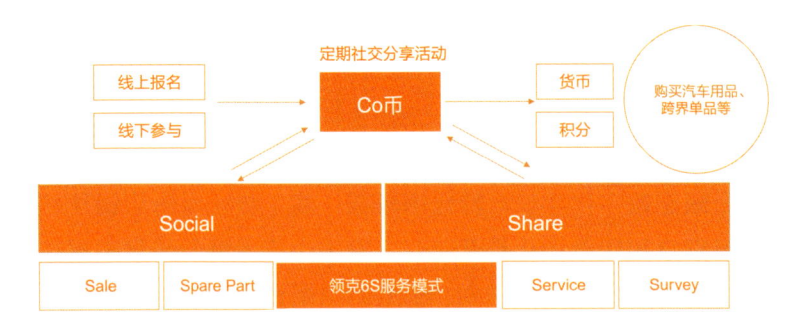

图4-17 领克会员俱乐部

领克通过新零售营销平台,对所有渠道的销售与服务业务进行数字化升级。它专门为销售顾问配备了销售助手 App、为服务顾问配备了相应的服务助手 App,不仅可以将线下客流状态、销售过程和服务过程实时记录成数据,上传、反馈到营销平台,让主机厂实时获知各经销商的销售动态,销售顾问和服务顾问还能从 App 上获取高质量的行为指导意见。同时,领克商城的线上线索会通过新零售营销平台的"营销大脑"进行数据清洗和人物画像分析,将有效线索派送到相应销售顾问和服务顾问的 App 上。

仔细研究领克的经销方式,其实"人、货、场"的本质未发生根本变化,但借助数据和算法可以实现"人、货、场"关系更精准、更高效的匹配和连接。这些连接离不开具体的场景和人的需求,企业在进行数字化转型时,不仅要有以人为本的服务意识,还要懂得如何将数字技术武装到每个毛细血管中,深入到每位客户的行为中去。

4.8 零售——形成销售新效能

新零售的核心是"以人为本,数据驱动,重构'人、货、场'",人的需求和数据的效能正在以前所未有的力量改变包括零售业在内的所有商业。

4.8.1 零售业的瓶颈与痛点

在传统零售中，渠道为王、商品为王，为了实现标准化和连续化，形成了"千人一面、千篇一律、千店一面"的局面，其发展面临以下困境。

一是缺乏数字化意识，转化率较低。线下传统零售店铺往往缺乏数字化经营意识和数字化经营工具，对于进店人群的转化数据往往是未知的，无法对人们的进店率、消费率、消费水平和消费习惯进行数据分析。

二是用户黏性较低。这是传统零售业普遍存在的问题，比如普通商超往往采用会员制，用会员积分的模式增加复购率，但这种方式吸引力较弱，培养不了忠实用户。

三是缺乏差异化营销手段。用户黏性低带来的直观结果就是用户复购率低，难以留住用户。此外，线下传统门店缺乏营销手段的创新，缺少对无人店、直播、快闪店等新模式的探索与尝试。

4.8.2 数智化新零售时代

新零售时代是一个以消费者为核心，大数据支撑精准极致体验的新时代，它实现了"人、货、场"的在线化、重构化和高效精准对接，超越了时间和空间的限制。未来，新零售的发展将是一种随着消费需求变化、零售业环境变化、技术创新等因素发展而转变的商业模式，它可以产生多种不同的零售商业模式，更好地服务消费群体。

1. 新零售的三大趋势

在中国消费升级的大背景下，基于大量案例的调研和总结，新零售领域呈现出以下三个趋势。

一是行业边界模糊化，IP属性凸显。消费品及相关服务的行业属性正在逐渐消融，行业、产品融合不断催生符合消费者需求的新物种，以"Hyper IP"形式强化消费者认知。消费者通过可以清晰表达自己的"Hyper ID"，享受 Hyper IP 下多元化、个性化、便捷的消费体验。通过先进技术理解消费者、挖掘消费者需求的外延、改变消费者的固有思维方式、拓展新的商业边界，是智能化时代品牌与零售商推进极致消费者体验、获取竞争优势的必要条件。

二是"品牌反射弧"明显化。在消费升级、资源充足、信息过载的时代背景下，消费者做出购买决定时越来越多地倾向于简化传统的比质、比价过程，在品牌信任的基础上进行产品的进一步选择，品牌实质上成为消费者购买决定的第一层过滤网。就此而言，消费者并不等同于粉丝——品牌如果缺乏深度运营的粉丝群体，不能建立起消费者购买时"Hyper IP—信任—购买"的简单强反射弧，将会迅速被市场边缘化。"粉丝收集"和"粉丝运营"成为品牌生存的必修课。

三是社会媒体化，媒体社会化，市场的不可预测性更加突出。一方面，网红经济、社交经济等基于内容的新消费现象不断出现，消费行为的逻辑动线更为多元，传统的基于"定义目标消费者群体"的粗放式市场营销行为很难有效地覆盖和影响核心潜在消费者；另一方面，消费者的喜好变化更加高频、动态，以快时尚为例，平均架上时间是 5 年前的 1/3，传统的基于调研的市场回馈速度已经远远无法满足产品升级更新的需求。如何识别核心消费者、无缝识别市场变化，成为零售商当前最直接、最迫切的诉求，也是提升消费者体验的前提。新零售的三个趋势如图 4-18 所示。

在这样的趋势下，无论是消费品牌还是零售通路，如何深度洞察消费者需求，建立与消费者的深度关系，营造可以深植于消费者认知的"Hyper IP"，提升消费者体验，是数智化时代零售业转型的重要目标之一。

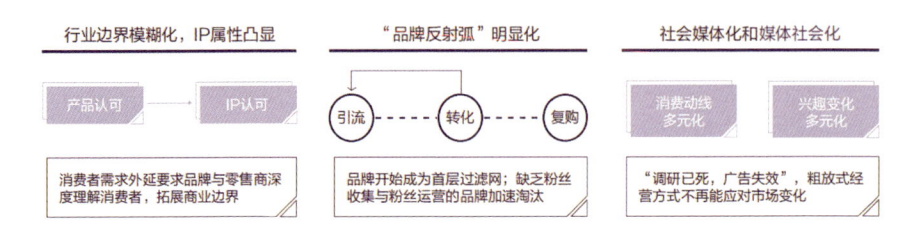

图4-18 新零售的三个趋势

2. 数智化新零售创新

数据驱动的新零售创新主要体现在数字化门店、快闪数字化、潜客识别、数据融合、会员激活、销售效果监测、运营共振等多个方面，下面对前两个方面进行介绍。

一是数字化门店。从"人、货、场"多方位采集数字化信息，帮助店铺智能决策，提高店铺零售运营能力，促进店铺 KPI 指标提升（见图 4-19）。

图4-19 数字化门店关注点[①]

---

① 参见德勤，《数字化门店》，2021 年。

二是快闪数字化。快闪店（Pop-up Store）是一种短期品牌游击店。最初是指在较发达的商业区设立临时店铺，供零售商宣传品牌和销售产品。如今，它已被定义为一种与零售店相结合的创意营销新业态。

当前的快闪数字化主要在于门店运营和用户管理的数字化，通过数据实现店铺的数字化、智能化运营。在快闪零售业态的布局下，包括前期的高效选址和规模预热，中期的店面流量管理，多渠道精准用户触达，目标产品服务适配，后期品牌响应，体验反馈，线上、线下互动引流等，数字化运营可以为不同的执行目的提供"精准红利"，从中小品牌测试到头部品牌全球推广，降低成本风险，稳定收益，全面提升闪现曝光率。

与长期零售不同的是，快闪店除了承载销售功能，往往还负责快速高效地执行用户获取、品牌曝光和推广、短期市场测试等特殊需求。因此，利用数字化驱动用户洞察和战略定位，包括用户细分、渠道选择、产品适配等环节，将为快闪店的零售赋能。

3. 新零售模式打造完整消费闭环

由于消费升级的趋势，新零售不断发展、深度融合线上和线下，有望成为未来主流的零售业态。商业模式决定零售企业的核心竞争力与可持续性，新零售模式能够打造完整的消费闭环，为消费者提供更好的消费体验，更能满足消费者对品质与体验的消费需求，相比传统电商与实体门店竞争优势更加明显。

新零售体现出以极致效率为目标的智能变革趋势。对于零售业而言，极致效率在品牌生产侧意味着以精准匹配需求为中心的效率最优，在商品通路侧意味着以合理库存、合理选品为中心的效率最优。在新零售加速线上、线下融合与 AI、IoT 等技术应用趋于成熟的双重驱动下，零售业以效率提升为目标的智能变革已呈现以下趋势。

一是智能技术在数字化基础上开始取代人工决策。原本用于衡量自动驾驶的分级标准从自动化程度来讲，同样可以用来类比、衡量零售业的智能决策。目前，在门店运营、库存控制、物流优化等环节广泛采用的数字化智能解决方案大多可以做到"有条件的自动化"，即对数据流给出分析结果和建议，但结果必须经过人工确认和调整才会进入下一环节的输入。随着算法的提升和零售全链路数字化，智能决策系统可以在确定优化目标的前提下，在更多局部环节实现不再依赖人工经验的智能决策和自动化行为。

随着技术进步，智能决策已经开始全方位体现在全渠道运营、门店管理、供应链、产销智能一体化等方面。以超市门店的运营管理为例，在各类技术驱动下，目前大量要求人工决策或人工记录的场景有极大可能被智能化自动决策代替。

二是产业级数据拉通和即时共享逐渐主流化。销售链路的数据拉通和即时共享是实现网络协同和资源最优配置的关键。传统零售业中，销售、库存等数据在品牌、各级经销商、零售商超之间存在完全或部分的割裂，产业链成员各自拥有相对完整的电子化数据体系，但上下游之间的信息不透明、人工记录和延迟传递使数据意义显著下降。产业级数据中台及人工智能为实现销售链路的数据通路提供了核心技术基础设施，建立在商业合作基础上的即时共享数据链正在成为零售价值链上各企业实现降本增效的关键。

4.8.3 数字化门店带来零售新体验

未来，服饰品牌比拼的将是全域作战能力。线上、线下渠道在交易环节已整合，供销系统已打通，在利润增长上也不再是此消彼长的关系，全渠道整合已经毋庸置疑。正是基于这样的目标，李宁与阿里云一起在上海世博源店做了一次数字化门店的全新尝试与探索，共同打造一家懂年轻人需求的数字化门店。

现在的世博源店，通过对现有会员、消费者、店铺、商圈、门店等做出画像，提供高纬度的分析决策能力，也为门店运营人员提供了实操方法，更有效提升了全渠道购物的三个"率"。

1. 提升进店率——利用公域流量，引导最有可能购买的消费者进店

"只要一出门手机就没电，一逛街就会渴，一买衣服就想有打折。"一个"95后"曾这样描述他的逛街感受。阿里云抓住了这个感受，通过云码辐射到门店周围的商圈，消费者在商圈内通过自动售卖机、租借充电宝、分众传媒、OTT等终端进行互动时，可接收最恰当的门店优惠券信息，直接进店消费抵扣。同时，带有体感游戏的互动橱窗会"临门一脚"增加客流。

2. 提升店内转化率——通过个性化购物体验，更懂每个消费者

当消费者进店，通过物联网技术识别会员身份，导购可提供个性化服务，比如有些会员并不在乎优惠券，要的就是那双卖断货的鞋。在购物中，导购还可引导会员使用具有个性化商品推荐的电子货架，当店内没有货时，可在电子货架直接选购快递到家，会员再也不用"沉甸甸式"的购物了。在结账时，会员可进行刷脸支付，这就是VIP的感觉，每天都会在门店发生。

3. 提高复购率——借助全域营销，与每个消费者紧密连接

数字化门店串联每个消费者进店前后的属性后，为全域营销提供精准画像。当全渠道整合打通后，李宁可通过线上进行个性化商品推荐、定制化会员活动等引导消费者复购。例如，通过精准画像，可了解会员偏爱哪类设计的衣服，当天猫平台出现类似样式并仅剩下几件符合会员尺寸的衣服时，客服可发送链接或提供优惠券，提高复购率。

从每个消费者被吸引进店，逛店的时候看了哪些商品，试了什么商品，到最后成交，以及后期消费者对商品使用的反馈情况等更加了解，最终完成闭环。阿里云和合作伙伴袋鼠云打造的数字化门店，让李宁在全渠道整合的背景下，将前端触点数字化，洞察、吸引消费者。

运营效率是门店经营的核心指标之一。阿里云和合作伙伴袋鼠云还为李宁构建了数据中台，使其更加了解消费者，从而有效提升门店运营效率。

今后的门店店长都"有了"大数据能力，数字化门店将能做到 24 小时门店经营数据实时更新，运营者可通过统一数据看板进行门店日常管理，为活动筹备做参考等。此外，Top 商品排行不再是线上独有，线下门店也会有本周爆款。通过丰富的内外部数据及模型得出的 Top 爆款商品，将为门店提供最优组货建议，实现智能组货。数字化门店的技术分析结果还能成为设计师的灵感之源，通过提供畅销品分析、畅销元素分析，帮助设计师在第一时间获取当前最流行的款式及元素，也可改善店铺形象展示能力，比如根据不同市场开发不同形象的店铺，满足不同消费者的需求。未来，店长真的会和消费者成为朋友。门店可建立以消费者需求为导向的单店订货模式，这将完善精准快速的供应机制。

目前，李宁全渠道及数字化店铺超过 1300 家，通过全渠道运营给线上、线下店铺带来约 5% 额外增长，会员数量增长达到 1000 万，活跃度持续提升。

4.9 服务——探索客户体验新上限

4.9.1 数智化新服务的产生

在数智化时代，"客户第一"的商业价值观仍然有效，做服务就是做口碑，做口碑就是做品牌。除了传统的口碑效应，借助数智化客服对信息的收集和处理能力可以将消费者提出的问题，诸如商品质量、外观设计或者物流运输反馈，分类汇总给对应部门，然后通过优化提供更好的服务,把口碑做大、做强。

1. 消费者的数字化倒逼企业业务和生态在线化、智能化

消费者获取资讯、购物路径的数字化触点在急速增加,一切皆媒体,需要全触点布局;消费者在线上和线下的触点进一步融合,在不同触点间的切换、转化更加频繁,要求前端系统快速灵活响应;流量红利消失,客群结构变化。商品同质化程度变高,消费者的品牌忠诚度变低,唯有体验能构建差异化竞争力,消费升级使得消费者对服务的期待也升级。

2. 数智化服务助力服务价值成为主导

商品成为服务的载体,服务成为商品的主导价值。这个阶段,体验感知是核心,体验的好坏决定商业价值的大小,交互管理是关键,是实现优异体验的重要途径。企业需要构建精准匹配的交互模式,优异的体验有利于实现交互的目的,及时将产品的使用价值呈现给消费者。如何运用数智化时代的新技术,如物联网、AI 的模型算法、云计算网络能力,以及海量数据近乎实时的大规模并行运算能力,构建面向未来的智能商业模式,是所有企业需要解决的问题。

4.9.2 数智化服务创新

精细化服务是针对人、流程、场景制定差异化、细分化的运营策略,然后结合市场渠道和授权用户行为数据分析进行有针对性的运营。它以需求和体验为基础,目的是为用户提供精准、合适的服务。

精细化服务策略可大致分为三步:首先,掌握现有用户策略,包含服务本身及平台与公司的策略,服务策略的制定应当以平台及公司策略为前提;其次,绘制服务画像,按需求制定画像,形成客群分层;最后,根据客群分层、用户习惯、行为习惯等,制定不同客群的服务策略。精细化的服务分层如图 4-20 所示。

以智能客服为例,狭义上,智能客服指在人工智能、大数据、云计算等技术赋能下,通过客服机器人协助人工进行会话、质检、业务处理,从而释放人力成本、提高响应效率的客户服务形式;而广义上,随着各类技术的深入应用,智能客服的外延被进一步拓宽,不仅指企业提供的客户服务,还包括客服系统管理及优化。智能客服在一定程度上解决了传统客服的部分痛点,成为企业实现数智化、降本增效的利器,企业纷纷搭建智能客服系统。智能客服与传统客服对比如图4-21所示。

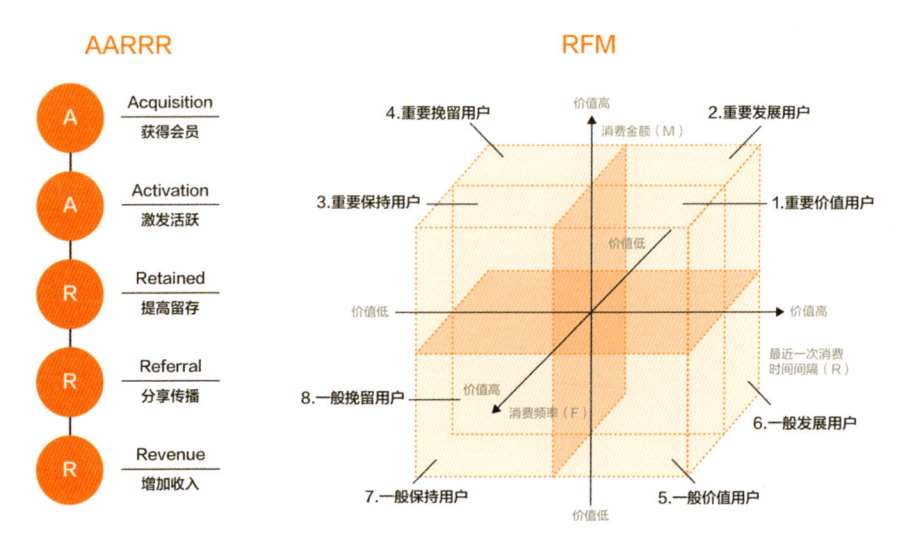

图4-20　精细化的服务分层

对比维度	智能客服	传统客服
特点	以各技术为基础;通过机器人进行服务	以呼叫中心为基础;通过人工进行服务
接入渠道	多元化接入渠道;各渠道呈互通的发展态势	接入渠道单一,以电话为主;各渠道相对封闭
响应效率	7×24小时响应;响应效率高	全天候响应受限;响应效率因人而异
数据管理	数据处理快速;形成对数据的统一管理	数据处理环节较多,效率较低;数据分散不易管理

图4-21　智能客服与传统客服对比

随着互联网特别是移动互联网的迅猛发展，人们的沟通方式发生了深刻的变化，特别是年轻群体更倾向于选择智能化、互动性的移动端交流方式。同时，服务渠道的多样化、响应速度快等渐成行业标准，传统以人工服务为主的客服形式不断向智能化、人性化、集成化、多渠道的方向演进。

阿里巴巴各商业平台，广泛应用先进的智能语音技术服务海量用户。例如，淘宝和支付宝的语音助手，可以帮助服务电话用户；高德语音助手为用户提供唤醒功能和语音导航功能；钉钉可以将用户的输入语音实时为文本，解放接收端的压力；还有天猫精灵智能音响，甚至在海外国家提供蚂蚁金服的智能语音识别服务。在内容安全领域，保障非文字内容的安全。2021 年，阿里巴巴智能机器人成功落地全国 27 个省份，累计为 39 座城市拨打超 3000 万次防控摸排电话，完成 100 万人次的在线咨询服务，有效缓解了防控一线人力不足的问题。

4.9.3 会员运营：形成用户的自我圈层

用户系统更多的是运营商为精细化运营而构建的用户模型，而会员体系是运营商通过数据洞察和分析为用户制定的一套圈级规则。

一般来说，注册是基于用户增长值，也称为用户增长系统。用户更像是一个游客，而会员给人的感觉更像是家人或朋友，这也是大多数公司急于建立会员制的原因。当年轻人成为消费主流，品牌背后的价值观和态度成为年轻人购买的最大动力时，成为会员不仅是为了购买感知和体验，更是为了找到归属感，并希望能融入社会。当大数据成为生产力，会员体系成为连接用户关系的基础设施时，会员就成为一个不断提升效率的新信用体系。关系越深，交易效率越高。此外，通过会员关系逐步实现整体的自我循环，将会产生一个新的闭环生态系统。会员制的创新和异化将随着数字化协作和智慧商业的深度渗透加速、加速、再加速。它不仅会成为品牌战略的一个组成部分，而且随着进化，它可能代表未来一个新的生态系统。

现阶段，中国消费端呈现线上与线下消费渠道全面融合、消费行为高度数字化、创新模式不断涌现的特点。工业互联网的发展仍在追赶世界领先水平。在此背景下，消费互联网的前端应用和商业模式的创新，正在引领后端生产等价值链的数字化协同。

同时，前端积累的海量消费群体数据，以及自身开发的数字化工具的应用，将使互联网企业更好地赋能传统垂直行业，推动产业互联网的发展。这种情况造就了中国独特的数字化发展路径——前端消费互联网带动后端产业互联网的发展。

大型互联网企业和科技企业逐步进入产业价值链，立足前端应用和商业模式创新，沿产业链开展数字化协同，带动后端。同时，以精准消费洞察赋能后端价值链，以数字化工具驱动生产全面转型。

第 5 章
物流数智化：更加智慧的供应链

物流是现代商业的核心组成部分之一。作为联通需求与供给的实体桥梁，可靠、有序的物流与配送系统为商业运行提供了重要支撑。

罗戈网 2021 年研究报告显示，93% 的受访者都认为 IT 能力是物流服务商最核心的能力[1]，数字化的重要性可见一斑。

5.1　物流数智化——克服障碍，迈向新阶段

从电子面单开始，物流业数字化革命正在深入，物流行业越来越多的环节呈现出规范化、数字化和智能化态势，促使全行业运行效率显著提升。

物流工作分工细密、协同难度大。从加强信息共享角度出发，数字化、智能化揭开了物流业变革的序幕。2014 年 5 月，菜鸟网络联合"三通一达"等快递公司掀起了一场电子面单革命[2]：通过统一标准化的

---

[1] 参见潘永刚等人的《物流行业：2021 中国物流科技发展报告》，2021 年 1 月。
[2] 参见阿里巴巴菜鸟网络官网。

电子面单，生成统一的数据格式，可以让包裹精确识别、处理和配送。电子面单系统可以自动连接发货商家、送货快递公司，向收货者提供物流进度等信息。依托"电商+快递"的商业模式，小小的电子面单变革，实际上已经推动了中国快递业的底层支撑变化，承载着规则与标准统一的使命。从电子面单开始，中国物流行业的数字化，甚至数智化呈现出快速、深入的渗透态势。

物流数智化就是通过新一代通信技术（5G等）、云计算技术、物联网技术、大数据技术等多种技术的综合运用，改变物流业被动提供服务、被动履约的模式，力图通过数据预测消费者需求，精准制订商品投放计划，为厂家、商家和消费者多方提供更便捷、更有效、更贴心的服务。传统物流与数智化物流的主要区别如表 5-1 所示[1]。

表 5-1 传统物流与数智化物流的主要区别

传统物流	数智化物流
物流被动执行	供应链全局优化，研产销协同，滚动销售预测
单仓发全国	全国多点多仓布局，整体优化
一次性发往全国各门店，货品周转率低	多级缓冲，多次快速补货，周转率高
线上、线下货品和仓库分离	线上、线下一体多级混合，店仓一体，就近取货
自由仓，为高峰准备最高配置，日常资源浪费	自由仓+社会仓，按需错峰配送，资源利用率高
靠人工，差错率高	使用智能机器人、自动传送带、IoT 等，减少人工依赖和差错

通过全链路、全渠道、数据驱动和智能决策的数智化改造和解决方案的推出，物流供应链"环节存在割裂""渠道不畅通""数据应用不到位""决策缺依据"等主要问题可以得到有效解决，从而可以全面

---

[1] 肖利华等. 数智驱动新增长 [M]. 北京：电子工业出版社，2021.

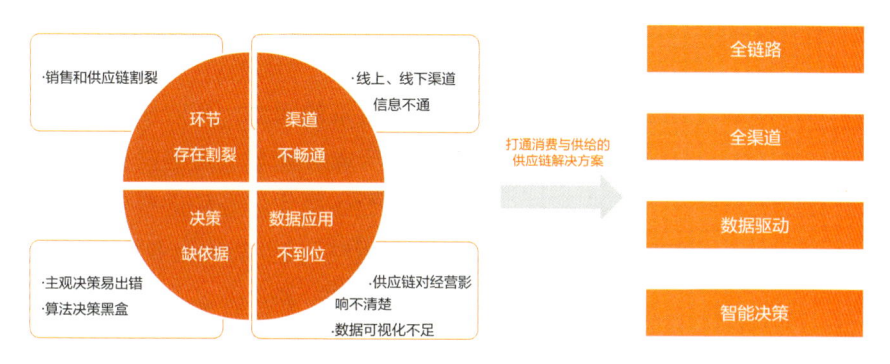

提高物流总体效率,为供需有效对接和快速流转服务(见图5-1)。

图5-1 克服物流难点,建设贯通消费与供给的供应链

消费者下单之前,整个系统已对消费需求和变化展开预测,协助生产端确定合理的生产计划和资源配置。

消费者下单的那一刻,物流系统通过贯通的数据体系,协同订单系统,可自动实现订单拆分、多级仓库配货、多级分拨和终端站点就近配送等。包裹分拨路径安排不再依靠人工判断,而是由系统根据算法进行路径规划,让包裹与运力精准匹配,从而大幅提升效率。

多年来,物流行业积累了大量关于商品品类流通的数据,数智化进程无疑将推动物流行业数据洞察的深入开展,以便更好地支撑商品流通。

消费侧的升级促使消费者更多个性化、定制化和便捷化的需求亟须满足,这也对供给侧的能力提出了更高要求。在消费互联网和产业互联网双轮驱动的发展背景下,作为枢纽的物流业要不断适应供需两侧的业务模式变迁,逐步从物流服务数字化步入物流服务数智化新阶段,逐步建立起一个多级缓冲、信息共享、智能决策的强健物流体系。

5.2 需求预测——把握消费脉搏，促进物流创新

5.2.1 响应消费需求变化

对消费者需求的洞察是所有供应端决策的起点。高效快捷的物流运转需要企业做到提前生产，根据市场合理分仓等，这些决策都需要对消费者需求进行精准预测。以往决策者往往凭借经验进行猜测，准确度低，一旦决策失误就会导致企业资金周转问题，加大企业经营风险。

虽然在数字化后，企业可以有效得知自己的运行数据，但在生产决策中往往还要依赖决策者个人经验。同时，随着消费升级，消费者认知逐渐多元化，消费者需求逐渐变得更加随心化、感情化，对于消费者需求的把握也逐渐困难[1]。消费者在进行购买、下单时，呈现出很强的选择感情化、购买路径无序化。传统方式难以对需求进行精准预测，难以针对消费者需求提前进行生产准备。消费者需求变化如图5-2所示。

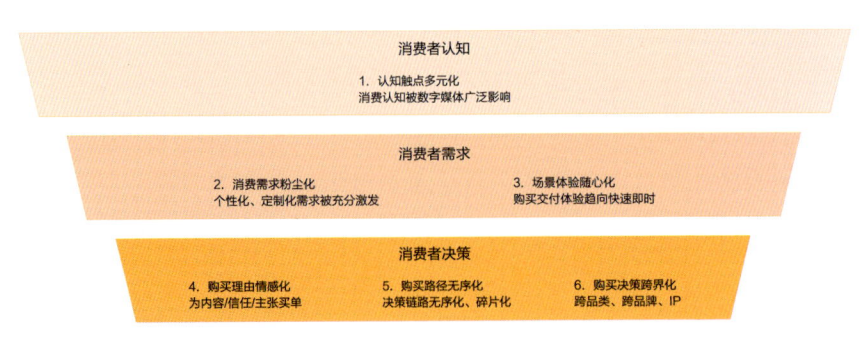

图5-2 消费者需求变化

因此，物流数智化转型首要任务就是，让供应链各个环节所产生的数据"活"起来，使得系统具备预测能力，可以真正帮助商家、生产厂家等开展科学决策，做到在正确的时间和地点为需要的客户提供

---

[1] 参见毕马威中国和阿里云联合发布的《2021消费者数智化运营白皮书》。

所需的产品。

5.2.2 覆盖多经营场景

企业通过深度学习大数据技术,建立全方位的预测体系[①]。

企业根据授权在商品层面采集线上商品的销售数据,对商品评论等进行分析。企业通过第三方数据公司进行行业趋势分析,同时结合社会热点,监控突发事件、政府政策和社会新闻,关注品类动态。

企业通过中台汇集多维度数据,对不同层面可能影响销售的数据进行整合,形成关键预测因子。

企业根据商品的周期性、季节性、温度和天气等进行日销预测,根据活动渠道、活动类型、价格弹性、商品类型等进行活动预测,根据品类地域性、品牌地域性、气候地域性等进行地域性预测,根据新品试销情况、增长状况等进行商品生命周期预测,根据大促"爆品"识别、品牌调性、预热期行为、去年同期爆发系数等进行大促预测[②]。

目前,基于大数据的需求预测体系,企业可以对未来一周到数周的 SKU 和分仓销量进行精准预测,还可以利用预测的积累和峰值弹性,逐步提高预测的准确性,挖掘数智供应链新价值。

以某知名快消品商家天猫店铺为例,做"双 11"分仓销量预测,提前四周的预测准确率为 66%,提前三周的预测准确率为 72%,部分爆品预测率超 90%;占据销售总量 80% 的畅销货品,分仓预测准确率达 90%,按照预测进行补货的跨区比例低于 1%。数智化决策可以准确指导商家进行活动备货、分仓。

目前,菜鸟供应链等数智化物流企业通过大量的实战案例,已经

---

① 参见刘铁岩,《AI 打通关键环节、加快物流行业数字化转型》,微软亚洲研究院。
② 肖利华等. 数智驱动新增长 [M]. 北京:电子工业出版社,2021.

能够为众多行业提供一体化的数智解决方案，可以从产品维度指导智能分仓、实时分仓及分仓科学补货频率测算等，从而让商家精准备货、联合销售预测、联合产销计划、联合补货方案。智能化的运营让商家的每次决策都变得更为科学有效。

5.2.3　助力物流领域创新

物流业的创新，既受到市场需求推动力的影响，也受到技术创新拉动力的促进。商家需求预测能力的提升，让前置仓等创新尝试能够充分释放价值，拥有更好的发展前景。在精准预测消费者需求的基础上，商家具备了通过前置仓提高配送效率的能力，即先在一定范围内建立一个小型存储仓库，商品再从小仓库配送到附近两三千米内的居民。通过对地区消费者行为的预测，将货物提前放置在城市周围的仓库，从根本上提升配送效率。2019年，"双11"期间淘宝开始采用预售模式，通过预售模式配合历史数据更精确预估商品需求量，及时配送到前置仓。部分预售商品以包裹的形式提前抵达作为前置仓的丹鸟站点，配送距离一下子缩短到10千米以内。2019年，"双11"仅用20分52秒就完成了第一单的配送。预测使得卖家可以提前1个月以上估计商品需求量，提前完成原材料采购备货，之后通过预售数据实时更新预估结果，使得商家可以更科学地安排生产计划和调度，避免因为大促导致的商品需求暴增而供不应求，也避免商家错误估计市场，导致大量的库存积压[1]。这是数智化物流系统对于业务流程的有效优化，同时可以有效避免物流主干线因为订单在同一时刻爆发而导致的拥塞，有助于物流行业减少波动，保证其正常运行。

"双11"等购物节放大了前置仓在提高配送效率中的作用，但前置仓不仅服务于大型促销活动，还可以服务于日常的高频商业行为，如

---

[1] 张曼婕. 新零售背景下我国智慧物流的特征、现状及策略 [J]. 商业经济研究，2021（04）：43-45.

满足生鲜类产品的供应。前置仓的作用，在对物流速度、存储要求较高的生鲜冷链物流中也得到了充分体现。

目前，大多数生鲜电商采用消费者线上下单，商家通过快递直接运送到家的模式。由于产品分级分选标准不统一，不同购买批次质量上存在差异，面对外形、口感、品质稳定性不高的生鲜电商现状，消费者更倾向于选择线下看得见、摸得着的购买方式，这对于线上生鲜渗透率的增长造成了影响。

同时，配送时间长是生鲜电商行业的一大痛点。消费者一般希望能够在下一顿餐食5个小时内准备食材，因此对时效性要求较高。采用中央仓库配送模式，即使是同城配送，最快只能实现24小时送达，不能满足消费者即时的生鲜购买需求。在这种情况下，消费者权衡线下购买与线上购买利弊，更多会选择去实体店购买。由于配送时间过长，如果再遇上高温天气，商品的品质也会受到影响。

在配送过程中，生鲜产品需要耗用大量泡沫、冰袋和纸箱等，随着订单规模扩大，这部分成本也会越来越高。用"泡沫箱+冷袋"把生鲜产品打包成一个包裹，包裹内部形成适合生鲜产品保存的局部空间，在物流运送时仍被视为普通包裹，而且通过现有常温物流配送体系配送。这种模式虽然成本较低，但是生鲜产品的品质难以保障，影响消费者的购买及食用体验。

除了以上几点，目前电商的仓配设置也存在不合理的情况，库存无法共享，分仓不合理。遇到节假日，商家需要提前大量备货，导致库存压力过大，占用资金过多。大多数还采用人工操作，差错率高，效率低。

近两年，线上生鲜行业迎来发展窗口期，许多商家出现订单井喷式增长、日活用户数量不断增加的情况。为快速、高质量地满足消费者需求，前置仓受到生鲜行业高于以往的重视。商家通过采用数智化工具，从订单信息中确定生鲜品类目标消费者所在地，利用算法确定最优区位建设前置仓，可以让生鲜更贴近消费者就近储存，快速响应消费需求，大幅度提高配送效率。根据消费者需求的变化，商家还可以不断优化调整所在区域的商品种类，更细化、更精准地满足消费者的动态诉求。

在前置仓模式下，商品从最开始的原产地先运往产地仓，再配送到城市分拣中心进行抽样检测、加工包装等工作，最后通过冷链物流运往前置仓，一两个小时后消费者就能收到订购的商品（见图5-3）。前置仓模式节省了过多与保温相关的快递包装成本，冷链物流支出成本更多是冷藏车、冷库、冰箱等设备设施的固定成本，这些成本具有规模递减效应，即随着公司订单规模的扩大，单位产品的固定成本支出将持续下降。

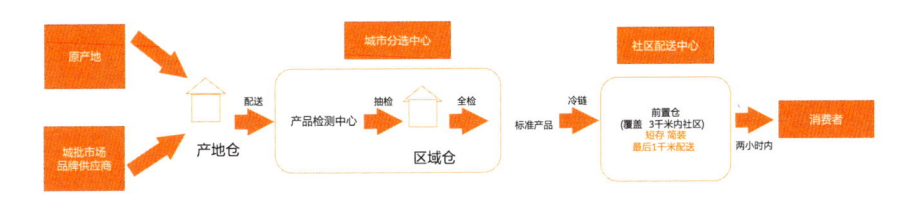

图5-3 生鲜前置仓模式

"分段运输，主干优先，分级集结，降维扩散"是所有商品种类在城际物流、同城快运、终端配送过程中实现总体成本最小化的有效方式，在保证运输效率的同时，降低了生鲜物流成本。这样的预仓储模式可以确保生鲜产品的灵活配送、及时交付。

前置仓可以成为整个供应链中触达消费者的最后链接点，离消费者最近的分布式经营中心和数据中心。大数据分析和智能算法的不断进步，可以对消费者群体绘制更清晰的画像，预测更准确的流量。商家通过流量运营供应链，可以更准确地进行原材料采购，更及时地调整商品品类和数量[①]。前置仓模式下，生鲜产品的标准化提高，SKU 更丰富，满足了消费者一日三餐的需求。即使是配送中心的选址，也可以通过一系列算法模型、高效的数据运算进行演绎，计算出最优的配送中心位置。企业可以根据商圈和社区的订单密度，通过算法优化仓储网络配置，进一步缩短配送路径。

5.3 智能仓储——多级缓冲，智能高效

仓储作为现代物流的重要环节，不仅承担着储存货物的任务，还需要与供应链上下游更好地协同衔接。随着电商的不断发展，商品细分种类和 SKU 不断增加，对于仓储提出了更高要求。通过现代技术构建智能仓储，有效提高仓储利用率，提高物流反应速度，将是数智化物流的重点。企业构建智能仓储，需要硬件智能仓储设备和软件智能仓储系统两大方面相互配合。

5.3.1 智能仓储设备

智能仓储设备从技术层面主要分为以托盘为载体的物料处理设备和以料箱为载体的物料处理设备，从功能层面可以分为存储设备和运输分拣设备。

当前，物流仓库多使用立体仓库，通过多层次的设立，配合信息化、物联网、云计算和机电一体化，使得仓库的空间利用率得以提高。从商品入库、存储到分拣、包装、出库整个流程，需要不同设备相互配合。在入库环节，通过码堆机器人自动识别商品条码，记录商品信息并上传至仓储管理系统，完成入库登记，目前单台作业效率已超 2500 件/小时。在存储环节，利用 RFID 技术对货物在仓库中的存放状态进行监控，如指定堆放区域、上架时间等信息的统计，当仓储区域货物

[①] 滕春仙. 新零售背景下社区生鲜电商商业模式研究——以"每日优鲜"为例 [J]. 经济师，2021（06）：219-220，222.

期限快到时，则自动发出报警信号给仓储系统，通过系统通知工作人员。在分拣环节，采用 AGV（Automated Guided Vehicle，自动引导车）机器人配合机械臂等，自动进行分拣。同时在补货、拣货过程中可以跟随员工的行走动作，由 AGV 机器人搬运货物到指定位置。以菜鸟 AGV 为例，0.2 秒可以算出 680 亿条路径，然后选择最优路径进行拣货，极大提高了效率，实现了"货到人""订单到人"的拣货。在包装环节，根据订单信息自动打印电子面单，自动包装，自动贴标。在出库环节，根据订单，利用自动传输带实现分流、合流。

可以看出，在仓储部分，正确判断商品尤为重要。为了让机器人更好地判断商品条码，机器人视觉识别技术在不断升级。通过综合运用 2D 视觉识别、3D 视觉识别，以及由视觉技术与红外测距组成的 2.5D 视觉技术，让机器人更好地改进动作，减少差错。未来，AGV、码垛机器人、分拣机器人将逐步进入各大仓库，通过自动化方式来代替人力，大幅度降低仓库日常运行成本，提高仓库周转效率。根据灵动科技数据，通过智能仓库产品的部署，单个仓库将节约 50% 的劳动力成本，生产效率提高 50%～150%，极大提高了物流仓储的运营效率。

5.3.2 智能仓储系统

智能设备的正常工作离不开背后庞大的软件支持。在软件上，仓储系统主要分为仓库控制系统（Warehouse Lontrol System，WCS）和 WMS。WMS 负责协调存储、调拨货物、拣选、包装等各个业务环节，根据不同仓库节点的业务繁忙程度动态调整业务的波次和业务执行顺序，并把需要做的动作指令发送给 WCS，使得整个仓库高效运行。此外，WMS 记录着货物出入库的所有信息流、数据流，实时更新货物的位置和状态，确保库存准确。WCS 则通过接收 WMS 的指令，调度仓库设备完成业务动作。WCS 需要灵活对接仓库各种类型、各种厂家的设备，并能够计算出最优执行动作。例如，机器人依靠视觉识别和智能导航技术，通过最短行驶路径、均衡设备动作完成商品的自动化分拣任务。WCS 的另一个功能是时刻对现场设备的运行状态进行监控，出现问题立即报警，提示维护人员。此外，支撑 WMS、WCS 进行决策，让自动化设备有条不紊地运转，代替人工进行各类操作（行走、抓放货物等），背后依赖的是"智慧大脑"，运用人工智能、大数据、运筹学等相关算法和技术，实现作业流、数据流和控制流的协同。"智慧大脑"既是数据中心，也是监控中心、决策中心和控制中心，从整体上对全局进行调配和统筹安排，最大化设备的运行效率，充分发挥设备的集群效应。智慧仓储系统架构与工作流程如图 5-4 所示。

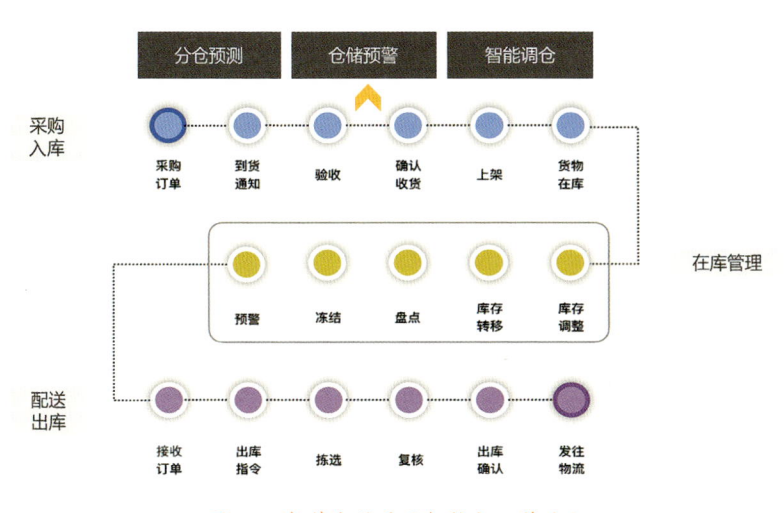

图5-4 智慧仓储系统架构与工作流程

Lazada 数据显示，截至 2017 年年末，阿里巴巴在韩仓储物流投资已超 30 亿美元，但由于整体智慧数字应用不足，日拣货仅 1000 件，不到国内仓储物流拣货效率的 30%。尽管仓库配备了相应的 WMS，但是由于仓储智慧数字技术应用能力差，仓储物流发展受到了较大的阻碍。之后，阿里巴巴对仓库进行了大刀阔斧的数智化改革。阿里巴巴通过打通订单管理系统和 WMS，使得在韩货物的清理与置放时间由 4

小时缩减至 1 小时。之后，阿里巴巴联合三星电子，在仓库引入智能设备，助力改善仓储智慧基建管理设施。据韩国业内人士称，此智慧仓储投入使用后平均能提升包裹处理能力 30%。货物订单产生后，仓储中心的智能机器人负责捡货，超过 10 万辆物流运输车进行配送，很好地解决了库存积压及配送不及时的问题。通过上述一体化仓储模式的打造，阿里巴巴在韩仓储货物真正实现了 24 小时运达的发展目标[①]。

5.3.3 物料管理与可视化

在物料管理方面，常见的智能技术有计算机视觉识别、智能仓储图像识别和大数据技术。计算机视觉识别通过计算机视觉技术自动识别货架上的条形码、二维码等标签，从而记录出入库的物料名称及型号，完成对物料的管理，重点解决物料出入库操作的效率和准确率问题。企业通过智能仓储图像识别系统和高拍仪进行物料的出入库校核，降低仓库操作人员工作量，也可准确掌握当前仓库物料的存量、分布状况、短缺情况等。企业利用大数据技术分析物料出入库的周转次数，预测需求量并预测潜在的物料不足，从而优化库存结构和降低库存存储成本。

未来，增强现实技术也会运用到物料管理中。通过 AR 眼镜或其他虚拟现实增强技术，仓库管理员在拣选过程中可以看到物品的质量、体积等各种信息，从而进行快速分类。企业还可以连接数据后台，对于有异常的物品进行快速处理，及时挽回因各种原因造成的损失。

同时，库存可视化是智慧仓储中尤为重要的一环。通过可视性展现，让整个供应链中利益相关者具有实时访问订单流程、库存、交付信息的能力。通过数据预测技术，人们可以有效识别潜在供应链中断的风险。

---

① 王舒冰. 阿里集团拓展韩国仓储物流市场的经验做法及启示 [J]. 对外经贸实务，2021（06）：93-96.

传统的库存可视化仅是通过图表展现库存，且由于仓库业务涉及领域、建设时间先后等因素的不同，ERP 系统、仓库管理系统、订单管理系统很容易形成难以跨越的信息孤岛。新一代技术使得可视化系统具有与其相关的第三方数据源集成能力，同时提高数据的细粒度，让可视化面板具备信息预测能力，并且通过直观的方式为各个环节的决策者提供友好的利于理解的界面。同时，通过整合不同的数据形成单一的数据图标，提供给上下游各个环节的合作方使用，共享一个数据，从而改变传统供应链间数据不互通的问题，使得各个环节的合作方可以共同应对和解决供应问题。IBM 通过为一家大型电信公司建立智能的仓储系统，针对其仓库中的 5 亿美元的库存，凭借端到端的可见性和更好的控制，使得其可以通过降低库存持有成本和提高库存周转效率来改善现金流。在一年内，IBM 帮助该公司减少了 450 万美元的运营费用，提高了 40 万～4700 万美元的营运资金。

5.3.4　智能无人仓

作为智能仓储终极代表的无人仓，其发展目标是实现入库、存储、拣选、出库等仓库作业流程的无人化操作。目前，菜鸟物流、京东等公司均在大力投资建设新一代物流无人仓，整个仓库可以通过物联网接口连接仓库内运行的众多智能设备。打通存储、售卖、订单、包装环节后，菜鸟无人仓可以直接从存储区发货，省掉中间环节。据悉，单个无人仓一天可以发货 8000 立方米。2020 年"双 11"期间，菜鸟首次把柔性自动化技术用在了大家电物流中，洗衣机、空调等大家电也能通过机器人高效处理。

同时，菜鸟与圆通速递联合宣布，超级机器人分拨中心在圆通杭州转运中心正式启用。350 台机器人昼夜工作，每天可分拣超过 50 万个包裹，这一效率引起行业的广泛关注。菜鸟表示，早在 2019 年"6•18"期间，菜鸟无锡无人仓单仓便已投入超过 500 台类 KIVA 机器人（新型 AGV，与传统 AGV 相比，导航方式更加先进，行驶路径不受限制，拥有更加强大的软件系统），成为国内同类仓库中机器人使用规模最大、运作效率最高的项目（见图 5-5）。

图5-5　菜鸟超级无人仓

未来，随着人工智能的发展，仓库将从传统型仓库、智能型仓库、少人型仓库逐步转向无人型仓库。无人仓逐步普及，将减少仓库管理所需的人力资源，实现入库、出库全流程自动化，实现智慧仓储，推动物流数智化转型升级。

5.4　智能订单管理——智能拆分，高效管理

订单是物流活动的起点，是记录物流活动的重要信息载体。通过数智化的订单管理，从源头对物流进行智能化处理，可以有效提高物流效率。通过大数据和人工智能技术，努力提高智能订单管理系统在订单接收、订单拆分与合并、异常管理等各个环节的执行效率，可以有效降低成本，实现供应链的持续优化。

5.4.1　订单智能拆分

订单拆分对于订单管理尤为重要。不同的业务场景，不同的业务特征，订单拆分的条件与拆分的逻辑也会有所不用。首先，平台层面按商家拆分。消费者普遍存在跨店铺结算的情况，所以平台要将订单

内的信息进行拆分，同时将商品信息与优惠信息分摊到各个店铺的订单上，由此形成了首层的拆分。然后，商家层面按仓库拆分。部分商家存在多仓库的情况，且自营平台不同的商品存放在不同的自建仓库。消费者下单时订单内的商品存放于不同的仓库，那商家就需要针对不同的仓库进行拆分，将拆分完的子订单匹配至各自的仓库中，根据商品的货物数量进行出库备货。此外，订单在部分场景下需要根据商品类型进行拆分，尤其是跨境商品，商家需要根据海关相应规定进行拆分处理，分单结算。按商品类目拆分，由于部分商品类目的特殊性，比如易碎品对于物流保护性要求较高，商家在发货时需要进行特殊处理，订单需要进行拆分。按物流拆分，这是订单拆分环节的最末端。由于订单内部分商品的重量或体积超过了单个包裹发货的范围，需要进行拆单。

然而，高拆单率导致的多次零散配送带来高成本、高劳动等问题。企业通过数据分析建立一套智能订单拆分系统，对拆单及运输的各个环节进行优化，将各个订单包裹重量与体积进行订单合并，有效提高了仓库分拣商品的效率，降低了运输成本。

5.4.2 异常订单智能处理

对于出现的异常订单（如恶意订单、黄牛订单），系统可以自动识别，并且处理相关交易。系统会实时对异常的黄牛下单进行拦截，如有未识别的还可以在黄牛工具中上报。平台通过多个维度信息综合判断某些账号是否属于同一买家，限定买家异常的大量购买。通过对异常订单的处理，保证在日常的大促、活动中对黄牛的防范和正常促销活动的运行，有效减少退货风险（买家频繁滥用退款售后权益，利用虚假物流、空包、少件、调包等手段，从中进行牟利的行为）、敲诈风险（不以真实消费为目的，利用平台规则，通过敲诈勒索卖家牟取利益的非正常消费行为）、攻击风险（不以真实消费为目的，为了打击、报复等目的，通过沟通威胁、批量拍下占用库存、付款后申请退款等手段造成商家经营成本的浪费，经营指标的不正常下降）。

淘宝、天猫平台通过"营商保"服务，有效避免了在"双11""6·18"等大型电商促销活动期间，黄牛扫货、利用规则漏洞恶意刷单的行为，保证了商家的合法权益。阿里巴巴相关数据显示，2019年全年共有260万商家主动参与营商环境共治活动，恶意投诉量减少了70%，为近90万商家提供了经营保障服务[①]。

5.5 路径优化及协同——算法驱动，多方合作

路径优化一直是物流供应链的重中之重。如何选择最合适的配送线路，各个环节、仓库如何联通，末端配送如何更高效，一直属于路径优化所需要考虑的重点问题。数智化时代，企业通过智能算法、分级体系设立和社会协同运营等多种措施平衡时间与成本关系，从而实现物流高效化。路径优化及协同如图5-6所示。

图5-6 路径优化及协同

---

① 参见阿里巴巴的一站式风险治理平台"营商保"。

5.5.1 路径规划

路径规划是物流行业的各个应用场景的核心，运输路径、仓库无人车取货等均需要使用路径规划算法。优质的路径规划算法将渗入物流行业的各个环节，提高整体运输效率。同时，随着数智化的发展，物流体系逐步实现了多点多仓布局、多级缓冲设立，物流的运输有更多线路和仓库选择，随之路径规划问题也愈发复杂，因此路径优化一直是数智化努力提升的方向。

过去的几十年里，物流企业通常采用基于运筹学的组合优化方法进行路径规划。这种方法一般需要首先对供需进行预测，然后基于预测结果，将有关客户、线路、区域的限制信息人为设置成约束条件，并用其进行求解。对于货物目的地相对分散、仓库库容模糊的情况，每次路径规划都需要花费数个小时来计算最优路径，而一旦外部条件发生变化，不得不重新进行规划，费时费力。随着全球贸易量的与日俱增，在跨国运输、海航运输等领域，这种状况更为突出。一旦线路规划错误，将造成重大的损失和风险。

目前，物流企业通过运用深度学习和强化学习等最新的人工智能技术进行实时的路径优化，通过配合准确的需求预测可以有效、及时地规划路径。智能仓库 AGV、货车、配送员等都依靠实时智能的路径优化寻找最合适的路线，从而降低运输成本、提高物流效率。

2020 年 12 月 10 日，以菜鸟人工智能团队为核心研发的物流路径规划算法，获得 2021 年 Franz Edelman 杰出成就奖[1]。这是全球运筹和管理科学界的最高工业应用奖，被称为运筹学的"奥斯卡"。这是中国物流供应链领域企业首次获奖。菜鸟自主研发的物流路径规划算法，技术上融合了大规模邻域搜索、超启发式算法、基因算法、分布

---
① 参见阿里巴巴菜鸟网络官网。

式并行化和增强学习。在公开数据集上，算法已全面超过广泛使用的开源产品 Jsprit；在 Gehring & Homberger 数据集上（客户点规模达到 1000），已经与若干项世界纪录持平；在实际应用场景中，不仅能够支持 30 种不同的规划限制条件，还能根据城市限行及实时路况进行动态规划。

菜鸟的物流路径规划算法，使得物流枢纽、物流车辆、物流末端的效率都显著提升了。物流路径规划算法也为新零售出现打下了坚实的技术基础，创造了 30 分钟到 2 小时送达的新商业业态。

这套算法综合计算了消费者下单动态、需求随机、仓内作业空间狭小、合单拣选、城市交通堵塞、末端小区登记流程、电梯等待等复杂的不确定性因素，在极短时间内给出决策，以留下足够的线下操作时间。目前，菜鸟、盒马、饿了么、同城零售、LAZADA 等平台均使用该算法提供服务。

在智能仓库内，物流路径规划算法综合消费者订单、商品在货架的位置、拣选员传输给打包员的悬挂链速度等因素，指引拣货员进行更合理的工作。店员表示，有了该算法的帮助，在达到同样工作效率的情况下，每天走动步数从 2 万多步下降到了 1 万步以下。

在车辆调度上，通过智能调度平台，将仓库时间窗、车辆限行、是否回仓、最大行驶时间、车辆重量、货物件数、装载能力等信息作为约束集，可以让消费者自行选择成本最低、时间最短、里程最短等不同的优化目标，进行智能调度。企业只需要通过 API 接口，或者通过一站式的操作平台，即可灵活使用，不需要投入高额的运行成本，也不需要专业的研发人员。现有的平台和场景极度贴合，可以在调度环节有效降低约 10% 的成本。

5.5.2 末端配送

随着全物流链条的数智化升级,末端送货的"最后 1 千米"问题日益凸显,不少物流企业开始重点布局末端配送。申通快递推出末端快递门店品牌——喵站,和同业系统打通,可以代收中通、韵达、圆通、百世的快件,后续会对接极兔、天天和德邦。京东、中通也推出了自己的末端取送服务中心。

同时,不少企业通过算法帮助快递员规划出最优路径,减少配送时间成本。通过小区内放置快递存放柜,保证了末端快递业务的高效流转,而且避免了送货上门人不在家的尴尬场面。在逆向物流上,通过数智化手段进行在线调度,充分利用行业冗余的运力,寄件服务从"最快半小时上门"提升至"最慢半小时上门"。但是,由于末端业务工作繁杂,现在仍严重依赖人工,而且暴露出不少问题。在末端配送环节,数智化程度有待提高。

一种替代方案是通过无人车、机器人来代替人工配送,现在此类送货机器人正在逐步进入人们的生活。不同于室内机器人,室外机器人需要应对复杂路况、网络波动、异常天气等不利因素。2020 年,阿里巴巴发布了第一款物流机器人"小蛮驴",集成了最前沿的人工智能和自动驾驶技术,具有类人认知智能,"大脑"应急反应速度达到人类的 7 倍,每天可以配送 500 个快递。目前,该机器人已经在部分地区进行试运行。2020 年"双 11"期间,浙江大学紫金港校区菜鸟驿站 3 万多件包裹全部由机器人送货上门。

目前,末端配送机器人衍生了众多产品,如 2019 年亚马逊发布了 Prime Air 递送无人机。我们可以相信,未来末端配送方式也会被数智化赋能,大幅提高配送效率。2020 年新冠肺炎疫情期间,国内自动驾驶企业纷纷投入无人配送车驰援疫区,提供各类末端无接触配送,让未来的末端智能配送提前施展了拳脚。

5.5.3 社会化协同物流

数智化物流的核心其实就是一个社会化协同的网络。未来的竞争，本质是用社会化协同网络取代传统的供应链管理。通过构建协同平台，构建智慧物流骨干网，使得不同的物流企业可以共享数据，共享部分基础设置，从而提高整体的配送效率。菜鸟网络是目前大力推进社会化协同运营的典范。通过让国内不同的物流企业参股，或者采用加盟的策略，共同构建一个物流网络，改善不同物流企业之间数据割裂、仓库浪费等现象。社会化、开放化的运作方式使得物流企业可以共享设施，避免重复建设导致的浪费，提高资源利用效率。当买家在网上下单后，菜鸟的社会化协同网络便开始运作[1]。通过菜鸟的"统仓统配"系统，卖家将使用菜鸟网络分布在全国各地的仓库统一发货。之后，快递公司可以根据电子面单统一的"四段码"服务去规划干线路径。同时，"四段码"也支持分拣智能设备，可以实现从发货、分拣到配送的完整流程。社会化协同运作的模式提高了快递配送效率，降低了运输成本。包邮率可以让消费者直观感受到社会化协同的优势。而在宏观层面，社会物流费用占 GDP 比例连续 5 年下降，2012 年到 2017 年间，这一比重从 18% 下降到 14.6%。

同时，菜鸟的社会化协同运作模式大大促进了即时物流的发展。菜鸟打造了天猫超市 1 小时达、天猫门店发货 2 小时达两大样板。此外，积极与大型商超、线下实体店开展合作，使其接入菜鸟门店发货系统，打造 2 小时配送速达的物流体验。2018 年，菜鸟与屈臣氏合作，把全国近 400 家屈臣氏门店改造成前置仓，实现了"网上下单，楼下发货"的新零售物流体验。同年 4 月，菜鸟又与母婴连锁商城达成合作，复制之前的分钟级配送体验。可以说，社会化协同使得物流得以融入

---

[1] 倪慧. 基于大数据下的社会化协同物流平台发展初探——以菜鸟网络为例 [J]. 现代经济信息，2016（22）：324.

新零售系统，成为沟通线上、线下的一座桥梁。这提升了消费者体验，同时降低了商家的运行成本。

从以铁路为代表的运输介质的变革到集装箱带来的"标准化"革命，技术又给物流行业创造了新的想象空间。菜鸟在一步一步塑造中国物流的"强"，为物流插上数智化的翅膀。

5.6 智慧物流体系——全链贯通，价值共创

在构建整体物流体系时，要综合运用各种设施和技术。从消费者需求的精准预测开始，利用数智化帮助商家合理安排生产，制订调仓计划；到对于商品库存、仓库进行智慧化管理；再到对每个订单的精确高效处理；最后利用算法和无人技术，使得商品以最快的速度到达消费者手中。数智化贯穿物流行业的各个环节，用全新的方式和智慧化的手段帮助物流行业提质增效，更好地对接生产和消费两端，促进全社会资源优化配置，提升全社会生产效能。

5.6.1 智慧运输体系

数智化物流的一大特点是在全国构建多点仓库，设立多级缓冲体系。因此，对整体运输体系提出了更高的要求，要通过对整个物流运输体系的优化来提升。目前，各大物流企业构建了多级的物流网络，从而构建智慧运输体系。

通过智能订单系统接入订单，首先按承运商、线路或运输方式进行自动分单，并实现实时可视化。然后进行运输计划，自动搜索并匹配地址与地图信息，通过交互式地图显示，并利用路径规划算法引擎进行动态路径规划。最后在运输执行环节，可以实现运输在途填报，签收与拒收及运输回单管理。整个物流环节可以对车辆进行信息的实时可视化，在途 GPS 轨迹监控，在途异常管理。当运输结束后，可以自动进行结算管理，出示应收账单信息、应付账单信息，自动实现上

下游结算信息对账。整个运输流程和智能订单系统相互配合，提高物流运输的整体效率，极大降低了人力成本和信息不对称的问题。智能运输流程如图 5-7 所示。

运输订单 → 运输计划 → 运输执行 → 运输监控 → 结算管理

图5-7　智能运输流程

5.6.2　智慧物流园区

近几年，我国物流园区发展迅速、热度不减，特别是电商与快递的发展推动了城市物流的快速发展，也对物流园区的建设和运营提出了更多的需求和更高的要求。但是，无论是已经建成投入使用，还是正在规划建设的物流园区，在规划、建设和运营等各个方面都存在着许多问题。全链路可视智能的覆盖率太低，没有大脑的信息孤岛，物流园区有了"智慧"，却没有解放人力等问题突出。在提升全物流供应链数智化水平的背景下，物流园区成了一块短板。

智慧物流园区建设是以园区安防系统、场站管理系统、库存管理系统、运输管理系统和智慧办公为一体的综合系统性工程。通过统一的管理平台，整合物业、道闸、访客、门禁、能耗等子系统，全面实现智慧化，提升园区管理水平，打造透明化、标准化、可视化园区服务模式。

菜鸟通过 5G、AI、IoT、无人化设备等新技术的赋能，构建现代智慧物流园区系统，打通物流服务体系与园区管理体系。在基础平台基础上，利用边缘网关、AOA 基站等设备，构建了以智慧调度为核心的智慧管理工具。同时，针对物流园区，通过管理大屏进行动态呈现，提高企业协同作业水平，提高园区整体运行效率。截至 2022 年 3 月，菜鸟物流园区已经建成 50 多个项目，覆盖城市 30 多个。

5.6.3 全链路可视和智能分析决策

企业实现全链路可视的关键是打通各个环节的数据，使得数据统一处理。菜鸟网络通过搭建统一的数据中台，集合了计算存储、数据资产管理、数据交付服务等功能，帮助商家实现线上、线下各渠道一盘货，全链路数据融通，使得各个环节的数据可以实时汇总、实时呈现、实时分析。

菜鸟网络通过全球领先的算法模型，对全渠道的数据进行科学分析、可视化呈现，为商家提供有效的运营监控。通过数据的分析洞察，对库存周转、缺货率等进行处理，帮助商家利用数据科学决策，了解当前的需求分布、全渠道库存，促使其了解自身的库存健康度，促进产销协同。

2019年，由菜鸟打造的"智能供应链大脑"正式上线，全渠道商品状况都可以实时展示，并自带智能算法分析，可以帮助打通品牌商在多个平台的数据，并进行实时监控与分析。通过菜鸟"智能供应链大脑"，以前需要调配大量人力进行数据获取分析的工作，现在每天通过手机就可查询哪些货好卖、哪里货需要补充、调拨数量多少件等信息，短时间内就能完成决策。目前，该系统已经在雀巢集团使用。雀巢大中华区电商副总裁王雷表示："新零售时代，品牌商需要反应更快的柔性供应链。菜鸟'智能供应链大脑'让运营数据更透明，让数据成为商业决策的引擎。在该系统的智能助力下，雀巢的新零售竞争力会不断增强。"

5.6.4 跨境物流

伴随着消费升级，人们不再满足于国内商品，越来越多的人尝试进行海淘，购买海外商品。艾媒咨询数据显示，中国跨境电商平台用户中 40.3% 的用户购量增加，65.3% 的用户使用频率增多（见图 5-8）[①]。同时，随着国内商品品质逐步提高，许多曾专注于国内市场的公司开始将跨境电子商务作为新的业务发展重点。在经济全球化背景下，许多中国电子商务公司都在国外建立了电子商务站点。但与此同时，越来越多的公司面临着跨境物流的痛点，跨境物流流程上的烦琐也极大影响了物流周转效率。

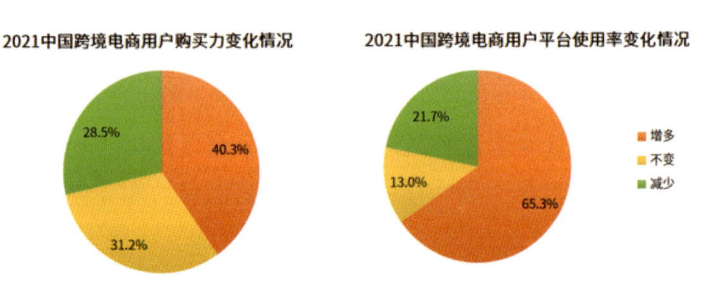

图5-8　2021年中国跨境电商用户购买和平台使用情况

一是物流环节多，流程复杂。直邮和海外仓两种模式都涉及国内的头程，直邮包含商家自送或物流商取件；境内仓库的入库、验货、分拣、贴标、订舱和打包；国内报关；干线运输，通过海运或空运至目的国；在抵达海外后，直邮模式由当地或国际物流商进行尾程的配送，而海外仓模式货物在海外仓进行入库、验货、上架、库存，待客户下单后，由仓库进行出库并由当地或国际物流商进行尾程的配送。二是直接受海关、税务政策影响。无论是直邮还是海外仓模式，跨境商品都需通过外国海关的清关流程，并按照规定缴纳相关税款，方可合法在海外销售。这就意味着跨境电商物流体系直接面对来自海外的监管与法律风险，同时将受到国际政治经济形势变化的影响。三是运输主体和形式多样，缺乏贯穿全链的资源整合者。在运送主体上，直邮模式可能

---

① 参见艾媒咨询，《2021 全球及中国跨境电商运营数据及典型企业分析研究报告》，2021年5月。

涉及邮政公司、国际快递公司、货代公司或国内具备跨境物流业务的快递公司、航空或船运公司、商业清关公司及出口国当地的快递公司。海外仓模式比直邮模式增加了第三方海外仓服务商或自建仓。主体和流程的复杂多样导致了跨境电商物流行业的资源整合难度大，缺乏有效贯穿上下游的资源整合者为客户提供端到端的跨境电商物流服务。

虽然国内物流数智化已经有了一定成效和经验积累，但做好全球化的数智物流并不是一件容易的事情。在整个国际物流链路中，海关、国检、各国政策、知识产权等各种因素都会对物流链路产生巨大影响。菜鸟国际业务负责人关晓东认为，他们所面临的挑战是国家之间的区域性差异，"大家对服务、成本、用户体验、消费习惯的诉求都不一样，即使在欧洲，每个国家也不一样。"

面对跨境物流的难题，菜鸟深度优化，构建全球智能物流体系。通过全球智慧路由，连接国际仓储、国际运输和配送及海关商检，包括全球履约中心仓（简称 GFC 仓）、EWTP 超级物流枢纽、定期专属洲际航线等方面的快速推进。同时，菜鸟搭建的全球物流网络平台上聚合了近百家国际物流合伙伙伴。

菜鸟 GFC 仓与初级的海外集货仓不同，海外商家可以通过 GFC 仓进行就近补货，消费者可以向 GFC 仓直接下单。GFC 仓整合了消费者的交易、支付和物流信息，能够将进口商品配送时间从 2 周缩减为 5 天。并且，消费者可以实时查看 GFC 仓发出的货物的订单揽货、入库出库、干线航班、转关清关等信息，极大提高了跨境物流的配送效率。

目前，随着数智化的升级和跨境物流的发展，中国物流相关先进技术走向世界，带动全球物流体系转型升级。截至 2021 年 12 月，菜鸟网络已经拥有 100 多家全球合作伙伴一起提供跨境物流服务，连接了 231 个跨境仓库、300 多条跨境物流专线。通过新兴技术把不同国家的物流环节连接在一起，配送范围可至全球 224 个国家和地区。通过全链路的协同把重点国家的物流时效从 70 天提升到 10 天以内[①]，形成全球智能物流骨干网的雏形。菜鸟网络总裁助理、速卖通出口物流事业部总经理熊伟透露，菜鸟需要在保障全球大动脉的畅通和高效的基础上，采用海外仓"单未下，货先行"的方式搭建领先的全球化物流网络。同时，让网络上的毛细血管具备高度的灵活性，最终使得整张网络更具稳定性。

现在，随着菜鸟国际物流的成熟，速度快已经不再是菜鸟追求的唯一标准，绿色、环保是其新的追求目标。国际性非营利组织 CDP 曾在联合国气候变化大会上指出："如果全球 125 家最大采购商的主要供应商增加 20 个百分点的可再生发电量，就可以减少 10 亿吨的碳排放。"这 125 家采购商就包括沃尔玛、欧莱雅、宝洁等全球头部跨国公司。菜鸟正在努力改变这种现状。2021 年 6 月，菜鸟开始联合宝洁、雀巢、飞利浦、徐福记、晨光等 10 多个在行业内颇具影响力的消费品牌，尝试搭建一套物流行业端的循环生态标准体系。这套循环生态标准体系依托全量商品库存数据，囊括了洗护、乳饮、休闲食品等多个行业，帮助国内大中小型企业开展循环包装，让有志于投入"零碳经济"的企业都有机会参与其中。

此外，整套循环生态标准体系将菜鸟精准射频识别技术（RFID）内嵌其中，未来整个供应链各环节的低碳、循环都将实现数字化和可视化。随着数智物流技术的普及，绿色物流有了更多可能性。在"零碳经济"的新风口，跨国企业通过与菜鸟这样的中国本土企业合作，有望起到带动作用，引起更多品牌商家追赶参与，从而加速"零碳经济"进程。

将以 AI、IoT、无人驾驶为代表的技术深入融合到物流服务的各个

[①] 参见王燕青，《菜鸟网络全球布局的商业逻辑是什么》，物流指南，2018 年。

服务场景、业务场景中，真正发挥技术优势，真正促进物流行业数智化升级。目前，以菜鸟网络为代表的企业正加快信息技术与物流行业的深度融合，不断完善以电子面单、传感器、仓库为代表的物流基础设施建设。通过 5～10 年的建设发展，提升物流行业整体数智化水平，使其真正成为打通生产端与消费端的桥梁。

第 6 章
资金流数智化：算法驱动产业金融

产业数智化转型升级不断取得进展，为产业金融数智化的发展提供了新空间，使其可以发挥更大的经济价值与社会价值。随着产业金融发展的深入，生态化、融合化趋势将有所增强。依托数智化技术，产业金融可以对相关信用有更可靠的了解，并开发出与产业深度结合的应用场景。产业金融将在消费互联网与产业互联网双轮驱动的系统中承担重要职责，推动资金流的数智化，科学、有效地服务全产业链各环节，坚实地助力产业转型升级。

6.1 产业金融迈入数智化新阶段

产业金融致力于为产业发展提供综合性解决方案。在数智化的发展新阶段，产业金融将依托其发展核心逻辑，在历史发展成果的基础上取得新突破。

6.1.1 产业金融的核心发展逻辑

产业金融是产业需求和金融服务的紧密融合。企业在市场竞争、持续发展时存在多样化的金融需求,这为产业金融业务的发展提供了现实基础。在消除信息不对称、发挥协同作用、降低交易成本上[1],产业金融可以大有作为。

产业整合能力是产业金融发展的关键,主要体现在以下三个方面。

第一,战略上的高度统一,即在协同规划产业和金融两方面利用金融助力产业发展。

第二,管理上的高度协同,即产业和金融各部门信息共享、决策共商,强化金融赋能产业链,提高金融在消费端和产业端的服务能力。

第三,风险上的有效隔离,即要求金融部门在经营的各个方面遵守监管要求,积极防范金融风险扩散,以免对产业发展产生不良影响。

产业和金融都有各自的发展规律,只有尊重规律,才能真正实现产业与金融的深度协同和稳健发展。

6.1.2 我国产业金融的发展阶段

随着经济和技术的进步,我国的产业金融也从无到有持续演进发展。

1987年,东风汽车工业财务公司成立,之后一批财务公司涌现出来,它们的服务对象主要是企业内部业务,并未考虑企业外部产业链需求。

1992年,首都钢铁公司发起成立华夏银行。2007年,英大泰和财产保险公司经国家电网集团发起筹建。这个时期产业金融最具代表的商业模式是"产业+保险"模式。

2009年,中国石油重组成立昆仑银行,之后"产业+银行"模式在一定程度上采用。

---

[1] 佐卫. 产业金融的核心逻辑与发展趋势 [J]. 中国金融,2020(12):48-50.

近年来，各种企业加入探索"产业 + 金融"新型产融协同模式的行列，我国产业金融正趋向服务实体普惠化、赋能手段多样化和金融服务生态化。

随着数智化技术不断取得突破、应用范围日趋广泛，产业数智化转型升级速度加快。产业数智化将打通数据合规采集、传输、存储、处理和反馈的全流程，消除数据合规流动的壁垒，提高行业整体运行效率，催生新的数字经济业态。数智化快车为产业金融提供了难得的发展机遇。在新发展阶段，产业金融将加速自身的数智化步伐，利用先进技术提供新产品和解决方案，更精细化、更全面地联动消费端和生产端，系统化地满足全产业链金融需求。

6.2　数智化技术赋能产业金融发展

信用评分、大数据风控和区块链信用等数智化技术的应用，显著提高了产业金融服务更多企业客户的能力，打开了新的发展局面。

6.2.1　信用评分：多维信息量化贷款风险

信用评分出现前，审批人在进行贷款审批时，往往依据借款人的工作单位、婚姻状况、月收入等零散信息。例如，传统银行业务机构在个人贷款业务审批中的量化指标主要参考以未结清贷款余额、贷款和信用卡还款记录为代表的信用历史指标和以抵质押率、收入偿债比为代表的财务状况指标。这些放贷方法通常只是根据这些信息设定一个标准门槛，借款人需要满足这些门槛条件才被准许借款。单维度的强拒绝原则使得借款效率低下，即使有的借款人在一些条件上具有特别优秀的信用，但往往因为不满足另一些条件而遭到拒绝。如何将零散、非结构化的信息整合成科学判断，是这一时期贷款审批的难题。[1]

---

[1] 孙伟力, 王萌. 大数据背景下信用评分业务的合规应用研究[J]. 金融发展研究, 2021(04): 90-92.

多维信息量化信用评分有助于解决这个问题。在信用评分体系下，具象的个体风险将被标准化，因为有了信用分数的存在，审批有了最简单易用的判断标准。互联网信用评分的数据相较于银行业信用数据，包含来自主体的大量生活类信息。与银行业信用评分模型的数据维度相比，互联网信用评分加入了客户行为偏好、人脉关系等各种动态信息，信息具有较强的时效性，在缺乏信用历史的年轻客户群体风险识别方面，有其独特的借鉴意义。

信用评分通常应用于三个场景，即申请评分卡、行为评分卡和催收管理卡。申请评分卡使用最为广泛，用于贷前审批阶段对借款人的量化评估；行为评分卡主要通过借款人的还款及交易行为，结合其他维度的数据，预测借款人未来的还款能力和意愿；催收管理卡则是在借款人当前还款状态为逾期的情况下，预测未来该笔贷款变为坏账的概率，由此衍生出滚动率、还款率、失联率等细分的模型。信用评分相比于各类审批规则而言，是一个以数字形式存在的综合标准，因此为评价客户资质提供了有效量化评估工具。

上述三种评分卡分别侧重下列三个流程。

（1）贷前审批及额度核定

申请评分卡主要用于贷前流程。

申请评分卡的评分结果将用于估计客户信用状况。金融机构通常会将人工审批与系统审批相结合，对某个分数线以上的申请者直接通过，同时对某个分数线以下的申请者直接否决。通常，中间地带的待定客户则由人工审批或者进行二次判断，以保证审批效率。

申请评分卡的结果同时将决定贷款额度。在评分上表现出更高还款能力、更高还款意愿、更小欺诈性行为的客户，将被授予更高的额度。此外，贷款定价也由评分卡结果决定。

（2）贷中管理

行为评分卡主要侧重于贷中管理。行为评分卡的结果将审查客户信用额度，进行额度管理调整。当客户出现违约或逾期行为时，将根据行为评分卡的结果制定清收策略。行为评分卡同时是审查信用重建、审查贷款定价和贷款条件的重要依据。

（3）贷后管理

催收管理卡由还款率预测模型、账龄滚动模型、失联预测模型组成。还款率预测模型用于预测经催收后，最终收回欠款的比例，常用指标包括逾期天数、历史还款率信息等；账龄滚动模型用于预测人群从轻度逾期变成重度逾期的概率；失联预测模型用于在逾期阶段，预测对于尚能联系到的人群未来失联的概率。

除了在贷款各阶段发挥作用，信用评分也是进行风险定价及收益管理的重要工具。

将所有申请者的信用评分降序排列，评分越低的客户风险越高，边际坏账率越高。由于每个评分区间的客户都对应着不同的损失率，所以可以实现分客群定价。对于评分较高的人群，由于风险较低，可以使用更低利率的产品保留客户；而对于评分较低的人群，由于风险较高，倾向于使用较高利率来减少坏账成本，即风险定价。

依托数智化技术，在取得客户知情和授权后，更多维度数据的合规使用，将为信用评分有效性的跃迁提供新动力。

6.2.2　大数据风控：数据洪流下实现高精度风控

大数据风控是指通过运用行为大数据构建模型的方法，对借款人进行风险控制和风险提示。与传统对借款企业或借款人进行经验式风控不同，数据建模的大数据风控更为科学、有效，相较于传统风控来说更加敏捷、迅速、准确。大数据风控采用已渐趋广泛，如美国

ZestFinance 公司、Kabbage 公司及国内的一些公司，它们都运用大数据风控技术来控制借款风险。

大数据风控已应用的模型包括决策树模型、逻辑回归模型和 GBDT 模型等。众多风控模型对数据的处理和分析方式不同，得到的结果精确度及分类效果也有差异。随着算法研究的深入进展，合规的数据流动加快，大数据风控在产业金融领域的应用也会越来越广泛。

6.2.3　区块链信用：构建去中心化信任机制

信任是金融业的重要基础。区块链技术使用全新的加密认证技术和去中心化信任机制去维护一个完整的、分布式的、不可篡改的账本，让参与者在无须相互认知和建立信任关系的前提下，通过一个统一的账本系统确保资金和信息安全。这对金融机构来说具有重大意义，因此金融领军企业纷纷探索区块链技术应用。[①]

区块链技术提供的信任机制，具备改变金融基础架构的潜力。各类金融资产，如股权、债券、票据、仓单和基金份额等都可以被整合到区块链账本中，成为链上的数字资产，在区块链上进行存储、转移和交易。区块链技术能够降低交易成本，使金融交易更加便捷、直观和安全。区块链技术与金融业相结合，将会创造出越来越多的新业务模式、服务场景、业务流程和金融产品。它将支撑起大规模的产业场景，成为联系生产消费全链条、多部门的有力工具。

6.3　产业金融创新助力双轮驱动

资金流数智化贯穿生产消费各环节，是消费互联网和产业互联网双轮驱动的重要组成部分。产业金融数智化的产品创新，在小微信贷、

---

① 袁康. 区块链技术在证券市场应用的监管问题研究 [J]. 证券法苑，2017，23（05）：315-338.

科技保险、消费金融和供应链金融等方面取得了卓有成效的进展。

6.3.1 小微信贷：缓解账期压力

小微企业作为国民经济的重要组成部分，是激发市场活力的主体，对解决市场就业问题和民生问题有着重要作用。然而，小微企业由于经济实力薄弱、缺乏有效的抵押担保物、抗风险能力差等因素，普遍面临融资难、融资贵的问题。国家政策虽然对小微企业的融资有所重视，但在信息不对称和技术条件的影响下，小微企业在融资过程中仍然长期面临资金需求大于供给的问题，这在一定程度上制约着小微企业的发展，同时影响国民经济的发展和社会稳定[1]。小微信贷是产业金融的一个重要场景，在帮助众多小微企业缓解账期压力、稳定生产经营上发挥了显著作用。

各产业企业和金融机构先后使用过POS贷、发票贷、支付贷、SaaS贷等小微贷款方式。小微信贷模式可分为传统模式和创新模式，传统模式包括IPC模式、信贷工厂模式等，创新模式包括数据赋能模式、核心企业模式和交易平台模式等。

一是IPC模式。IPC模式起源于德国邮储银行，主要通过对借款人调查走访、信息交叉验证等方式确认小微企业借贷资质。IPC模式的核心是评估借款人偿还贷款的能力，主要包括三个部分：一是考察借款人偿还贷款的能力，二是衡量借款人偿还贷款的意愿，三是银行内部操作风险的控制。

二是信贷工厂模式。信贷工厂模式起源于新加坡淡马锡控股公司，该公司为解决小微企业信贷流程的弊端，推出了信贷工厂模式。信贷工厂意味着银行像工厂标准化制造产品一样对信贷进行批量处理，这种方式的人力成本有所增加。

---

[1] 刘婷. 区块链金融背景下小微企业融资环境优化探析[J]. 中国市场，2021（35）：56-57.

三是数据赋能模式。数据赋能模式包括银税贷、信易贷、发票贷和流水贷。银行以数据为基础建立信贷识别评价体系，通过对小微企业信贷准入条件的审核，构建数据模型进行数据分析，对小微企业进行授信决策。

四是核心企业模式。核心企业模式指在供应链数据模式下，以核心企业为主导的信贷模式。该模式呈现由供应链组成的网络结构，任何一个供应链上都有信息、商品、资金的流转，沉淀了大量供应链流转和运营数据。这些数据可以作为信用评价依据，银行据此对供应链上下游小微企业提供贷款。

五是交易平台模式。交易平台模式下，信贷投放对象是 B2B 平台、消费电商平台上的各交易主体，以平台数据、资金为信贷评价依据。

数智化技术的应用，特别是在算法驱动、服务自动化和以互联网为交互界面方面取得的联合突破，让小微信贷在扩大客户范围、有效控制风险、提高服务效率和降低操作成本上提升明显，让数据赋能、核心企业和交易平台三种创新模式更好地发挥了服务产业的作用。

6.3.2　科技保险：构建多方信任

科技保险是保障创业、创新积极性的重要手段。2014 年、2015 年中国保监会相继发布的《关于保险资金投资创业投资基金有关事项的通知》《关于设立保险私募基金有关事项的通知》中明确提出，创投基金或私募基金向中小微企业开发专项资金支持其发展。

科技创新风险补偿体系是在考虑科技创新活动具有高风险、高投入和风险与回报对等特点的基础上，为参与科技创新的主体，即科技企业、信贷银行、担保机构、风险投资公司及保险公司，建立一个规范、系统的补偿机制，以促进科技创新活动的开展（见图 6-1）。

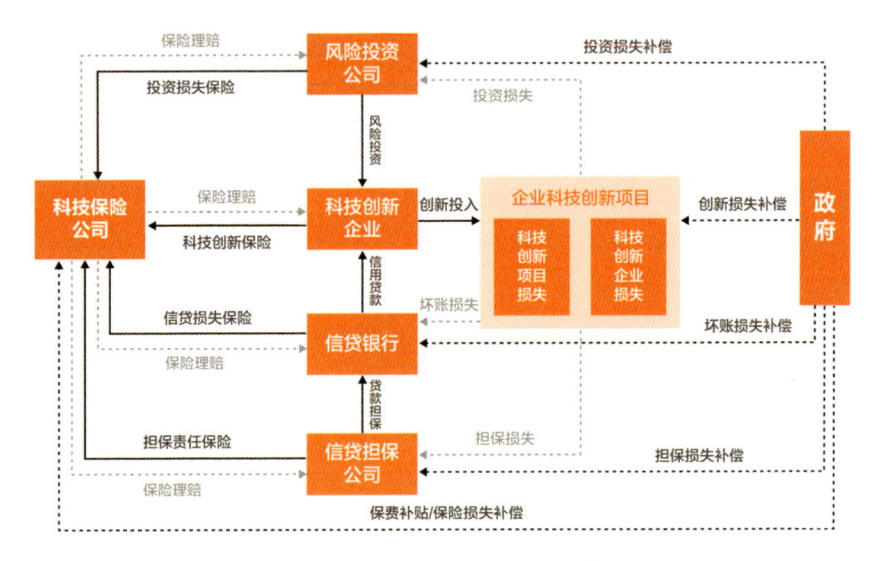

图6-1 科技创新风险补偿体系[1]

科技创新风险补偿体系主要包括政府、科技保险公司、科技创新企业和其他社会风险分摊组织，其中政府与科技保险公司是科技风险补偿体系中的关键实施主体。

首先，政府设立补偿资金或创投基金，对参与科技保险的科技创新主体因分担风险造成的损失进行补偿。因此，政府是科技创新风险补偿体系的主动方和制定者。政府与科技保险公司是整个科技创新风险补偿体系中风险补偿的实施方，而政府除对创新企业、银行信贷、担保方、投资方进行补偿外，还需对科技保险公司采取政策补偿，通过补偿和优惠政策对科技保险公司积极提供科技保险服务起到激励作用。

其次，政府对参与科技保险的科技创新主体起到引导协调作用。政府通过相关政策和补偿措施引导企业及社会风险分担组织，包括银行、风投和担保公司等，参与科技保险的购买和应用，同时充分激发

---

[1] 郝佳慧，梁本部，谢科范. 科技保险发展的创新思路 [J]，当代经济，2018（05）：28-31.

主体风险分摊机制的潜力。

最后，政府通过相应法律法规规范体系中各主体的相关行为，为科技创新风险补偿体系运作提供基础保障。

科技创新风险补偿体系的主要补偿方式有保费补贴、税收优惠和风险损失补偿。

政府提供保费补贴，通过对科技保险保费的直接补贴，降低科技保险市场价格，扩大产业对科技保险的需求；对实施科技保险的保险公司实施税收减免，扩大金融机构对科技保险的供给。

当投保主体遭受风险损失后，科技保险公司对其进行保险理赔时，保费补贴、税收优惠和风险损失补偿这三种补偿方式，在产业端的供给、需求两方面降低科技保险成本，促进科技保险公司创新险种，为产业发展提供金融保障。

很显然，一个联系产业链上各生产消费上下游企业、生产性服务机构和政府部门等主体的产业互联网平台，有助于科技保险机制作用的进一步发挥。

6.3.3 消费金融：促进扩大再生产

消费金融生态圈的核心参与者包括消费品提供商、资金提供方、消费金融需求方、征信服务提供方、支付支持方、大数据营销提供方等。

消费者的消费需求可能会催生资金借贷需求，当他们向金融服务平台申请借款时，服务平台依据征信机构所提供的信用报告及消费者本身的信息资料对消费者进行审批。审批结束后，通过审批的消费者将获取借贷的资金，并用于消费。消费者金融对促进产业发展有以下意义[1]。

---

① 参见曾刚的《切实保护金融消费者合法权益》。

1. 推动企业提高销售量

在全球经济增长放缓、国内经济处于结构转型的大背景下，国家促进消费是经济增长的重要方面。历史经验表明，一国经济在走向成熟的过程中，居民消费数量和质量的提高将成为经济增长和结构升级的重要推动力。世界主要经济体居民消费对于 GDP 的贡献长期保持在 50% 以上。自 2009 年开展试点以来，我国消费金融由点到面铺开，国家相继出台了一系列政策鼓励、支持和引导消费金融的健康发展。从规模上看，根据中国人民银行的数据，我国居民消费贷款余额从 2015 年到 2019 年的 4 年间，增幅达 159.9%。从消费贷款结构上看，越来越多的消费贷款用于实际消费，而非用于购房。目前，短期消费贷款占总消费贷款的比重还在持续上升。相关研究显示，消费金融与人均消费呈现明显的正相关，因此，消费金融的发展有助于促进消费增长，显著推动企业提高销售量，从而扩大生产规模。

2. 促进产业结构优化调整

对于消费者来说，消费金融增加了当前可支配资金，有助于扩大消费规模。消费金融不仅增加了消费者对耐用消费品的消费，近年来还开始向个人成长、自我提升的领域延伸，与健康、养老、教育和旅游等"非传统"商品相关的消费规模不断扩大。消费金融通过增加消费者对于高附加值产品的需求，促进了高附加值产业的发展，对产业结构优化调整也有所助益。

6.3.4 供应链金融：创新融资模式

供应链金融是金融机构针对供应链的各个环节，设计个性化、标准化的金融服务产品，为整个供应链上的所有企业提供综合解决方案的一种服务模式。

供应链金融具有融资、支付、理财、保险、投资等功能，其中最重要、应用最广泛的就是供应链融资，而供应链金融最大的作用就是对小微企业融资模式的创新。产业链中的小微企业往往面临资金短缺的问题，融资困难会对其日常运营造成严重影响，这种影响可能会扩散至同一供应链的其他企业，甚至导致整个供应链崩溃。为解决以上问题，供应链融资模式应运而生[1]。例如，基于区块链技术的供应链金融，通过加载区块链技术的"预付款"，可以帮助上下游小微企业及时获取贷款，有效降低小微企业现金流压力和融资成本。

供应链融资模式通常分为应收账款融资、存货质押融资、预付账款融资。

一是应收账款融资。小微企业使用已签订买卖合同中的应收账款进行还款，从而获得资金[2]。应收账款融资可以帮助小微企业加快资金流转，改善资金负债率。这种融资方式可以减少成本，降低贷款利率，缩短融资时间。

二是存货质押融资。存货质押融资是指小微企业把自身拥有的存货用于抵押，先转交给第三方的物流公司管理，再向金融机构贷款的融资方式[3]。这是一种通过物流带动资金流的方式，有效提高了资金周转效率，同时可以降低金融机构的风险。

三是预付账款融资。预付账款融资的步骤如下。首先经销商和供应商签订销售契约，然后资金受限的经销商向金融机构申请贷款。经销商给金融机构开具承兑汇票，金融机构和仓储机构签署仓储监管协议。上游企业发货给仓储机构，并获得仓单（领取存物的凭据）。上游企业提交仓单给金融机构，金融机构给下游经销商签发提货单后，下

---

[1] 参见徐杨杨和雷全胜的《供应链金融综述》，广西科学，2021年。
[2] 杨丽. 供应链应收账款融资的决策分析[J]. 商讯，2019（24）：91.
[3] 李毅学，冯耕中，徐渝. 价格随机波动下存货质押融资业务质押率研究[J]. 系统工程理论与实践，2007（12）：42-48.

游经销商即可到仓储机构提货[①]。当小微企业质押物少、信用等级缺失时，预付账款融资可以为解决其融资难问题提供有效途径。

以下是关于供应链金融应用的几个案例。

1. 阿里巴巴场景金融服务中小企业

场景金融业务的特点：一是普惠，致力于服务平台上的广大中小微企业；二是通过大数据、智能化驱动，为中小微企业提供量身定制的金融服务。

2015 年至今，场景金融一直专注于中小微企业业务交易场景，通过整个供应链金融服务解决中小微企业的经营难题。

面向中小微企业的各业务平台，致力于在快销品、非快销品、商业采购、供应链服务等方面赋能中小微企业转型升级。场景金融将依托供应链连接优势，持续推动中小微企业便捷、高效地拥抱消费互联网和产业互联网双轮驱动大势，获取发展红利。

2021 年，国内批发平台 1688 已经覆盖了 173 个一级产业带，约占全国一级产业带数量的 70%，成为产业带中小微企业数字化转型，深度推动经济内循环的主通路。

基于国内批发业务场景，为了解决买家"进货难"的问题，阿里巴巴场景金融推出"免费赊账"的"诚 e 赊"。该服务可类比为商家版"信用卡"，买家体验，商家收费，基础 38 天账期，最长 98 天，按时还款全程免费，帮助买家先采后付，想赊就赊，赊得放心。还有大型支付工具"融易收"，实现大额支付顺畅、免费，商家无成本。为了解决卖家"现金流"的问题，场景金融推出卖家低成本融资服务"极速周转"，买家付款就到账，实现 0 账期。同时，"生意贷"作为商家纯信用贷款，

---

① 肖迪，田军，李祺. 供应链预付账款融资模式与优化策略 [J]. 经济社会体制比较，2014（03）：83-87.

最高额度 100 万元，随借随还，帮助商家快速进货、卖货。"周转金"是买家纯信用贷款，最高额度 50 万元，随借随还。为了解决交易环节的"信任问题"和"履约确定性"难题，提供了一系列交易保障，如"安心购"等服务。场景金融主要特色产品包括生意贷、零售通和零小贷。

国际批发平台 ICBU 生意贷特点：①生意贷综合授信；②操作简单，申请一次授信便可享受多项服务；③方便管理，对额度、支用、还款进行统筹管理；④信用外显，授信通过可获得授信凭证；⑤满足企业不同场景下的金融需求，如国际站缴费、订单备货、物流缴费、订单提前回款、风险保障等。

零售通正推动国内零售小店的数智化升级：①覆盖百万个零售小店；②高效连接数字化供应链服务分销商及零售小店；③物流＋数据＋金融＋阿里云全供应链赋能。

零小贷特点：①卖家端加快资金周转；②买家端提升小店采购；③开通条件为零售通平台入驻且审核通过的小店，申请者年龄在 20～60 岁，店铺经营正常且零售通平台采购稳定，信用记录良好，无严重逾期或者负面信息。

阿里巴巴凭借多年来积累的行业经验、逐渐成熟的商业系统及日趋完善的生态系统的优势，对中小微企业各平台从供应链源头工厂出发，在研发、生产、销售、仓储、营销等环节缩短流通链路，直接触达消费者心智，实现真正数字化赋能，并推动供应链全面升级和开放，用数字化创造新供给。各平台致力于让百万工厂成为这场新供需场中的基石，通过打造一个多元、融合、跨界的新业态连接体系，用数字化供应链能力让全业态享受真正的供应链再造红利。

2. 菜鸟供应链金融——围绕货物提供融资服务

菜鸟供应链金融资产开放平台，针对商家和合作伙伴分别提供融资服务。

商家融资主要提供采购变现、库存变现和供应链数据变现服务。针对不同商家提供预付融资、存货融资、跨境存融宝和供应链融资四种金融服务。

预付融资主要帮助商家解决采购资金缺口问题。以商家与上游厂商签订的商务合同为基础，菜鸟通过协议约定为商家提供预付款融。在上游厂商的货进入菜鸟仓之后可转为存货融资。

存货融资针对入驻菜鸟仓库或者符合菜鸟物流标准仓库的商家，帮助库存快速变现。商家可以在线申请存货融资贷款，3分钟到账，随借随还，利率优惠。

跨境存融宝为天猫国际商家提供服务，对进入菜鸟保税仓的存货进行估值，提供动态质押融资服务。

供应链融资基于供应链数据变现，在客户授权情况下，根据企业及贷款人信用情况、菜鸟物流数据、品牌采购数据，联合优质金融机构为商家提供信用融资服务。

除了商家融资服务，菜鸟供应链金融同时为合作伙伴提供多元化融资服务。

应收融资基于菜鸟生态中的应收账款，全线上申请，实时到账，满足企业临时资金周转、扩大生产规模等需求，帮助企业快速成长。

设备融资和车辆融资是菜鸟供应链金融推出的分别实现设备变现和车辆变现的新业务。设备融资基于菜鸟仓配合作伙伴设备采购需求，提供多元且便捷的融资服务，最长期限为5年，涵盖自动化设备、叉车、托盘、货架等，满足合作伙伴轻资本的运营需求。车辆融资助力生态合作伙伴，提供一站式购车服务，覆盖全国各省市县，最低0首付，最快3秒完成审批，提供多种解决方案。

3. 一品嘉供应链金融——围绕生产供应流程提供服务

斯兰一品嘉依托产业集群优势，围绕鞋类行业，从 2003 年开始逐步建立了"供应链管理服务+贸易服务+物流服务"的综合服务体系，提供区域垂直行业产业互联网平台。

对于原、辅材料供应商而言，区域内存在产能过剩、中间环节过多、直供困难、信息不对称、渠道管理乏力和材料研发投入不足等问题。与此对应，加工制造商也存在溢价能力不足、缺少配套服务、智能制造水平低的情况。品牌企业制造代工的管理要求无法满足，又造成上下游协同效率低，产业集群仍以成本竞争为主，数字化水平偏低。在终端市场，消费者的个性化需求得不到满足，终端动销缓慢，品牌差异化不足。

因此，一品嘉希望能解决区域内缺乏专业交易平台和协同管理平台的难题。一品嘉建立了实现供需匹配、协同提升和智造升级的产业一体化服务平台。电商平台化交易解决方案，提供多样的业务类型、丰富的商品种类；云平台化供应链解决方案，提供全面供应链服务和实时信息管理。通过平台化工业品电商应用，实现交易流、信息流、物流和金融流四流合一，打通全链条，完成供需调配、精准对接。

一品嘉鞋类产业互联网平台，规范了信息流程，通过无纸化交流促进了企业信息化应用；简化供应流程，提供了柔性生产能力；优化供应商管理体系，形成了优质供应商池；优化整体供应网络，实现了上下游企业高效协同生产，提升内外部整体作业效率，助力企业的商业变革和管理创新（见图 6-2）。

一品嘉平台实现了制造商、材料供应商、品牌企业产业链贯通。通过各方之间紧密有序的业务连接，一品嘉掌握了产能的动态变化和订单实际发生的情况，因此可以提供更具有针对性的供应链金融服务。一品嘉平台供应链流程如图 6-3 所示。

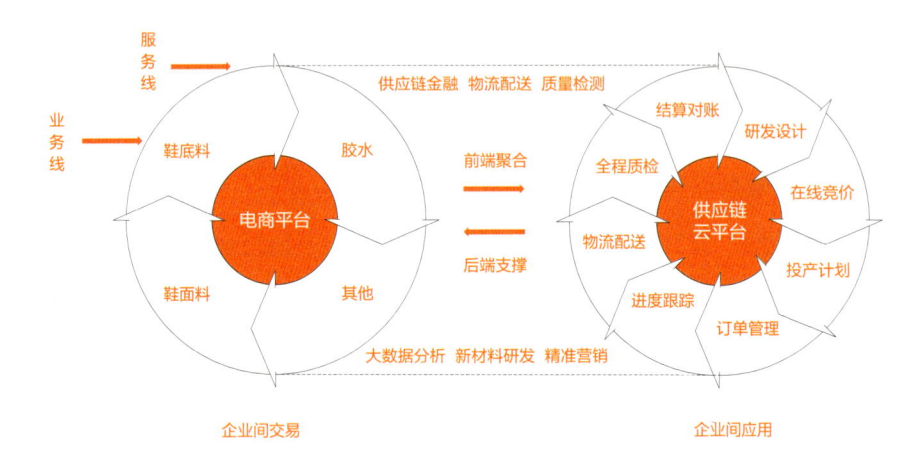

图6-2 一品嘉鞋类产业互联网平台

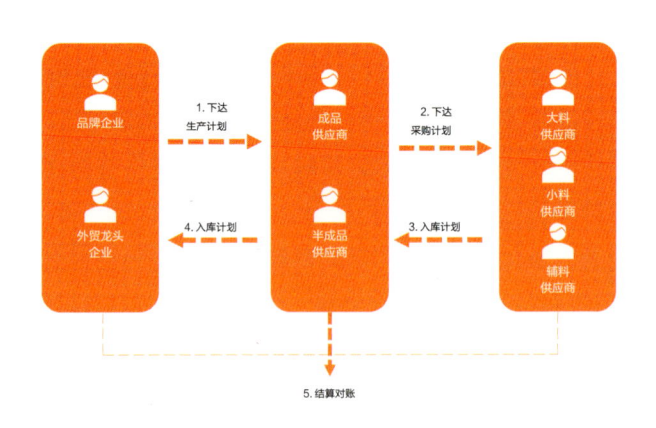

图6-3 一品嘉平台供应链流程

4. 双链通供应链金融服务平台——围绕应收账款提供服务

双链通供应链金融服务平台，通过将核心企业的应收账款进行数字化升级，使得应收账款可以作为信用凭证，在供应链中流转而传递给上游供应商，从而解决供应链末端的小微企业融资贵、融资难的问题。同时，基于金融级别的身份安全和交易安全认证，为企业在线零接触交易提供完整的解决方案。

双链通供应链金融服务平台向银行、保理、担保、信托等各种金融机构，以及供应链上下游的核心企业及供应商全面开放，共建基于区块链的供应链金融协作生态。与有实力的大型银行共建区块链联盟，同时实现数字资产全生命周期管理，应收账款全生命周期数字资产上链，使得数字资产的生成、流转、融资、销毁直接在链上完成，杜绝非区块链系统常见问题。双链通供应链金融服务平台支持核心企业利用区块链技术，通过应收账款的多级流转对供应链进行穿透式管理，降低供应链风险；基于蚂蚁链＋硬件级 TEE 技术，确保从接口调用、智能合约运算到落块成链，全链路可信，全过程加密，有效保护企业和金融机构隐私。

双链通供应链金融服务平台针对应收账款的不同阶段提供不同服务。在应收账款的开立和流转阶段，核心企业可以基于银行授信，将对一级供应商的应付账款线上确权并上链。一级供应商可以在链上将应收账款转让给二级或多级供应商。同时，各级供应商可以将链上持有的应收账款转让给出资方，并提前获得现金收款。核心企业付款后，与双链通供应链金融服务平台合作的清分机构，将资金结算给应收账款的链上持有者，包括各级供应商及出资商。

双链通供应链金融服务平台主要运用了基于银行对企业网银的金融级审批流程和自主创新的区块链技术。双链通供应链金融服务平台和银行深度合作实现了企业网银的底层对接，使得企业开立和转让应收账款可以像网银转账一样安全。根据不同的金额分层，执行不同层级的审批流程。从技术上杜绝"萝卜章"，从源头上降低交易操作风险。蚂蚁链 - 双链通平台采用自研的区块链技术，从硬件、网络、存储、计算、密码学、共识、成块等底层技术到应收账款的确认、流转、融资、清分等业务环节，保证供应链上各环节业务的信息和业务数据安全可控（见图 6-4）。

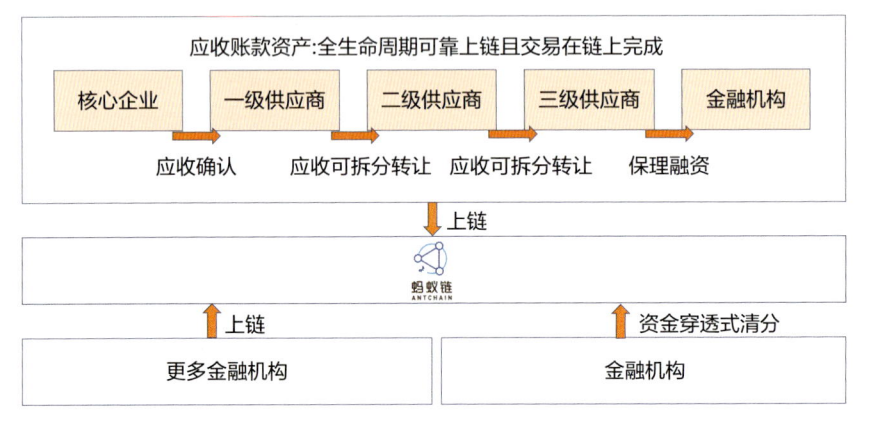

图6-4 蚂蚁链-双链通平台架构图

蚂蚁链-双链通平台通过蚂蚁链硬件隐私保护技术确保多方参与的安全性、隔离性；基础服务集成支付宝核身与企业网银核身能力，通过网银 U 盾签名确保交易可靠确权；业务中台核心服务实现云化，更多联盟参与方可以直接通过简单 API 加入。基于支付宝企业账户与企业网银 U 盾的交易安全保障体系，确保交易可靠确权；硬件级别的交易安全隐私合约链，通过可信执行环境确保多方参与的隐私计算与数据隔离。

第7章
人才组织数智化：网络协同的敏捷组织

数智化正在全面深刻地影响社会经济的方方面面，以及身处其中的每个个体和组织。个人和组织都需要以一种新的意识、新的方式去认识和理解世界，学会适应新时代的发展。

数智化在带来挑战的同时，还带来了可供依靠的设施、工具和手段。个人的知识结构、技能层次乃至思维观念正在升级，各类组织也能够通过数智化进行组织重构、提升组织运行能力。实现人与组织的动态协同演进，既是应对数智化时代挑战的必需，也是数智化发展的必然趋势。

为应对动态变化、高度不确定的发展环境，组织需要提升反应力、敏捷度，构建动态能力，才能在高频竞争中胜出，而数智化为此提供了升级路径。数智化使得组织不断扩大与外部的接触面，继而打通内外价值链接，与外部合作伙伴打造价值共创网络，由组织内协同延伸至上下游企业、客户和消费者、物流、金融机构、数字化转型伙伴、政府及社会组织等，走向组织内外协同共生，实现场景联通、数据贯通、价值互通，共同发现、培育新的价值增长点。将组织内部的数字化转型推进到产业链层次，产业互联网的威力才能加速释放。

在数智化升级过程中，人才也需要更新观念和技能。个体能力提升拥有了更多的自主权，改变了人与组织的关系，而自我驱动力强的"强个体"正是敏捷组织所需要的。反过来，敏捷组织又会为个人的发展创造条件，促使个体与组织共生共荣、共同成长（见图7-1）。

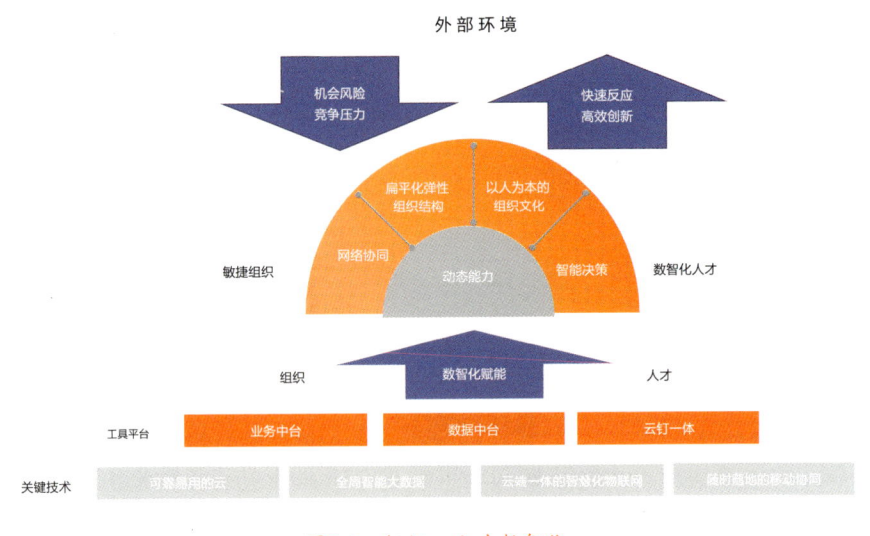

图7-1 组织、人才数智化

我们将从组织面临的环境挑战出发，指出在动态环境下组织应向敏捷组织升级演进，进而讨论数智化时代消费互联网与产业互联网双轮驱动在组织层面的赋能作用，并特别讨论了数智化时代对人才所提出的要求和对个体的赋能作用，最后提供了数智化升级的可用工具、平台和实践案例。

7.1　组织面临的挑战：高速变化的外部环境

北京大学陈春花教授指出[1]：数字化时代，所有的变化都是由变化的速度带来的冲击，企业要在这样的竞争环境中取胜，更要关注的是变化速度，而不是传统上的规模。不同于过去，企业随着时间逐步积累，可以平稳地由小企业成长为大企业，数字化时代不会固守于过去的成功，而更关注的是企业当前所处的位置，以及企业如何变化、如何加速。

在互联网的加持之下，组织和个人都在被大量技术信息、商业信息包围，能够有效捕捉、识别和利用有价值信息的主体就能够抓住潜在的商业机会，通过创新、创业带来产业变革。这种机会不仅存在于各个行业内部，行业间的边界也日渐模糊，企业经营范围在行业间延伸，新技术和新商业模式不断闪现，不断突破原有的行业壁垒，甚至能够创造新产业、颠覆旧产业。

我们已经看到，许多传统行业出现了采用全新价值模式的新进入者，且以极快的速度成长，以任何人无法预想的方式冲击着原有的企业。例如，美团、饿了么，它们在短短几年内成为能够动摇餐饮业格局的巨头，实现了成千上万的传统餐饮企业在十几年中都达不到的增长态势，原因就在于它们更快速地捕捉了上亿人饮食需求的变化，并为其提供了解决之道。

高速变化的环境不仅意味着层出不穷的机会，还意味着随时出现的威胁。2020年以来的新冠肺炎疫情危机，让我们更加充分地认识到环境的不确定性是客观存在的，实体经济的许多企业在新冠肺炎疫情期间遭受致命打击。即使排除新冠肺炎疫情这种意外因素，我们也很难对变化做出准确预测。以互联网行业为例，工业和信息化部于2016年发布的《信息通信行业发展规划（2016—2020年）》中提出了若干

---

[1] 参见《陈春花：打造数字化时代的组织能力》，同花顺财经，2019年12月6日。

项到 2020 年的发展目标，其中部分指标如表 7-1 所示，而事实上，到 2020 年年底，这些指标值都远远超越了此前的预定目标。在这 5 年中，网络扶贫等政策实施，4G 到 5G 的技术升级，短视频、直播等应用的出现，共同加速了互联网，特别是移动互联网的发展。而这类情况在过去 30 年间不断发生，互联网行业持续突破人们的预测和想象，传统上属于短期预测的 5 年预测已很难估量误差，期限为 10 ~ 20 年的中长期预测更是如此。

表 7-1　2016—2020 年互联网发展部分指标预测值与实际值的对比 [①]

指　　标	"十三五"规划目标	2020 年年底实际到达值
移动宽带互联网用户普及率	85%	108%
固定宽带家庭普及率	70%	84.7%
月户均移动互联网流量	3.1GB	10.35GB
固定宽带接入服务水平	大中城市家庭宽带接入速率大于 100Mbps	89.9% 的宽带用户接入速率达到或超过 100Mbps

对于互联网这样的新兴行业而言，动荡、不稳定是极为正常的。随着"互联网+"时代的到来，互联网与各行业深度融合，互联网行业的动荡也与各行业耦合在一起，不确定、动态性已经成为常态，这是当前各类企业共同面临的环境挑战。

7.2　组织演进方向——敏捷组织

在高度不确定、竞争激烈的动态环境中，各类组织需要最大限度地提升效率和灵活性，要能够及时感知技术、需求等变革带来的机会和挑战，通过高效地获取、重组、整合内外资源，快速实施创新并持续改善绩效，从而实现组织与环境的协同演进。这样的组织将是一种与动态竞争条件相适应的、不断适应环境和具有自我调整能力的组织，称为敏捷组织或柔性组织。

---

① 参见工业和信息化部发布的《信息通信行业发展规划（2016—2020 年）》。

面向变革、以创新为核心、具有动态能力是敏捷组织区别于传统组织的最大特征，而为了构建、发展和维系动态能力，组织能力、组织结构、管控过程、组织文化及外部联系等方面都需要进行全面升级。传统组织向敏捷组织的演化如图 7-2 所示。

	传统组织		敏捷组织
组织能力	相对静态的核心竞争力	→	动态能力 不断更新的核心竞争力
组织结构	层级制 业务职能部门分割 静态	→	扁平化 多功能团队 无边界 弹性
管控过程	纵向管控 条块分割 基于人决策	→	多向沟通 信息共享 基于数据决策
组织文化	传统 规范 注重企业形象	→	以人为本 多元包容 注重学习成长
外部联系	上下游链式结构 买卖关系	→	深度合作 网络协同 价值共创

高速变化的外部环境

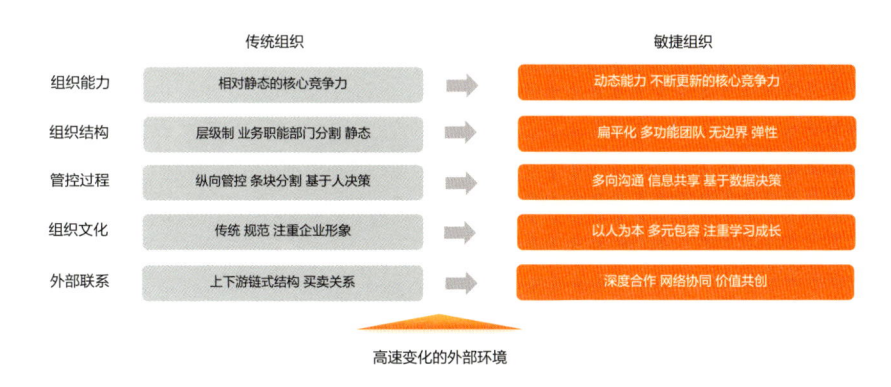

图 7-2　传统组织向敏捷组织的演化

7.2.1　组织能力：核心竞争力 + 动态能力

企业的核心竞争力是令企业在一定时期保持竞争优势的某种关键资源或关键能力的组合。但在高度不确定的环境中，企业已经无法像过去一样，依靠某个领域的核心能力使自己长期保持竞争优势，环境的变化有可能迅速令企业的核心能力过时，甚至变为核心刚性，成为企业适应新环境的桎梏。21 世纪初，许多曾经非常成功的企业，如柯达、诺基亚、通用汽车、索尼，一度陷入经营危机。它们面对新挑战却不愿跳出原有的成功模式，陷入核心刚性，是造成其困境的一个重要原因。

动态能力理论正是在 20 世纪 90 年代基于对市场环境日益动态化的认知而提出的，对核心竞争力理论形成了补充。其基本理念就是，企业只有不断创新才能持续成功。因而，企业在构建核心能力时，不应仅仅围绕特定的技术领域或者产品形成特定的能力集合，同时应发展一种弹性能力，令企业能够有效掌握市场动态，持续创新以满足市场需求，不断建立、调适、重组内外部资源与智能来建立和保持竞争优势。动态能力不是一种固定的能力集合，而是具有开拓性、开放性的特点，是"改变企业能力"的能力。具体而言，动态能力包括感知能力、获取能力和转型能力三个维度，即企业能够侦察、感知外界环境的变化趋势，能够获取必要的资源和能力，并能够对组织、资产等进行相应的调整转型，更新战略策略以应对变化。因此，动态能力强调快速创新、实时反应，以建立短期竞争优势为主要目标，通过有效的组织设计和人力资源管理，以高效率、低成本的方式对内外资源和能力进行重整、组合、获取与调试。

许多研究与实践表明，数字化转型与企业动态能力演化相辅相成。数字化、信息化、智能化为动态能力构建提供了有效的手段，从多个层面支撑了动态能力发展。在传统的组织理论中，效率与灵活性往往是一对矛盾，但数字化转型增强动态能力，则能够兼顾效率和灵活性，实现高效快速的协同创新，这正是敏捷组织的重要特征。

7.2.2 组织结构：扁平化，无边界，弹性化

组织结构是企业部门设置、职能规划及流程运转等最基本的结构依据，对于组织中的群体/个体行为、组织风格特征具有决定性作用。敏捷组织在结构设计方面的特征如下。

一是扁平化。管理层级方面，敏捷组织趋于扁平化。通过增加管理跨度、减少管理层次、压缩职能机构、裁减冗余人员等措施，使组织的决策层和执行层之间的中间管理层级尽量减少、组织效率尽量提升，从而建立一种紧凑而富有弹性的组织结构。扁平化组织重心下移，下层管理权限增大，能够更有效地以客户为导向，同时横向协作更加直接，有助于员工创造性和积极性的发挥，从而增强组织的反应能力和协调能力。

二是无边界。部门和职责划分方面，敏捷组织趋向于无边界组织，即组织边界的模糊化和可渗透性，企业内部各部门间的界限模糊化，尽力取消企业内部的水平和垂直界限，并且消除企业与供应商、消费者之间的外部屏障，从而实现更加高效的部门间协作和企业间协作。无边界组织寻求的是减少命令链，对控制跨度不加限制。无边界组织一方面意味着组织垂直界限取消，使组织趋向扁平化，等级秩序作用降到最低限度；另一方面以多功能团队取代职能部门，团队可以根据需求建立、解散或者重组，围绕企业的工作流程来进行活动，以取消组织的水平界限。

三是弹性化。管理体制方面，敏捷组织具有较大的灵活性和弹性，主要表现为：弹性领导关系，灵活性的临时组织增多，使领导关系常有变动和调整；决策权更加分散，员工和团队具有独立处理问题的能力，以应对各种突变情况和适应各种变化的条件；广泛支持跨团队协作，平等的横向沟通更多，减少自上而下的集中调配方式等。

7.2.3　管控过程：注重沟通，信息共享，智能决策

敏捷组织要实现组织内各部门、团队的快速协调，对变革做出反应，在管控过程上就要注重沟通、信息共享。传统企业中各部门条块分割、各司其职，在各自的规则下处于强管控的状态，无法达到协同的要求，也会导致组织整体的内耗、低效。因此，优化流程的首要原则就是提高沟通效率，令信息充分流动、充分共享。云计算、大数据、人工智能等技术可以有效改变传统企业管理中的数据孤岛现象，打通各职能部门的信息沟通渠道，让各部门能够以最高效的方式获得所需要的信息，最大限度地减少沟通过程中的信息缺失或失真。数据在企业范围内拉通、共享，深入到所有的管理模式中。

在此基础上，通过数据深度挖掘发现隐藏信息的价值，可为管理

者决策提供强有力支撑。以数据为中心的决策方式,将替代传统的主要依赖管理者自身智慧、洞察力的以人为中心的决策方式。大数据驱动的智能决策不仅能够提高决策速度、降低决策成本,还有助于增强决策的科学性,帮助企业灵敏地捕获市场变化的信号,在运营和战略层面有效做出应对,从而提升组织的敏捷性。

7.2.4 组织文化:以人为本,包容多元,共同成长

敏捷组织要求每个个体具有高度的自主性和学习能力,将个体能力汇聚为组织能力,保证个人能力与组织能力协同发展。数智化敏捷组织的文化特征如下。

一是以人为本。尊重个体发展,包容个体的多样性,为员工提供成长的环境和条件。

二是工作职责弹性化、动态化。与敏捷组织相适应,员工的工作职责也可以有较大的调整空间,员工能力更加多元化,可以通过弹性工作设计促使员工最大限度地发挥创造力。

三是员工自我驱动、自主管理。给予员工更多的授权和赋能,让员工具有一定的管理自主权和决策权,强化员工的责任意识和风险意识。

四是人际关系平等化。组织中员工处于何种地位,取决于员工影响力的大小,而不是职位的高低。

五是重视团队与协同。在敏捷组织中,往往以团队为基本单位完成工作任务,员工必须具备高度的团队精神和协作精神,减少内耗。

六是多元的激励机制。所谓的多元激励,既包括物质激励,也包括非物质激励。企业通过良好的制度与机制设计,使员工利益与组织利益相统一,推动员工走向自我激励,在工作中获得自我满足感。

七是促进持续学习与深度学习。在面向创新的敏捷组织中,员工

需要保持持续的深度学习能力，组织应为其营造学习的氛围，并为其提供学习条件，实现人与组织的共同成长。

7.2.5 外部联系：网络协同，价值共创

数字化时代，随着数字技术与各行业深度融合，行业间界限变得模糊，各行业的上下游产业链关系也发生了变化，其形态上突破了链式结构，重构为价值网络、价值空间。企业集群形成了共生共荣的产业生态系统。

在这样的环境中，任何一个企业都不可能封闭经营，而必须开放连接。企业间的关系也由简单的买卖关系演变为深度合作、多方协同，每个企业可能会同时置身于多个价值网络、生态圈中。当产业环境发生变化时，往往需要生态圈整体做出反应，引入新的要素，甚至需要引入新的组织类型、新的企业"种群"。产业生态系统的进化就是一个开放式协同的过程，因而敏捷组织不应只专注于企业内部协同，还需跨越组织边界，实现组织内外协同共生。通过网络化的内外协同，企业一方面能够快速从外部获取、整合资源，弥补自身资源和能力的不足，从而加速能力的迭代；另一方面，在重要创新机遇来临之际，企业可以带动生态圈其他成员共创价值、协同进化，从而有机会在生态圈价值网络中占据关键位置，成为产业领导者。

综上所述，敏捷组织需要企业具备"强链接"能力，打通内外价值链接，与外部合作伙伴打造柔性价值共创网络，由组织内协同升级到组织内外协同共生，实现场景联通、数据贯通、价值互通，共同发现、培育新的价值增长点。

7.3 数智化赋能敏捷组织

数智化既是促进传统组织向敏捷组织演化的驱动力，也是支撑这一演化的必要手段。数智化技术、工具、平台的介入，使得新型的组

织结构成为可能，使得兼顾效率和灵活性的管控方式得以实现，使得数据成为关键资源并贯穿企业内外，推动企业从基础设施到制度规范再到文化层面的整体重构。

在敏捷组织的概念中，动态能力是敏捷性的内核，数智化对于动态能力的构建主要表现在两个方面：一是网络协同使得企业能够快速整合内外部资源，从而快速获取新能力或实现能力重组；二是智能决策帮助企业在生产经营各个环节提高决策效率和准确率，从而优化组织效能。而面向市场需求的快速高效创新过程，则是动态能力的外在体现。

7.3.1　网络协同增强组织柔性

工业化时代，产业和组织通过分工、分权、分利来提高效率；而数字化、智能化时代，产业走向生态化，绩效不仅来自分工，还来自协同。数智化将全面打通从产业端到消费端的各类平台，实现网络化链接，数据前后贯通、高度共享，这将最大限度地缩小企业间、企业与其他组织间协作的时间和空间阻隔，形成社会化协同。网络中节点的协同共振应对环境变化，将提升产业生态整体效率。企业的资源和能力可以超出其自身边界，呈现出不同以往的发展活力和扩张能力。

共享经济、平台经济、产业生态圈等新经济业态，都是随着数字化增强社会协同而兴起的，颠覆了传统企业间竞争的逻辑。国内外互联网巨头，如谷歌、亚马逊、阿里巴巴、腾讯等，本身就是平台经济的引领者，都在不断扩大生态版图。许多传统制造企业，如海尔、华为等，也在数智化的推动下实施生态战略，在开放的空间中挖掘协同优势。

海尔集团于 2019 年年底宣布进入生态品牌战略阶段，这是继名牌战略、多元化战略、国际化战略、全球化战略、网络化战略之后，海尔的第六个战略阶段①。从 2012 年的网络化战略开始，海尔就已基于数字技术推动企业的全面转型，实现企业、资源、用户资源的网络化，其战略实施的根基是卡奥斯 COSMOPlat 智能制造云平台。这一平台具备三大核心能力：支持用户深度参与企业全流程的大规模定制；支持用户和企业零距离、全流程互联互通；开放生态，共创共赢。因此，平台聚集了海量数据和资源，能够实现柔性、定制化、智能化生产，它承载了企业与用户相连、企业和资源相连、用户和资源相连的市场矩阵关系，实现了三方的高度协同。

到了生态品牌战略阶段，海尔充分认识到物联网科技对产品与用户关系的重塑，认为"产品会被场景替代，行业将被生态覆盖"，依托于其共创平台，海尔由一个智能家电提供商进化为美好生活解决方案服务商，从衣、食、住、行、康、养、医等方方面面为每个用户定制物联网时代的美好生活。例如，海尔衣联网生态已覆盖服装、家纺、洗衣液、皮革等 13 个行业，包括服装品牌、家纺品牌、洗护用品、RFID 物联技术等在内的 5300 余家生态资源方接入其中，实现了从一台洗衣机到洗衣服务再到衣物全流程智能体验的迭代。此外，海尔衣联网提供的智慧场景还包括智慧阳台、智慧玄关、智慧衣帽间等，不少行业头部品牌均成为其合作方②。

从海尔的战略实践可以看出，基于数智化的网络协同，企业已经不再局限于某个行业领域，强链接能力和协同优势使其能够迅速扩展商业版图，在更广泛的领域中创造价值。

此外，对于传统企业而言，环境突然变化有可能令企业陷入危机，而很难在短时间内扭转局面。但借助数智化技术，企业有机会快速获

---

① 参见《创业 35 周年 张瑞敏宣布海尔进入生态品牌战略阶段》，中国日报网，2019 年 12 月 28 日。
② 参见刘成，《物联网时代的海尔，开垦出生态品牌"黑土地"》，2020 年 9 月 2 日。

取新能力，从而焕发生机。林清轩提供了这样一个化"危"为"机"、逆势飞扬的生动案例。

林清轩是国货美妆品牌，2003年创立于上海，致力于以中国传统草本为原材料，制作出安全的天然化妆品。林清轩2014年推出的山茶花润肤油广受好评，2018年销量达到38万瓶，成为其明星产品，这一年林清轩在全国开设门店达到400多家，初步打开了品牌知名度。然而，2020年新冠肺炎疫情暴发，门店经营遭受突如其来的打击。2020年春节后，林清轩大半门店闭店歇业，能够营业的门店也生意惨淡，企业整体业绩陡然下滑90%。门店每月固定开销巨大，却无法带来收益，如果新冠肺炎疫情得不到控制，企业可能在3个月内破产。在此危急时刻，淘宝直播为其提供了帮助，淘宝直播平台为林清轩员工提供培训。2020年2月初，1600名线下导购全部在淘宝直播上转型为"云导购"，开展全员数字化营销，甚至创始人孙来春本人都亲自上阵在直播间带货。依靠直播带货，林清轩仅用1个月时间就完成了自救，业绩比去年同期增长了20%[①]（见图7-3）。

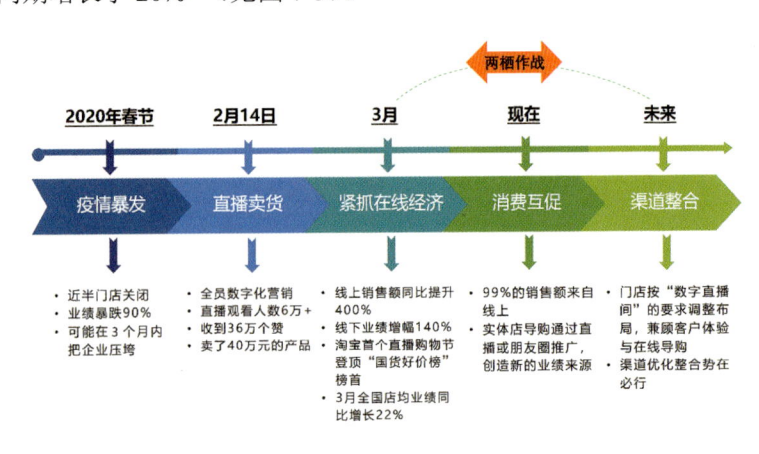

图7-3　林清轩3个月间业绩反弹

---

① 参见《林清轩自救：直播救急，数字化救命》，新浪财经，2020年4月28日。

林清轩的这次生死转折令业界充分认识到直播销售的巨大能量，但林清轩实现自救并不是危急之下的临时抱佛脚，在此之前林清轩就已开始实施组织转型、拥抱新零售，实现了线上、线下资源的动态整合。林清轩秉持做中高端品牌、加大产品研发、专注山茶花焕肤修复专业产品的战略思路。在销售渠道的选择上，为保护品牌的中高端定位和服务品质，林清轩多年来坚持采用门店直营，对电商等新兴渠道一度持拒绝、观望态度。但为提升服务层次，林清轩非常重视门店的信息化，2013年到2017年，累计在IT信息化建设上投入5000多万元，从微信营销到O2O，林清轩都走在行业前列[1]。

2018年，林清轩开始与阿里巴巴合作进行新零售测试，以实现客户精准数据化，为实现线上、线下融合的新零售，林清轩从经营思维到技术平台、业务流程再到组织架构各层面进行了组织再造。

从经营思维上，林清轩确定了以保障客户购物体验为核心目标，通过薪酬激励消除线上、线下之间的利益矛盾的基本准则。在技术方面，林清轩与阿里巴巴形成深度合作，开启了"钉钉+手淘"的新零售模式。客户无须再加导购微信，只要用淘宝扫码绑定一个专属导购，就可以实现钉钉与淘宝客户的对话交流，实现了业务流程线上、线下秒级连接。对于导购来说，销售不再分线下和线上，导购的利益得到保障，客户体验得到加强。由此，线上、线下实现流量打通、会员打通、商品打通、组织打通，综合获客成本降低了一半，综合转化率提高了一倍，综合客单价和复购率也在提高。进一步地，林清轩将原有的ERP系统升级为新零售中台，成立了新零售部，从数据中心提取用户数据制定销售策略，联合电商、门店销售、市场部、信息部、新媒体等部门，推动策略实施。

---

[1] 参见重构零售实验室，《林清轩曾告阿里7次，如今成新零售经典案例！》，赢商网，2019年2月20日。

正是这一系列的数智化升级举措，使得林清轩成为阿里新零售合作的标杆企业之一。新零售、电商、微信小程序商城、门店之间的打通，门店仓库和电商大仓的打通，线上、线下打通，为林清轩挺过新冠肺炎疫情考验打下了基础。2020年3月，林清轩线上销售额同比提升400%，反哺带动线下业绩也实现增幅140%，全国店均业绩同比增长22%[①]。线上、线下协同整合的效果可见一斑，未来数智化将会更精准地支撑、推动渠道继续优化整合。

7.3.2 智能决策优化组织效能

数字化能够通过加速信息流动，甚至以信息交换替代部分实体资源的交换，帮助组织节省时间、提高效率、节约成本，这是数字化的初级应用就能够带来的效益，而基于大数据的智能应用能进一步在决策的层面帮助组织优化效能。

管理学家赫伯特·西蒙认为，"管理就是决策"。企业方方面面的活动都离不开决策，即决定要做什么及怎么做。决策的实质是选择对企业最有利的方案，信息的准确、完整、全面对于制定正确决策至关重要，但在以人为中心的传统方式下，决策者只能掌握和分析有限的信息，在很大程度上需要依靠自身的经验和直觉做出判断和决策，决策的效率和准确性都无法保障。

随着大数据时代的来临，海量数据不断聚集，先进的数据分析方法可处理多方来源、不同类型的数据，能够揭示海量数据中隐藏的规律，帮助决策者找到最优解。基于大数据的人工智能可以通过机器学习模拟未来场景，从而做出准确率更高的预测。图7-4提供了一些智能决策在不同环节提升组织效能的实例。

---

① 参见《林清轩：三个月里，业绩从暴跌九成到V反弹》，新华网客户端，2020年4月28日。

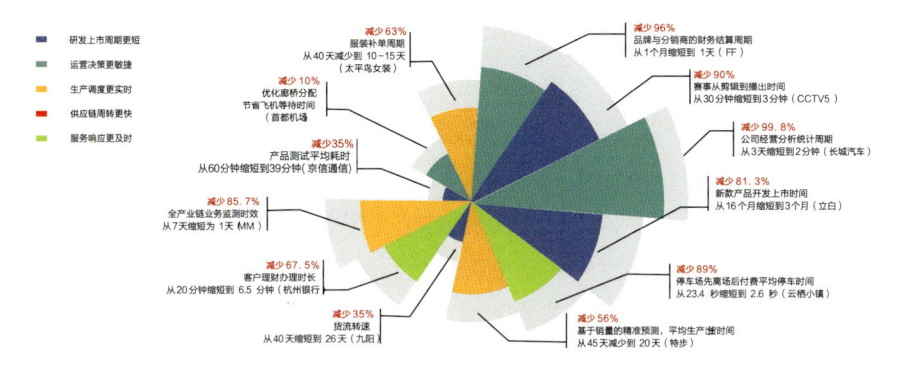

图7-4 智能决策在不同环节提升组织效能

2017年年底,阿里云与北京首都国际机场联合发布了"ET航空大脑"。50秒调度全天1700多架次航班,廊桥停机位利用率提高10%,这是阿里云"ET航空大脑"为北京首都国际机场带来的改变。为航班分配停机位,必须综合航班起落时间、具体航站楼、过站时间、飞机机型、停机位大小和位置、滑行线路、摆渡车线路等信息,还要区分国际航班和国内航班,考虑特殊旅客需求等。此外,恶劣天气、机场施工、流量控制等情况也会打乱航班节奏,需要及时调整分配方案。北京首都国际机场每天来往航班有1700多架次,对应的停机位只有300多个,在人工决策时,更多地依靠常规和经验解决问题,无法做到精确优化。而阿里云"ET航空大脑"在学习了飞机机型、起落时间,机场停机位、跑道、滑道位置,摆渡车容量、数量等多个维度的基本知识后,通过建立数学模型,以智能算法全面考虑约束条件和临时调整,能够在50秒内安排好全天的停机位分配。当出现航班延误等特殊情况时,还可以随时重新进行优化分配。廊桥停机位利用率提高10%,相当于每天有2万名旅客不用再乘坐摆渡车,总计节省5000多个小时[1]。

---

[1] 参见孙茜茜,《首都机场引入阿里云ET航空大脑,每天为旅客节省5000多个小时》,2017年12月22日。

机场的停机位分配是一个典型的技术性强、业务层面的决策问题，这类问题所需要的信息大部分为组织内部可控，类似的问题如物流企业优化运力配置和运输路线，制造企业生产批次批量优化，销售门店选址，客户价值层次分类，日常经营分析等。这种常规性、程序化的决策问题，只要有准确充足的数据支撑，智能系统就能够基于模型优化求解，甚至进行预测和风险分析，从而替代人工快速给出决策方案。而且，大数据时代智能系统的决策不仅依靠静态数学模型，还可以通过机器学习不断优化改进。电商平台及互联网内容分发平台普遍采用的智能推荐系统，就是根据所收集的用户特征和行为数据动态进行深度分析，对于用户的偏好、兴趣做出越来越准确的解读。大数据的智能推荐可以为千百万用户提供个性化推荐，这在人工决策时代是完全无法想象的。

企业决策还包括战略性决策，涉及组织长远发展和长远目标，会给企业带来重大影响。在一些具体的领域，大数据所揭示的趋势和方向已经能够直接支撑企业战略层面的调整。例如，根据用户大数据所揭示的用户偏好变化趋势，企业可以精准地选择业务领域、定位目标市场，甚至进入全新市场。再如，大数据财务分析可以针对企业的经营状况做出预警，提示企业潜在的经营风险，及时在财务战略上做出应对。不可否认，企业的战略性决策往往具有非程序化特征，缺少足够的历史数据支撑，或者存在大量模糊信息，因此在很大程度上仍需依赖管理者的洞察力，但从决策的本质来说，数据和信息的质量同样会直接影响战略决策正确与否。大数据时代的高层决策者应将精准的数据分析与敏锐的商业洞察力相结合，从数据中萃取知识，并将其转化为商业优势。

7.3.3 双轮驱动促进快速创新

数字化转型在提高创新速度、创新成功率方面的作用早已为人们所认知。20 世纪 90 年代，研究者和业界就提出了系统集成与网络化的创新过程模型，强调创新过程的电子化、数字化、网络化，依靠专家系统、仿真模型、计算机辅助设计、计算机辅助制造等数字化工具，大幅度地缩短了创新周期，提升了创新响应速度。

到了移动互联网、大数据和人工智能时代，数智化对企业创新的赋能作用进一步增强，消费互联网和产业互联网的双轮驱动正在成为企业创新活动的加速器，具体表现在以下三个方面。

第一，在消费端，电商平台、智能穿戴产品、物联网等提供了新的数据收集手段，社群运营、直播平台等构建了新的消费场景，最大限度地缩短了企业与用户之间的距离。企业能够更密切地触及用户，获得用户行为和偏好信息，解读用户潜在需求，激发创新构思，甚至可以将大量用户（而不是少量先锋用户）引入创新过程，实现用户深度参与创新。

第二，在产业端，利用虚拟现实、数字孪生等技术，将传统上部分基于实物原型产品的开发、设计、测试工作在数字化虚拟世界中完成，不但能显著提升速度，还可以大幅度降低开发成本。大数据分析、人工智能等技术为创新过程提供决策支撑，提升决策速度和科学性。企业内联网、外联网可以贯通企业内外，实时获得外部合作伙伴的支持，共同完成创新开发、生产制造等环节。

第三，在整个创新过程中，各环节能够获得快速反馈，从而实现快速的试错、反馈、改进再创新的循环，以最短的时间实现产品与需求的匹配。

在实践中，以提升创新速度和效率为目标，数智化驱动各类企业探索新的创新模式。

互联网行业出现了快速迭代创新模式，这是一种以加快创新速度为目标、以持续创新为导向，通过构建充分授权的小型创新团队，以最小成本和最低风险，采用多次迭代方式进行创新的模式。不同于传统创新过程试图在一个创新周期内达到目标的理念，迭代创新将一次长周期创新变为多次短周期的叠加创新，在每个迭代周期中只解决最重要的几个问题。特别是在首创产品或服务时，不追求一次推出功能齐备的"完美产品"，而是以"最小可行产品（Minimum Viable Product）"为目标，即推出仅具备最核心功能的产品，迅速投向市场，验证产品价值并获取市场反馈。

迭代创新试图以最小成本、最低风险快速地响应用户需求。很显然，这需要用户对创新过程的高度参与，互联网用户社区、大数据平台使其具备了可行性。小米公司的 MIUI 是全球首个采用互联网开发模式的操作系统，通过 MIUI 论坛，全球超过 150 万"发烧友"参与了该系统的开发改进。项目团队在论坛可以与"发烧友"进行直接沟通，听取用户各种反馈，包括就新功能发起投票，由用户做出选择，每周还会定期发布用户体验报告，及时总结产品不足和改进方向等。MIUI 的版本发布和更新速度非常快。在初期的开发中，每周的更新涉及四五十个，甚至上百个功能，其中有 1/3 是由"发烧友"提供的，而整个 MIUI 相比 Android 原生系统共有 100 多项改进，许多贴合用户需求的"微创新"提高了用户的黏性[1]。如此大范围的用户深度参与，是传统创新模式无法想象的。

用户深度参与、快速迭代创新是企业在互联网时代应对不确定性的重要策略，国内外互联网行业的一些企业，包括谷歌、腾讯、小米、360 等都是迭代创新的首批成功实践者。这可以说是提供数字化产品和服务的互联网企业的先天优势，产品研发人员可以直接吸取用户反馈，

---

[1] 朱明，严海宁.用户创新的过程研究——以小米手机公司为例[J].现代商业，2016（35）：94-96.

因而成为借助数字技术进行创新实践的先行者。

数智化时代，迭代创新模式在更多产业中具备了可实施的条件。特别是对于提供消费产品的产业而言，产品生命周期缩短、用户需求多样化是企业共同面对的挑战，而利用数智化赋能、消费互联网和产业互联网协同作用可以显著缩短产品创新周期。阿里巴巴数据显示，基于数据驱动的消费者运营、产品研发测款、全渠道管理、快反工厂搭建等数字化升级服务，助力提升传统服装行业的新产品交付速度，商品企划、设计打样、试销测款、生产交付周期四个关键环节的反应速度分别比传统方式提高了 6 倍、2 倍、2.7 倍和 3 倍。2018—2019 年，天猫支持帮助家电、3C、化妆品等重点行业缩短新产品研发周期，比此前平均缩短 1/3[①]。

主营日用化学产品的立白集团是 2019 年首批加入阿里巴巴 "A100 计划"的企业之一。借助阿里巴巴的数字化综合服务能力，立白集团线上深化多端合作，线下整合万家商超、卖场资源，实现了线上销量翻倍增长，并在用户体验和供应链体系方面实现了整体优化升级。在产品创新方面，立白集团显著缩短了新产品从研发到上市的周期，并保证了更高的成功率。基于阿里巴巴的平台，立白集团能够即时、多维地实现与用户的交互，获取来自用户端的海量真实反馈建议，精准地设计出迎合用户喜好的爆款产品。例如，针对洗碗 "油手"痛点的果醋洗洁精，针对不同家庭场景的多规格洗衣凝珠等，就是基于真实的用户反馈开发的产品。以往立白集团的产品创新要经历 9～18 个月的长周期，而 2019 年推出的洗衣凝珠从研发到试售的全过程大幅度缩短至 3 个月，且一经推出就受到市场欢迎[②]。

---

① 参见安筱鹏，《寻找不确定时代的数智化转型之锚（《数智驱动新增长》序）》，阿里研究院，2021 年 4 月 14 日。

② 参见《围绕新客、新品、新组织三大关键点，阿里联手立白打造"传统企业数字化转型先锋"》，时代周报，2019 年 12 月 24 日。

再以服装行业为例。安踏集团一直定位为中国体育用品行业领导者,在创新方面持续保持高投入水平,研发强度(研发投入占销售收入的比例)达到 6%,聘请了 100 多位外籍设计师,在全球建立了 5 个设计中心,分布在美国、韩国、日本和中国,其设计理念就是围绕消费者洞察展开,真正在运动中发现问题、解决问题,为消费者提供更美好的运动体验。数智化转型无疑更为有效地贯彻了安踏的设计理念,来自电商平台和智慧门店的数据让安踏更懂每个消费者,从消费者洞察、数据转化到效率提升,安踏建立了一套相对完整的系统,包括零售中台的数据获取系统,从消费者进店、逛、选、试到结账进行了一个完整的闭环规划。消费者诉求被更为准确地解读,安踏得以据此创造消费者真正需要和喜爱的产品,将品牌理念最大限度地传递给消费者[①]。

在产品更新快速的消费品行业,消费端和生产端的贯通协同能够让创新与消费者需求更为精准匹配,提升创新效能。即使在一些投入高、创新周期长的产业中,数智技术也能够提供有力支撑。例如,制药行业是典型的高研发强度行业,新药品的研发一向面临着成本高、耗时长、风险大的问题。相关统计数据表明,一种新药品的研发投入平均在 10 亿美元以上,研发周期平均在 10~12 年,期间需经历药理研究、靶点确认、有效成分筛选和优化、药物评估、制剂开发、动物实验、临床试验、监管部门审批等多个阶段。当前,大数据、人工智能正在成为新药品研发的重要手段。一项直接的应用是通过搭建医药研发和生产机构与患者沟通的平台,利用大数据和人工智能筛选参与临床试验的患者,从而更快地找到符合试验要求的目标受试者,使新药品能更快地应用于临床,获得更有针对性的临床试验数据,提高研发效率。

---

① 参见《案例说 | 安踏:以消费者为核心的新零售 创造更大社会价值》,阿里研究院,2018 年 12 月 5 日。

此外，人工智能也开始应用于识别预测靶点、有效成分筛选、化合物晶型筛选等环节，国外已有 AI 新药研发公司的产品进入临床实验阶段，如果能够成功推出产品，有可能极大缩短新药品研发流程。

快速高效的协同创新是敏捷组织应对市场变化的能力表现，这不仅是建立一个平台连接用户及相关参与者即可，还需要企业具备较强的用户交互能力、学习能力和资源整合能力，在组织结构、团队管理、资源流动及企业文化等方面提供相应的支撑。因此，利用数智化技术优化创新过程，也是推动企业实施组织升级的一个契机。

7.4 数智化人才与组织共同成长

数智化不仅为群体、组织、产业赋能，还为个体赋能，改变个体的心智模式、能力结构和价值导向，促使我们重新思考人与组织的关系。

数字化时代的"人"与工业化时代的"人"相比，拥有了许多新的特征。数字技术为个体的发展提供了强有力的工具，具备较强信息素养的人群能够掌握更多信息，并由此进一步掌握更多工具，具备更强的学习能力，从而能够把握更多机会、创造更多价值。这种"强个体"拥有了越来越多的话语权和自主权。企业同个人之间的关系不再是单纯的依附和服从的关系，员工不再是"企业的工具""企业的人"，相反，企业成为"员工的企业"，由自由发展、高绩效的人组成的企业。可以说，互联网时代，人才的资本化趋势已不能阻挡，人才已成为企业至关重要的资本和竞争力，真正的人才会给企业带来更大的价值，其价值分配权力更强。

反过来，数字化时代的组织也对人才提出了更多的要求。敏捷组织中的"人"，与数字化时代的"强个体"，在特征上是高度契合的。敏捷组织的员工应以价值增长为导向，让个人目标与组织目标相一致，自我驱动投入工作，拥有很强的自主性和决策权。从长远来看，敏捷组织的员工还应出于自我发展的诉求，自觉自愿地持续学习，将知识和能力投入到价值创造中去，由此提升个人影响力，并获得成就感和满足感。

因此，数智化的组织和人才是相互成就的关系，正如亚马逊贝索斯指出的，企业成败的关键在于人，"你的人就是你的企业，用什么样的人，企业就变成什么样"。数智化为人才成长提供更多的途径和机会，高素质的"强个体"有效提升组织的敏捷性，敏捷组织又会为个人创造更大的成长空间，个体与组织共生共荣、共同成长。

7.4.1 数智化为人才成长赋能

数字化转型及数智化升级，对社会人才结构和需求带来重大影响，并影响各类组织的人才战略。具有数字化素养与思维，能在实践中灵活使用数字技术，并利用相关的工具和平台，成为各行各业对人才的普遍要求。

2019年4月到2021年3月，我国人力资源社会保障部相继发布4批共56个新职业，其中很大一部分是新兴数字技术需要的专业人才，比如人工智能、物联网、大数据、云计算、虚拟现实、区块链和信息安全等领域的工程技术人员及专业测试、操作人员等，以及数智化应用层面的电子竞技运营师、数字化管理师、互联网营销师、全媒体运营师、网约配送员、工业互联网工程技术人员等。还有一些新职业由"互联网+"催生而来，要求将其他行业专业知识与数字技术深度融合，比如建筑信息模型技术人员、无人机驾驶员、城市管理网格员、在线学习服务师、社区健康助理员等。这表明随着数字化的推进升级，不仅数字化技术、产品和服务行业对人才的需求暴增，各行各业也越来越多地需要跨领域、跨行业的复合型数字化人才。

数智化对人才提出更高要求的同时，也为人才成长提供了支持。

电子化学习、在线学习、远程教育一直是共享优质教育资源、弥补落后地区教育资源不足的重要手段。2020年以来，远程教育获得长足发展。各类教育平台和工具不断改进优化，教育培训资源也在不断丰富，政府相继出台政策法规加以规范，正规的在线学习、在线培训将成为人才培育的重要途径。

2020年6月，人力资源社会保障部就业培训技术指导中心和阿里巴巴钉钉共同推出新职业在线学习平台2.0，面向新职业需求提供在线培训资源。相关人员可在平台上实现在线学习、在线考核、导出学习记录，通过考试可获得电子培训证书，可满足学员、培训机构、组织等多方用户的需求（见图7-5）。

图7-5　新职业在线学习平台服务功能架构体系

新职业在线学习平台依靠数字化为公众提供了解新职业、学习新职业和从事新职业的途径，有效解决了新职业人才需求旺盛但缺乏培训标准的问题，快速形成了新职业人才培训的专业化、规模化效应。首批线上培训资源涵盖数字化管理师、人工智能工程技术人员、电子竞技运营师、农业经理人等13个新职业，其后更多的新职业培训资源将陆续上线，学习平台本身的功能将不断完善。

利用在线学习、在线培训,员工能够了解新职业、获得新技能,提升职业发展空间;企业能够为员工提供内容更丰富、更多元化的培训课程,提升员工成长空间,为企业注入新活力。对于产业和社会而言,在线学习和培训平台为人们的技能提升和转换提供了载体,有助于满足产业升级转型过程中的新型技能人才需求,并进一步促进就业。在未来,在线学习和培训平台能为人们持续不断终身学习提供支持,为不同年龄、不同需求的群体提供学习资源。

7.4.2 数智化为人才管理赋能

从组织的层面来看,数智化在支撑人才培训与成长之外,还可为人力资源全过程赋能。通过搭建智能化的人才数据分析平台,企业可以依托人才画像、岗位画像实现人岗智能匹配,基于数据进行绩效考核、测评离职风险、发现高潜能人才,并进行长期的人力资源规划分析。通过以人工智能替代部分流程化、事务性工作,管理人员可以从大量琐碎的事务性工作中解脱出来,从而能够从事更深入地考虑员工的个性化诉求、归属感等更为人性化的工作。

数字化赋能可以贯穿人力资源管理从招聘、选拔、任用、绩效考核、培训、员工激励到员工流动管理的全过程、全场景[1]。

在人才招聘和选拔环节,大数据技术可以根据招聘需求智能推荐招聘渠道,智能推荐与职位要求相匹配的建立,可以减少人工搜索的盲目性,猎头公司已普遍采用这种方式筛选人才,为需求企业提供合适的候选人。对于求职者也可利用大数据,评估其求职意愿、潜能、信用等重要信息,帮助企业快速、全面地了解候选人。AI面试技术也已在国内外许多企业得到广泛应用,这一系统可以根据求职者的语言

---

[1] 王玲. 数智化背景下企业人力资源管理的创新发展研究[J]. 江苏科技信息,2021,38(33):8-10.

内容、肢体行为、面部表情、音调高低等表现，给出情绪、压力、反应等方面的智能化评测结果，为企业提供参考。

在人才任用方面，企业可以依托大数据一方面根据能力特征、工作经历、绩效水平和职业倾向等生成人才画像，另一方面根据岗位工作范围、职责、任职资格等生成岗位画像，再将两者进行智能匹配，从而提高人才资源配置的准确性。基于数据开展绩效管理，还可以及时跟踪员工绩效实现概率，或者测评员工离职风险，及时为员工提供必要的支持，促进员工绩效提升。长期上，数智化的人力资源管理还应帮助管理者掌握企业人才整体的分布和动态变化，及时洞察人才缺口，做好人才规划。

在人才的培训、激励等环节，数智化可以提升人才个性化体验，让人才获得符合其需求的培训与激励，在此不一一叙述。总之，数智化弥补了人力资源管理者判断的不足，其核心在于利用数据深入了解人才，辨析其个性、能力、偏好、诉求等特征，基于数据选用最合适的人才，让人才与企业需求达到高度匹配，并支持人才与组织的共同成长，助力人力资源管理从"管人"走向"赋能人"。

IBM 与美国网球协会合作开发的 IBM Coach Advisor 就是体育领域智能化人才管理的范例。该系统利用大量网球比赛所产生的海量数据建立了指标体系，以此量化运动员体能、耐力、爆发力等特征，并将这些指标与比赛成绩挂钩，让网球教练获得球员表现的全新洞察，以此帮助教练训练、选拔和培养职业网球运动员，还可以为运动员提供具体的数据，分析其比赛表现，以找到更为科学有效的训练模式。显然，这种数智化系统在其他的许多体育项目中都可以应用，有可能彻底改变一流运动员的培养模式[①]。

---

① 参见《IBM 人工智能给职业网球运动带来创新》，搜狐，2019 年 9 月 10 日。

体育领域的应用也许比较特殊，但基于大数据智能选拔优秀人才并为之优化成长路径的思路是普适的。数智化时代，企业主要是基于数据管理人，并不是要将人变成机器，而是以尊重人为内核，让数据为人服务，让人的能力更具弹性，从而探索更多的可能性。

7.5 数智化敏捷组织升级路径及实践

在企业数字化转型初期，数字化往往在企业的局部环节或者业务部门实施，比如财务会计领域有财会电算系统，客户端有客户关系管理系统，主要用于供应链管理的 ERP 系统，行政管理的办公自动化系统等，由此带来的一个普遍问题就是系统的割裂。企业中虽然构建了不少数字化系统，但流程没有打通，数据也缺乏整合，很多时候只是把传统的业务流程和管理活动的部分环节通过网络系统完成而已。数智化组织的演进，显然不能再停留在这种数字化的初级层面上，在消费互联网和产业互联网双轮驱动下，企业与客户之间、企业各部门之间、企业与企业之间、客户与客户之间都会产生更多的节点，发生数据交互、资源交互、数据整合、流程贯通、内外协同，需要重构数字基础设施，为其提供支撑。

同时，在新一轮的数字化升级中，数智技术不再仅仅是一种工具，而是以技术、基础设施、平台、应用为载体，承载企业战略、组织、领导及文化的新理念，以数据为中心推动组织的全面重构。

7.5.1 数智化升级的四大关键技术

1. 可靠易用的云

云计算的出现将整个 IT 设施从端到端的部件变成归集在云端的基础设施，使得大多数企业可以在云端获得可靠的 IT 资源和可靠的算力，其稳定、便捷、低成本的特性完全解决了原来 IT 设施分散、离散、维护复杂的问题。企业上云和原来的 IT 设施有着本质的区别。云是最重要的顶层设计模式,可以把几十个 IT 应用放在一朵云上,进行统一部署。企业上云不仅是 IT 基础设施建设方式的变革,还会促使企业重构资源管理理念（见图 7-6）。

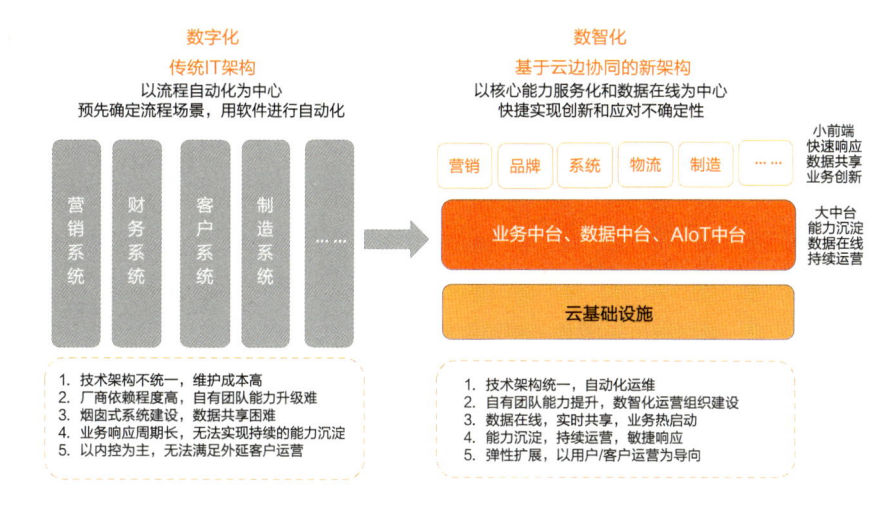

数字化
传统IT架构
以流程自动化为中心
预先确定流程场景,用软件进行自动化

营销系统 | 财务系统 | 客户系统 | 制造系统 | ……

1. 技术架构不统一,维护成本高
2. 厂商依赖程度高,自有团队能力升级难
3. 烟囱式系统建设,数据共享困难
4. 业务响应周期长,无法实现持续的能力沉淀
5. 以内控为主,无法满足外延客户运营

数智化
基于云边协同的新架构
以核心能力服务化和数据在线为中心
快捷实现创新和应对不确定性

营销　品牌　系统　物流　制造　……

业务中台、数据中台、AIoT中台

云基础设施

小前端 快速响应 数据共享 业务创新

大中台 能力沉淀 数据在线 持续运营

1. 技术架构统一,自动化运维
2. 自有团队能力提升,数智化运营组织建设
3. 数据在线,实时共享,业务热启动
4. 能力沉淀,持续运营,敏捷响应
5. 弹性扩展,以用户/客户运营为导向

图7-6　云化架构更高效地支撑企业变革创新

2. 全局智能的大数据

以往的数据并不能被有效利用和计算,算力的突破成为如今技术发展的重要基础。大数据深刻改变了我们的很多应用,有了云之后,更加能够处理海量数据,但还要实现和应用的深度结合,云＋大数据是构建很多行业应用的基础。

3. 云端一体的智慧化物联网

智慧化物联网（AIoT）不仅可以记录物理世界的数据,还可以反馈、管理物理世界,因此它成为数字城市、工业 4.0、数字空间等新兴产业的核心技术支撑。在农业方面,AIoT 可以帮助滴灌系统等生产设备全部在线化;在工业互联网方面,阿里巴巴与横店东磁、攀钢炼钢及水泥行业通过工业互联网的办法改善了它们的生产效率,降低能耗并且

提高了良品率，全周期管控助力工厂提效；在城市管理方面，AIoT 可以实现城市资源实时感知和智能调度，数字化技术应用很好地提升了监管水平和服务水平。

4．随时随地的移动协同

移动化、协同化是数字经济转型，特别是政府治理、企业管理和生产管理的核心基础设施建设方向。企业在基于 App 办公信息化和移动化改造中，钉钉是最典型的代表。钉钉已经为 1000 万个以上的企业实现了组织的在线化和移动化；浙江省政府 100 多万个公务员每天在钉钉上活跃，实现移动化、在线化。各行业移动化速度正在突破阶段[1]。

7.5.2　中台化：重构企业业务运营体系

数据中台是近年来由阿里巴巴率先提出的一条新技术路径。数据中台和业务中台是构建数据和业务体系的方法论、工具集和组织运营新模式，既包括一套完整的数据和业务系统开发、部署、运营的方法论，也包括"生意参谋""数据银行""策略中心"等运营工具，通过尽可能实现数据打通，将业务共性进行充分的抽象沉淀，从而压缩前台业务创新迭代周期，带来的是更快的创新、更小的试错成本、更高效的服务和更好的用户体验。

后台对稳定性的追求，前台对灵活性的追求，是企业运行中永远的矛盾。对于企业数智化转型中全链路数据集成的困境，云和中台战略是解决这一问题的新路径。长期以来，企业数字化解决方案的出发点都是从一个"点"出发，向"线或链"拓展，而企业真正需要的是一个全局优化解决方案。从传统 IT 架构向云、中台、移动化架构迁移，更容易实现数据集成、业务集成，实现技术架构统一、自动化运维，

---

[1] 参见《阿里云智能总裁张建锋：数字经济领域，钉钉的意义堪比淘宝》，新华网客户端，2019 年 9 月 26 日。

加速能力沉淀，敏捷响应用户需求，构建以用户运营为导向的新架构体系。

中台不仅是技术的游戏，还是企业战略、组织、方法论与技术结合的产物。"中台是组织的外化，最终服务于商业模式"，按照 ThoughtWorks 给出的参考定义，中台是企业级的能力复用平台（见图 7-7）[①]。中台的规划牵扯企业战略与组织，需要企业自顶向下进行顶层设计，而"能力复用"体现在通过敏捷响应机制的建立，将企业的共性能力（对应共性需求）进行抽象重组，打造为公共的系统能力，以接口、组件等形式共享给各业务，使得企业前台各业务无须重新开发就能快速实现迭代创新。

图7-7 中台：企业级能力复用平台

中台的价值是得到普遍认可的。中台是数字经济下的"新基建"，它将企业的业务能力和数据服务中心化、平台化、共享化、协同化，支撑用户、员工、生态侧的多端，在瞬息万变的市场中降低试错成本、

[①] 参见人人都是产品经理，《互联网大厂的"中台战略"剖析：进击的中台，组织的砺炼》，2020年2月7日。

提高创新效率，以数据驱动运营的方式促进业绩增长。

具体来讲，在数据层面，中台解决的是企业内系统间的数据孤岛问题，将不同系统中的数据进行汇集和管理，形成企业数据资产和洞察，服务于企业；在业务层面，通过对业务模块去重和深沉，让前台业务更加敏捷地面向市场，实现企业新业务的快速上线与迭代试错，服务更多场景；在技术层面，避免重复开发，技术迭代升级更高效，可按需扩展服务，让整个技术架构更开放。

在组织数智化升级过程中，中台作为大数据支撑业务的纽带，符合微服务化趋势，尤其是在数字营销领域，中台的效用更易显现。它能够打造吸引流量、运营转化、提高客单价和推动复购的营销闭环，将企业实体资产转化为数字资产，提升面向未来的能力。

7.5.3 云钉一体助力组织数智化升级

钉钉是阿里巴巴为各类企业提供的重要的数智化管理工具，能够满足组织演进的协同需求。通过组织在线、沟通在线、协同在线、业务在线、生态在线，打造人与人、人与物、人与事之间的系统，形成数智办公、数智零售、数智娱乐、数智制造、数智教育等社会化大协同体。

2020年9月，钉钉组织架构调整，升级为大钉钉事业部，与阿里云全面融合，云钉一体战略落地。2020年10月，首次公布"两个数字化"战略，即组织数字化和业务数字化，这是钉钉对企业数字化路径和自身价值的再定义。企业可以借助钉钉这个工具实现组织数字化和业务数字化，并通过两者的融合和促进实现组织内人财物事、产供销研及组织上下游生态产业链等场景的全链路数字化。

在钉钉"两个数字化"战略中，组织数字化关注的是员工的数字化能力，让每个员工拥有一套称手的新生产力工具。在2021未来组织大会上，钉钉发布了包括钉闪会、钉钉文档、钉钉项目、钉工牌、钉钉小程序和"看看"等在内的一系列新产品。钉闪会是钉钉在协同办公领域一次重大创新，通过文档连接视频会议、日程、项目等协作功能串联会议的快速组织和信息的分享、讨论、决策环节，最终通过一个标准的产品界面为企业有准备、有主题、有议程、有结果、有落实地开好一场会议。

业务数字化，即数字技术需要深入到产供销研、生产制造等业务流程中，让业务数据流动并全面连接，既没有误差也没有时差，最终为企业的规划发展提供精准分析，实现敏捷决策。为此，钉钉发布的连接平台产品可以实现不同业务系统的数据打通，提供了应用广场、低代码和全代码开发等业务数字化的组合能力。对于业务的跨场景和跨组织的连接，钉钉进一步开放的底层能力实现了业务场景与沟通协同的打通，以群插件、互动卡片、应用机器人的形式呈现在聊天消息、群和工作台中。业务系统还可以实现跨组织连接，通过钉钉服务窗、小程序、合作空间等打通组织上下游和产业链。

钉钉与阿里云的融合有利于实施云钉一体战略，下连阿里云基础设施，上承客户各种应用，将改变云的使用方式、应用开发方式，帮助更多企业和组织在零经验、零成本的情况下直接进入云计算时代，赋予人们的工作、学习、生活全新的价值，助力经济发展和社会治理。云钉一体战略提供了全新的服务策略，钉钉其实是一个兼具入口、平台的角色。钉钉一旦应用于某个组织，它就"钉"住客户不放，围绕客户需求痛点，依托阿里云智能、阿里集团及开发者群体，当然也有客户自身的力量，持续不断地加载各种定制化应用。钉钉与持续加载的服务都会上传到阿里云上，因而云服务就能很自然地通过钉钉提供给企业、行业、政府，甚至未来更多个人。[1]

---

[1] 参见王如晨的《模式升级、"云钉一体"备受瞩目，阿里云迎来盈利拐点》。

此外，云钉一体协同产品的理念开始发生导向性改变，由"以部门为中心"协同转向"以事为中心"协同，这对于推动组织演进可能具有更深远的影响。过去的软件是以部门为中心来安排工作，而未来钉钉上的组织里的每个人都将为事情服务，跨部门、跨组织写作将成为常态。这种"以事为中心"的做法使员工能够更专注地盯住项目和工作任务本身，提高工作效率，降低内部管理摩擦和信息损耗。从这个层面而言，钉钉不仅提供了一个能够满足当前企业的协同需求的工具软件，还进一步深入企业组织核心，推动企业在组织结构、领导方式、文化等方面的变革，帮助企业成长。因此，云钉一体能够从功能、架构、理念多个方面助力组织的数智化升级。

7.5.4 云钉一体应用与数智化新组织案例

2021 年 5 月，阿里云峰会上公布的成绩单显示，过去一年，钉钉的战略客户企业中新增了几十家企业上云，云钉共同服务的客户对云和钉钉的服务需求增长明显，其中包括山东能源、特步、柒牌、鲁花集团、越秀地产、立白、百丽、蒙牛、复星、卡宾服饰等企业。

1. 山东能源：云钉融合联动

2021 年 6 月，山东能源集团实现移动协同办公的全覆盖，超过 22 万人全部上钉钉，在此基础上还考虑让信息技术公司用上阿里云大飞天架构，实现全集团数据中心的混合云架构[①]。

2020 年，兖矿集团和山东能源重组后，新的山东能源集团经历了复杂的调整期，这也使其初尝了云和钉钉的融合联动。整合前的兖矿集团就选择了钉钉作为移动化的基础平台，因其具备一流的技术能力，可供扩展和定制化的能力，能够满足大型企业的综合化需求。2020 年，钉钉平台上云会议、视频会议、考勤、直播等功能，满足了兖矿集团

---

① 参见周宝冰，《云钉上的敏捷开发：山东能源试水全面"移动化"》，2021 年 5 月 31 日。

所有在线办公及内部培训的需求,并助其节省了大量成本。由于钉钉平台底层架构相对开放、柔和,各类数据库都能连接,并在钉钉上实现联动、协同,整合后的山东能源集团的核心业务数据、系统的统一融合很快就完成了,协同办公平台已实现集团OA、数据平台、业务系统的全面集成。钉钉作为统一入口能够支持整个集团的公文流转和审批。

山东能源还利用专属钉钉实现了一些专属集成平台,并开放了应用开发接口。当二级公司有新的业务系统需求时,可以申请在钉钉上做自主开发。钉钉生态应用提供了一些具有基本功能的应用,在其基础上进行二次开发,可以在很短时间内完成上线,相比于自建应用,这种方式节省的时间和成本十分可观。

钉钉提供了应用敏捷开发的平台,云计算解决了底层算力支撑的问题。山东能源基于阿里云中台能力,建立了数据中台、业务中台,在这个弹性很大的底层架构上,让各类业务数据化,对生产、物资、销售等数据进行分析,再实时呈现在钉钉端。利用云钉一体,山东能源将逐步集成更多的业务系统,继续推动集团的数智化升级。

2. 特步:云钉一体内外协同

特步作为一个国有体育用品品牌,坚持"运动时尚"的独特定位,为消费者提供兼具个性和高性价比的体育用品。

特步选择钉钉作为其实现数字化转型的核心工具,利用钉钉实现组织内部和供应链办公协同,使企业内不同部门、不同区域及产业链上不同供应商、不同环节达到步调一致的协同,减少环节之间的衔接迟滞,并采用阿里云组建统一的业务中台,由内而外打通原本各自割裂的信息孤岛,搭建快速、智能化的业务体系,获取能共通共享的业务数据。

2021年，特步进一步明确"以消费者为中心"的战略，开启包括消费者运营中台和商品智能系统等在内的数字化建设，建立从消费者洞察到产品研发、供应链反馈、销售动态捕捉的完整反馈链路。为此，特步以阿里云为全球业务中台，以钉钉为业务数据应用平台，实现了人和系统之间的无缝衔接[①]。

2016年以来，特步将全球组织及上下游合作伙伴的1.9万人接入钉钉。随着业务的推进，特步逐步接入了下游数千家门店，并将POS订单、ERP系统、库存系统与钉钉打通，让全球各区域门店（包括中国台湾、中国香港、越南和印度等海内外地域门店）的经营数据（销售和库存）等通过钉钉呈现，实现全天候跨地域通盘掌握。特步高管也能通过BI高管看板掌握前端数据、流水异常、资金量、库存应用和目标达成率等关键指标。在后端供应链层面，特步数百家供应商也已接入钉钉。特步内部的商品生命周期协同平台，研发初期的设计、打板、面料选择、成本和财务控制及后续的快反都能通过钉钉与供应商实现业务协同。

借助云钉一体支撑的这套系统，特步打通了会员、订单、库存、物流、结算系统等63个业务系统的壁垒，构建了全渠道业务中台，实现了前后匹配、内外协同，供应链协同效率提高15%，同样的生产周期，货品产量提高30%。

3. 柒牌：云钉一体落地智能生态战略

福建柒牌时装公司始创于1979年，用了42年时间成长为一个销售额70亿元、员工1万多人、专卖店3500多家的大型服装集团。

柒牌的创始人洪肇设在前些年就已将眼光投入智能服装这一新概念上，希望实现时尚与智能的融合。2015年，柒牌选择了钉钉，开始

---

① 参见《云钉一体：以何重构国潮品牌特步竞争力》，华尔街见闻，2021年9月13日。

将其智能化理念落地到集团。柒牌的 1 万多名员工接入钉钉，将项目沟通、经营协同、库存调配、品质管理等 300 多个流程全部搬上钉钉，实现了高速的经营运转。流程在线化以来，集团协同率提升 350%，各项流程处理时间从原来的平均 9 天降低为 2 天，使事事有追踪，件件有回响[①]。

通过数据的呈现，各分公司之间也进行快速的调货、补货，实现了库存的高效流通。在钉钉项目管理的协作下，柒牌在 1 周内启动了全国 18 家黑标直营店的新开店筹备工作，将开店的 60 多项事宜标准化，将分工、计划和责任人统一管理，任务进展和成果清晰透明，还拉通总部和分公司在新店筹备时跨地域的信息联动和反馈，实现了 18 家门店的顺利筹备。

2021 年，柒牌确定了未来"以西服为中心，以中华立领为 DNA，以休闲科技产品为核心"的重要战略发展方向，并结合钉钉的数智化能力进一步推进集团的转型，如何借助钉钉打破集团部门墙和建立以消费者为中心的快速反应机制成为柒牌下一阶段的重要目标。

为此，柒牌提出了柒牌智能生态圈，将智能产品、智能零售、智能制造、智能物流、智能办公作为具体实施策略。信息的流通和数据的分析反馈已经成为柒牌发展过程中至关重要的环节。柒牌将建立两大中台：业务中台和数据中台。三大流程：商品运营全流程，供应链运营全流程，用户经营全流程。同时将各个业务系统与钉钉打通，让钉钉像神经网络一样深入集团，实现柒牌全链路的数智化。

---

① 参见《国潮崛起：柒牌的全链路数智化野望》，天下网商，2021 年 9 月 17 日。

第 8 章
产业公共服务数智化：产业服务和公共支撑

消费互联网和产业互联网双轮驱动，促成从消费端到产业端全链路的数字化，推动整个产业进行数智化重构。这不仅仅是企业层面的转型升级，更是整个产业的协同进化。产业所处的环境也需要顺应数智化浪潮，在企业协作层面、产业集群层面、区域层面聚合各种支撑性公共资源和服务，提升产业服务和公共支撑能力。

一般而言，产业公共服务是指政府、公立机构及行业协会等非营利性组织，为促进产业、企业发展提供的公共服务。在我国经济结构调整、产业转型升级步伐加快的历史时期，与新业态培育、企业创新、工业转型升级相关的产业公共服务需求日益增大，为区域产业布局调整、产业结构优化等战略实施提供了支持。

进入数字化时代，随着我国"两化融合""宽带中国""互联网+行动计划""新基建"等战略的提出和实施，产业公共服务也趋于综合化、集成化、专业化。中央和地方政府都开始重视产业公共服务基础设施建设，依托互联网技术建设的产业公共服务平台，成为提供服务的主要载体。

我们将聚焦于产业公共服务平台的数智化升级问题，回顾产业公共服务平台的发展历程及其数智化升级需求，从不同层面讨论数智化在产业公共服务领域的赋能作用，通过分析实践案例，发现数智化产业公共服务平台能力的逐步升级对双轮驱动的推动作用。

8.1 产业公共服务平台——数字化时代的创新温床

8.1.1 产业公共服务平台的作用

产业公共服务平台是依托互联网技术建设，以推动企业、产业成长为目的，为企业特别是中小企业提供信息咨询、资源共享、科研合作、技术推广、成果转化、检验检测、投资融资、招商引资、众创平台、人才支撑、法律支持等全方位的服务和支持的数字化平台。一般而言，产业公共服务平台的主要作用可以概括为八个方面：增进信息沟通、提高融资能力、提供技术支持、开展人才服务、提供管理咨询、辅导帮助创业、营销开拓市场、政策法律服务，如图 8-1 所示。

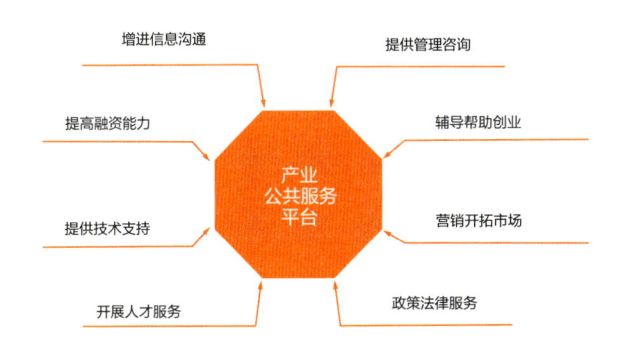

图8-1 产业公共服务平台的主要作用

在转变经济增长方式、推动产业升级的政策背景下，建设产业公共服务平台的主要目标是为企业创新提供辅助支持,建设良好的创新环境,帮助企业提高创新能力。完善的公共服务平台可以整合产、学、研等社会资源,实现跨行业、跨学科、跨部门的资源共享,为企业提供共性技术服务,从而帮助企业规避风险、降低成本、缩短创新周期、提高创新绩效。依托产业集群或者优势产业建设的公共服务平台,更有利于发挥集群优势,优化产业布局,提升区域经济竞争力。

因此,建设产业公共服务平台是改善地区创新创业环境,增强自主创新能力的有效途径之一。尤其是在二三线城市产业发展的初期,产业公共服务平台能够领先于区域产业和经济发展阶段,实现产业要素的跨时间和空间聚合,在推动产业快速发展和企业服务方面具有无可比拟的优势和重要作用。

8.1.2 产业公共服务平台的发展历程

国内外大规模建设产业公共服务平台开始于21世纪初,目前比较常见的平台发展模式有政府主导模式、产业园区模式和市场主导模式。

1. 政府主导模式

政府主导建设的产业公共服务平台能够很好地保障平台的投入水平和公益性,可利用的资源也更为广泛。政府主导的平台可以获得跨国公司的支持,有利于利用国内外资源。例如,2003年我国由原信息产业部主持建设的"国家软件与集成电路公共服务平台"就是这一模式的典型代表。中央政府主导的平台合作层面高,且采用从上到下的集中管理方式,保障了资源的统一调度、充分共享。这提高了技术创新的起点,对推动国家战略层面的产业发展有重大作用,但难以顾及中小企业的发展需求。

2. 产业园区模式

产业园区模式用于建设支撑特定产业园区发展的服务平台,具有明显的地域性。这种服务平台方便为园区内企业提供服务，对企业需求更有针对性，减少了企业获取公共服务的成本。例如，苏州政府于 2003 年开始建设的"苏州软件园公共技术服务平台"，专为苏州软件企业提供软硬件及人才等多方面的支持。

3. 市场主导模式

市场主导模式的服务平台通常由高校、协会、企业单独或者共同建设运营，作为第三方提供公共服务。例如，由《服务外包》杂志主导建设和运营的"外包网"，是中国首家面向全球外包市场的服务外包行业门户网站及电子交易平台。

近年来，随着共享经济和平台经济时代的到来，越来越多的企业向平台化模式转型，承担更多的产业公共服务职能。这使得"政府引导、企业共建"成为我国产业公共服务平台建设和运营的主流理念。"政府扶持中介、中介服务企业"的管理模式和"公益服务+商业服务"的经营模式成为产业公共服务平台的主要模式。

经过近 20 年的实践，产业公共服务平台的作用得到了检验和认可。自 2010 年以来，产业公共服务平台建设更是成为我国各级政府推动产业发展的重要抓手。

2010 年，《国务院关于加快培育和发展战略性新兴产业的决定》提出，依托骨干企业，围绕关键核心技术的研发和系统集成，支持建设若干具有世界先进水平的工程化平台，结合技术创新工程的实施，发展一批由企业主导，科研机构、高校积极参与的产业技术创新联盟。加强财税政策引导，激励企业增加研发投入。加强产业集聚区公共技术服务平台建设，促进中小企业创新发展。2012 年，工业和信息化部、财政部、国土资源部联合印发的《关于进一步做好国家新型工业化产业示范基地创建工作的指导意见》指出，以满足示范基地内企业共性需求为导向，以提升公共服务能力为目标，以关键共性技术研发应用及公共设施共享为重点,着力发展一批运作规范、支撑力强、业绩突出、信誉良好的公共服务平台。

国家扶持政策的相继出台使我国产业公共服务平台获得快速发展。据不完全数据统计,我国各类产业公共服务平台数量已超过 40 万个。①

8.1.3 产业公共服务平台的数智化升级需求

在产业公共服务平台建设的过程中,我国相关政府部门及公共服务机构不断积累成功经验,对于存在的问题和不足也有着越来越清晰的认知。

在企业信息化、数字化转型过程中常见的一些问题,如重建设轻运营、重硬件轻软件、重线上轻线下等,也在产业公共服务平台的建设中显现。特别是早期建设的一些平台,投资主要用于场地运营和硬件采购,尽管硬件投入大、设备高端,但数据分析、挖掘等软件功能不强,聚合的线下资源不足,导致平台的主要功能停留在信息聚合、企业名录、政策发布等基础功能层面,线上、线下服务无法衔接,平台服务质量不高。

从全局来看,更为显著的一个问题是,平台数量众多,但重独立轻聚合①。如前所述,平台可由政府、产业园区或者第三方服务主体主导建设。不同的平台通常分属不同的政府部门管理或牵头建设,造成发展一个产业就搭建一批平台的现象频繁出现,忽视了各平台之间的协作和聚合。这样,一方面容易出现重复建设的现象,造成资源的浪费。另一方面因平台间缺乏信息共享,形成一个个"信息孤岛"。平台间横向缺乏服务沟通和协作,纵向缺乏服务指导和衔接,有限的服务资源得不到最大化的发挥,协同运行机制也未建立。

---

① 参见沙琦和胡雨涵,《我国产业公共服务平台的发展、误区及对策分析》,2017 年 9 月 11 日。

当前，为适应我国转变产业发展模式的需求，产业公共服务平台必须满足创新驱动需求，支撑原始创新、协同创新、网络创新。在消费互联网与产业互联网双轮驱动的背景下，要求基于数据贯通达到产业层面的高度协同，平台亟须整合、优化、升级，全面提升服务能力和水平。新一代公共服务平台将完全建立在云计算、大数据、移动互联网、人工智能等新型技术平台和架构基础之上，并发展共享与众包模式，政府支持与市场化运营相结合，形成政府、行业协会、公共服务机构、龙头企业多方联合的建设和运营模式。

8.2 数智化赋能产业公共服务平台

针对原有平台存在的问题，数智化新技术、新理念与产业公共服务的新需求相匹配，能够从协同和智能两方面为产业公共服务平台带来显著提升。

8.2.1 大数据、人工智能支撑科学决策

产业公共服务平台的数智化升级与原有平台最大的不同是，以数据为中心的决策理念和引入大数据、人工智能技术形成的更强的决策能力。这将使得产业公共服务平台不再仅仅是信息汇聚、展示发布的公告板，而是真正能够支撑决策、提供过去无法提供的智能化高端服务。

大数据在企业经营决策层面的作用早已为人们所认知，而在更宏观的层面上，大数据也在被越来越多地应用在国家层面、区域层面的规划和管理中。自 2020 年以来，大数据在新冠肺炎疫情防控中所起的作用已充分证明了其在公共管理及公共服务领域的潜能。在产业发展方面，无论在哪个区域，发展产业都需要诸多外部资源。例如，土地、建筑房屋、人才及能源交通等配套基础设施、产业集群的建设与区域经济发展规划、城市规划及人才规划，都是分不开的。显然，这种多来源、多类型的数据集合，是大数据分析所擅长的领域。例如，遍布城市的

监控网络、地图应用 App 等联合获取的数据可以充分反映城市地理信息，公共交通出行数据及通信公司定位数据等相结合可以反映城市中大量人口的流动情况和交通等基础设施负荷情况等。通过数据可视化处理可以直观地反映当前城市产业的地理分布和人才流动状态，深入分析的结果可以帮助相关决策者进行产业园区选址、配套设施规划等工作。

对于产业内部而言，双轮驱动促使产业全链路数据贯通。在更全面的数据整合的基础上，大数据可以全面反映产业链上各类企业的生产能力、服务能力、创新潜力、运行效率等数据，也可以洞察产业面对的市场需求的变化，做出风险预警或者发现创新方向。因此，数智化的产业公共服务平台可以帮助政府的政策制定部门、产业龙头企业及公共服务机构提供者，从整体上掌握产业发展动态，识别新产业机会，发现产业协作链条中的缺失环节或者弱势环节，挖掘并增强产业竞争优势，从而有针对性地优化产业布局，更为科学、准确地制定产业发展规划。

8.2.2 产业服务功能提升

产业公共服务平台能为企业提供的产业服务功能内容非常丰富，通常包括：

市场信息服务：与产业相关的产品供求、技术供求、资金供求等信息。

投融资服务：联结信用担保、筹资融资、产权交易、土地交易、会计审计、资产评估等中介机构，为企业投融资提供咨询和辅导。

技术支持服务：包括技术咨询、技术推广、辅助开发设计、质量检测、技术产权交易、成果转化等。

人才服务：收集产业人才需求信息，整合人才培养、培训结构，开展人才培训，促进人才引进和人才流动。

管理与营销咨询服务：应企业需求，联合相关专业机构，为企业提供管理咨询、营销方案设计、创业指导等服务。

从以上服务内容可以看出，产业公共服务平台在很多时候都承担"中介"的职能。从普遍意义上而言，只要能够加强数据整合、提升产业中各参与主体之间的协同度，基于联结而提供的各类中介性质的服务水平都将得到提升。不论是技术、人才、资金，还是原材料、产成品，都将以更高效的方式通达到供应方和需求方，因而有更多的机会实现供需的优化匹配。

除此之外，数智化技术还能够提供新的服务手段，从而丰富服务内容、提升服务水平，且伴随着新技术的出现，人们也在不断地探索新的应用领域。

例如，区块链技术是近几年备受关注的热点，在产业公共服务领域，区块链在知识产权保护、企业信用溯源，以及质量管理相关的产品溯源方面得到了应用。区块链技术凭借其去中心化、时序性、不可篡改、可编程性等特征，具有成本低、安全性高、透明性强、扩展性大等诸多优势。

在企业信用管理领域，区块链技术有助于提升信息的准确性和安全性，利用时间戳技术可保障信息可追溯性，有利于解决争议，保障信息主体权益。区块链的共识机制还可以帮助提升信息一致性，也就是说，对于区块链上节点所提供的信息只有经过大多数节点确认，才会被记录下来，这样就有效保证了企业信用信息的真实性和一致性，从而改善数据质量。

在知识产权保护，特别是在网络知识产权（包括网络著作权、网络专利权、网络商标权等）保护方面，区块链也可以发挥其技术优势。

有效的知识产权保护机制对于创新型产业发展至关重要。但在互联网时代，网络知识产权的确权、侵权、维权问题日益凸显，给产业创新带来阻碍。区块链技术无法篡改数据、可信验证、全程留痕的特点，能够很好地解决传统网络知识产权保护中验证难、追溯难、维权难的问题。在区块链存储模式下的网络知识产权纠纷中，检察机关作为被授权的有限关键节点，可以根据授权范围通过链式存储追溯某个版权的申领、确权、交易等全部信息，提高检察机关办案效率，还可以通过智能合约机制对输入的网络知识产权案件进行自动验证并生成报告，从而有效降低权益人的维权成本。2020年8月，我国首个"区块链知识产权基地"落户四川成都，该基地以区块链知识产权为核心，充分利用现有资源将四川省区块链服务基础设施"蜀信链"作为技术支撑，优化"知信链"版权、知识产权行业链作用，打造具有版权认证、监测、交易多体系版权产业，为司法机关监测侵犯网络著作权犯罪、梳理犯罪线索、解决网络著作权维权难问题做出了重要贡献[①]。

8.2.3　产业发展环境优化

智慧园区与产业园区相伴相生，可以说就是融合了云计算、物联网、5G、大数据、人工智能乃至AR等新型技术的升级的针对产业园区的公共服务平台。智能化应用是智慧园区与过去产业园区信息平台的最大的不同。依靠物联网、5G等技术实时收集数据，并将园区自身数据与城市数据、政务数据等外部数据融合，集中数据平台加人工智能，可以对园区运转状况进行实时监控，并及时对资源实施调度。智慧园区应用场景包括安防管理、车辆人员管理、设备管理、资产管理、能效管理、空间管理、环境管理等。智慧园区应用场景如图8-2所示。

---

① 参见川观新闻，《全国首个区块链知识产权基地落户成都》，2020年8月27日。

图8-2 智慧园区应用场景

智慧园区具体能够提供的支撑功能包括：

园区安全监管方面：主要功能有监控监测、预警预报、隐患排查、综合应急联动等；

园区环保监管方面：如园区排放监控监测、能源监测、大气污染和水污染监控监测等；

园区安防管理方面：如园区封闭式管理、园区内部及周界监控报警管理、园区危化品车辆管理、园区危化品停车场及物流管理等；

园区能源管理方面：如对企业消耗水、电、燃气、蒸汽等数据进行物联网远程采集分析。

智慧园区无疑有助于为园区企业提供优良的经营环境，包括优质的基础设施服务、安全保障，并帮助企业监控能耗水平、优化空间管理等，帮助企业减少不必要的损耗、损失。服务支撑能力的增强能够为企业带来真正的价值。

8.2.4 从智慧城市到行业产业大脑

将企业、产业发展环境从一个产业园区扩大到更大的范围,产业公共服务平台将与智慧城市相衔接,甚至可以看作智慧城市的一个组成部分。

智慧城市这个概念并不新鲜。2008年年末,IBM提出智慧地球概念,2010年又提出智慧城市愿景,随后包括我国在内的诸多国家开始大力推进智慧城市建设,使其成为城市发展的新热点。早期,智慧城市的建设主要依托物联网、WiFi和移动互联网,重点在城市规划、政务管理、交通雏形、电力能源、医疗金融等领域实现数字化、智能化。数智化时代,智慧城市应用场景更为成熟,智慧城市也随之升级,提出了新型智慧城市新架构。

新型智慧城市也将打破过去各行业"智慧孤岛"的局面,打造协同一体的大数据通用服务平台和城市运行指挥中心,为城市安全、稳定、高效运行提供保障。在新型智慧城市体系中,物联网构成城市的神经系统,全面收集数据,并执行指挥中心的指令;城市资源大数据通用平台结合人工智能将构成城市大脑,智慧城市的运转将主要由数据驱动,运用大数据分析工具及人工智能系统,支持城市管理决策;5G及AR等新技术进一步提升了物联网的能力,强化了信息主体间的互动及信息传递、共享的能力;所有数据、智能和应用都将建构在云平台上,充分实现资源互通、共享。

在智慧城市的应用层面,促进城市中产业发展、激励和维护产业创新活力是一大应用领域。因此,在新型智慧城市建设方案中,也需要将城市层面的产业公共服务平台纳入考虑范围,而我国的城市规划发展也已经提出了这样的要求。

打造城市经济运营中心产业互联平台示例如图 8-3 所示。

图8-3 打造城市经济运营中心产业互联平台示例

1. 上海全面推进产业公共服务平台和智慧城市建设

2021年10月，上海市人民政府办公厅印发《上海市全面推进城市数字化转型"十四五"规划》，提出了到2025年的发展目标：基本构建起城市数字化总体架构（其内容包括以底座、中枢、平台互联互通的城市数基，经济、生活、治理数字化"三位一体"的城市数体，政府、市场、社会"多元共治"的城市数治），初步实现生产生活全局转变，数据要素全域赋能，理念规则全面重塑的城市数字化转型局面。

为实现这些目标，上海市政府聚焦的重点工作包括：

完善城市AIoT基础设施：集成发展新一代感知、网络、算力等数字基础设施，研究建设城市资源标识解析系统，提供城市资源全面AIoT化的统一规范，加快实现城市"物联、数联、智联"；

构建城市数据中枢体系：以分布式建设、协议互联、协同运营为原则，构建分布式、多中心的城市数据中枢体系，实现跨行业、跨层级、跨系统数据互联互通，推动公共数据与社会数据融合应用，形成数字

城市建设的系统合力;

打造城市共性技术赋能平台:围绕城市数字化转型的公共服务需求,以标准化、组件化、平台化方式,提供各类自主调用、灵活配置的公共应用工具和公共技术工具,强化基本共性技术支撑。

可以看到,在城市层面,产业公共服务与智慧城市的整体发展需求相融合,突破了单一产业范围,而需要从城市全局进行规划,为城市所有重点产业提供支撑,产业公共服务平台的建设也需遵循宏观、产业及园区等多层面协同的新理念。

2."城市大脑"助力提供城市公共服务

阿里巴巴通过提供"城市大脑"等产品,助力各地新型智慧城市建设,打造支撑城市可持续发展的数字基础设施,利用实时的城市数据,优化城市公共资源的使用效率。产业公共服务支撑包括城市层面的创新创业服务、政企服务,特定产业层面的智慧农业、智慧旅游、工业互联网,以及园区层面的智慧园区等。从宏观角度而言,智慧城市所实现的城市精细化治理、生态环保监管、安全监管、消防应急保障等,同样也是在为产业提供优良发展环境,属于广义的产业公共服务范畴。

随着我国各级政府开始深刻理解数智化支撑高层面产业公共服务的潜在价值,产业公共服务平台还可以进一步提升至省级,甚至中央层面。

3. 浙江推进"产业大脑"建设和落地

以特定产业发展为核心,对产业公共服务平台扩展升级,整合相关的公共服务、园区服务、企业服务,则形成了"产业大脑"的概念。产业大脑以产业大数据为基础,通过对数据融合分析,实现产业链优化的精准决策,助力实现产业链现代化。

产业大脑应用如图 8-4 所示。

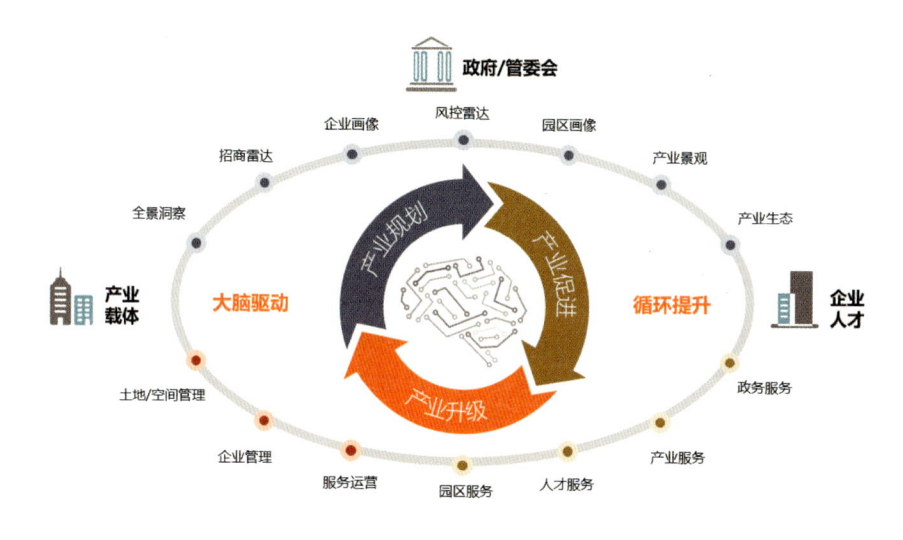

图8-4 产业大脑应用

产业大脑对于产业链的提升可从细分行业起步，通过产业大脑的数字技术和数字算力对产业进行全方位、全角度、全链条的数据链构建和数字化改造，夯实现代化发展基础；再将细分行业的创新资源与服务能力向行业汇聚，利用中枢体系向上下游企业及关联行业精准释放，有机串联，形成行业产业大脑，支撑行业协作流程优化、协作链条重构、生产模式创新，以此推动产业链重构和产业链现代化，实现大中小型企业融通发展，带动区域产业集群整体转型升级。最后，行业产业大脑间的跨行业融通更能够催生新兴业态，带动新型服务业发展，促进数字产业化发展，推动产业向价值链高端跃升。

2021年，浙江省全面启动数字化改革。以产业大脑为代表的数字经济板块是全省数字化改革"1+5+2"工作体系的重要组成部分。《浙江省数字化改革总体方案》提出，以产业大脑为支撑，深化数字经济系统建设。产业大脑是发挥浙江省块状特色产业优势、建设先进制造业基地的一次重大探索，是数字化时代制造业迈向现代化的必然选择。

浙江省产业数字化指数位居全国第一，两化融合发展指数连续多年居全国第二位，全省"1+N"工业互联网平台体系基本形成，supET工业互联网平台入选国家级跨行业、跨领域工业互联网平台，为推进全省产业大脑建设奠定了较好的基础。

2021年浙江省启动"行业产业大脑建设应用试点"，聚焦电子信息、生命健康、绿色石化、节能与新能源汽车、高端装备、现代纺织等产业方向，提出到2025年年底建成30个以上特色明显的行业产业大脑的建设目标，希望全面建成重点优势产业的产业链数据中心，实现百亿以上产业集群产业大脑应用和工业互联网平台全覆盖，行业产业大脑建设与应用全面推进、协同发展，产业大脑建设应用理论体系和制度规范体系研究成果丰富、成效显著，形成系统完备的产业大脑生态体系。具体试点内容主要有：

针对某一行业，梳理产业链节点，推进建立行业服务目录体系和标准体系，建立行业数据仓、行业中台、行业中枢节点；

整合行业相关数字化平台，链接相关行业资源要素，建立省级行业工业互联网平台；

基于行业大数据和行业工业互联网平台，打造行业产业大脑，支撑全省各行业企业和跨省域产业链企业的应用，形成"一行业一大脑"的发展格局；

基于行业产业大脑，推进产业上下游资源共享和业务协同，提升行业和企业内部数字化水平；

按照中枢统一要求开放接口，以统一数据标准推进政府侧数据与企业侧数据互通共享，推动企业侧、政府侧数据融通、数据共享和数据环境安全可信，实现综合集成和创新应用。

在试点工作中，浙江省还将积极探索行业产业大脑的建设运营模式，开展相关制度和规范体系研究，探索制定行业产业大脑建设应用标准体系，以期形成可复制、可推广的产业大脑标准化成果。

通过产业大脑的建设，浙江省期望释放数字技术对制造业发展的放大、叠加和倍增作用，以需求为驱动，以数据为核心，打造产业链和供应链充分畅通的制造枢纽、内外贸有效贯通的市场枢纽，培育新模式、新业态的产业变革枢纽，加速形成新的价值创造、价值获取和价值实现模式，整合国内外上下游制造企业，提高制造业国际国内竞争力，形成若干世界级产业集群，构建产业发展新格局，助力"浙江制造"成为"浙江智造""浙江创造"。

浙江省这一省级产业公共服务的思路，贯彻了以数据为中心、高度整合、多方协同、开放共享等数智化理念，也是宏观产业公共服务平台的演进方向。

8.3 数智化产业公共服务平台实践探索

8.3.1 杭州未来科技城

未来科技城于2011年正式挂牌成立，是浙江省高端人才集聚区、自主创新示范区和科学发展新城区。未来科技城与阿里云共同打造智能城市平台，将其作为可持续发展的数字经济开放平台。2019年，未来科技城实现了城市管理和产业服务的智能化，并试点了12个智能应用[1]。

例如，在城市管理方面，未来科技城基于智能城市平台，结合AIoT技术，让普通摄像头有了智能识别能力。针对违章停车、占道经营、出店经营、违章建筑等城市管理中的常见问题，摄像头可以实现智能识别，改变了以往被动解决问题的方式，而让管理平台主动发现问题，

---

[1] 参见阿里云研究中心的《数字化转型与智能创新100个案例》。

甚至能够让问题自己解决掉。

在产业服务方面，未来科技城继续坚定推进"人才引领、创新驱动、产城融合"发展战略，产业发展扎实而迅猛。截至 2018 年年底，未来科技城累计打造各类科创园区 55 个；快速集聚了一大批高新技术企业，注册企业达 1.6 万余家，覆盖了电子信息、生物医药、互联网、电子商务等高新技术和新兴产业，是未来科技城企业培育和产业成长的主平台。同时，未来科技城坚持打造梦想小镇平台，孵化独角兽企业，到 2018 年年底集聚创业项目 1973 个，166 个项目获得百万元以上融资，融资总额达 110.25 亿元。未来科技城对创新创业企业有如此大的吸引力，主要因为未来科技城能为其提供全生命周期服务。未来科技城围绕企业入驻将多个部门协同起来，让创业企业进入和退出效率更高，并通过企业大数据整合并进行评估，动态掌握区域内的产业健康状况。

通过智能城市平台，未来科技城实现了管理的数字化和智能化，让市民和创客享受舒适的环境和便利的服务。不止于此，未来科技城以实现数字经济生命体为目标，将智能城市平台升级为城市开放平台，让平台上沉淀的海量城市数据为创新创业企业服务，让基于 5G、物联网、人工智能、空间地理信息技术的创新产业在新市场机遇下更有利地成长，而新技术、新产业又能进一步应用到未来科技城的城市建设，互相促进。

同时，未来科技城梦想小镇作为 4A 级景区，将区域内的文化资源、新科技企业集群、城市智能管理模式转化为旅游资源，除了让旅游更具科技感，也让科技成为旅游新动能。

8.3.2 绍兴五大行业产业大脑

绍兴市在推进浙江省数字经济"一号工程"中坚持产业数字化和数字产业化两轮驱动，全力推进数字经济系统建设，取得了阶段性工作成效。目前，该市的产业化工、电机、织造印染、轴承、生物医药五大行业的产业大脑已成功入选省级试点①。

在上虞区，卧龙电气驱动集团股份有限公司依托数据分析应用，整个生产过程实现了可追溯、可预警，车间管理更加清晰透明。与此同时，生产线的所有数据还实时传输到电机产业大脑平台，可即时测算能耗、分析车间生产进度，实现横向与其他同类企业、纵向与自身发展的对比，为企业决策提供依据。上虞电机产业大脑自 2011 年 10 月中旬上线试运行以来，已开发五大业务场景，集成工业 App 共 24 个。目前，电机产业大脑已与省数字经济系统全面对接，企业可以登录产业大脑门户，直接进入各类场景应用。

在柯桥区，织造印染产业大脑也在加速推进，将资源要素数据、产业链数据、创新链数据、供应链数据等全部汇聚起来，运用大数据技术进行及时分析运算，实现产业链和创新链双向融合。其中，织造印染产业大脑企业侧已开发 16 个核心应用场景，实现从打样、坯布入厂、下单、生产投坯到成品入库、成品发货等供应链业务流程线上化，以及供应链数据共享，这为特色产业集团优势的发挥奠定了基础，为企业的提质增效和区域优势凸显、资源资金和市场机会共享注入了动力。

该市将继续深化电机、织造印染、轴承等牵头主建的产业大脑试点建设，重点在企业侧产业生态、新智造应用、共性技术、政府服务 4 个方面谋划打造应用场景，还将积极谋划黄酒、袜业、珍珠、厨具等行业产业大脑试点申报，实现制造工艺数字化、生产过程智能化和营销管理网络化。

---

① 参见林佳萍和张小东，《我市深入实施数字经济"一号工程" 五大行业产业大脑赋能高质量发展》，2021 年 11 月 7 日。

8.3.3 广东飞龙工业互联网平台

广东产业带集聚效应突出,家电产业、纺织服装产业、电子器件产业等形成了一个个特色产业带,但是很多产业集群如家电类目,尤其是小家电领域,细分品类众多,如何推动数字化转型成为当地产业带适应数字经济时代发展的核心考虑因素[①]。

面对广东产业带的转型诉求,阿里云联合广东省政府搭建飞龙工业互联网平台(以下简称飞龙平台),融合了阿里云计算、智联网、人工智能等前沿技术,并集合淘宝天天特卖、天猫、蚂蚁金服、钉钉等生态资源,帮助工业企业在云端构建横跨供、研、产、销全链路的工业大数据平台,为中小企业搭建低成本、快部署、易运维、可集成的云端数字工厂平台,并制定了五步走的转型策略:

制造协同:云端数字化工厂打通 ERP 与 SRM 系统,实现与工厂外部供应链的高效协同,交货准确率提升 20%;打通 MES 和 WMS,实现工厂内部制造协同,良品率提升 5%,产能提升 20%;

产销协同:通过阿里天天特卖电商平台与数字化工厂平台无缝集成,实现以销定产,库存周转率提升 30%;

产品智能:飞燕生活平台结合天猫精灵,赋能小家电产品智能化应用场景,让所有小家电产品都获得智能网联与语音控制能力(目前平台可支持两万种家电产品的智能连接);

设计共享:通过将"来设计"等第三方设计平台与工业互联网平台对接,提供工业设计共享平台服务,改变传统的设计收费模式,让不具备设计能力的中小企业通过平台快速找到低成本、高质量的设计方案,并根据产品市场销量与设计师共享利润,可降低初期设计投入

[①] 参见 21 世纪经济研究院、阿里研究院,《2020 粤港澳数字大湾区融合创新发展报告》,2020 年。

成本的 50% 到 80%；

产融赋能：阿里云引入产业金融服务模式，借助工业互联网平台完整的数据可信服务，尝试为中小企业提供便捷的互联网金融服务。

飞龙平台不仅让服务商的应用产品更加稳定可靠，也让服务商通过平台找到更多的商机、挖掘更多的商业模式。对工业企业来讲，降低了企业数字化的门槛，实现了低成本的透明管控，同时帮助企业实现供给侧和需求侧的开源化。

在 2019 年中国工业互联网大会上，阿里云宣布将通过飞龙平台对广州注塑产业进行深度赋能。从原料供应商、注塑加工、精益制造、仓储管理、人员培训技术咨询到金融服务，阿里云将打造整个产业集群的一站式解决方案。90% 以上的玩具产业都属于注塑行业。在汕头玩具产业，飞龙平台协同优秀服务商，让汕头玩具集群的诸多企业收获了明显的效果，通过飞龙平台，企业的生产效率、库存量、直通率等都有显著的提高[①]。

飞龙平台融合了阿里巴巴领先的技术能力，优化了企业制造流程，帮助企业实现数字化转型。

多家已经率先接入飞龙平台的商家已经取得了显著的智能化成果。广东全塑联科技有限公司与智塑云通过与飞龙平台的打通，推出了全塑联塑料产业互联网平台。该平台提供线上线下撮合、采购、联营、进出口、金融授信等供应链服务，具备系统自动撮合匹配、双向委托、电子合同、在线支付、增值中心等特性，可以做到优化材料供需交易，促进塑料产业链基层便捷高效地运作。广东精工智能系统有限公司主要从事家电、电子、五金装配；通过与飞龙平台对接，实现从订单、

---

① 参见中国日报网，《赋能注塑产业 阿里云飞龙工业互联网平台打造产业集群一站式解决方案》，2019 年 8 月 27 日。

品质、成本到效率的全方位效能提升；精工云 MES 通过多租户 SaaS 订阅式服务，还能帮助企业打造数据化、实时化、透明化车间管理。

注塑产业在广东、浙江、江苏三省发展迅速。三省塑料制品合计为 1221.33 万吨，占全国总产量的 55.5%，其中广东占全国产量的 25%，因此可在广东推行注塑产业集群发展。通过云、智联网，飞龙平台将使整个注塑产业集群企业实现降本增效，完成个性化、批量化生产，创造更多的商业价值。

第 9 章
产业互联网技术支撑平台和技术基座

9.1 消费互联网和产业互联网平台技术生态

9.1.1 消费互联网技术知识图谱

1. 沟通供给与需求，消费互联网强势发展

传统产业的架构呈现出如同山谷般的形状，在山谷两侧，一侧是供给侧，另一侧是需求侧，而中间则是产品、服务。众多的供应商位于山谷的供给侧，大量的消费者位于山谷的需求侧，两端的信息难以完全对称，出现效率低下或成本增加的结果，从而导致极大的资源浪费。资源整合是消费互联网的优势之一，对于无法准确了解对方信息的需求侧与供给侧而言，消费互联网无疑可以在很大程度上提高供需双方的沟通效率。具体而言，这种优势主要体现在山谷两侧，山谷两侧的纽带是产品，在一次交易结束后，本次交易关系随即中断，消费互联网不考虑产品的生产制造过程，应用场景相对简单，因此对网络性能要求相对较低。同时，因为可以不考虑复杂的生产过程，应用门槛低且彼此雷同，所以消费互联网的发展模式可复制性强，可以迅速实现规模效应。

2. 消费互联网技术共现知识图谱：脉络呈现

近年来，互联网企业的发展也持续推动着消费互联网的发展，其本质更趋于"平台模式"，根据需求侧消费者的需求，以及供给侧产品的类别与特性进行快速匹配，从根源上对需求侧与供给侧进行整合匹配，使得双方的要素相契合。这种平台模式具有强大的网络效应，所有用户都可能在网络规模扩大的过程中获得更高的价值，因为网络的价值往往与网络中节点的数量成正比。消费互联网技术共现知识图谱如图 9-1 所示，在消费互联网的脉络之间，总体而言涉及"内容"及"两端的人"。这里的"内容"可以是产品、服务，甚至是知识，而"两端的人"是指"内容"的商家与消费者，可以是个人或社会组织。

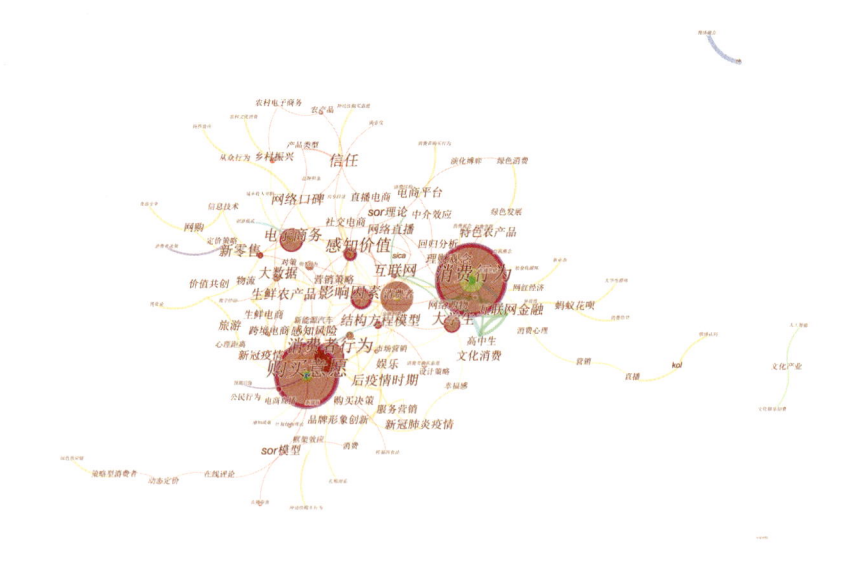

图9-1 消费互联网技术共现知识图谱[①]

消费互联网是围绕某个内容建立起来的人与内容之间的关系，参

---

① 说明：图 9-1 由文献算法生成。

与方式简易,用户提供内容并贡献需求,内容能够有效连接,或在群组内交流与共享,并形成反馈机制。消费者从产生消费需求到形成购买决策,再到下单,可以瞬间完成。

3. 消费互联网技术聚类知识图谱:本质初显

在消费互联网平台上,供给侧因能接触到更多的需求侧而使市场得到扩张,反过来,大量供给侧也为需求侧提供了更大的选择余地。通过消费体验分享,商家与消费者也逐渐被拉入了一张"过滤网",信用等级较低的商家和消费者将逐步被滤除,最终会在供需双方之间形成信任关系,进而建立信用体系。消费互联网技术聚类知识图谱如图 9-2 所示。消费互联网依靠需求侧规模经济建立起了用户价值优势。一方面,新技术高速增长,供给侧对于资源的转换率已不再是传统的线性模式,效率将会大大提高;另一方面,这种价值上的互惠互利将会创造出更多的用户。

图9-2 消费互联网技术聚类知识图谱[①]

---

① 说明:图 9-2 由文献算法生成。

在这种情况下，一旦平台的规模达到某个阈值，就会产生马太效应——大者恒大，形成少数几个平台的寡头垄断格局。因而，这种平台模式在实现个性化撮合和高效配置资源等社会功能的同时，还能实现中介性质的多边套利。当消费互联网仅影响流通环节时，互联网企业可通过掌握供需双方的大量数据，利用数据智能实现消费者需求洞察，既能碾压实体经济，又能通过精确推送从消费者那里获取更多的收益。这构成了互联网的上半场，即消费互联网的生态体系。

9.1.2　产业互联网技术知识图谱

随着数智化趋势的深化发展，互联网企业逐渐向以工业为代表的传统产业渗透，同时传统产业开始主动拥抱数智化。在这两股力量的共同推动下，互联网由上半场的消费互联网进入下半场的产业互联网。

1. 下沉谷底，产业互联网沉浸用户需求

如果说消费互联网让站在山谷两侧的供需双方得以遥相辨认交易，那么产业互联网需要下到谷底，让消费者近距离参与，并让供给侧贴身服务。供给侧下沉到产业链的每个环节，穿透企业的边界，深入企业内部的日常运行层面，因而在供给侧凸显实体的地位。在需求侧，消费者参与生产，甚至设计、创新等环节。谁能尽可能地提升产品价值或服务质量，满足消费者的个性化需求，谁就能在竞争中胜出，这就必然把商家、生产企业与消费者在平台上隔着山谷博弈配对，引入山谷乃至谷底，深入供应链的各个环节。

对于大量的产品与服务，若不能全面进行数字化升级，消费者与产品、消费者与服务的连接就难以实现迭代。产业互联网必须下沉到生产制造的核心地带，将数字化融入供应链的每一个环节。因而，产业互联网是长链，从要素到价值，需要由商家和生产企业等多个生态共同体组成。产业互联网的要素被服务商集成整合为解决方案，提供给作为客户的传统企业，依据解决方案，传统企业可以推动其内部运行的流程乃至流水线上的工序互联和生态化,最终向消费者提供个性化的服务。

2. 产业互联网技术共现知识图谱：渗透路径

产业互联网能否顺利推进,关键看客户对产业互联网能否接受,以及服务商的意图与能力是否与之协调。产业互联网的成效与客户的融入度密切相关。相对于消费互联网的客户来说,产业互联网的客户具有自身的特点。企业能够做到一定的市场规模并非一日之功。企业的构架和运行制度作为一种历史积淀自然具有鲜明的个性,也是企业的生存之本,在相当程度上可能关系到企业的核心竞争力,因而具有难以改变的惯性。但是这种惯性会使一些客户缺乏宏观视野,不具备整合各类供应商的能力。这就会引出两个问题：其一,作为客户的生产企业因惯性导致路径锁定,短期内难以融入产业互联网,主要是因为建立深度链接耗时、耗力、耗资源；其二,产业互联网的客户个体差异性较大,信息高度碎片化,难以实现"规模效应"。

产业互联网技术共现知识图谱如图9-3所示。在今天的数字化进程中面向需求、面向场景和面向各利益相关方的不同角色时,产业互联网丰满的技术生态能够提供基于数据中台、业务中台、低代码平台等多种可以快速封装的解决方案,提供最稳固的数智化基础,让企业在向产业互联网进军的过程中能够在市场高频竞争的压力下始终有信心拿出最好的解决方案、最快速的建设业界领先的系统、低成本积累企业的数据资产。

3. 产业互联网技术聚类知识图谱：技术基座

互联网企业的优势是,掌握先进生产要素并在实践上领先一步；劣势是欠缺服务企业客户的经验,缺乏把要素转化为传统企业生产力的能力。产业互联网中技术的重要性远高于消费互联网,但很难对技术进行差异化整合。产业互联网技术聚类知识图谱如图9-4所示。众多技术平台可以作为连接点,成为支撑起产业互联网的重要根茎。

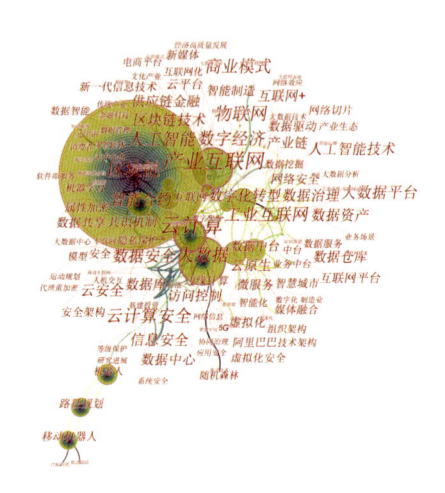

图9-3 产业互联网技术共现知识图谱[①]

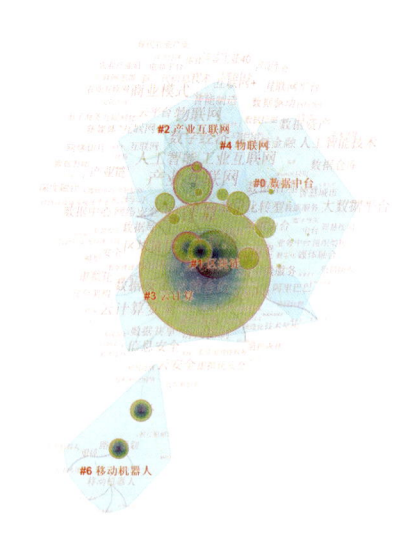

图9-4 产业互联网技术聚类知识图谱[②]

---

① 说明：图 9-3 由文献算法生成。
② 说明：图 9-4 由文献算法生成。

4. 消费互联网与产业互联网融合演进，双轮驱动

随着互联网由上半场进入到下半场，消费互联网与产业互联网逐步融合，形成二者共有的生态体系。在上半场，平台是商家与消费者的交易场所，是精准洞察用户，满足需求侧的场所。而在下半场，平台下连设备，打通了企业的边界；连接各行各业的产业链，从生产关系演进至社会关系。平台既拥有从融资、生产、交换到消费等环节的实质性内容，又在更高的价值观层面建立起了互信机制，确保可以保持和扩大合作。平台更成为使能、赋能和角色互换的舞台。其中赋能的基础是产业大数据的沉淀、产业相关知识库的积累、产业链流程的优化再造、产业人才的培养能力等。

在二者融合的生态体系下，消费者与产品的关系由对产品的"所有"到"所用"演变为由"占有"到"接受服务"。消费者与商家及其背后的相关企业之间并非只进行一次性交易，而是长期的重复交易。产业互联网上升进入消费互联网，而消费互联网下沉进入产业互联网，能够提高企业服务消费者的能力，它将助力中国企业实现制造能力与消费者需求的完美匹配，最终为消费者提供更优质、更人性化的服务。

在今天的数字化进程中面向需求、面向场景和面向各利益相关方的不同角色，产业互联网技术支撑平台提供了基于数据中台、业务中台、低代码平台，以及云钉一体、云边端一体等可以快速封装的解决方案，构成了一块值得关注的能力建设新大陆，如图 9-5 所示。

全球领先的产业互联网技术支撑平台和技术基座将为中国消费互联网和产业互联网的双轮驱动给出最有力的助推。

数据中台	业务中台	AIoT中台	组织中台
・数据中台的诞生，就是为了化繁为简，将烦冗的数据收集、管理并加以利用，以辅助决策或优化企业运营。	・面向企业多种类的业务，业务中台能够打破业务壁垒，实现业务联动；业务中台的利用可以协同业务各层，提升整体性能。	・AIoT在物联网将所有物体实现互联互通的基础上，赋予其更智能化的特性，从而实现真正意义上的万物互联。	・组织中台把信息连接起来，并在此基础上支持企业智能决策。

云钉一体	云边端一体	低代码平台
・"云钉一体"的目标，即为那些非IT技术出身的企业用户提供更为简单易用的云计算服务。	・为缓解云端的工作负载，云计算在云与端之间新增了若干个边缘计算节点，从而衍生出云、边、端的资源、数据与算力协同。	・低代码通常指APaaS产品，通过为开发者提供可视化的应用开发环境，降低或去除应用开发对原生代码编写的需求量，进而实现便捷构建应用程序的一种解决方案。

图9-5　产业互联网技术支撑平台

9.2　撬动：产业互联网技术支撑平台

9.2.1　数据中台：聚焦数据的贯通使用

1. 数据中台力量显现

企业每时每刻都在产生大量的数据，按照时间线展开来说，企业面向的有历史数据、实时数据、预测数据等大量烦冗的产出。数据中台的诞生，就是为了化繁为简，将烦冗的数据收集、管理并加以利用，以辅助决策或优化企业运营。当今，数据中台的发展机遇主要分为三大部分：第一，企业量级数据遭遇管理瓶颈，数据管理成为刚需；第二，数据中台能够将海量、多源、异构的数据整合并资产化，作为神经中枢联动全域数据；第三，数据中台架构灵活，可适应企业自身情况，因地制宜，精准满足企业解决差异化的需求。

（1）数据管理成为刚需

企业在生产运营过程中能够产生大量的数据，特别是在如今的技术迭代下，我们不仅要关注机器产生的数据，还要关注生产环境所产生的数据，以及员工所产生的数据，以此来调动整个链条上的执行与优化。处理这样庞大量级的数据，必然会涉及数据的存储、处理、分析、共享等面向数据全生命周期管理及使用的问题，而数据中台能够成为上述问题的解决方案。

（2）数据中台：神经中枢联动全域数据

数据中台这个概念是由阿里巴巴首次提出的，下面以其为例进行讲解。阿里巴巴现在拥有众多业务分支系统，如淘宝、天猫、阿里妈妈等，每套系统都有自己的体系和数据源，都在各自的系统上做了很多服务。但如果需要对某个信息进行深度挖掘，那么在系统中就无法查询，需要用其他系统去查。也就是说，数据在各系统之间无法共享，从而导致效率低下。各系统之间还会有功能和数据的冲突、服务和应用的冲突。

为了解决这些问题，阿里巴巴开始整合、挖掘数据，打造数据中台。从一开始只是做数据的监测和统计，到后来的数据化运营和分析，以及搜索个性化、定制化营销，再到智能化，渐渐让各个系统融合在一起，建立统一的体系，就算再扩展业务也是纳入这个中台，用相同的技术和模式进行运营。

为什么要建立数据中台？下面介绍三点：第一，大数据可以告诉决策者一些潜在的规律，以数据来证明或判断决策。以往我们会用数据来证明决策的对错，现在我们用数据来引导我们做出对的决策。在大数据时代，样本就是全体，大数据可以防止伪造和偏差。第二，数据助力人工智能；数据在互联网时代就是资产，就是人工智能的根基，数据可以进行融合，形成新的数据；数据给我们无限的创新，让我们不停地去尝试。第三，数据是机器人的指令，我们之所以要形成数据服务思维，是因为数据是活的，要让数据成为业务的一部分，同时让机器智能成为决策环节，这样运营就可以智能化。

（3）架构灵活，释放中台力量

面向企业应用，数据中台并不是一成不变的架构体系，而是需要企业基于自身的信息化建设基础和业务特点对数据中台的能力进行定义，基于能力定义选择和利用数据组件搭建中台。整体来说，数据中台架构如图9-6所示，呈现统一基础层、公共中间层、多元应用层的分层架构模式。数据中台首先采集与引入全业务、多终端、多形态的数据，经过数据计算与处理，通过数据指标结构化、规范化的方式实现指标口径的统一，存储到各类数据库、数据仓库或数据湖中，以实现数据资产化管理，深度萃取数据价值，高效地对数据进行统一收集、处理、存储、计算、分析和可视化呈现，使数据最终与业务链条结合，真正转化为企业核心资产[1]。

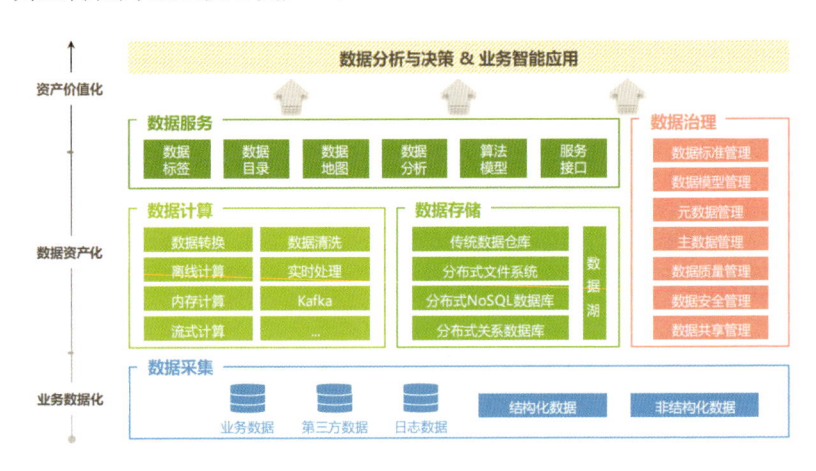

图9-6 数据中台架构

2. 数据中台助力商业价值再造

企业获取的销售、营销数据愈发零散，且往往都是孤立存在的。日益碎片化的触达时段及场景、层出不穷的媒介载体和复杂的社交数据使全景化的消费者画像和用户标签体系难以整合建立。与此同时，爆发式的海量数据使企业原有的算力和能力难以满足业务的计算分析需求。营销数据中台与零售数据中台就是解决这一问题的突破口。

---

[1] 参见艾瑞咨询发布的《2021年中国数据中台行业白皮书》。

营销数据中台在集数据采集、融通聚合、管理服务等功能于一体的基础上，基于场景的特点开发专门的数据模型、标签体系等多种数据智能应用，构建消费者360°全景画像，深入洞察目标客群特征，分析交易数据及营销效果，助力企业实现基于智能营销和消费者智能运营及管理的数据管理、洞察分析和决策支持。

在零售领域，企业建设了包括 ERP、MES、CRM、WMS 等在内的各种业务系统，而随着线上线下各种零售渠道的涌现，线下门店、自有商城、电商平台、社交软件平台等渠道也带来大量碎片化的数据。业务系统的割裂和渠道的分散逐渐暴露出弊端，即无法通过统一的会员数据管理搭建全场景的消费者画像以实现精准营销，无法实时更新"进—销—存"数据并与营销数据结合以实现智能化的数据分析。

由于数据中台架构兼具强兼容性和可扩展性，且封装完成了适用于各种业务场景的复杂算法，通过 API 标准数据接口就能支持企业快速对接零售智能应用和业务系统，帮助企业减少对原有业务系统的改造，提高复用效率。依托数据中台，零售企业能打通企业内外部数据，充分进行数据流通，如图 9-7 所示。数据中台的建设整体上提升了零售企业的数据能力，使企业能够以数据为导向进行销售策划、选品铺货策略制定、商品运转与库存预测等，实现对消费者的精准分析及对终端市场变化的灵活应对。

3. 独立美妆品牌先驱 Benefit 牵手阿里云数据中台

Benefit 是首批真正独立的美妆品牌之一，于 2017 年正式入驻天猫平台。为了更好地为消费者提供服务，Benefit 除积极布局以天猫为代表的电商体系外，还不断加快品牌数字化脚步。

数据能让品牌方更好地了解消费者，并为之提供合适的服务。基于这一目标，Benefit 牵手阿里云数据中台，成为 LVMH 集团第一个"尝鲜"数据中台的品牌，开始更为深刻的数智化转型。数据部门主管

Marco Li 负责阿里云数据中台在业务端的落地场景，帮助包括 Benefit 在内的各大品牌激活数据中台在业务端的应用。

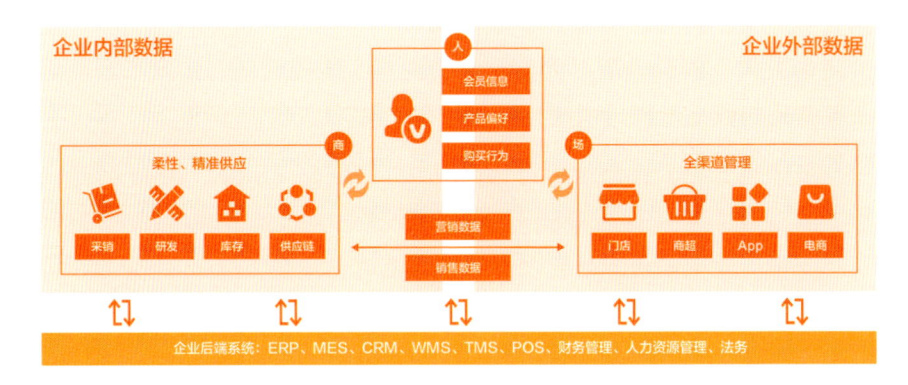

图9-7 数据中台打通企业内外部数据并使其流转[1]

目前，数据中台在 Benefit 承担起了梳理和盘点数据资产的责任，为品牌完成原本散落的数据孤岛打通工作，如会员系统、券码系统等。Benefit 的数据资产原本也是相互割裂的状态，除了一些常用维度的数据，很多其他数据都没有被发现及使用起来。数据中台的 Dataphin 产品能够帮助我们去发现这些原始数据的价值，并按照能被业务所使用的维度进行加工，包括统一标准、匹配场景等，从而让数据发挥出应有的价值。

阿里云数据中台为品牌业务产出的不仅是几个冷冰冰的结果性数字，而且包括了数字背后的整套逻辑，让团队能更好地了解用户数据、运用数据。每年的天猫"双11"都是各个品牌必争节点，如何在有限的"双11"活动期限内全力冲刺目标销售额是品牌最为关心的。但销售额的达成在以前一直是一门玄学。在 2020 年天猫"双 11"前期，阿里云数据中台通过对 Benefit 历史营销活动数据的建模，学习了影响品牌销量

---

[1] 参见艾瑞咨询发布的《2021 年中国数据中台行业白皮书》。

各种特征之后，再结合 Benefit 对此次天猫"双 11"的营销预算投入、促销机制、各核心商品定价等多方面计划，对品牌销售额进行了预测，向前线业务部门输出全套优化策略建议。比如，在"双 11"期间，通过阿里云数据中台，某商品的全域营销投入组合效果不够理想，影响了销售额表现，于是快速联动业务团队生成调整策略，根据销售额模拟器的建议，对媒体渠道的选择和投入做了优化，最终，不仅完成了计划的销售额目标，而且其他多项数据都有亮眼的表现。

阿里云数据中台的这些能力，目前还被 Benefit 复用在日常销售策略及年货节活动中，为品牌持续支撑包括新品上新、爆款打造、库存预警等在内的多个场景。

9.2.2　业务中台：业务统一管理和加速开发

1. 业务中台打破企业业务孤岛

相比数据中台抽象数据能力的共性形成通用数据服务能力；业务中台则是抽象企业各业务流程的共性形成通用业务服务能力；后者更偏向于业务流程的管控，如图 9-8 所示。

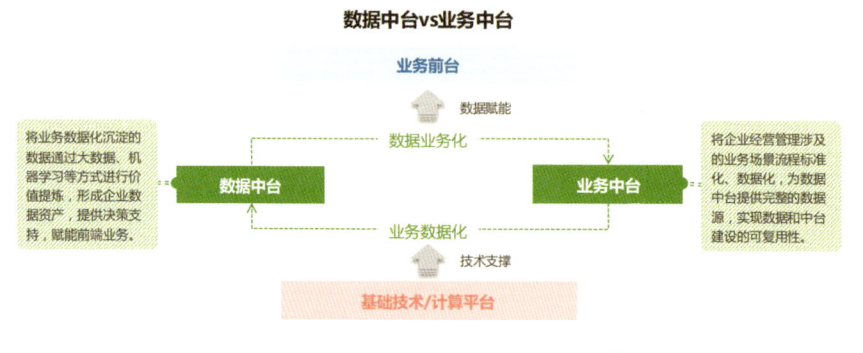

图9-8　数据中台与业务中台角色不同[1]

---

[1] 参见艾瑞咨询发布的《2021 年中国数据中台行业白皮书》。

业务中台具有两大优势：面向企业多种类的业务，业务中台能够打破业务壁垒，实现业务联动；业务中台的利用可以协同业务各层，提升整体性能。

（1）打通业务壁垒，实现业务联动

在企业中，业务能力输出的内容主要包括核心业务数据和业务流程。从单一业态的价值链来看，每个业务环节的产出不仅会影响下游环节，还会反作用于上游环节，因此每个业务环节都需要将其核心业务数据进行实时共享。企业的主要业务，从生产、商品、物流、销售到会员、营销、订单处理、结算等，都要做到数字化、在线化。业务中台把各个项目中公用的业务进行沉淀，进而形成一个个通用的服务平台。业务中台的本质是一个系统化的体系集合，它实现了企业核心的业务运行机制，因而处于企业运行生态的核心位置，所有应用系统都必须与之建立联系。业务中台的存在打通了业务壁垒，让业务联动成为可能。

（2）协同业务各层，提升整体性能

业务中台的各个中心接收来自不同业务端口的数据，提供不同的服务，具有不同的功能。各个中心就像人体的呼吸、循环、消化等系统，既各自承担一部分独立的功能，又相互协调支撑整个体系的运作。各个中心的划分要在空间上考虑各中心的独立性和协同性，同时也要在时间上考虑建设的先后顺序。

以服务功能为形式，业务中台提供常见的业务服务，比如产品订购、订单管理、支付系统等。除产品、营销、支付等服务外，业务中台还具有流程编排功能，可以根据不同的使用场景满足用户的需求，提供各类应用，比如小程序、App等。业务中台对业务进行整合，不仅可以直接为用户提供更加精准的营销产品和服务，还能为营销人员推荐客户，进行双向互动。

2．业务中台升级，迈入新阶段

（1）BizWorks 发布，业务中台运营能力持续提升

业务中台产品 BizWorks 可以看作阿里云在"做厚中台"战略上继"云钉一体"之后的又一个新动作。"做深基础、做厚中台、做强生态、做好服务"是阿里云对未来的新的战略思路。

BizWorks 是一个帮助客户高效、高质量构建和运营企业级业务中台的数字化转型工作台。BizWorks 是基于阿里巴巴若干年中台实践的研发运营一体化数字平台。产品主要包括业务建模平台、一体化应用构建与运行平台、业务测试与演练平台、业务运营与治理平台。BizWorks 提供的产品能力普遍适用于大中型企业/组织构建业务中台，并期望实现对中台 IT 资产的持续治理场景。

在过去几年当中，BizWorks 提供的部分工具已经在阿里云深度参与的 200 多个业务中台项目的交付当中发挥了巨大的作用。根据之前的项目交付和标杆项目的案例统计，基于 BizWorks 构建和交付中台项目的效率提高了一倍，并且有效地提升了业务中台的持续运营能力。

（2）升级互联网架构，夯实企业业务基石

业务中台使企业内部的开发迭代效率提高、交付变快，进而提高创新效率、满足业务敏捷创新诉求、加速业务变革，做到敏捷创新。业务中台使互联网架构升级，提升整体性能，对企业运营决策提供高效支撑，让业务变得智能。企业流程和组织的优化在业务中台的运转中得以驱动，在中台共享体系下解决流程冗余、组织协同有壁垒等问题，让组织协同更高效。当然，业务中台的作用不仅于此。越来越多的企业搭建业务中台，提高业务的灵活性和响应速度，提升精准化营销和服务能力，为企业发展提供强有力的支撑。

9.2.3 AIoT 中台：万物互联中枢

1. AIoT 新时代

一旦实现了机器智能化的人工智能（AI）与万物互联的物联网（IoT）深度融合，形成 AIoT，将创造一个怎样的新世界呢？

AIoT 不是新技术，而是物联网的一种新应用形态，是人工智能技术与物联网在实际应用中的落地融合。AIoT 在物联网将所有物体实现互联互通的基础上，赋予其更智能化的特性，从而实现真正意义上的万物互联。人工智能的介入让物联网拥有了"大脑"，让它学会了思考如何连接更高效，超越"万物互联"，进化到"万物智联"。而物联网的融入，则为人工智能提供了无限的落地应用发展空间，将"人工智能"推向"应用智能"。物联网与人工智能的融合加速了物联网的全面落地。云服务、AI 芯片和 5G 技术的快速进步，大大加快了 AIoT 的扩张步伐。越来越多的企业把人工智能赋能物联网视为产业智能化升级的最佳通道，将 AIoT 视作物联网发展的必然趋势，把 AIoT 列为其主要发展方向。

在 AIoT 时代，人工智能技术让视频、图像的数据价值进一步释放，视频、图像在各行各业的广泛应用逐步演进成新的信息化基础设施。在智慧城市、智能交通、工业物联、智能园区等行业应用中，视频图像数据的应用具有多样性、场景化等特点，不同行业用户的数据应用需求有所不同，甚至同一行业不同用户的应用需求也可能存在天壤之别。需求的多样性和应用的场景化导致 AI 算法、业务应用及工程部署变得异常复杂，应对之道唯有构建 AIoT 中台。

基于 AIoT 中台，企业可以灵活高效地响应用户需求，而用户可以获得场景化的 SaaS 应用及开放共享的中台能力，以应对未来的扩展升级。

2. 佛山照明：接入阿里云 AIoT 平台，打造智能照明品牌

佛山照明一直专注于研发、生产、推广高品质的绿色节能照明产品，为客户提供全方位的照明解决方案和专业服务，是国内综合竞争实力较强的照明产品品牌之一。在保持基础照明应用领域全覆盖的基础上，佛山照明不断加大对智能照明和健康照明的战略布局，以创新性的智能系统解决方案为切入点，构建品牌、平台、供应链服务等生态体系，推出涵盖家居、办公、商超等多元化场景的智能照明应用，为用户提供专业的智能照明解决方案。

从照明行业的现状来看，智能照明还处在市场爆发前的黎明，产业链条上各环节的许多大企业在摩拳擦掌，跃跃欲试。虽然智能照明市场前景非常好，但所面临的问题和挑战也较多。例如，标准不统一，单一企业独立产品推广难，技术研发成本高，投资回报率低，产品价格高，尤其是服务成本高是制约智能照明发展的主要硬伤。当灯具与控制系统和其他硬件互联互通后，出现的故障率也会相应提高。因此需要更可靠的技术平台做保障。

目前，IoT 解决方案主要分为垂直第三方系统和横向分工平台两类方案。前者的客户信息、设备数据都掌握在第三方系统下，如制造业企业所谓的 IoT 升级，只是加入某个 IoT 系统，自身并没有真正整合、形成、内化自己的 IoT 能力，反而第三方系统更容易掌控从品牌客户端到消费者端的资源与商机。

阿里巴巴在 IoT 的探索过程中也意识到了这个问题，但苦于自己没有建设 IoT 的整体服务能力，无论是对 IoT 系统的理解，还是从技术能力到开发资源的配备，都不足以支撑佛山照明建设属于自己的 IoT 系统。因此，阿里巴巴从 2019 年开始，一直在多方物色真正提供技术能力服务的优质 IoT 平台。

基于对阿里云 AIoT 平台安全稳定的信任、对横向分工生态模式的

认可，佛山照明决定与阿里云合作，打造自己的 IoT 服务能力。但作为一个发展了 60 多年的制造企业，即便采用平台级 IoT 服务，佛山照明仍难以满足自身及客户在 IoT 层面上的个性化服务需求。面对这种情况，阿里云介绍了既具备成熟硬件对接能力，又具备丰富的应用开发经验的合作伙伴方案商——上海庆科，将其作为 SaaS 服务开发商引入该项目。

之后，佛山照明与上海庆科进行了详尽的方案交流与需求沟通，最终提出 OPEN-B 方案：不仅建设佛山照明自己的 IoT 系统，进一步升级该系统能力，使佛山照明在使用该系统服务自己品牌设备的同时，可以为客户提供完整的 IoT 解决方案，让佛山照明真正具备了自有、自主的 IoT 能力。

9.2.4　组织中台：灵活应对组织协同

1. 组织中台：在企业中穿针引线

数字经济时代，面对激烈的商业竞争，企业最为关注的一点就是如何获得持续且高质量的增长。这背后比拼的最重要因素还是组织内部的协同效率。一家有竞争力的企业，既要有能力管理好客户，又要有能力管理好组织、员工。

人、财、法、事、物、场应该是一体化的服务提供者。要建立一体化的服务提供，就必须把底层的信息连接起来。建设完整的中台基础能力，也就是组织中台，就能把这些信息连接起来，并且在此基础上支持企业智能决策。

打造组织中台总体而言需要做好三步：打通系统主数据，在各领域落地中台化标准，统一技术与提升交付能力。

打通系统主数据就是把企业经济体组织中多环境下的人事、财务、空间等核心主数据打通，从而让系统能真正连接、协同起来。中台化标准的建立，以及统一技术与提升交付能力，则可以解决企业服务规模化和定制化的问题。中台化标准是企业管理的强有力抓手。标准之后则是通过统一研发技术选型和业务交付模式让业务可以实现快速定制交付。这样既能将开发成本降到最低，又能及时满足业务的个性化需求。

2．政务钉钉：普众方案打造数字政府

除了服务企业，组织中台实践经验还陆续渗透到了数字政府领域，如阿里巴巴与浙江省政府的合作。

浙江省探索政府数字化转型由来已久，但要实现政府数字化转型并不容易。浙江这个省级机构对应着 60 多个部门，形成大约 2000 个系统，加上各地市、区县，浙江全省的政府部门运行着两万多个信息系统。而这两万多个信息系统大都彼此独立，形成了一个个"数据烟囱"和"信息孤岛。"

阿里巴巴认为，"数字政府"正在从"以网上政务为核心"的 1.0 时代走向以数据化运营为核心的 2.0 时代。阿里巴巴是中台理念的创造者，积累了很多产品技术的理念，所以进入政务领域时，一开始就是中台思维支持群众在线、政府钉钉实现政府在线，人、财、事、物的数字化运营的理念。

从阿里巴巴的数字化转型，到政府的数字化转型，组织中台运营的一些根本问题、需求是相通的。作为改革的技术工具，浙江政务钉钉"浙政钉"的目标就是与政府治理机制改革协同前进，拆掉数据烟囱，串联信息孤岛，达到强协同、提效能、促公开。

一个典型的场景是，当需要与某个政府部门协作时，一般是按照业务条线、职位、事务按图索骥，是找职位，而不是直接找人。针对政务工作的特点，政务钉钉做了全新的设计。例如，在安全性上，政务钉钉采用高强度算法实施整库加密保护，确保数据安全。而且，新版的政务钉钉设计了更加灵活的部署方式和更全面的功能,包括专有云、混合云等部署方式,如图9-9所示。

图9-9 政务钉钉界面

在具体功能上,政务钉钉也做了大量的专门化设计。例如,政务钉钉设计了政务专属通讯录,这一通讯录支持按多类型设置通讯录的可见性,可分级、分权管理通讯录,确保有序管理。不仅是通讯录,政务钉钉整体也可实现千人千面的效果:政府工作人员可以根据实际工作需要按身份切换工作台,实现因人而异的工作门户和个性化配置的应用菜单。通过这些设计,浙江省实现了政务组织全在线。

9.2.5 云钉一体:应用拓展的组织化

1. 云钉一体:让企业应用开发变得更加敏捷和一体化

许多企业都拥有很多应用,拥有几百个应用的企业屡见不鲜。过去,企业构建应用时使用垂直烟囱的方式,不仅在构建过程中没有很好地使用组件式方法资源复用,而且数据链接、应用互联、流程交互等方面的问题也难以解决。正因为如此,许多企业根本无暇考虑IT基础设施的云化或数字化、智能化，经常忙于处理复杂的应用体系。

"云钉一体"的目标，即为那些非 IT 技术出身的企业用户提供更为简单易用的云计算服务，就像当年微软公司为计算机普及提供 Windows 操作界面一样，帮助企业在"云钉一体"的基础上更容易地开发企业应用。随着"云钉一体"为企业用户提供更便捷、简易的应用开发环境，企业的应用数量乃至整个生态中可使用的应用数量，也就是产品数量将被极大地扩充。

以云服务为基础，结合云上的数字化、智能化、中台化和移动化的能力，跨越传统软件工程将功能代码作为组件的传统组件化，将能力视作组件，重新定义软件应用的开发方式，云服务突破 IT 基础设施的物理限制后，进入企业应用开发领域的新使命是帮助企业快速构建任何种类的软件应用。

因此，"云钉一体"将在提升企业移动协同水平的基础上，让企业应用开发变得更加敏捷和一体化，形成整体融通、全局最优的应用体系，并基于敏捷性而提升试错、迭代的速度，加速企业创新与协同能力的构建，从而帮助企业在数字经济时代保持充足的活力。

2. 降本增效：山东能源借力"云钉一体"实现价值再造

山东能源先通过钉钉的专属集成接口，将 OA 系统、数据平台、业务系统逐步实现统一集成，之后，山东能源又基于阿里云中台能力建立起数据中台、业务中台，并结合云钉一体的开发能力，自主开发了应用市场，上线了多款应用。

在钉钉加速扩张的路上，如山东能源等企业客户，也是作为"灯塔客户"而存在的，它们的经历是说服其他公司尝试"云钉一体"、迁移到云平台的关键。企业开始迁移到云平台的契机可能各不相同，但最终投入巨大依然持续做下去的原因无疑与数字化有关。在经历技创新、市场改革等诸多洗礼之后，中国企业的数字化转型已整体提速，成熟度稳步提升。同时，企业间的数字化成熟度也已显现分水岭，数字化鸿沟不断扩大，转型成效显著的领军企业营收增速是一般企业的四倍。在企业转型提速之时，数字化也会变得更加深入。并非所有企业都会选择相同的转型方法，但在数字化路径中自然而然地用到了"云钉一体"。

企业用户既需要许多应用去帮助生产，又需要云算力和大数据的支持，但当他们使用钉钉或自研应用、系统，又使用其他第三方云计算平台时，不免产生"数据孤岛"问题。

"云钉一体"则在避免这种情况的产生，它能将企业的上层业务应用连接起来，让数据归集、统一、再计算，让数据给企业的经营带来更多的价值。在这一过程中，企业的业务数字化也会不断加深。

企业选择"云钉一体"后也有了更多具体的变化，除了业务数字化加深，还有效率提升、成本降低、竞争力提升、决策数智化等。

9.2.6 云边端一体：统筹使用计算资源

1. 大势所趋：云与端协同

数字经济时代，我们完全有机会进入全球的前列。以前，云、端分开，而现在针对一个设备，可以达到云、端协同，典型代表是手机。手机是一个端设备，但当打开应用，接入云端，云与端协同后，将产生更大的效应。端侧设备有现场、实时性、交互的特性，而云计算可以无限扩容，积累数据，两者协同，可以达到在线智能的效果。在人工智能与5G等技术的冲击下，设备端产生大量实时数据，若直接上传到云端处理，会给云端的带宽、算力、存储空间等带来巨大压力，同时也存在延时长、数据传输安全性等问题。因此，为缓解云端的工作负载，云计算在云与端之间新增了若干个边缘计算节点，从而衍生出云边端的资源、数据与算力协同。

在算力协同的业务模式下，靠近云端的云计算中心承担更多的模型训练任务，贴近端侧的各设备主要进行模型推理，而二者之间的边缘端在负责通用模型的转移学习，帮助云端分散通用模型训练任务、处理实时计算的同时，也解决了终端算力不足、计算功耗大的难题。

端云一体后，对底层的架构提出了要求，阿里巴巴正在努力构建端云一体的芯片基础设施平台。基于基础设施平台开发的产品，延伸云端，具备云端交互的能力，使得上层应该开发效率更高，以后硬件可类似软件一样快速迭代，硬件的技术壁垒将被打破，硬件将发挥全新的能力。

2. 阿里云云边一体

阿里云云边一体架构包括云端和边缘端两部分，如图 9-10 所示。

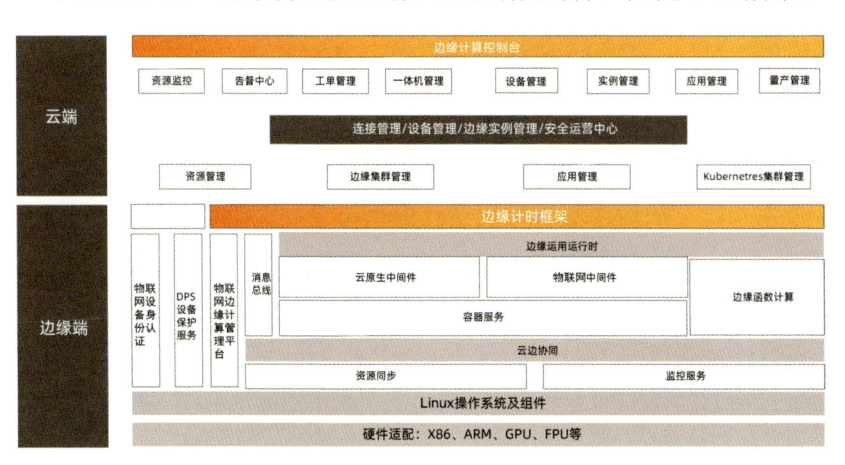

图9-10 阿里云云边一体架构[1]

云端通过边缘计算控制台集成开发边缘一体机相关的资源，管理

---

[1] 参见阿里云官网。

接入的终端设备、应用、算法等，实时监控边缘一体机及其软硬件资源。

边缘端在终端设备接入边缘一体机后，边缘一体机可以实现终端设备数据的采集、流转、存储、分析和上报设备数据至云端，同时边缘一体机也提供容器服务、边缘函数计算，方便场景编排和业务扩展。

3. 云边一体：引领算力变革

加快采用先进数字技术和应用的步伐已在社会中形成共识：算法与算力是竞争的基石。"够用就好"已变得"远远不够"。数字化领军者和后进者的鸿沟日益扩大，寄以观望而后动将陷入长久被动。企业管理层需要优先考虑用云边一体来应对瞬息万变的世界。技术试点工程和增量扩展的做法耗时耗力，早已在商业界过时，企业需要跟进技术发展，把握算力，消除转型中的摩擦与阻碍。

9.2.7　低代码平台：让敏捷开发成为现实

1. 技术普众，弥合技能差距

普通人也能借助模型进行编程。人人都可以成为程序员的一天将很快来临。不可否认，变革正在发生，非计算机背景的普通人也能学会技术开发和应用。催生这种变化的不止一种工具或服务，而是一系列的技术，最为普及的是低代码平台。

低代码通常指APaaS产品，通过为开发者提供可视化的应用开发环境，降低或去除应用开发对原生代码编写的需求量，进而实现便捷构建应用程序的一种解决方案。因此，低代码平台也常被称为APaaS平台。广义上，低代码概念涵盖所有能够完成代码的集成，减少代码开发的应用过程和服务，如图9-11所示。但狭义上，低代码的概念更倾向定位于满足企业业务端应用需求，通过可视化界面，利用少量代码或者无代码即可搭建简单应用和复杂企业级应用的独立开发平台。低代码产品以其高稳定性、通用性、灵活性及对数据的集成，快速响应用户需求，适应企业内部各种复杂的应用场景。

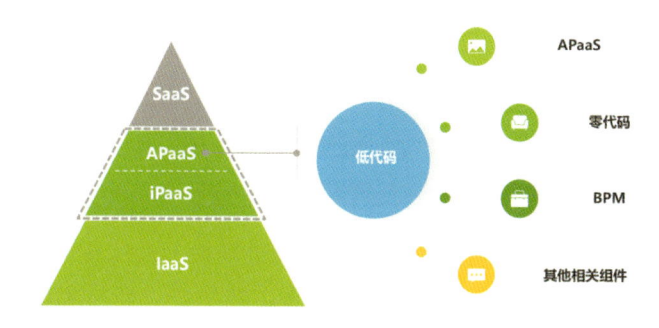

图9-11 低代码应用范围界定[①]

2. 解决痛点，筑就坚实基座

低代码平台可以让员工利用技术来优化工作流程或解决当前的一些痛点。例如，员工无须参与大型IT项目，就可以创建自定义的集团财务管理面板，开发具有审批和自动化采购功能的应用程序。这类技术普众可以让整个企业的员工都能够掌握创建技术解决方案的能力。

IT部门会因此失业吗？当然不会。技术普众的意义在于，让IT部门专注于企业大型IT部署，推动大规模的技术变革或升级，引领企业走向技术前沿。而直面日常业务问题的员工可以借助大众化的技术工具和能力，根据自身的需求和场景进行定制化解决方案的开发。

这一技能转型的时机正当时。在新时代下，企业亟待加快数字化转型，企业可以用技术工具赋能全体员工的数字化转型，使他们成为新的推动力。

低代码作为软件开发工具之一，可覆盖制造业、金融、医疗、房地产、零售、餐饮、航空等众多行业的不同应用场景。以国内餐饮连锁企业外婆家为例，过去，其线下门店采用纸质方式登记管理，巡店效率不

---

① 参见艾瑞咨询发布的《2021年低代码行业研究报告》。

高,已有的系统无法满足业务不断变化的场景需求。通过氚云低代码平台提供的表单、流程和报表,在没有技术人员帮助的情况下,外婆家的业务管理员轻松将过去纸质表单的管理方式转化成在线的专属应用。搭建的巡店管理应用实现了去手工化、去纸质化,巡店效率提升了73%以上;同时,该应用具备实时拍照、模版评分、现场提交等功能,显著提升了管理人员对门店的实时管控和改善力度。

此前,企业内部通常的做法是,各部门单独给IT部门提需求,接着由IT部门构建或购买新工具并进行部署,然后提供新技术的培训。但如今,低代码平台为企业基层员工提供了创新土壤,将创新扩展到业务的边缘。一旦实现技术普众化、民主化,人人都可以为创新贡献一份力。大众化的技术工具犹如星星之火,足以推动企业各级员工的转型与创新。

3. 创造机遇,推动数字化转型

每个企业都要把握这一机遇,让员工成为数字化转型的核心推动力。但是要成功做到这一点,领导者需要让企业的各个层级都清晰地知道创新目标和重点。企业不仅需要让员工使用新工具,还必须积极引导员工像技术人员一样思考。当然,并不是要把每个员工都变成程序员,而是让他们掌握足以解决问题的技术。利用低代码平台赋能全体员工,直面痛点的员工能够直接提出解决方案,确保企业紧跟快速变化的需求。

宜搭3.0:易连接、酷数据、更安全。

低代码平台发展的三个阶段分别是1.0阶段的流程在线、2.0阶段的业务在线和3.0阶段的生态在线。钉钉"宜搭"已处于3.0阶段,由数据驱动实现生态在线、业务连接、互联互通。以钉钉为代表的低代码平台作为一种新生产力工具,正在不断激发个人的创新力,全面加速企业的数字化转型。随着企业数字化需求的不断增长,钉钉上的低代码应用数突破 120 万，其中宜搭应用数破 100 万，低代码让越来越多的企业和组织找到了高效、低成本的数字化创新路径，也让个体的需求得到了满足，让个人更有获得感。

老板电器是一家有着 40 年发展历史的厨房电器生产企业。公司内部使用着各类大系统，如图 9-12 所示。系统与系统之间的业务无法覆盖，成为企业信息化管理过程中的薄弱环节。老板电器通过宜搭搭建的应用系统，从关键物料质量控制、内部质量管理、供应商质量管理等方面带来了更方便快捷的方式和手段。

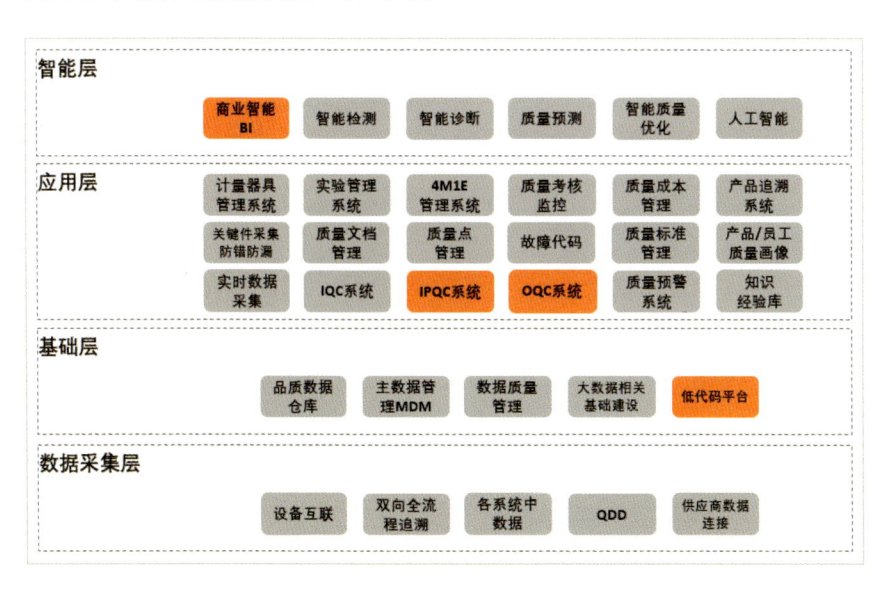

图 9-12　老板电器系统架构[1]

自从使用了宜搭，零代码基础的部门业务人员也能轻松搭建应用，核心功能表单、流程、图表使用频率极高，这就使得业务人员从产生想法到付诸实施都能很快完成，大大缩短了系统开发周期，同时，灵

---

[1] 参见阿里云官网。

活度高、迭代速度快大大减少了开发成本，更方便、快捷地解决了部门品质管理上的问题。

9.3 融合：技术基座奠定转型基础

传统企业在面对自身技术升级转型时应特别注意：今天我们在思考企业自身技术能力时，考量如何升级调整的首要思维不能是由内而外去臆测添购或升级哪些软硬件，而必须是由外而内、由未来看现在的逆向思维。这里，首先要了解数字经济时代，了解图9-13所提到的技术基座，了解技术如何驱动消费互联网与产业互联网两端的供需动态平衡，以及了解如何在两者之间产生有机连接。

云计算：算力基础	大数据：数据基础	人工智能：能力沉淀基础	物联网：感知基础
通过使用云计算服务，企业能够集中精力开展好生产经营、研发设计、销售推广等工作，从而获得相对竞争优势。	如何有效地满足来自员工、商家、合作伙伴等多样化的数据使用需求，提高数据使用的满意度，是数据服务和数据产品需要解决的问题。	人工智能作为一种应用场景广泛、开放性的技术正深刻地改变着各行各业，并改变原有的业务流程、参与人员和商业模式。	物联网技术在零售、制造和物流上的应用越来越广泛，物联网的应用促进了零售业和供应链的快速发展。

区块链：信任基础	机器人：特殊作业基础	安全技术：风险防范基础
区块链的多中心块链式存储结构保证了存储在链上的数据难以被篡改、可以被追溯，有效解决了社会经济活动开展所需的跨实体信任问题。	集机械、电子、控制、计算机、传感器、人工智能等多学科先进技术于一体的现代制造业重要的自动化装备。	企业安全体系成熟度至关重要：第一个方面是业务的成熟度，第二个方面跟安全团队的积累相关，第三个方面跟安全团队的组织架构相关。

图9-13　产业互联网技术基座

9.3.1 云计算：算力基础

1. 云计算：渐入佳境

云计算的迅猛发展为当代生活打开了轻松模式。云服务是大势所趋，国内云计算市场规模已近2000亿元。云技术从粗放向精细转型，技术体系日臻成熟。云展览、云赛事、云会谈……风起云涌的数字经济，全面开花的云模式，全民参与云体验，正在给经济社会注入活力。

如今，无论是直播购物、外卖点餐，还是在线游戏、在线教育、在线会议、在线问诊等，这些习以为常的生活方式，都是信息时代下云经济的产物。而这一切，得益于过去 10 多年云计算的迅猛发展。有弹性、速度快、低成本、超稳定，云计算已成为值得信赖的基础服务。

2. 云原生：助力企业全面拥抱云计算

云原生产品指云平台提供的数据库产品、大数据、中间件、函数计算、容器服务等开放标准的原生产品服务。其架构生长于云上，依赖于产品构建的 IT 架构。最大化运用云的能力，开发者要聚焦于业务而非技术。

云原生技术围绕基础设施、应用架构、开发及运维等场景的标准化技术和最佳实践集合，让分布式系统更加可靠、易管理、可观测，提升研发运维效率、提升生产力。

（1）云原生正重塑软件生命周期

软件生命周期包括构思设计、技术选型、架构、开发、测试、交互、运维、升级等方面。云原生从容器、编排调度延展到不同领域，目前已经涵盖整个软件生命周期。架构设计、微服务、架构理念、具体产品形态、交互、运维等以往可通过传统 IT 构建，而今天通过互联网架构构建，并提出了许多新方法与实现手段，Service Mesh 等许多新技术也逐渐流行起来。

（2）K8s（Kubernetes）成为云原生时代的基础

过去使用云的基本能力或者企业 IT 架构需要管理很多基础组件，如异构计算能力、网络、存储等。容器 K8s 向下封装基础设施 IaaS 层，屏蔽底层架构差异性，云边端一体化管理，形成新界面。K8s 向上支撑不同工作负载，从微服务、Web 应用到 AI、大数据、基因计算、区块链、边缘计算、IoT 等，K8s 大幅提高了企业数字化转型的效率。

（3）云原生形成的三个标准

云原生形成的三个标准：容器化、容器编排与云原生操作系统。

容器化建立了 IT 领域核心的应用基本单元的构建、分发、运行、交互的标准化，可以一次构建多处运行。

容器编排形成了资源编排、任务调度的标准，几乎可以管理所有的工作负载，可以构建完整的 IT 服务。

云原生操作系统向不同应用负载的架构治理方向发展，同时横向发展，覆盖整个软件生命周期，通过更现代化的方式治理 IT 架构。云原生操作系统形成了架构现代化演进的标准。K8s 等管理体系如同操作系统一样形成了统一界面，可以在其上安装不同的工作、应用负载，为应用架构的现代化演进提供了发展方向，逐渐形成了多种新技术。

3. 云原生架构：助力花生日记"双 11"大促

花生日记是一款电子商务平台商品智能导购 App，作为社交电商平台，截至 2019 年 7 月，花生日记已拥有 6000 万注册用户，平台总交易额达到 420 亿元。2018 年"双 11"期间，花生日记流量瞬间上涨，由于经验不足，系统发生多起故障，如无法分享商品、搜索出问题、业务高峰时后台不敢查询等。除了以上棘手的问题，花生日记 IT 资源利用率还需进一步提高，以降低成本。2019 年，花生日记第一次尝试容器化，期待通过容器技术提高整体系统的可靠性、稳定性、弹性和容错能力。

花生日记以神龙裸金属 + 容器服务 ACK 为基础的云原生微服务体系架构，同时结合阿里云的中间件及应用产品，采用基于 SpringCloud 的微服务架构，并做了很多优化改造。整体微服务架构通过阿里云容器服务 Kubernetes 版部署在阿里云的神龙服务器上，同时弹性资源使用了最新的阿里云第六代 ECS。值得一提的是，花生日记结合 ARMS 提前多轮压测，发现并消除了各个隐患的节点，同时利用阿里云 AHAS 做了精确的 QPS 预估。

"双 11"当天，花生日记的业务峰值 QPS 为 4 万多，GMV 为 42 亿多，

DAU 达到千万级。这只是花生日记的第三次"双 11",比上一年增长了 3 倍多。

"双 11"高峰时段 AHAS 又起到了很好的"熔断、限流、降级"等流量管控作用,所以此次"双 11"面对瞬间从 8000 涨到 4 万多的 QPS 流量洪峰,业务表现相当稳定,仅用时 1 小时 27 分 35 秒就超过了上一年"双 11"全天的销售款。

4. 大势所趋:人人谈"云"的时代

这是一个人人谈"云"的时代,以云计算为代表的新一代信息技术已经成为新一轮产业变革的核心驱动力。大多数企业业务都正由线下朝线上业务扩展,以便在任何时间和地点都能够开展业务。但是在发展线上业务过程当中,企业首先需要考虑的就是带宽、内存及安全性问题,以保障业务的正常开展。传统的技术勉为其难,云计算服务则能够满足线上业务发展的需求。

通过使用云计算服务,企业能够集中精力开展好生产经营、研发设计、销售推广等活动,从而获得相对竞争优势。

9.3.2 大数据:数据基础

1. DT 时代:爆炸式增长的数据

数据作为一种新的能源,正在变革着我们的生产和生活,催生了当下大数据行业发展热火朝天的盛景。但是,如果不能对这些数据进行有序、有结构地分类组织和存储,不能有效利用并发掘它,那么它也会导致"灾难",带来令人咋舌的高额成本。

如何有效地满足来自员工、商家、合作伙伴等多样化的数据使用需求,提高他们对数据使用的满意度,是数据服务和数据产品需要解决的问题。

2. 大数据平台应用案例：百万级交易量的大数据平台 Ping++

Ping++ 是国内领先的第三方支付解决方案 SaaS 服务商，为零售、电商、O2O、教育、旅游、SaaS 服务等众多领域的商户提供定制化支付解决方案，累计帮助 15 000 多家商户解决支付问题。Ping++ 通过搭建云端的支付处理平台，为商户集中处理所需第三方支付渠道的交易请求，并提供统一的 SDK 接口供商户调用。当商户的用户发起交易时，就会调用这个 SDK，此时这些数据记录会存储到数据库中，包括时间、金额、渠道等信息。当前日交易笔数为百万级，目前已经积累了海量交易数据。

如何在经过客户授权的情况下利用数据为客户赋能，并带来附加价值，从而提高客户黏性？需要搭建可靠、稳定的大数据平台。但搭建大数据平台会面临挑战：一站式大数据平台可以帮助降低数据创新与创业成本，需同时具有存储、计算、BI 和机器学习等功能需求。

存储：利用数据仓库存储海量支付订单数据。

计算：批量进行 ETL 数据清洗、统计汇总、数据分析。

BI：产出数据的监控指标，以图形化方式反映数据质量和趋势。

机器学习：各类场景下模型的训练及预测。

搭建符合上述四种要求的大数据平台需要投入大量硬件投资、时间成本和人力成本。作为互联网创业公司，唯快不破，需要跟时间赛跑，如何快速、高效、低成本地搭建大数据平台也是重要议题。

围绕积累下来的海量交易数据，基于阿里云数加平台主要进行以下业务场景创新。

BI 营销业务系统：基于用户交易行为数据进行用户画像，在用户画像的基础上提供精准营销方案，在老客户激活、客单价提高、潜客获取、转化率提升等方面对客户赋能。

内部监控：基于阿里云数加平台进行数据监控赋能内部管理，包括交易信息汇总、异常交易提醒、数据质量分析等。

数据源：来源于支付业务系统，分别使用了阿里云 RDS、DRDS 及 MongoDB，其中 RDS 和 DRDS 主要用来存储用户交易信息，MongoDB 主要用来存储商品维度信息。

通过阿里云数加平台搭建的大数据平台所包含的组件及功能如下。

大数据计算服务（MaxCompute，原名 ODPS）：用于数据仓库，目前有包括原始基础表、ETL 结果表、上层 ADM 应用数据集市表在内的共计 630 多张数据表。

大数据开发套件（DataIDE）：使用其中的 DAG 调度系统支撑每天例行化运行 140 多个节点；利用提供的日志功能、报警机制、重跑补数据等多种工具进行运维工作；通过阿里云子账号和数加平台的权限体系实现了多角色、多权限的账户体系。

Quick BI：用于指标的图表展示，目前有十几张图表以监控数据质量和辅助决策。

机器学习：利用提供的算法库解决大数据量的图模型问题、机器学习分类问题、文本分词问题等。

由于消费者、员工、商家和合作伙伴的需求始终在改变，因此商业的蓝海就在于尚未覆盖的新业务领域。只要企业积极依靠大数据精准定位需求、制订计划、解决问题，未来就会充满无限的可能。

9.3.3 人工智能：能力沉淀基础

随着信息技术的发展，人工智能已成为推动传统行业转型升级的新抓手。为谋求未来生存与发展的先机，企业纷纷探索人工智能技术的应用和获利场景。

购物场景是零售商与用户沟通最多的环节，也是零售业与人工智能融合先行先试的重点领域。零售业购物场景中已经推出的创新业务有迎宾导购、购买体验和结账支付环节。如迎宾导购机器人，经过训练能熟练介绍各品牌产品的个性及特色，其幽默有趣的语言和滑稽的动作有效地激发了客户的购买欲望，目前已经在很多酒店和零售卖场中广泛使用。

人工智能助理"阿里小蜜"实现的流利对话技术聚焦于特定场景，能够实现与用户对话的连续跳入跳出和主动引导等复杂对话功能，以紧密结合阿里巴巴商业体系的应用场景，满足用户在购物、物流、售前售后服务等典型场景中的个性化需求。阿里小蜜架构如图9-14所示。简单来说，阿里小蜜能够在不同场合下扮演不同的角色，从而与不同人群完成流利和顺畅的对话。

图9-14　阿里小蜜架构[1]

阿里小蜜可以配备在多个主动服务场景中，针对用户已经存在的订单，在特定时间主动发起提醒付款。对用户突然发起的新话题"什

---

[1] 参见阿里云官网。

么时候发货",阿里小蜜能够及时响应,并在回答完成后继续进行原对话中的"再见"场景,熟练使用拟人化的语言表达"那不打扰您了,祝您生活愉快"等问候语。

人类正阔步迈进智能化时代、智能化社会。人工智能作为一种应用场景广泛、开放性的技术正深刻地改变着各行各业,并改变着原有的业务流程、参与人员和商业模式。作为知识和能力沉淀的基础,人工智能技术未来将极大地改变产业既有格局。

案例　阿里 AI 算法辅助纺织服装工厂质检

阿里 AI 算法已在全国多家纺织服装工厂上线,帮助工厂自动完成原料、坯布、成品布、成衣全生产环节的质检工作,识别准确率为 90% 以上,远超人类水平,整体效率大幅提升。

中国是全球最大的纺织服装生产加工地,然而目前几乎所有工厂的质检工作都由纯人工完成,这是造成生产效率低下的原因之一。数据显示,平均一个验布工瑕疵检出率仅为 70%,并且容易因疲劳而导致更大范围的漏检,最终影响服装的整体质量。

现在,阿里巴巴率先将 AI 算法应用到了这一环节。据介绍,市面上常见的布料种类有数十种,其中的布料瑕疵多达近百种,且很多瑕疵形态极其相似,传统机器视觉技术很难实现自动化检测。为了让机器精准识别这背后的细微差异,阿里巴巴达摩院建立了业界首个布料训练集,让阿里 AI 充分学习不同种类布料的纹理特征,可正常识别头发丝直径十分之一的瑕疵,识别准确率为 90% 以上,远高于人类的水平,检测效率大幅提升。目前,阿里 AI 能完成化纤、棉、牛仔、皮革等主流面料的质检工作,并对瑕疵精准分类,如褶皱、光斑、污渍、污点等,从坯布到成品布环节都可辅助质检人员做出质量管控决策。

AI 已经成为传统行业降本增效的重要方法。过去几年，阿里巴巴针对不同场景研发了适用于各行各业的 AI 算法，目前已经广泛应用于工业、交通、医疗、教育等领域。

9.3.4 物联网：感知基础

近年来，为了让消费品成本更加合理化并持续健康发展，越来越多的专家学者将注意力集中到如何实现生产和服务的全过程物联上，欧美许多大型企业都在积极推行物联网技术落地。

物联网技术在零售、制造和物流上的应用越来越广泛，物联网的应用促进了零售业和供应链的快速发展。在全球市场中，零售商、制造商等通过无线通信、无线射频等技术实现了对每个客户购物喜好、购买力等数据的自动化收集，以便更有针对性地做出销售决策、生产计划等。

全链条、多触点物联网装置和软硬件系统控制着人与人、人与机器、机器与机器的自动化数据流动，从消费到生产的需求传递速度更快，企业间的产能协调得以顺畅进行，物流操作速度极大缩短等。物联网将我们与世界连接得更紧密，将成为消费互联网与产业互联网双轮驱动的润滑剂与牵引绳。

阿里云物联网平台为设备提供安全可靠的连接通信能力，向下连接海量设备，支撑设备数据采集上云；向上提供云端 API，服务端通过调用云端 API 将指令下发至设备端，实现远程控制。实现设备消息的完整通信流程需要客户完成设备端的设备开发、云端服务器的开发（云端 SDK 的配置）、数据库的创建、手机 App 的开发。阿里云物联网平台架构如图 9-15 所示。

图9-15　阿里云物联网平台架构[1]

物联网平台主要提供了设备接入、设备管理、规则引擎等能力，为各类IoT场景和行业开发者赋能。

在设备接入端，物联网平台支持海量设备连接上云，设备与云端通过IoT Hub进行稳定可靠的双向通信。

在设备管理端，物联网平台提供完整的设备生命周期管理功能，支持设备注册、功能定义、数据解析、在线调试、远程配置、OTA升级、实时监控、设备分组、设备删除等功能。

规则引擎包括服务端订阅及云产品流转，可以订阅某产品下所有设备的某个或多个类型的消息，根据配置的数据流转规则，将指定Topic消息的指定字段流转到目的地，进行存储和计算处理。

无论是零售行业的商品物联网，还是依靠物联网平台进行数字化升级的智能工厂，物联网技术让我们看到企业正在大步向未来愿景迈进。人们纷纷以实际行动证明了技术是企业发展领导力的理念，破旧

---

[1] 参见阿里云官网。

立新、重塑运营。当下，全球正处于变革时代的机遇期，企业有望通过积聚科技发展的蓬勃动能，构建更为广泛、深入的信任连接，用技术变革的巨大力量重构商业。

9.3.5 区块链：信任基础

当前互联网是信息传递的网络，存在"信任缺失"问题。尽力而为的 TCP/IP 协议栈为互联网的成功创造了巨大的活力，但同时互联网体系架构也始终面临安全信任框架的缺失。

1. 构建信任网络，实现信用创造

区块链通过运用基于共识的数学算法，在机器之间建立"信任"网络，通过技术背书来进行全新的信用创造，是支撑数字经济传递信任和管理价值的关键。区块链的多中心块链式存储结构保证了存储在链上的数据难以被篡改、可以被追溯，有效解决了社会经济活动开展所需的跨实体信任问题，正成为未来发展数字经济不可或缺的信任基础设施。

2. 蚂蚁链：新一代信任机制

作为产业区块链领域的领跑者，蚂蚁链已经用数十个具体可感的应用案例、上千件区块链授权专利在业内产生了广泛且深刻的影响。蚂蚁链是自主研发、国际领先的金融级联盟区块链平台，具有高性能、高可靠性、高安全性的特点，能够支撑 10 亿账户 ×10 亿日交易量的超大规模应用。目前，蚂蚁链区块链专利申请和授权量均为全球第一。

蚂蚁链商流平台，通过"商流、物流、资金流、信息流"四流合一，为企业提供可信供应链的数据资产网络；提供供应链金融和普惠金融数据服务；提供商品可信、企业可信的品牌自证和精品溯源营销服务；建设"供、销、融、信"四位一体的产业链企业协作网络，助力企业、产业带的数字经济发展。

作为区块链领域应用的领跑者,蚂蚁链具有不可替代的优势。首先,蚂蚁链采用领先的信用自证技术,无须安全硬件协助即可实现数据源头可信、数据无篡改,以及数据安全流转;其次,它创新的自证体系将企业信用回归给企业自身,企业实现资质自证、商品价值自证、行业共识自证。具有独特优势的蚂蚁链赋能产业,逐步引领产业升级,推动在砀山酥梨、景德镇瓷器、通天酒业等十多个产业链上的产业数字化。

案例　陶瓷保真,建立商业信任屏障

瓷器无统一标准、真假难辨,仿冒品泛滥严重影响了瓷器产业品牌溢价。景德镇陶瓷市场也受到假货的影响,瓷器的文化价值受损,导致传统营销模式不可避免地遭遇瓶颈,数字化创新模式也亟须转型升级。陶瓷企业面临不同程度的经营与融资困难,如何去伪存真、提升商业信任成为最大的痛点。

景德镇瓷器供销体系通过蚂蚁链商流平台技术打通商品流通中瓷器产品、交易、资金、流量等多方协同要素,实现过程信息不可篡改,从而降低各环节互信成本。

蚂蚁链的技术加入加速了陶瓷产业数字化,并实现企业信用资产流转,提高融资效率,打造陶瓷产业首个基于数字可信机制的开放协作网络样本。

3. 从"信息互联网"到"信任互联网"

区块链形成"共识机制"能够解决链上各主体的信息不对称问题,真正实现从"信息互联网"到"信任互联网"的转变。

9.3.6　机器人:特殊作业基础

在人工智能时代,机器人技术的成熟为各界所期待。作为集机械、电子、控制、计算机、传感器、人工智能等多学科先进技术于一体的现代制造业重要的自动化装备，智能机器人的诞生对未来的生产、生活产生了革命性影响。

1. 多种类智能机器人

根据美国机器人协会的定义，智能机器人是一种可编程和多功能的操作机或是为了执行不同的任务而具有可用电脑改变和可编程动作的专门系统。它具有至少一项或多项拟人功能，还可能或多或少地具有某些环境感知（如视觉、力觉、触觉、接近觉等）功能、语言功能，乃至逻辑思维、判断决策功能等，从而使它能在要求的环境中代替人进行作业。从应用角度来看，常见的智能机器人包括自主型机器人、交互型机器人及传感型机器人，如图 9-16 所示。

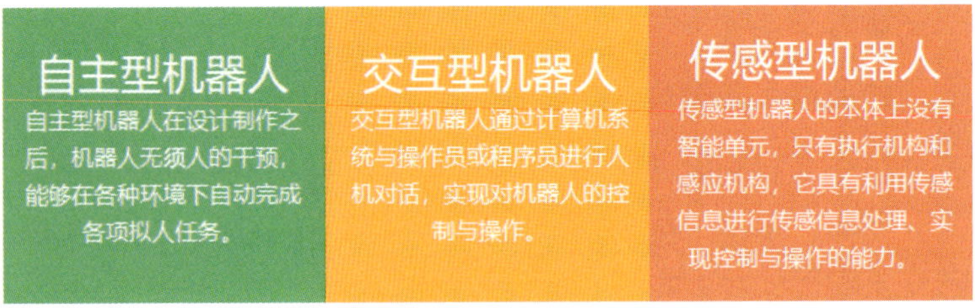

自主型机器人	交互型机器人	传感型机器人
自主型机器人在设计制作之后，机器人无须人的干预，能够在各种环境下自动完成各项拟人任务。	交互型机器人通过计算机系统与操作员或程序员进行人机对话，实现对机器人的控制与操作。	传感型机器人的本体上没有智能单元，只有执行机构和感应机构，它具有利用传感信息进行传感信息处理、实现控制与操作的能力。

图 9-16 常见的智能机器人

自主型机器人：在设计制作之后，机器人无须人的干预，能够在各种环境下自动完成各项拟人任务。自主型机器人的本体上具有感知、处理、决策、执行等模块，可以像一个自主的人一样独立地活动和处理问题。全自主移动机器人涉及诸如驱动器控制、传感器数据融合、图像处理、模式识别、神经网络等许多方面的研究，所以能够综合反映一个国家在制造业和人工智能等方面的水平。因此，许多国家都非常重视全自主移动机器人的研究。

交互型机器人：通过计算机系统与操作员或程序员进行人机对话，

实现对机器人的控制与操作。交互型机器人虽然具有了部分处理和决策功能，能够独立地实现一些诸如轨迹规划、简单的避障等功能，但是还要受到外部的控制。

传感型机器人：又称外部受控机器人，其本体上没有智能单元，只有执行机构和感应机构，它具有利用传感信息进行传感信息处理、实现控制与操作的能力。受控于外部计算机，在外部计算机上具有智能处理单元，处理由受控机器人采集的各种信息及机器人本身的各种姿态和轨迹等信息，然后发出控制指令指挥机器人的动作。

2．物流机器人：小蛮驴

阿里智能电力巡检机器人小蛮驴如图9-17所示。就产品的特点而言，小蛮驴在基础技术上和其他同类型机器人并无二致，但与众不同的是，它目前使用了改进过算力和芯片的人工智能技术和自动驾驶技术，对环境的适应能力更强，能够适应极端天气。在续航能力方面，小蛮驴可以连续工作超100千米，适用于校园、社区、园区等多种场景，并且已经有大量落地应用，对物流的"最后一公里"难题来说，也是很好的解决方案。

图9-17 阿里智能电力巡检机器人小蛮驴

小蛮驴更适合在配电房等室内场景工作,在技术配置上和智能物流机器人可以并驾齐驱。

不同的是,小蛮驴是适应特定场景的机器人产品,其功能更具特殊性,其使用起来更像扫地机器人,需要先构建场景地图,然后在场内工作。依靠内置边缘计算芯片,小蛮驴在完成巡检后能够立即形成报告,发送给远程巡检人员。如果有突发情况,远程巡检人员还可切换手动模式,进行再次巡检。

目前,这个机器人产品已经和钉钉打通,通过钉钉即可实现链接机器人。这意味着阿里巴巴将机器人纳为企业员工,更有远大意义的是,阿里巴巴将打造一个综合的机器人平台,让更多的人、更多的企业可以更便捷地操作机器人。

3. 百家争鸣:技术公司跻身机器人市场

靠互联网起家的公司本不懂制造业,但近几年,随着计算机视觉、5G、自动驾驶、机器学习等技术逐渐成熟,原本以四大家族等传统制造业厂商为主导者的机器人行业变天了。拥有算法和人才优势的科技新贵们有了切入口,Google 在 2013 年一口气收购了 9 家机器人公司,Facebook 在 2018 年开始研究六足机器人,但如果论意愿和能力,最渴望早日推动变革发生的可能是亚马逊和阿里巴巴这类不仅拥有算法,而且拥有刚需场景的电商巨头。

亚马逊和阿里巴巴正部署的自动化物流系统已经包含了轮式机器人、机械臂、3D 相机、交叉分拣带、AGV 等硬件层,也包含了感知算法、智能规划、决策大脑、控制系统等软件层。

9.3.7 安全技术:风险防范基础

企业业务的在线化、移动化、数据化催生了更多的威胁和黑产,比如数据泄露/篡改、勒索加密、业务连续性和可用性、内容安全处罚、等。除上述威胁驱动外，政策合规也是企业安全需求的驱动力，比如国家实行网络安全等级保护制度、欧盟采用《通用数据保护条例》。

以阿里巴巴为例，业务的不同决定了安全的需求和安全的重点不一样，这也决定了安全体系的侧重性不一样。在天猫、淘宝的用户场景下，其实也不光是隐私保护，还包括业务的风控，甚至是反假货、知识产权、刷信用这些方面，这些都是天猫、淘宝业务主体对应的安全刚需、重点的风险领域。

1．不同企业的安全体系发展阶段不同

每个企业安全体系发展的成熟度有很大的不同，基本上看三个方面。第一个方面是业务的成熟度，业务在线率和数字化程度越高，企业安全体系建设越完善。第二个方面跟安全团队的积累有关，安全团队规模与攻防经验的积累决定安全的核心能力。第三个方面跟安全团队的组织架构有关，组织架构是安全团队构建内部影响力的决定因素。

2．数字化升级，企业安全体系深刻变革

未来所有的企业都会在云上。云计算其实也是通过普惠的技术让更多的用户更方便地去享受计算资源。比如，不再用自己搭交换机并组网，在需要计算能力的时候，可以通过虚拟化服务快速地去获得这些能力，用互联网技术赋能各行业。再如，分布式架构打破单机能力限制，云端大数据实时处理，安全能力在线服务化。核心技术的互联网化解决了性能问题、成本问题，甚至弹性的问题。

相信未来所有的企业都需要数据化和智能化。数据是能源，是动力，是血液，智能化是让数据价值最大化的必然途径。企业数字化和智能化的转型引发其安全体系的深刻技术变革，比如统一全网威胁数据集中驱动策略，自动化闭环响应提升效率，通过安全融合实现智能化主动防御。

3. 企业安全体系

企业安全体系涉及机制、流程、组织架构规范，再加上产品，甚至包括运营。

从各个技术领域的角度来看，企业的安全体系包括办公网安全，也叫内网安全。在基础设施这一层，从硬件到系统，再到网络，各个层面上的技术都需要做得非常完善。安全涉及每个技术领域，每个技术领域的深度都很关键。安全体系体现了一个非常典型的木桶原理，企业的安全短板决定了整个企业的安全水位到底在哪里。

4. 云上比云下更安全

云计算会给整个安全体系的演进带来很大的不同，现在大部分的用户都已经认识到云对整个企业所带来的技术和体系的变化。

未来所有的企业都会关注如何在运营层面，基于云计算和云原生的一些能力，让企业的安全体系更加强壮。在云上，云服务提供商承载着大量企业业务系统的数据构建，决定了云服务提供商在安全方面的投入是非常巨大的。云上比云下更安全已成共识，这是因为不管在云上还是在云下，构建全面且具有纵深防御能力的安全体系的要求都是非常重要的。事实上，与传统数据中心相比，公共云的安全能力将帮助企业至少减少 60% 的安全事件。阿里巴巴也一直通过产品化的安全能力帮助大量企业构建更强壮的安全体系。阿里巴巴有许多优势，包括安全数据智能的优势、威胁情报的优势，依托这些优势能够提供云上的安全产品及全局的漏洞管理能力。

5. 云赋能企业提升安全能力

云有许多原生优势。比如，每个企业都需要统一的身份认证授权体系，在云上能够通过虚拟化的网络调度能力实现东西南北向的网络访问控制与隔离技术。阿里巴巴给到用户的所有云产品都是在设计阶段即引入安全能力的，包括代码安全，只有经过了严格的安全测试才能上线发布。再如，云上全局数据安全保护体系能够让用户对于云上数据整个生命周期的防护更加有信心。除此之外，全局威胁检测平台通过构建检测、响应和防御的闭环可以帮助用户更好地应对各种威胁。

6. 让云上用户享受普惠安全

时至今日，阿里云平台保护了国内超过 40% 的网站。这对阿里云数据的能力、智能的能力、安全的能力要求都非常高。阿里巴巴一直秉承的理念是，将我们在各个安全技术领域的核心能力和核心产品给到阿里云上的用户，帮助用户构建更安全的企业安全体系。企业安全体系将随着业务的不断变化而不断演进，我们期待阿里云上的用户在其安全体系的演进过程中获得与阿里巴巴同等级别的安全能力，通过构建安全的、强壮的体系为其业务保驾护航。

7. 阿里云 SASE 零信任办公平台

远程办公更加常态化。全球有 70% 的大公司在 2022 年实施某种形式的随处办公，其中亚太地区 40% 的公司将会永久实施不限地点的办公模式。

但传统的 VPN 开始"抖动"了：由于复杂的网络构建，专线连接带来超预期成本；暴露的端口对互联网可见，安全性低；无法保证用户身份、终端的持续可信，归因一次认证、始终访问的模式；网络隧道一经打通，长驱直入，权限失控，而一旦被绕过，则成为渗透内网的直通车级跳板。为了保证办公安全，很多企业开始使用强化版的 VPN 工具，如增加了多因素身份认证、网络准入、行为管理等能力，但仍无法完全解决用户的全部痛点。

作为多项技术领域深耕十多年的云厂商，基于阿里巴巴数十万人庞大办公体系管理经验，阿里云将边缘计算和零信任架构进行结合，以 SASE（安全访问服务边缘模型）构建阿里云零信任安全网络访问和应用安全网关，结合 IDAAS（应用身份服务）构建统一的身份安全网关。阿里云办公零信任平台框架如图 9-18 所示。该平台能为企业办公提供高效、稳定、安全、便捷的零信任安全访问服务，能帮助客户实现稳定可靠的办公网络，能提供全球 300 多个优质 POP 节点，并通过动态敏捷的组网能力，让客户在更低成本的前提下享受随时随地简单、快速的网络接入。

零信任安全访问控制：终端安全基线、身份账号安全、行为分析及动态的最小化授权策略引擎。

数据保护：Cloud DLP 具备天然优势，多通道外发链路可控，从流量侧识别敏感文件、违规行为等。

SaaS 化调用安全能力：一键调用云上 20 多种安全能力，提供更高等级的安全。

统一管控平台：实现应用统一收口，为客户提供便捷的办公体验。

图9-18 阿里云办公零信任平台框架[1]

如今，身处互联世界，携带手机、平板等移动设备，无论身处公司、家中，还是咖啡厅，只要有网络，随时随地都可以安全、轻松地完成个人办公。

---

[1] 参见公众号：阿里云安全。

多元纵深新实践：消费互联网和产业互联网双轮威力初显

第 3 篇

消费互联网和产业互联网双轮驱动的发展势头令人振奋，各行业（服饰、生鲜、电器、时尚和地产等行业）的领军企业积极探索企业数字化转型，连接产业各相关方，贯通供需的数智化创新。这些实践已初步显现出可喜成效，为其他企业的发展提供了经验，也奠定了坚实的基础。

第 10 章
犀牛智造：联动产销不止于制造

为应对消费者的需求变化，满足商家的供给诉求，助力产业端的数智化升级，阿里巴巴推出了犀牛智造平台。犀牛智造的愿景是，成为全球领先的数字化按需制造基础设施，让商家像使用云计算一样使用云制造服务。

我国在赋能制造业转型升级方面，支持平台企业依托市场、数据优势，赋能生产制造环节，发展按需生产、以销定产、个性化定制等新型制造模式；鼓励平台企业加强与行业龙头企业合作，提升企业一体化数字化生产运营能力，推进供应链数字化、智能化升级，带动传统行业整体数字化转型；探索推动平台企业与产业集群合作，补齐区域产业转型发展短板，推动提升区域产业竞争力；引导平台企业积极参与工业互联网创新发展工程，开展关键技术攻关、公共平台培育，推动构建多层次、系统化的工业互联网平台体系。

犀牛智造在国家相关政策指导下，将通过创新探索为制造业转型升级做出应有贡献。

10.1 犀牛智造的发展历程

10.1.1 酝酿——智能制造新征程

2016年10月,阿里巴巴首次提出"五新"理念,即新零售、新金融、新制造、新技术和新能源。其中,新制造意味着数字技术对传统制造业的深度重构,以实现制造业的定制化、智能化。简而言之,工业经济时代考验制造企业的是生产同质化商品的能力,而数字经济时代考验的则是生产多样化、个性化商品的能力。

10.1.2 启动——联动产销新动向

2017年8月,在杭州余杭经济技术开发区,犀牛智造项目投入研发。犀牛智造立足服务中小企业,建设数字化智能化制造平台,首先选择在服装行业开始新制造探索。在三年内,犀牛智造和淘宝平台上200多个中小品牌商家试点合作,跑通了小单起订、快速反应的柔性制造业务模式[1]。犀牛智造连接淘宝、天猫平台中小品牌商家,协助他们做好销售预测,同时实现了按需生产的规模化实施,通过数智化柔性制造系统可实现定制商品"100件起订,7天交货",大大降低了服装行业"1000件起订,15天交货"的生产门槛[2]。

10.1.3 进步——贡献双轮驱动新方案

2020年9月16日,犀牛智造旗下的迅犀数字工厂揭幕,新制造成果首度亮相市场。迅犀数字工厂为中小企业提供端到端数字化解决方案,实现了需求驱动的定制化生产服务[3]。

---

[1] 参见《迅犀:打造开放、普惠、共赢的数字化协同平台》,信息化建设,2021年第1期。
[2] 参见浙江省经信厅、杭州市经信局,《犀牛智造:产业数字化转型的"灯塔工厂"》,政策瞭望,2021年第3期。
[3] 参见程醉,《从"犀牛智造"看服装工厂的智能化趋势》,中国纤检,2020年11月。

犀牛智造 CEO 伍学刚认为，面对消费者瞬息万变的需求，新制造通过数据驱动，综合利用智能技术，旨在帮助传统制造企业实现按需定产，在满足个性化需求的同时，提高盈利及降低库存压力[1]。

犀牛智造通过趋势和销售预测模型，以及人工智能驱动的决策优化体系，让中小品牌商家、工厂能够及时、准确掌握市场需求波动，有效降低研发成本，抓住个性化消费带来的发展机遇。犀牛智造持续与淘宝和天猫的中小品牌商家、直播主播、服装设计师合作，探索消费端洞察牵引生产端各环节优化的可能性。

10.2　推动服装行业走在双轮驱动实践前列

10.2.1　服装行业面临的痛点

中国服装产业市场规模大，发展潜力好。中国服装协会的统计数据显示，截止到 2020 年年底，中国服装企业的数量达到 17 万家，从业人员超过 800 万人，年生产服装总量超过 700 亿件，国内服装市场销售数量超过 400 亿件，销售额达到 4.5 万亿元[2]。

在中国服装市场高速发展的背后，供需关系的协调仍然是亟待解决的问题。从需求角度看，消费者个性化程度在提高，变化速度在加快，电子商务平台在消费互联网的基础上掌握了大量需求信息，但不能有效传导到供给侧，无法为生产提供及时和高效的引导。从供给角度看，以产定销的现象还大量存在，很多服装品牌商需要提前一年进行策划、设计和生产，较长的生产周期与快速变化的需求不能合理匹配，很容易造成资源的低效配置。保守估计，整个服装行业有 30% 的库存浪费。

与此同时，服装行业的生产效率也亟待提高。根据行业经验数据，

---

[1] 参见刘哲铭，《阿里"新制造"走了一条什么路》，中国企业家，2021 年第 1 期。
[2] 参见《数说 30 年》，中国服饰，2021 年第 10 期。

大的服装生产企业的生产效率只有在 50% 以上才能实现盈利，而开始新的订单生产需要 5～7 天才能达到 50% 的生产效率，此后才能进入高效率、低成本的阶段。因此，大的服装生产企业更愿意接大订单，并且需要提前备货、提前生产，这也要求对需求的长周期预测的准确性。小规模的服装生产企业大多只能接受多品类、小批量的订单，而频繁换款的生产流程使生产效率经常停留在 20%～30%，与支撑盈利的 50% 生产效率差距较大，交货期和产品质量难以得到保证。

为解决行业难题，犀牛智造借助实时资源分配、流程及成本规划、内部自动化物流方案及智能制造操作系统等各类新技术，以合理的成本、更短的交付时间来生产多品类、小批量订单。犀牛智造的双轮驱动新方案能够将服装企业的平均产能利用率从 25% 提升至 55%。

10.2.2 犀牛智造赋能产销两端

犀牛智造通过数智化支撑的制造平台建设和能力共享，让中小品牌商家、中小制造企业可以在高速变化的服装市场上有效满足消费者的需求，为服装生产企业创造良好的收益。

（1）犀牛智造以天猫和淘宝的消费需求为基础，利用相关算法进行深度分析，做出需求预测。例如，对商家未来 7～14 天的服装需求品类进行分析，预测哪些款式将会畅销，然后把预测信息提供给商家，由商家进行判断，作为制订生产和营销计划的重要依据。

（2）犀牛智造通过 CAD 等工程软件对工艺进行数字化和标准化运作，从云端传递给服装生产企业，以机器识别的方式指导生产，在把物料裁配后，从中央仓库调配到各个工厂进行生产，实现产能调配的自动化。

（3）服装生产企业接到指令后，通过 MOS 制造执行系统进行排位布局，将订单安排到合适的生产小组。生产过程中的物料和人员信息，以及设备的运转状态数据全部上传云端；工厂下线的产品直接发货到商家或者消费者手中，所有物流信息也上传云端。

在整个数字化的运作流程中，通过所有数据做出云端智能决策，把非标准化的工序全部做成标准化的"产品"，形成实时动态产能的智能调度和云端制造生态，并不断迭代进化。

10.2.3　双轮驱动取得成效

1. 需求驱动

"定义需求"是伍学刚眼中"新制造"的前提条件，"要实现产业供给侧的有效创新，很重要的一点是需求侧的推动"。犀牛智造通过对淘宝系长期积累的消费需求和合作主播订单进行深度分析，挖掘消费者行为习惯和消费潜力，为服装企业提供需求预判。除此之外，覆盖范围广泛的人体数据和服装号型等为生产企业内部标准化提供了重要依据，为实现敏捷智造提供了重要基础和驱动力。曾经有一个在线商家准备了几十种图案和上万条文案，呈现于网店供消费者选择，待消费者下单后再通过犀牛智造进行按需生产，这种类型的小批量订单按传统方式是不好寻找愿意接单的生产企业的。

2. 敏捷制造

犀牛智造采用投影照射印花等先进生产技术，基于算法和技术创新，实现了服装产销过程中上万个节点80%的数字化；通过调度系统将订单分配到生产小组，在排位布局中结合类似订单的过往经验、资源的空闲等因素，把生产信息直接发送到设备，除了缝制车间，多数生产环节实现了无人化和自动决策。面料仓库出入库盘点及管理实现无人化，中央仓库面料存储及预处理实现自动化，场内物料配送能够在4小时之内到达生产前端。

3．服务延伸

犀牛智造的迭代不断推动生产向服务的延伸。在向上游原材料的延伸方面，数字化、自动化已经延伸到纱线、面料、坯布和印染。与供应商的合作也延伸到金融层面，如为供应商提供更多的支付和贷款支持，从产业带出发，向销地织网。目前，菜鸟原产地仓库已覆盖义乌、深圳、东莞、保定、武汉等十几个产业带，同时与中通、申通、圆通、韵达、百世等快递公司合作，在各大产业带的原产地建仓库。原产地仓库距离工厂仓库的平均距离是十多公里。不断加大的仓网密度在智能发货技术的加持下，有效降低了物流成本。

10.3 犀牛智造的发展经验

10.3.1 聚焦五项关键突破

1．需求的智能管理

传统制造业一般是品牌商依靠市场经验和需求判断决策生产计划。具体到服装行业，品牌商需要先预测服装面料、款式、颜色等，在确定市场需求因素后，再进行设计、生产和销售。犀牛智造基于服装需求，不断优化算法，为品牌商家提供决策支持，通过智能管理方式提高对需求预测的准确率。

2．数字工艺技术

传统服装制造的开展模式，一般要经过品牌商的设计图纸、制造企业的样品开发、小规模试产和成品率的反复确认，之后才真正开始大规模投入，周期比较长，试错的成本比较高。而犀牛智造主要采用3D仿真设计，以数字化手段进行沟通，周期更短、效率更高、成本更低。

3．智能调度系统

在服装生产过程中，犀牛智造从智能优化匹配产能出发，利用"蜘蛛网"式吊挂设备，替代传统服装行业"直线型"生产模式，通过 AI 和 IoT 技术，把生产计划自动分配到空闲小组，以智能调度方式提高效率，并实现了大规模复制，有效降低了成本，构建了相对完整的生态体系。

4. 物料供给网络

传统服装生产企业与品牌商沟通需求之后，再由生产商或者品牌商选择原材料供应商，市场交易成本高，原材料品质控制难度大。犀牛智造的中央仓库供给网络为原材料供应商和品牌商搭建了交流平台，不仅能够起到信用保证的作用，还可以通过数据分析提供一部分采购、备料参考。

5. 柔性制造体系

传统服装制造企业为了追求规模化，一般主要面向大品牌商服务，因为大订单意味着产能稳定、利润更高。中小品牌商的市场空间遭遇很大压力。犀牛智造的柔性制造体系可以实现 100 件起订、最快 7 天交付成品，相对于传统模式几千件、上万件起订，这种模式降低了市场合作门槛，为中小品牌商打开了发展空间。

10.3.2 提升行业三大能力

1. 降低行业库存压力

犀牛智造的应用改变了行业传统"以产定销"模式，促进了"按需生产"的发展，将服装需求侧、订单信息与设计、生产高效衔接，在对服装销售智能化准确预测的基础上，大大提高了整个产业对市场变化的快速响应能力，为合理制订生产计划和降低库存压力打下了良好基础。

2. 提高市场定制化能力

随着需求多样化发展，个性化消费成为趋势，传统大批量规模化生产已经遇到越来越大的挑战，而高品质定制化生产也面临高成本的压力。犀牛智造推动服装行业创新，定制化生产使"不愿接小单、急单"，转变为"主张小单化、个性化生产"，实现市场需求和工厂产能的智能调度和匹配，达到低起订量、快速交付的柔性制造能力。

3. 扩大需求流量水平

犀牛智造在传统"平台单一流量"的基础上拓展"平台＋主播复合流量"入口在服装行业较早引入网络直播等商业模式，实现生产、呈现、销售、发货等各个环节的深度融合，通过快速获取订单信息、快速生产促进服装产业快速发展。

10.4 犀牛智造双轮驱动实践获赞誉

10.4.1 入选灯塔工厂

2020年9月14日，世界经济论坛发布《未来新型工厂照亮制造业的"下一阶段常态"发展之路》。在这份报告中，犀牛智造旗下的迅犀数字工厂成为全球灯塔网络54家灯塔工厂的10个新成员之一。

灯塔工厂是由世界经济论坛联合麦肯锡设立的榜单，入选者都是第四次工业革命的领军企业。世界经济论坛期待这些作为灯塔工厂的领军企业为全球制造业设定新基准，共同照亮全球制造业的未来。对企业来讲，入选灯塔工厂意味着得到了各界的充分认可，表明自身在大规模采用新技术方面已经走在世界前沿，在业务流程、管理系统、工业互联网、数据系统等方面已具有卓越、深入的创新。

宝马、施耐德、沙特阿美、西门子、宝洁等全球领先的制造企业相继入榜灯塔工厂。阿里巴巴的迅犀数字工厂是第一个以服装行业工厂的身份上榜的。在此之前，能源、电气、半导体存储器、汽车等高技术附加值行业的企业更受关注。

10.4.2 实力赢得认可

2021年6月到9月,全球计算机视觉领域最高级别会议ICCV举行了DeeperAction视频识别挑战比赛,来自新制造领域的阿里巴巴犀牛智造团队从150支队伍中脱颖而出,获得了Kinetics-TPS领域第四名的好成绩。这是服装制造企业首次进入世界视频识别人工智能大赛的前几位。上榜的其他队伍大多来自著名的学术和科研机构。

犀牛智造视觉智能算法组负责人凯元介绍,参赛的视频识别技术已被应用于日常工作。犀牛智造通过视频识别算法为工厂里的每一位工人配备了一名"AI贴身教练",辅助他们高效、轻松地完成工作,以科技和智能减少了不必要的体力劳动。

通过视频识别技术,犀牛智造视觉智能算法组采集了大量成熟裁缝工人的标准动作和质检工序,已形成规范体系。在工人进行缝制、质检的过程中,人工智能可提供实时辅助参考。原来,一个工人每天要检查500~800件衣服的质量问题,仅靠肉眼过程枯燥且难免疏漏。在视频识别技术的加持下,系统会辅助进行检测,主动发现问题,从而减少了工人三分之一的工作量。

传统上,培养一名优秀、成熟的检验工人需要3年到5年的时间。通过犀牛视频识别技术辅助,一个完全没有接触过这一行业的新人,经过1个月到2个月的培训就可以获得水平相当的技能。

服装制造业业内人士认为,犀牛智造带来的最大启示是,劳动力密集型的服装企业也可以变成科技驱动的企业,服装制造工厂有机会成为技术创新的代表,数智化带来的效率和能力提升为应对劳动力成本上升带来的挑战提供了新可能。

10.5 犀牛智造引领双轮驱动实践

10.5.1 从制造到智造

犀牛智造是新型生产模式和商业模式，目标是使商家可以像使用云计算一样使用犀牛智造服务，从客户需求出发，运用云计算、人工智能等技术，提高了生产的效率和生产的灵活性。传统的服装生产企业往往需要提前一年开始市场博弈，如夏季准备冬装、冬季准备夏装，而漫长的时间提前量容易缺货或者积压库存。犀牛智造实现了设计、生产、销售等环节的全链路数字化，以对销售端的数据洞察为驱动，以敏捷制造为基础，能做到精确预测和有效满足需求。

10.5.2 从程式到柔性

依托于阿里巴巴强大的生态系统，工厂里的每块面料都有自己的"身份ID"，实现了入库、裁剪、缝制、销售的全链路跟踪。3D打样软件可以在线确认修改意见，支持产品类目不断扩展。远程控制和可视化功能使商家可以回看及在线抽查。针对主播一次推广几十万数量级的产品，传统制造企业一般不敢备货，对此，犀牛智造的规模化和快速响应的供给就体现出巨大的优势。另外，这种柔性供给在全链路数字化支持下，小单生产效率已经达到70%。

10.5.3 从分散到整合

犀牛智造的背后不是一家工厂，而是一个工厂生态群。分散化和分布式的工厂以犀牛智造为纽带，随时可以整合起来，构成灵活调配、合理衔接的供给体系。通过构建制造业与互联网平台全要素、全产业链、全价值链紧密连接的平台，犀牛智造还着力提升生产方式、组织形态和商业模式的深层次变革，不断增强"大中小企业融通发展"和"产业生态自我创新进化"能力，促进服装产业不断整合升级。

第 11 章
盒马：端到端生鲜链条创新

11.1 盒马成长历程

"民以食为天"，近年来我国生鲜市场规模持续扩大，已达万亿级别，如图 11-1 所示。2020 年零售市场规模已超 5 万亿元，预计 2023 年将突破 6 万亿元[1]。随着互联网在各个领域的渗透，新零售模式获得了超常发展，生鲜电商已逐步成为极具竞争力的生鲜消费渠道。相关数据显示，自 2020 年起，生鲜电商用户渗透率显著提升。2021 年前三个季度生鲜电商 GMV 达 2396 亿元，2021 年 9 月生鲜电商月活达到 6961 万，其中一线及新一线城市占比为 58.5%[2]。生鲜电商市场规模持续扩大，众多玩家纷纷入局，行业竞争更加激烈。

盒马是国内首家以数据和技术驱动的新零售平台，是生鲜超市＋餐饮模式的新零售业态开创者，其宗旨是为消费者打造社区化的一站

---

[1] 参见万联证券研究所的《解读生鲜零售的前世今生，当下超市电商迎风口》。
[2] 参见 Fastdata 极数发布的《2021 年中国生鲜电商行业报告》。

式新零售体验中心。自 2015 年盒马从第一家外卖店做起，截至 2021 年 12 月底，盒马全国门店已达 300 家，并衍生出盒马 mini、盒马邻里、盒马 X 会员店等业态。

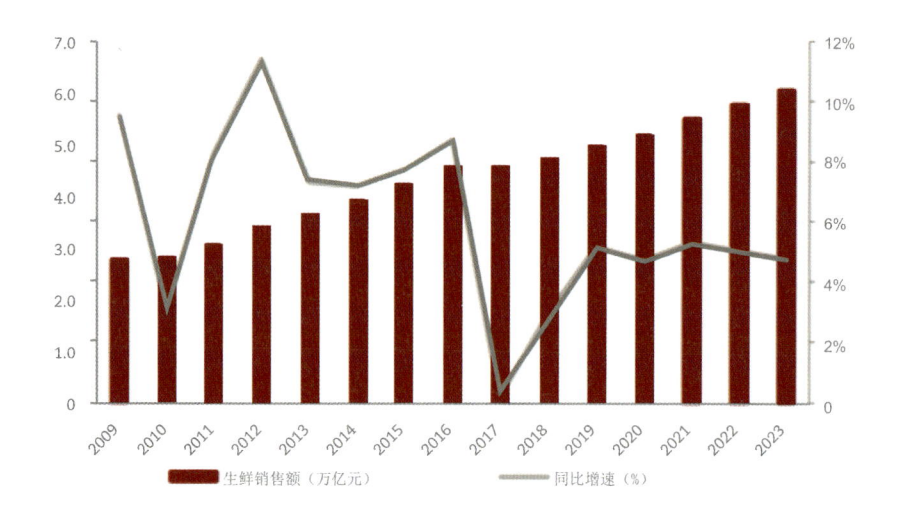

图11-1　中国生鲜市场发展规模

盒马如何在生鲜零售激烈的市场竞争中从一家外卖店做到遍布全国？很多人都说盒马是新零售的成功典例，但盒马并没有止步于新零售，它更是消费互联网和产业互联网双轮驱动的生动诠释。纵观盒马背后的整条产业链，除了"人、货、场"的重构，产业端、农业端、加工制造、服务业等更多环节都已被数字化解构重塑为更高效率、更低成本、更精准的产业环节。盒马今天的发展，背后是消费互联网和产业互联网融合转动的飞轮，是端到端快速柔性供应链的优化，是阿里巴巴多年沉淀的科技和商业的集中体现。

11.2　消费互联网下新零售模式迎风而起

以数字化为核心的新零售正在拉开第四次零售革命的序幕。"人"

逐渐成为核心关注点，消费方式的变革正在不断地牵引着生产和业务模式的变革，促进着消费互联网与产业互联网的双轮驱动。

11.2.1 消费者精准定位

盒马将客户定位为"以年轻人为主，追求高品质生活的盒区居民"。这些年轻人已然成为消费的主力群体，他们往往有着积极的购买欲望，具有追求新生流行事物和高品质生活、喜爱社交等鲜明特征。盒马依托这些消费特点有的放矢，进行自己高质量的商品推广，迎合年轻人的需求，从而充分体现了对于消费者的精准把握。

根据盒马的用户调研，盒马的用户从年龄上看分布广泛，20～70岁均有覆盖，其中20～40岁用户占总体的75%，这也和盒马对客户的定位相符；42%的用户已婚、36%的用户有子女，体现了盒马对于用户的全方位覆盖。根据以上一系列用户画像，盒马将自己的主要客户人群划分为四个种类：高效白领、品质一族、尝鲜青年、潮流长辈。

基于此，盒马将自己最核心用户定位于23～40岁的女性，此类用户家庭年收入平均在27万元以上，主要的消费商品包括车厘子、波士顿龙虾、帝王蟹、椰青等。有了对自己核心用户的精确定位，盒马便能够及时根据这类用户的需求变化及时调整自己的商品供应，以达到不断吸引与维持用户的目的。

为此，盒马根据用户消费需求设计倡导了一系列的消费价值观来吸引用户。

一是"新鲜每一刻"。盒马倡导新的生活方式，即买到的商品应该是新鲜的。盒马不仅确保了商品的新鲜度，还把所有的商品都设计成了小包装的样式，目的在于消费者每餐没有剩余，每餐都吃新鲜的食物。除此之外，基于对高品质生活的理解，盒马力求将最优质的商品提供给消费者。为确保食品品质，盒马从源头进行商品的品质把控，充分做到了基地直采、源头可溯，采用严格的商品质量标准评价体系，在保证食品安全清晰可见的同时做到商品长期稳定供应。

二是"所想即所得"。盒马提供的线上商品与线下商品是完全一致的，无论是品质还是价格都没有差别。这样不仅能够促使用户由线下向线上发展，也能随时随地满足用户的需求，线上线下一脉相承，使消费者的生活更加便利。

三是"一站式购物体验"。盒马对于场景的定位便是围绕"吃"来展开的，倘若能在同一个空间满足消费者所有对于吃的需求，便会产生巨大的黏性，进而对门店产生依赖。为此，盒马为消费者创造了很大的商品选择空间，从全球数十个国家和地区甄选富有价格竞争力的高质量商品，种类达 20 000 种以上，并提供一站式购物体验，以求满足消费者日常绝大多数的需要。盒马扩建了绿色频道，可以满足对稀有商品的消费需求，如可以买到海钓的带鱼、百斤重的鲟龙鱼等。

除此之外，盒马也注重对自有品牌的打造。盒马通过一系列醒目的包装设计来构建自身的品牌辨识度，创造了盒马日日鲜、盒马工坊、帝皇鲜、盒马牌等诸多品牌，从不同的食品种类的角度满足消费者不同的消费需求。盒马日日鲜——保证所有商品只卖 1 天，商品采用醒目的七色包装便于消费者快速识别，并专门采用小包装设计，充分满足消费者对于新鲜度的需求；盒马工坊——打造"你的厨房"品牌形象，聚焦于面点、半成品、熟食等中式地方特色商品，让消费者不仅吃得方便，更能吃得健康，让美味成为家常；帝皇鲜——以虾仁、牛排、三文鱼、鳕鱼等商品为主，为消费者提供高质量的生鲜食品，通过先进的生产技术和物流体系保证商品的新鲜度，让用户品尝到来自全球的美食；盒马牌——以饮用水、五谷杂粮、酒类、厨房用品等为主，为消费者提供高质量、高性价比的生活好物。

四是"让吃变得快乐"。如果能让吃这件事给消费者带来快乐，那么消费者就会产生强烈的黏性。盒马会不断推出各种各样的活动来刺激消费者的新鲜感，激励消费者参与。遇到节假日，盒马还会为消费者构建出节日氛围来刺激消费者的需求，不仅会在 App 推送节日相关的封面与内容专栏，还会精选推出与节日相关的时令商品供消费者选择，来打造"节日节气，跟着盒马吃"的认知与心理。不仅如此，盒马还提供了许多原料、半成品在网上销售，并通过盒马 App 传授做菜方法，让消费者亲自动手，从"做"与"吃"中充分感受到快乐。

盒马通过对消费者的精准定位使得他们能够围绕这一核心人群的消费需求来建造自己的消费场景，从而最大限度地保证了对消费者的吸引与留存。

11.2.2 业务模式创新

传统的生鲜电商利用互联网进行宣传，通过快递等方式将生鲜产品送至消费者手中。业务流程一般为消费者下单，1～2天后送至消费者手中，如京东生鲜、天天果园等。这一业务模式有着储备量大、面向全网消费者等优势，然而由于整体业务流程运转时间长，所以效率欠佳。除此之外，超市到家也是一种经典的业务模式。其主要是以商超为主的零售企业，它们通过地推、广告等方式来触达消费者，提供"线上下单、定时配送到家"的服务。典型的公司有永辉超市、大润发、沃尔玛等。这种业务模式有着配送时效高、供应链能力强、商品种类齐全等优势，但与传统生鲜电商一样，中间环节过多，配送时间长，不利于保"鲜"，难以让大众"眼前一亮"。

而盒马采用了"到店+到家"新零售模式——以生活圈为概念，配送服务3公里范围内的用户，30分钟内送达。消费者不仅可以选择到店消费，也可以选择在 App 下单，做到了线上线下一体化。这种模式能够在一定程度上将线下的消费者引流至线上，使获客能力得到充分提升，满足生鲜现场体验与便利性到家服务双重需求。如此一来，消费者不仅可以在线下进行消费，还可以为店家带来理想的线上回购。因此，在保证产品一致的情况下，对线下消费体验的提升可以加强消费者再次购买的意愿。新零售这一模式成功地让消费者做到了线上与线下消费场景的自由切换，如此一来，就会有更多的消费者转移到线上进行消费。通过对线上线下的打通，盒马成功地实现了线上引流这一目的，也就突破了传统生鲜超市智能服务线下客户的局限。

线上与线下的打通能够使阿里巴巴更好地利用自身对于大数据的利用能力，通过对线上门店与线下销售数据的汇总分析，建立统一的会员体系，全方位支持着全域消费者运营；通过深度挖掘消费者数据，进行会员统一管理，建立会员智能画像，理解其具体诉求，从而做到精准营销；再利用前端的销售数据去影响后端的供应链生产，形成闭环后可有效地控制成本。

总体来说，盒马通过对目标用户的精准把握实现了精准营销，不断地吸引与维持用户，形成了一定的私域流量池；通过进一步对线上线下渠道的打通，使得企业能够充分利用已有的数据进行分析挖掘，不断优化自身服务，加强数字化建设，做到了为用户提供优质便捷的服务体验。

11.3 产业互联网下全球供应链脱颖而出

11.3.1 消费者需求驱动全球供应链重构

如果说消费互联网是对"人、货、场"的重构，产业互联网则更多聚焦于"场"的后端，即零售的整个供应链条。对于盒马来说，全球供应链建设是其发展的核心驱动力。

在全球供应链建设方面，盒马基于消费者的需求重构产业链，深耕全球商品源头，通过零售科技将生产、加工、物流、运营等全链路数字化贯通，并将全球优质供应链体系与国内市场对接，积极参与双循环产业链的互联互通与协同协作。在国内市场，盒马已建立了 41 个常温和冷链仓、16 个加工中心、4 个活鲜暂养仓，并与全国 500 家农产品基地合作建成 117 个盒马村，通过技术和数据指导农业生产、运输、加工、销售等整个流程，形成从消费者到田间地头的订单农业运作模式。盒马村是根据订单为盒马种植农产品的村庄，通过盒马的大数据与精确洞察消费者的能力，向基地反馈消费者的需求，从而推动农产品精细化和标准化的种植。在国际市场，盒马与数十个国家和地区建立直采合作，消费者足不出户便可享受来自全球超过 2000 个国际品牌的高品质商品。

为了确保商品供应链路的安全可靠，盒马依托物联网和互联网技术，基于自身直采战略，在农业生产端和消费者端建立起一套全链路食品安全动态追溯系统。上游农业生产经营者通过盒马专门开发的溯源系统，每天采集和录入农产品的全链路信息。根据这些信息，消费者端可以在盒马 App 上对加入追溯计划商品的生产基地、生产商资质、产品检验报告及核酸检测报告追根知底，产业互联网、消费互联网通过数据链条紧紧地联系在一起。

11.3.2　新农业与新零售产消融合

在以国内大循环为主体的实践中，盒马从技术、物流、销售等方面打造数字农业的"新基建"，形成数字农业新业态，实现"新农业＋新零售"的有机结合，有效连接小农户与消费者，让农户直接参与利润的分配，让城市消费者获得鲜美、安全、放心的优质品牌化农产品。盒马通过农业生产资料、生产过程数字化，实现生产端标准化种植，并对基地的种植主体及经营主体给予基地认证授牌和溯源管理，从而达成生产和消费线上平台式对接，输送优质的数字化农产品供给消费端的目标，实现消费互联网和产业互联网的融合发展。例如，盒马位于上海市崇明区的翠冠梨数字农业基地，占地 160 亩，有 50 项高科技加持——农民只要拿起手机动动手指就能让无人机起飞植保，让无人值守田园机器人去垄沟里撒药,让水肥一体化设施自动配液、挥"汗"如雨。基地种出的高品质翠冠梨直供盒马门店和盒马天猫旗舰店,基地里的农民不但解放了劳动力,而且人均年收入增加了4万元。

通过基地直采,盒马重构生鲜供应链,助力区域农产品升级。根据盒马直供消费者端的数据沉淀,顺应市场和消费者需求变化,以消定产,打破农产品非市场化种植计划,实现订单农业种植。同时,针对农产品的不同属性,盒马定制最适合的供应链解决方案,不同品类采用相应、最佳供应链解决方案,保证商品到消费者手中的品质和安全。比如,盒马日日鲜、0系列、帝皇鲜、树上熟系列自有品牌,正是从消费者端到生产源头的C2M柔性定制模式。

总体来说,盒马的供应链管理能力强在对原有模式的颠覆式改变。传统的供应链是B2C模式,以企业为中心,推行大规模标准化生产,以经验定产量,在最终的销售环节将产品面向消费者。这样的模式缺乏协同,生产源头和消费者间鸿沟过大,容易导致产能过剩、消费需求难以满足等问题。在电商兴起后,B2C模式以互联网平台直达消费者,节约了中间流通的成本,消费者选择更加多样,同时平台能够基于消费者数据得到需求计划。盒马的供应链模式在此基础上再进行迭代升级,供应链上游不断向源头延伸,形成C2M模式,让生产商和消费者连接更为紧密,建立起新零供关系,推动农业和生鲜行业供给侧改革。

未来,在以国内大循环为主体、国内国际双循环相互促进新发展格局的背景下,盒马将继续聚焦内需市场涌现的新需求,不断创新商品与服务供给,通过新业态和新模式加大激发内需市场的活力,并与全球各国在新商业、新零售、科技创新和产业链协同发展方面加大合作力度,积极参与国内国际双循环流通领域产业链与供应链的互联互通、协同协作,更好地为全球商业伙伴与消费者带来便捷化、智能化、多样化的商业体验。

11.4　科技和商业共同赋能

走进盒马，人们总能发现与许多传统商超不同的特色——无论是店仓一体、云价签，还是物流配送等，其在服务消费者的每一个环节都有互联网技术的密切参与及新兴运营模式的深度应用。

11.4.1　3公里范围内30分钟送达

背后赋能：悬挂链系统——科技创造"盒武器"。生鲜类产品讲究即时消费、快速送达，基于此，盒马的30分钟送达服务是吸引消费者的超级利器。2020年8月，上海浦东金桥的盒马门店创造了日破两万单的奇迹。单店单日配送两万单，这是过去新零售行业前所未有的成绩。如何在日超两万单的单量下仍然保证30分钟送达服务？其奥秘就在盒马门店内随处可见的悬挂链中。

盒马独创的悬挂链系统是其前店后仓、店仓合一场景的完美契合，其基于大数据技术和云计算技术创新，为每一个消费者匹配最优的配送方案，完成30分钟送达的目标。悬挂链技术流程图如图11-2所示。

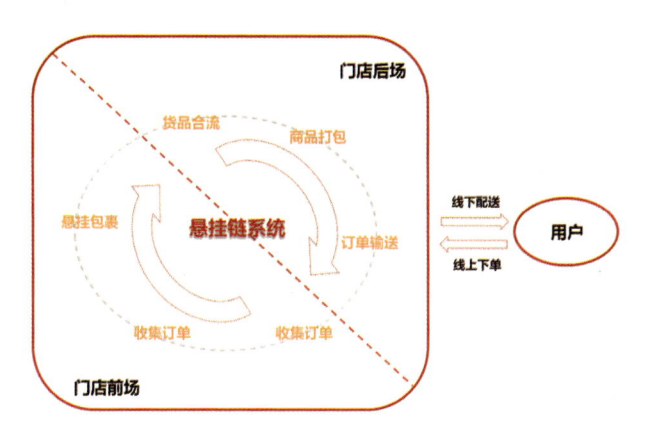

图11-2　悬挂链技术流程图[①]

---

① 参见《业态创新+供给深化+ReTech加持，盒马新零售升维》，招商证券。

盒马对配送中的配货、拣货的效率要求十分严格，每位物流操作员负责指定区域的配货、拣货，每单拣货时间最多不超过 3 分钟。一个订单由多名员工同时操作，配货完成后通过悬挂链运送至仓库进行打包，每个订单从用户下单到出发配送前的时间一般控制在 10 分钟以内，而传统商超的单个订单分拣完成往往需要 20 分钟。这样的高度协同配送方案需要技术和算法在集单、分拣、挂包、传输、合流、打包、输送、配送这八个环节深度跟踪，以达到与人员的高度配合。悬挂链系统不仅大大提高了配送效率，还在一定程度上解放了人力。在盒马，订单来了之后系统会自动分解流程，同时智能算法会帮助拣货员计算出拣货的最优路径，拣货员只需要按照路径指示进行分拣。有了悬挂链系统的支持，拣货员平均每天至少比传统商超拣货员少走 15000 步。同样面积的店铺，传统商超每完成 1 单配送，盒马可以配送 20 单。盒马门店内随处可见的悬挂链如图 11-3 所示。

图11-3 盒马门店内随处可见的悬挂链[1]

总体来说，悬挂链系统的核心功能就是提高配送效率，但从更深层次去看，悬挂链系统是盒马为遵守与消费者的 30 分钟送达约定背后

---

[1] 参见《"新零售第一店"诞生 4 年，线上订单超 75%，日销过 2 万单 》，搜狐网。

的技术承诺。它所带来的效率优化是盒马秉持着以消费者为核心的理念所创造的用户价值。科技赋能的最终目的还是更好地服务消费者。

11.4.2 店仓一体

店仓一体化即集展示、仓储、分拣、配送为一体的新兴门店形式。传统门店的店仓分离模式无法实时定位商品货架，也无法做到对库存实时监测，使得商品管理成为瓶颈、物流成本难以压缩。盒马的店仓一体模式让物流仓储作业和门店共享一套基础设施，运用仓储式货架设计，满足陈列商品和仓储两种功能，商品实现实时回传与调度，使门店既是超市又是仓储配送中心，加之配合自动化物流设备和智能店仓作业系统，不仅能快速定位商品位置、实时监测商品库存量，还能提高配送效率。店仓一体模式不仅使人员、场地等单个门店资源和配置做到了复用，并且节省了传统仓储中的物流成本和商品货损。

店仓一体实际上是盒马物流体系的一部分[①]。盒马物流体系是以消费者为中心的新物流格局，与传统的由仓到用户的端到端物流模式相比，实现了巨大的飞跃，但仍存在诸如分仓拆单业务频繁、备货过多、成本高等问题。针对这些痛点，盒马对"仓"进行了核心改造，在整个物流链路中建立了加工检测中心 DC 仓及门店内置的 FDC 仓。在盒马的设计当中，FDC 被前置到了门店，即形成了店仓一体模式，这意味着配送仓库就在离用户不到 3 公里的区域，B2C 的链路大大缩短。传统模式与盒马模式对比如图 11-4 所示。

---

① 参见德勤中国发布的《新零售下的新物流，以消费者为中心实现数字化跨越》。

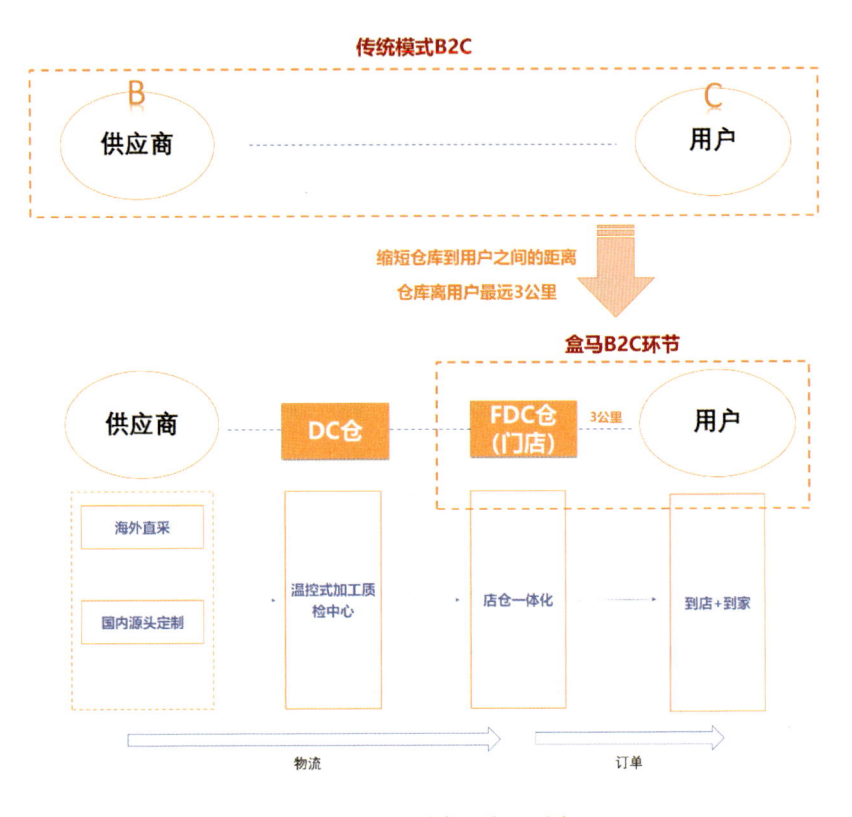

图11-4　传统模式vs盒马模式

11.4.3　云价签实时更新

背后赋能：云价签是电子价签的升级版。由阿里巴巴自研的云价签 SaaS 平台实现了"电子价签和数据分析及预测"双重能力。有了云价签，看到的货架不再是普通的货架，而是"超市运营全息数据显示图"，每个 SKU 被云价签锁定信息，并与门店运营的各个维度进行全方位关联分析。三种价签如图 11-5 所示。

云价签的基本功能是可以将最新的商品信息通过电子显示屏展现出来，后台可以根据库存信息、商品信息等实时调整所有门店内该商品的价格,无须人工操作。云价签还实现了线上线下同价,解决了线上线下难以统一的问题。

图11-5 三种价签——纸质价签、电子价签、云价签[1]

云价签最核心的价值则在于,在其独有的 SaaS 控制台上会实时显示货架陈列图、客流、坪效、库存信息等数据,运营者还可清晰地看到 SKU 位置与动线关系等。云价签最终以数据整合和数据分析能力赋能门店进行智能运营和供销预测[2]。

同时,云价签不仅可以便利商家后台管理,还可以帮助消费者实现快速了解商品信息并进行产品溯源、了解其他消费者评价、将商品一键加入购物车等功能。用户对商品信息的了解越全,对商品及门店的信任感就越高,就越有可能产生购买行为。目前,云价签系统已开放给所有零售门店、商超等整个零售业。

---

[1] 参见《智能价签帮拣货 "菜脸识别"省时间——盒马让科技成为零售门店标配》,环球网。
[2] 参见阿里云开发者社区,《阿里再出手 云价签来了 一个价签搞定智能运营和供销预测》,2021年12月7日。

11.4.4　智能化运营体系

盒马依靠着阿里巴巴深厚的"内功"：数据能力——消费者大数据深度运用，消费者数据库、商品数据库的建立和挖掘；内容能力——敏锐观察市场动态，紧跟甚至引领趋势的内容营销；组织能力——数字化沟通协作组织的高效运作，跨平台、跨门店、跨区域的高度协同。盒马的技术实践经过多年沉淀，可以赋能零售业，帮助传统零售业进行数智化转型。

1. 盒马 ReTech 技术

ReTch 是零售（Retail）和科技（Technology）两个概念的融合。ReTech 的核心思想是用技术来全面提升零售的核心能力。全球首款零售科技 ReTech 解决方案是盒马多年业务实践的沉淀。ReTech 通过数字化重构"人、货、场"，实现了线上线下统一的会员、库存、销售与支付，以及对消费者精确需求的识别、洞察、触达与服务，从而提升门店人效和履约配送的时效性，并且给消费者带来极佳的消费体验。这些高效创新的举措是通过盒马 ReTech 实现的，目前已面向银泰、大润发等数十家行业伙伴进行输出，通过盒马零售科技解决方案的赋能，帮助行业伙伴极大地提升了零售效率[1]。

2. 盒马数据中台

盒马数据中台的核心功能是服务于全链路的业务流程，基于 BI 和 AI 的技术能力，开发多款对决策战略、仓运配协同、运营优化、现场执行等各个环节的数据应用和服务，为业务提供数字化支持，实现业务数据化、数据业务化，打通数据壁垒，实现数据在中台的收集、分析及沉淀，从而提升运营效率。

---

[1] 参见阿里云研究院，《盒马：从新零售到新基建——盒马零售科技助力双循环新发展新格局》，2021 年 12 月 8 日。

数据中台通过业务的在线化沉淀数据，然后利用中台强大的数据处理能力对数据进行挖掘，赋能业务决策。目前，盒马数据中台经过长久的实践和优化，可以将中台能力普惠给其他零售企业，带动传统卖场数智化升级。

3. 供应链管理能力

不管形式如何改变，零售的本质是不变的。消费者随着消费观念不断升级，对商品的品质要求越来越高。未来，供应链将是零售行业的生命线。盒马的供应链效率优化依赖于阿里巴巴的数据＋智能算法技术深度赋能，实现更精准的销售计划、更合理的货品结构、更高效的库存周转、更快速的履约机制、更低的运输成本及更具前瞻性的采购计划，从而赢得市场和消费者的认可。

11.5 盒马实践双轮驱动

盒马正在进行的一项工作就是将割裂的消费侧和产业侧连接起来，利用大数据技术赋能全过程、全渠道、端到端的打通，形成消费互联网和产业互联网互相融合的整体；进一步将供应链延伸，实现产销直连，利用消费者大数据优化整条产业链，加快产品的流转和迭代创新，实现"做出好产品，卖出好价格"的目标。

从盒马已获得的成功实践来看，消费互联网和产业互联网实现双轮驱动，必然无法脱离两个关键公式——$B=C2B2C^n$ 和 $G=(P×O×C)^i$。

11.5.1 实践（C2B2C）的 n 次方——消费者价值最大化

1. 价值获取——C：消费者全触达、全连接

通过门店的数字化，盒马实现了对消费者的全触达：消费者从其进入门店的一刻起，盒马就利用人流客流技术进行精准客流统计、用户画像分析，再将必要的数据迅速投送给线下导购人员，从而提供给消费者更加个性化的导购服务。在消费者逛店选购时，后台记录消费者对各个区域的停留时长、货架热力图等数据信息，从而辅助运营人员做出对商品陈列优化、销量预测、价格调整等商品管理决策。只要消费者扫描电子价签，后台就记录下每件商品扫码的频次、时间段及背后的消费者属性，从而为后续的选品、备货等环节提供宝贵的消费者数据。在支付环节，消费者主要使用支付宝或盒马 App 两种支付方式，从而实现了货和消费者的一一对应，并将线下门店和线上销售的数据进行汇集处理，获取消费者更深层次的特征，实现精准营销、精准洞察。

与此同时，在盒马 App 上也具有完备的消费者洞察体系。消费者首次在实体店下单消费，第二次则可在盒马 App 下单，由此带来其他商超难以达到的高回购率。并且，基于门店的 LBS 属性，具象化本地生活圈，以商圈、规模、客群特征及品类结构等进行门店分层，从生命周期、特征识别、需求洞察建立消费者画像，对用户的需求把握更准确[①]。对于还未进店，或者是潜在的消费者，盒马则利用已有的消费者数据进行消费特征分析，从而精准投放营销信息进行引流，促使客流量的增加。

通过各个数字化触点，盒马根据消费者大数据形成每位消费者独有的用户档案，包括消费偏好、购买习惯、具体诉求等信息，从而实现了 C 端的精准洞察和精准营销，做到想其所想、供其所需。但这只是盒马利用消费者大数据的冰山一角，消费者大数据资产在 B 端的应用是实现双轮驱动的关键一步。

2. 价值创造——C to B：基于消费者数据的供应链优化

上述宝贵的消费者洞察信息将进一步传送到 B 端，对生产、订货、库存、物流、配送等各个环节进行优化，实现整条产业链供应链的升级。

---

① 参见《透视盒马：新零售操作系统的秘密》。

按需订货：生鲜的新鲜程度从采摘/捕捞那一刻开始逐渐降低，为保证产品的品质，盒马做出的承诺是"不卖隔夜菜，不卖隔夜肉"。通过大数据资产赋能，盒马可根据 C 端产生的消费者数据制订次日的需求计划，供应端则按照需求计划量进行采摘/捕捞，尽最大可能保证新鲜程度，既兑现了对消费者的承诺，也减少了库存压力。

以销定产：消费者的数据沉淀同样应用于生产端，盒马与全国数十个农产品基地深度合作，根据 C 端的数据沉淀预测消费者需求变化趋势，以销定产，打破传统农业生产的固定种植计划，实现订单农业种植，达到按需生产目标。

库存优化：场地资源是实体门店的最大成本之一，如何将有限的场地发挥出最大的价值是所有实体门店都关心的问题。盒马根据历史销量和"淘系"数据结合智能订货库存分配系统，计算每件商品的最佳库存，从而形成实时更新的最优铺货方案。同时，智能订货库存分配系统还可以做到不同区域商品分配的预测，实现对商品的精细化管理。

柔性供给：需求的多样化将"倒逼"供应链升级。盒马为打造具有价格竞争力的高质量商品，把整个供应链重构，直接走向生产源头。一方面，可以压缩不必要的物流成本，为供应链挤出盈余空间；另一方面，实现了消费者和生产商的连接，生产商可以基于消费者大数据组织生产，最大限度上满足消费者的个性化需求。

3. 价值回归——B to C：吸引更多消费者

消费者数据优化、升级后的 B 端将促进和叠加更好的消费体验，进而将价值回归到消费者，为消费者带来更高品质的商品、更贴心的服务，满足消费者更多的需求、覆盖更多的消费场景，同时带来新的用户增长。

4. n次方——数据+算法+算力反复迭代

消费互联网和产业互联网转动的飞轮需要大数据技术的深度赋能。盒马不仅能做到商超+餐饮店+便利店+生鲜集市的一站式服务，还提供到店+到家服务，是新零售模式中的"全能王"。在几年的成长时间里，盒马通过数据+算法+算力反复迭代优化 C2B2C 的结果，反复对端到端全产业链路、全流程、全场景、全触点、全域全网全渠道、全生命周期进行优化。

n 次方的优化迭代只有起点，没有终点。

11.5.2 着力（P×O×C）的 i 次方——获取新增长

1. Product：新产品

作为品质生活方式的引领者，盒马紧紧围绕实现消费者"买得到、买得好、买得方便、买得放心、买得开心"五大价值，为消费者提供全品类商品一站式购齐的最优性价比购物体验。商品力是零售业的核心，盒马基于消费者的需求去重构产品链路，通过"买手制"优化商品结构，定制最佳供应链解决方案，打造最具竞争优势的商品力[1]。

2. Organization：新组织

传统零售门店往往面临高经验密集、高劳动密集两大痛点，同时，对人的高度依赖使其在以达成一致性为目的的规模化发展中存在极大不确定性。其中，高经验密集指门店对人的专业领域知识与经验依赖性强，导致自身"造血"能力跟不上规模化节奏，外聘人员又无法快速上手组织的内部管理，导致组织升级缓慢，造成市场能力真空；高劳动密集指对人的数量、熟练度与供给稳定的依赖性强，给人员部署、用工招聘带来极高的挑战，而员工流动性过大、新员工技能熟练爬坡

---

[1] 参见阿里云研究院，《盒马：从新零售到新基建——盒马零售科技助力双循环新发展新格局》，2021年12月8日。

周期长，则导致店内效率和质量无法保证顶峰输出。

盒马为降低末端组织的不确定性，通过引入业务中台组织，实现大部分业务由中台进行管理，关键决策由中台专家分析，员工在中台进行培训和督导，尽量使每个步骤标准化，把最少的差异化留给末端的门店组织。同时，盒马利用大数据等关键技术，突破员工在计算力、记忆力、运动力上的物理限制，降低对人员数量、熟练度与供给稳定性的依赖。

在沟通方面，传统零售业存在供应商和经销商之间、各门店体系之间，甚至同一门店的人员之间的沟通障碍和数据传达壁垒，导致渠道数据难以掌握，沟通效率低下等运营问题。门店借助专为数字化沟通协同打造的钉钉平台来掌握和管理数据，实现数字化运营。在盒马，每个员工配一个 PDI 手持终端，在上面开发了钉钉功能，将日常管理和沟通的职能全部集成于 PDI 手持终端，极大地提高了运营效率，同时令员工从原本烦琐的业务中解放出来，从事更多更有价值的工作，实现一人多岗，降低了门店的人力成本。

3. Customer：新客

"餐饮+零售"模式是盒马留客、获客的主要途径之一——线下门店以用户体验为中心，实现一体化服务，满足消费者即买即吃的愿望，增加了在店消费时间，为消费者带来多元化的体验。这种良好的体验感会增加消费者对盒马的信任，促进消费者忠诚度。

盒马的 OAO（Online And Offline）模式实现了线上线下导流，是获客的一个重要途径。OAO 模式是指一种线上和线下结合、实体店和网店融合一体化的双店模式，类似于门店的"数字孪生"。这种模式将线上和线下的流量打通，对传统门店的坪效结构产生了颠覆性改变，传统门店的坪效=线下收入÷店铺面积，而盒马的坪效=（线上收入+

线下收入）÷店铺面积，实现了坪效的翻倍[①]。

到店+到家服务也是盒马深度获客的方式。对传统门店来说，往往其选址决定了人流，人流决定了进店客流，客流最终决定了交易量。盒马开启的到家模式突破了传统门店的限制，使辐射的人流半径更大了，以前因为距离太远不会到店的消费者，现在可以通过到家模式轻松触达，从而带来更多的新用户流量。对于消费者来讲，在线上和线下产品品质相同的情况下，很多消费者可能更愿意选择线上消费的模式，享受足不出户的便利。

4. i 次方：数智力不断迭代

i 是数智力，盒马打造了大数据全流程数据化管理，从开店选址、选品到供应商管理、自动订货，再到作业数字化、货架管理，做到了整个业务的流程数字化，以最快的速度完成一笔订单的全流程服务，从而实现了产品、组织、用户的不断迭代，滚滚向前。

在短短的几年里，盒马做了很多探索，带来很多变化，不变的是盒马一直在变。基于消费者大数据，盒马建立新零供关系，引领零售业变革。现在的盒马已经不是几年前的外卖小店，而是扩张至多业态、300多家门店的新零售标杆。未来，盒马将成为一个新零售的孵化平台，将多年的业务实践沉淀并普惠，科技和商业合力赋能所有传统零售业数智化转型，实现消费互联网和产业互联网双轮驱动。

[①] 参见钟园园，《盒马鲜生"突破重围的秘密"》，中国药店，2021年。

第 12 章
老板电器——消费者导向的无人工厂开创者

12.1 锐意进取：四十多年行业领跑

杭州老板电器股份有限公司（后文简称老板电器）创立于 1979 年，专业生产吸油烟机、集成油烟机、蒸箱、灶具、消毒柜、电烤箱、微波炉、洗碗机、净水器、燃气热水器等家用厨房电器产品。经过四十多年的发展与壮大，老板电器已成为中国厨房电器行业领导品牌。总体来看，老板电器的发展经历了四个阶段，如图 12-1 所示。

1979—1988 年，是公司的创始与积累阶段。老板人手握三把"老虎钳"，开创中国厨电行业。

1989—1999 年，是公司的崛起与创新阶段。老板人专注于技术突破，规范烟机行业标准。

2000—2010 年，是公司的腾飞与超越阶段。老板电器引领行业进入大吸力时代，业绩遥遥领先。2000 年，老板电器进入燃气灶市场，开始研发生产吸油烟机以外的厨电产品，并在之后十余年间实行多元化渠道开拓战略，持续丰富产品品类。2003年，正式进军高端厨电市场，2010年，挂牌上市。目前，老板电器已经形成零售、电商、工程为主的渠道结构，同时通过抢占流量平台，拓展全屋定制等创新渠道及海外市场[①]。

2011年至今，是公司的变革与领跑阶段。老板电器以数字化、智能化引领中国制造发展。代表事件包括：2012年，大规模推进机器换人工程；2013年，启动数字化工厂改造；2016年，建成厨电行业首家通过工信部认证的智能制造试点示范基地；2017年年底，开始使用钉钉，打通了零售端和制造端，推动了老板电器C2M新制造体系建设的进程；2018年，启动科创园项目，升级智慧工厂；2020年，老板厨房电器未来工厂入选浙江省首批未来工厂，成为首个厨电行业无人工厂。

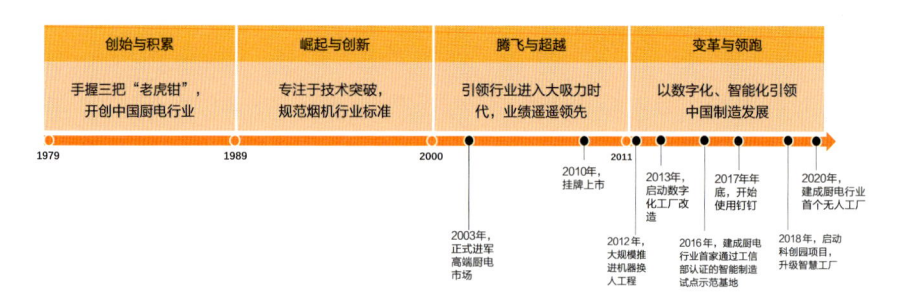

图12-1 老板电器发展历程大事记

12.2 挖掘业务增长着力点

1. 着力点一：通过精准需求洞察，牵引新产品供给

随着电子商务的蓬勃发展，语音识别、各类传感器技术和各类数

---

① 参见《老板电器：40年风雨历程 从多元化到业务聚焦》，同花顺。

字化技术越来越成熟，人们的消费和生活习惯悄然发生了变化。淘宝平台家电类产品销售数据显示，消费者在选择厨电产品时，更加偏向智能化、个性化和集成化的产品。

厨电产品的智能化和个性化也成为消费者做出购买决策的重要理由之一。例如，针对很多年轻人没有时间做饭或不擅长做饭，一款带有远程遥控和语音检索菜谱功能的厨具能够有效降低操作门槛。借助 AI 云计算和以用户为中心的交互性智能设计，厨电产品还能够为用户提供个性化的健康主题食谱。

集成化也成为厨电行业未来的发展趋势。不同于过去单一的饮食结构，年轻人在饮食方面追求多元化，除了基本的家常菜，还想在家做甜品、手工面等。但是，如果购买发酵机、破壁机、揉面机等厨电，不仅花钱多，也会占据较大的厨房空间，而且在琳琅满目的市场中，选择一款性价比高的产品实属不易。集成化、多功能的产品则能够很好地解决问题。

在 2017 年以前，老板电器主要生产标准化厨电，靠渠道拉动销量增长是其快速发展的关键。然而，标准化产品和研发推动的生产显然无法适应快速变化的消费者需求。过去，人口红利很大，企业不需要了解数据就可以发展得很好，但现在没有数据支撑，仅凭经验则会减缓企业发展步伐。如何更贴近终端消费者，更好地洞察消费者需求，形成以消费者为中心的产品设计和研发模式，进行柔性化、定制化、个性化的产品生产，成为老板电器业务增长和转型的关键。

2. 着力点二：通过数智化系统升级，满足高频交互需求

老板电器从 2004 年开始上线信息系统平台，依次建立了功能独立的信息系统模块，包括财务系统、招聘系统、ERP 系统等。尽管信息化系统功能完善，但传统信息化模式已经跟不上业务发展的需求，从而暴露出信息系统孤立、架构老旧等问题。

一是现有信息化软件架构难以快速响应新业务需求。传统信息系统提供的信息具有"离散型"和"相对静态"特征,而实际的生产场景需要大量的实时数据。目前,企业的信息系统包括生产过程管控系统 MES、负责仓库调配的 WMS 等,但是这些系统只能解决企业内部的流程问题,仍然无法触及销售端。老板电器从 2018 年开始进行零售分销系统的建设,以期对线下客户的消费和使用情况有更加全面的掌握。

二是多套信息化软件之间的协同能力还不够完善。老板电器预想中的未来工厂需要拥有未成型的条件变成指令的能力。举例来说,传统模式的模具冲压只能在模具出问题以后再进行维护、保养,老板电器希望未来工厂能够通过实时采集生产过程中的数据并基于核心关键数据的建模,提前预判可能出现的问题。而在老旧的信息系统下,人与设备之间互相驱动,但系统间无法无缝衔接,不同线体间无法高效协同,使得不同业务数据间无法自主串联。

三是现有设备之间缺乏交互,设备与软件之间的交互亦是薄弱环节。智能化的厨电产品要求在传统厨电产品上安装各种温度、湿度、触感等传感器设备,以实现机器与人的智能交互。不仅如此,不同厨电产品之间的设备交互网络是打造集成化厨电产品的基础,而设备与软件之间的交互是提供智能化服务的基础。老板电器未来无人工厂和工业互联网平台的打造都离不开这些设备和软件。

基于此,老板电器亟须构建一套适用于新业务需求、可持续迭代升级开发的、用数智化管控资源、收集分析实时和历史数据、可基于数据分析结果进行业务决策和优化的平台,并在此基础上进行业务功能开发,通过任务形式驱动各业务功能开展,实现信息在 PC 端和移动端的查看和操作。

3. 着力点三：通过人力配置和业务流程变革，适应多变环境

在传统的厨电产品生产线上，每个工人专门负责某一个或几个生产环节，依靠工人的经验和熟练程度来保证产品质量。随着产能的提升和各种新型产品的出现，制造业对熟练工人的需求量大大增加，普遍出现招工难的问题。为了招到工人，从 2019 年起，老板电器已经给一线工人开出税前"10 万+"的年薪。薪酬网的数据显示，截至 2021 年 6 月 7 日，杭州市的平均月薪为税前 7543 元。相比之下，老板电器给出的薪酬不算低，却仍然面临着用工紧张的问题。这一时期的人工成本不断上升，整个制造业共同面临招工难的问题。演变至今，矛盾更为突出。

传统的业务流程也暴露出一些问题。过去老板电器的系统开发是"需求驱动型"，由各部门从各自的角度提出需求，系统各个模块较为独立。但是，为了从消费者需求出发，设计以消费者为中心的产品，老板电器需要将系统开发流程转变为"数据驱动型"，也就是要从经营层面来考虑企业的宏观战略，以此来完成系统的搭建。

12.3 双轮驱动：全链条数智化升级

12.3.1 产业端：树立数智化转型理念

老板电器在 2016 年就已经意识到数字化、智能化转型已经成为一种趋势，于是从 2016 年上半年开始进行数字化、智能化转型。

积极进行数字化、智能化转型的举措源于理念的树立，在这一方面，外部环境和内部环境共同作用。在外部环境方面，老板电器和阿里巴巴联系较为紧密，受到了阿里巴巴数字化思维的影响，催生了许多互联网人才为企业提供帮助。内部环境则是更重要的影响因素。老板电器的数字化、智能化转型背后是最高决策层的支持。2013 年，任

富佳从父亲手里接过了老板电器总裁一职，当时年仅30岁的他非常关注数字化转型。他牵头成立的"数字化经营委员会"由几位副总裁及运营总监组成，让数字化决策从最高管理层开始。不仅如此，专门组建的运营管理部门定位于数据分析，对各部门的数据调取拥有最高权限，将以前锁在各部门的数据都直观地呈现在"经营表盘""总裁驾驶舱"等数据平台中，便于管理层全面掌握公司情况[①]。由于企业总裁有较高的数字化、智能化转型敏感度，企业很快意识到转型需要与企业的运营相结合，让每个人看到同样的东西——难点是管理者思维的转变，关键点是执行。

转型理念之一是全员参与。随着数字化、智能化成为制造企业的主流转型方向，老板电器的决策者逐渐认识到，数智化转型要求企业发动全员在各个层级、各个价值链上采用日益商业化的突破性数字技术（如物联网、高级分析、人工智能、自动化和流程数字化），由此改变运营方式，实现深刻而显著的现有和新兴业务价值，从而满足消费者日益增长的需求。在数智化转型大潮中，企业如逆水行舟，不进则退。如果不进行数智化转型，那么企业将会被消费者抛弃、被竞争对手超越、被市场边缘化，以致最终出局。

转型理念之二是以消费者为中心。从企业看，以消费者为中心是在市场竞争中存活下来的关键。如前文所述，数字化、智能化浪潮的到来使消费者信息不对称的地位得到极大改观，随着消费者主权的崛起，消费者感知价值最大化成为导向，从根本上改变了传统以生产为主导的商业经济模式，给企业的经营带来了巨大的挑战，也带来了新的机遇。有别于传统工业化发展时期的竞争模式，数字经济时代企业核心竞争能力从过去传统的"制造能力"变成了"服务能力＋数字化能力＋制造能力"。企业要具备开展技术研发创新的能力，加快研发设

---

① 参见郭娟，《老板电器"未来工厂"：5个亿换来制胜1%》，2021年11月5日。

计向协同化、动态化、众创化转型；要具备生产方式变革的能力，加快工业生产向智能化、柔性化和服务化转变；要具备组织管理再造的能力，加快组织管理向扁平化、创客化、自组织拓展；要具备跨界合作的能力，推动创新体系由链条式价值链向能够实时互动、多方参与的灵活价值网络演进[1]。

转型理念之三是数据治理。老板电器从2004年开始第一次接触信息系统，认为过去15年的工作更多的是在"打地基"，其所建立的各种企业应用是数字化转型的基础，有了地基才能建房子，才能进行数智化转型。在数智化过程中的首要工作是进行系统集成，由此来形成数据间的逻辑关系，从而完成数据分析等一系列功能，最后完成企业数据仓库的开发。因此，老板电器成立了数据小组进行数据建模，以此来梳理数据逻辑，企业信息部门目前工作的重心就是进行数据治理，由数据小组完成数据波动分析的工作，这些小组是确保转型成功的重要模块。

12.3.2　消费端：消费者导向集成系统

老板电器过去的系统开发是由各部门从各自的角度来提出需求进行建设，系统各模块较为独立，且与实际的消费者需求往往有出入，但是现在已经转变为数据驱动型，从消费互联网端来考虑企业的宏观战略，以此来完成系统的搭建。

老板电器选择了站在数字经济时代前沿的阿里巴巴。阿里巴巴不仅有丰富的数智化产品、多元的服务能力，还具备强大的服务工具和经验丰富的服务团队。在未来工厂、机器换人、工业互联网、智慧家居等数字化愿景的驱动下，老板电器联合阿里巴巴团队，一方面借助阿里巴巴的外脑，另一方面配备专职的推进团队，成功实现了从消费

---

[1]　参见阳银娟和陈劲，《数字化转型如何重塑企业创新优势？》，创新科技，2021年。

互联网到产业互联网的升级。

为了在集团内部采用钉钉平台，老板电器在信息化部成立了四个小组，包括新建的数据开发小组、负责钉钉和日常办公等模块的效率提升小组、运维保障小组，以及有开发经验的前端业务小组。在项目实施时从不同的小组中抽调人员，最后通过项目考核来进行绩效评价。为了推进基于阿里云工业互联网的无人工厂，老板电器和阿里云各自组建了一支十多人规模的项目攻坚队伍，其核心工作就是打通、融合和连接。

12.3.3 组织变革：打造信息融合平台

组织变革是企业变革的第一步。有效的组织变革需要企业打造一个有效的信息融合平台。为此，老板电器选择了钉钉。

老板电器使用钉钉的一个原因是二者在地理位置上很近，并且有很强大的功能，是天时地利人和的机会，企业没有必要舍近求远去寻找其他的软件。而且，钉钉有好的共创文化，能够适应消费者的需求，老板电器一直都有共同开发的理念，跟钉钉合作可以实现软件的可定制化。此外，钉钉也更加适用于中国民营企业的发展环境，更加适合做企业门户。

在钉钉上线之初，企业对其要求只是使用现成的软件改变原来的传统工作模式，最开始的指标是每个季度都要推出一项钉钉的新功能。比如，最初的功能是钉钉考勤，以此来帮助企业进行及时的信息化通知推送。现在企业通过钉钉完成数据治理工作，将不同系统中的数据进行集成，最终以报表的形式呈现，但是数据分析工作还是需要人工完成的。

目前,老板电器的整个组织包括生产线都部署在钉钉上[①],企业的合同审批和业务订单也在钉钉上呈现,企业可以随时随地进行会议,对电脑端的依赖大大减少。企业认为钉钉是一个接口,即企业中大部分系统由自己开发,但是通过钉钉进行连接,双方共同开发,未来如果钉钉能够提供更加深入的终端应用,那么双方将进行更加深入的合作。

钉钉平台的使用给老板电器带来以下几点变化。

第一,钉钉使员工间的沟通距离缩短,效率大大提升。

第二,钉钉使企业的信息化建设更加集成化。这样不仅有利于梳理各部门之间数据的逻辑并进行关联,还可以在移动端完成很多PC端才能完成的工作,形成一站式解决方案。

第三,钉钉有利于进行品质管理,对产品进行分析以后可以针对问题进行快速反馈。

第四,钉钉使企业中的工作变得更加透明。

第五,钉钉增加了便捷性。通过将不同系统进行集成,员工可以在钉钉中一键触达任何一个企业应用,不需要频繁切换。

第六,钉钉考勤方便员工了解彼此是否在岗等信息,有利于进行信息推送,方便大家相互沟通与协同。

钉钉深度整合了老板电器的OA系统、会议管理系统,成了老板电器每个员工都爱用的信息化融合平台。

老板电器对钉钉应用的力度很大,将内部系统通过钉钉下沉到了所有地区的下属公司,以及大部分供应商,不断产生多场景的互动及业务赋能,各地区组织人员管理、线上培训等不断涌现。

---

① 参见北国网,《老板电器用钉钉开启数字化管理之路》,2018年12月26日。

12.3.4 重构产业：驱动供需动态平衡

2015 年，老板电器已经建成完善的信息化系统，实现了制造和管理全流程的智能化，建立行业首个数字化智能制造基地。在完成消费端和产业端的部署后，下一个目标是利用消费互联网和产业互联网双轮驱动实现供需动态平衡。

2019 年，老板电器找到阿里云，决定将茅山智能制造基地再做提升。而实现这一变化的关键是一个介于产业互联网和消费互联网之间的大数据平台——接入 ERP、CRM、MES 等系统，将制造、供应链、研发、营销、产品数据完全打通，并建立关联，成为企业的大数据平台。2020 年，老板电器斥资五亿元升级智能工厂，开启了无人工厂时代。通过工业互联网平台、物联网平台、边缘集群等"新基建"，开创以用户为核心、数据驱动的云边一体化架构的未来工厂中枢神经——九天中枢数字平台[1]。

云边一体化包括三层架构，即应用层、平台层和现场层。应用层主要包括 ERP、MES、AGV、门禁、立库等业务场景应用；平台层主要是指公司的工业互联网平台和物联网平台，包括指标计算分析、订单/产品管理、工厂/工艺建模、生产/库存报工、异常管理、主数据管理等；现场层主要是指边缘集群模块，包括边缘运维、服务管理、资源调度、安全保障、边缘网关等模块。上述架构的主要特点有三个。

第一，物联网、边缘计算、云计算等技术被融合在生产制造中，实现了产线设备、模具和生产数据的断点续传、边缘应用托管及离线工作等功能。

第二，通过工业互联网平台，将 ERP、MES、AGV、立库、视觉识别、

---

[1] 参见中国工信产业网，《从千人工厂到无人工厂的蜕变——老板电器 5G 无人工厂》，2021 年 12 月 7 日。

设备物联、钉钉等系统打通，实现业务智能化，进而实现管理模式创新。

第三，老板电器通过大屏画面开发工具，实现数据系统化分析与呈现，围绕订单管理、生产管理、品质管理和设备管理进行显示。

九天中枢数字平台的每重"天"都代表着老板电器数字化的组成模块。一重天的基础建设、二重天的业务标准建设、三重天的数据标准建设、四重天的管理数字化建设，共同构筑了九天中枢数字平台的基石；五重天的制造数字化建设，主要体现为以未来工厂为载体的数字制造；六重天的研发数字化建设、七重天的营销数字化建设及八重天的数字智能化建设，则构成了以消费者为中心、以数据为驱动的数字烹饪链；九重天则代表了智能制造的愿景，即以消费者为核心、以数字驱动业务为基础，实现市场与用户零距离、研发与用户零距离、制造与用户零距离[①]。

平台建设的核心建设内容如下。

（1）阿里云工业互联网企业级平台 阿里云工业互联网企业级平台为制造企业搭建基于业务中台和数据中台的云上数字工厂解决方案。平台基于阿里云的物联网、云计算和工业大数据的技术，构建用数字化控制并管理资源、收集分析历史信息、基于数字分析结果进行业务决策和优化的技术和方法。工业互联网企业级平台将制造企业的设备通过物联网技术链接到云端，把运营业务对象通过数字模型来表示，再通过数字模型来集成产品研发、生产、销售、物流、售后整个价值链过程中需要的工业应用，实现业务协同处理。

无人工厂基建——阿里巴巴工业互联网平台如图12-2所示，基于工业智能应用产生的业务数据以及物联网采集的智能设备的运营数据进行关联和追溯，对制造企业中的事件和指标进行综合检测和可视化

---

① 参见张阳，《老板电器建成未来工厂 数字化转型树立智能制造新样板》，2021年1月22日。

展示，实现工厂事件的快速响应，并通过多维度分析和数据挖掘实现高效、智能的决策和反馈。

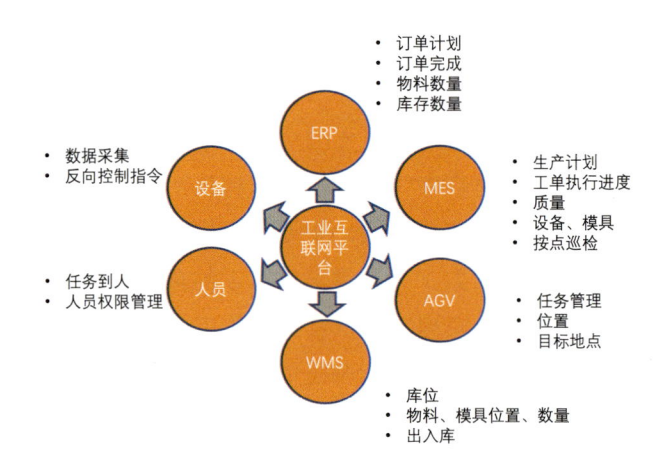

图12-2　无人工厂基建——阿里巴巴工业互联网平台

（2）物联网边缘计算。物联网边缘计算是阿里云在边缘端的拓展，它继承了阿里云安全、存储、计算、人工智能的能力，可部署于不同量级的智能设备和计算节点中，通过定义物模型连接不同协议、不同数据格式的设备，提供安全可靠、低延时、低成本、易扩展、弱依赖的本地计算服务。

通过消费互联网和产业互联网的贯通、联动和双轮驱动，老板电器利用这种以数据为纽带、以需求牵引供给、供给创造需求的不断迭代和循环重构产业，创造出供需动态平衡，实现了有效供给的目标。

12.4　再上台阶：开启消费者导向的无人工厂时代

曾经的老板电器，一名工人每天在产线上接料超过3000次，只要产线不停，就不能休息，一年下来，接料次数能达到一百多万次。现在的无人工厂中，工人通过培训成为机器人运维工程师，重复的接料交由机械臂和 AGV 物流机器人完成。

在集烟罩自动冲压成型生产线上，机械臂将成品从流水线上取下，转身放到平板车上。一辆 AGV 小车缓缓停在机械臂前，发出一闪一闪的光电信号，读懂信号的机械臂立即停止作业，直到 AGV 小车拖走整齐摆放着成品的平板车，才转身继续流水线上的作业。

AGV 小车的工作内容十分丰富：搬取原材料、运送成品、支援其他产线物资的配送……它的行驶路径同机械臂的作业都取决于实时接收的来自九天中枢数字平台的系统指令。

平台接入了工厂全部自动化设备、上万个点位的实时数据，经分析处理，形成一个可指挥整座工厂全流程调度的"智能大脑"，帮助工厂实现了不同设备间的自主协调运作、灵活响应，而不需要额外的人工操作。

在车间二楼的指挥中心里，一张 20 米宽的数字大屏实时反映出产线的作业情况，一旦设备出现异常，系统会自动通过手机钉钉给工人派单，从过去订单旺季忙乱的"人找任务"，变成了从容的"任务找人"。

品质管理：实现全程跟踪、质量控制，维护生产记录信息并优化生产过程控制。老板电器基于平台实时获取在原料采购和半成品、成品的生产阶段都有品质检验的质量管控点的检测数据，实现系统的监视和预警以及统计质量数据，做到品质检验可指导、可分析、可追溯的目标[1]。

物流管理：无人工厂的 16 条线体的制造流转节点数据统一由物联网平台采集监视，上层业务指令通过工业互联网平台进行下发，通过建立高效协同的计划体系，实现生产仓、物流仓、渠道仓的三仓统一。业务场景协同涉及工业互联网平台与 ERP、MES 等系统，共 21 个子

---

[1] 参见老板电器，《无人工厂不再是梦想》，2021 年 8 月 24 日。

场景。

设备管理：老板电器基于工业互联网平台、物联网平台，结合传感器、移动终端等，基于适当的信息安全保障机制，提供安全可控乃至个性化的实时在线监测、报警联动、调度指挥、远程控制、统计报表等功能，实现对工厂"万物"的"高效、节能、安全、环保"的"管、控、营"一体化。

工艺管理：通过与 MES 的无缝对接自动获取工艺卡片，并与装配计划做关联，线长在 MES 中进行计划下发，同时工艺卡片显示在指定工位上，以确保工艺文件版本的统一。

数据分析与优化：控制中心大屏显示全厂 2.5D 模型、运营看板、人员管理看板、销售需求看板、采购计划看板、入库发货看板、监控视频等，并对多业务系统数据进行综合分析和展示；在大屏上对实时生产运营状况进行总体评估和分析预警，画面中出现的异常、计划、工单、产线等汇总内容支持数据钻取展现某计划号、某工单号、某条产线等的详细情况。涉及的数据主要包括 MES、ERP、AGV、立体库、监控系统、现场设备等，主要内容包括销售数据、生产数据、供应链数据、人员信息、企业概况、环境信息、钣金生产线的设备与质量信息、装配线的设备与质量信息等。

老板电器数字烹饪链：老板电器数字烹饪链通过数字化升级获取用户在烹饪场景中记录、收集、反馈、沉淀海量数据，形成丰富的用户数据标签，以精准指导产品规划、产品开发、精准营销、精准服务和精准制造，实现市场与用户零距离、研发与用户零距离、制造与用户零距离[1]。

---

[1] 参见腾讯网，《探索智造转型新途径 老板电器引领中国高端厨电迈入"零点制造"时代》，2021 年 12 月 22 日。

面对全球新一轮科技革命开辟的新赛道，新的工业链、产业链正在加速重构的新局势，老板电器通过基于数据的精准决策，将用户端、市场端、研发端、制造端全业务流程无缝集成，基于工业互联网实现资源配置效率的极致优化：产品研发周期缩短 31.13%，生产效率提高 44.55%，产品不良率降低 58.2%，能源利用率提高 10.75%。

当前，互联网已进入"下半场"，企业生产效率和全链路管理面临着重大考验，从消费互联网到产业互联网的升级，正在帮助企业降本增效，让生产更智能、工人更从容。像老板电器这样的未来工厂以数据驱动，把制造、用户、产品融合连接，把智能赋予机器，不仅增强了企业的抗风险能力，也体现了智能制造应有的题中之义。

第 13 章
波司登：贯通全产业链的数智化转型时尚先锋

"波司登"是许多中国人耳熟能详的名字，几乎已成了羽绒服的代名词，专业、优质、保暖已成为品牌自带的标签，而近年来，波司登又在创新、时尚、科技、国际化方面持续发力，展现出生机勃勃的发展态势。

1976 年，波司登的创始人高德康从江苏常熟一个只有 8 台缝纫机、11 个人的小作坊起步，创办羽绒服企业，通过给上海企业做来料加工和贴牌合作逐渐成长壮大，并掌握了从进料、设计到制造的一整套成熟技术，于 1992 年注册"波司登"商标，开始打造自主品牌。

20 世纪 90 年代中期，波司登深入了解市场需求，从消费者的角度出发，设计制作兼顾御寒保暖和时尚美观两方面需求的产品，在颜色、面料、款式、版型、工艺、含绒量等方面大胆创新，推动羽绒服进行时装化变革。波司登凭借亮丽的颜色、柔软的面料、大气的款式、贴身的版型、精细的工艺，令羽绒服一改过往臃肿老气的外观，给人以焕然一新的感觉,一举成为全国销量冠军,打开了品牌知名度。1998年5月,中国－斯洛伐克联合登山队身穿波司登定制的羽绒服登顶珠峰,随后又随我国科考队先后征战北极、南极,波司登羽绒服获得了专业领域的高度认可,在市场上建立了高端、专业、时尚的品牌形象[①]。

进入21世纪,波司登继续推进名牌战略,在保持国内市场销量遥遥领先的同时,致力于从中国名牌走向世界名牌。然而,羽绒服毕竟属于一个比较窄的专业化市场,经过多年耕耘,波司登也面临着品牌老化、创新乏力的问题,与时代消费者渐行渐远。面对供给侧结构性改革和消费升级的大趋势,波司登以顾客需求为原点,重塑品牌价值,成为其品牌转型的出发点。

在波司登品牌转型提升的过程中,数字化转型、创新智造为其提供了不可或缺的助力。总裁高德康曾明确指出:面对数字化时代的到来,企业精神的传承、品牌建设及数字化变革的深度发展将是企业可持续发展的核心动力。推进数字化转型战略,打造以消费者为中心的数字化运营能力,是波司登在竞争中取得成功的重要基础,也是我们长期关注的企业发展的核心议题。[②]

早在20世纪90年代,波司登就开启了信息化建设,以分销管理系统建设为重点。2012年,波司登构建了以ERP为核心的信息平台,后又建设电子商务系统、商业智能分析系统。2016年,波司登与阿里云展开初步合作,构建零售云平台,打通了波司登全国门店与线上商品的流转系统,有效解决了传统服装企业的"结构性缺货"难题。

2018年3月,波司登正式与阿里巴巴达成战略合作,在新零售、大数据、智慧门店等领域全面深化合作。2019年1月,波司登加入阿

---

① 参见参考消息,《羽绒服全球产业上演"国货崛起" 波司登领跑全球》,2021年6月29日。
② 参见高德康,《品牌力的可持续性从哪里来? 长三角产业数字化创新峰会暨2020亿邦零售数字化进化者大课主题演讲》,2020年8月。

里巴巴"A100"战略合作计划,借助阿里巴巴的商业操作系统,开始从前端销售向后端制造全覆盖,进行整个供应链改造,推动线上线下、全网全渠道融合。2020年,供需变化"倒逼"企业加速数字化变革。同年4月17日,在2020长三角新零售服饰企业数智化转型峰会上,波司登再次联手阿里云,达成"数智化转型时尚先锋"战略合作,全线布局企业数智转型,合力打造全域数据中台,以适应当下从供给侧驱动增长转变为消费者驱动增长的新商业趋势。

借助阿里云的产品和服务,波司登从新零售能力建设、商品快速反应能力建设和数据中台建设三个方面推进数智化转型,并通过这三个核心动作整合企业内外大数据:在消费端,对消费者精细化分群,对商品销售状况进行智能分析;在生产端,加速智能制造升级,形成优质快反供应链核心竞争力。基于数据中台,消费端和生产端数据互通,以大数据支撑的消费者洞察、商品洞察,指导产品研发设计,在满足市场需求的同时指引快速生产补货,实现了"好卖的货不缺货、不好卖的货不生产"。

数智化为波司登带来了显著的业绩提升(见图13-1),公司2020—2021财年报告显示,集团总营收为人民币135.2亿元,较上年同比增长10.9%,归属股东净利润为人民币17.1亿元,较上年同比增长42.1%。2021年4月,国际品牌价值评估权威机构Brand Finance发布2021全球最具价值服饰品牌TOP50榜单,波司登以15亿美元的品牌价值荣登榜单。2021年8月,市场调查机构欧睿国际根据2020年羽绒服产品零售渠道销售额、销售量的统计数据,认证波司登集团羽绒服规模为全球第一,产品畅销全球72个国家。2021年11月发布的2021—2022财年中期财报显示,4月1日至9月30日,波司登营收为人民币53.89亿元,同比增长15.6%;毛利润达人民币27.2亿元,毛利率提升2.7个百分点,达50.5%。

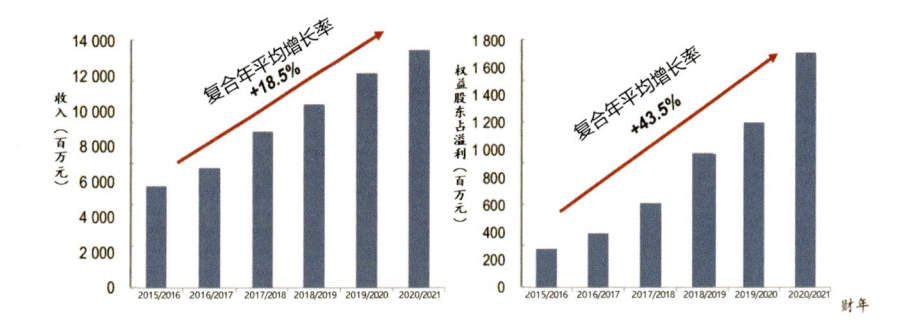

图13-1 波司登集团营收和净利润持续走高[1]

13.1 布局消费端：构建新零售能力

波司登与阿里云的合作就开始于对零售端的改造。2016年，波司登借助阿里云的互联网中间件技术，依托企业级互联网架构建设波司登零售云平台（其体系架构见图13-2），基于中台架构思想，结合波司登的业务特性，建立起波司登零售业务共享服务层，包括全局共享的用户中心、交易中心、库存中心、订单中心，然后基于共享中台构建上层业务模块，以适应不同业务项目、不同业务流程[2]。

依托零售云平台，波司登3000多家门店得以打破信息孤岛，线上销售业务与线下会员信息融合，实体店终端和线上门店全渠道对接，从原来各地门店信息不一致、库存各地不统一、会员信息割裂的状态，转变为云平台上数据的全面整合，实现会员通、零售通、库存通的新零售三通格局，创造用户新体验。

---

[1] 来源：波司登集团发布的《2020—2021财年报告》。
[2] 参见桂益龙，《零售云平台 波司登向互联网"迁徙"》，2017年11月。

图13-2　波司登零售云平台架构

会员通即线上线下贯通的会员系统，可以综合会员俱乐部、互动中心、客服中心、营销中心、数据（交互）中心等多方面数据，助力波司登与消费者进行精准的互动和服务，实现品牌传播的移动化、互动化、游戏化、数据化。例如，通过建立会员社区、会员俱乐部，吸纳500万个会员并维持互动，有效地提高了客户的黏性，会员复购率达到20%以上。

零售通即精细化的零售运营体系，通过削减经销商仓库减少中间环节，推动库存后移，实现由供应链直接向门店补货，同时应用互联网大数据分析，准确为库存节点分配库存，并改造传统门店的运营管理模式，提升门店运营效能。这些手段有效降低了门店的缺货率，减少缺货损失21%，同时提高了适销比例，售罄率同比增长10%，促进门店业绩同比增加双位数。

库存通即智能供应链体系，实现了线上线下共享库存，统一电商、实体门店、总仓、分仓等全局库存，自动分配、处理订单，进一步缓解缺货压力。例如，当某实体门店出现某款产品缺货时，可通过零售系统在线查询、自动匹配最合适的库存地点，通知发货方快速发货，并计算分配业绩。基于这种方式，波司登2016年实现O2O销售近亿元，同时也极大地提升了用户体验。

2016年建立的这个零售云平台，为波司登在零售、供应链、物流三方面的数字化打下了良好基础，贯彻强化了以消费者需求为中心，人、货、场整合重构的新零售理念，使得波司登其后的数智化升级顺畅而水到渠成。2020年，波司登采取了离店销售、无接触服务等灵活模式，更好地链接消费者，为全国的羽绒服爱好者提供了更为安全、多样的消费体验。而在"波司登3亿羽绒服驰援抗疫一线"公益活动中，其高度智能化的全国物流网络和九大分仓体系，确保了驰援行动的快速响应，能够在第一时间把羽绒服送到抗疫一线。

借势阿里云在智慧零售商的领先优势和融合分析能力，波司登可获得对线上线下全域会员数据、全域产品数据、全域营销数据、线下门店数据、导购数据、生产数据、物流数据等综合数据分析的技术、资源、能力支持，从更广泛的维度实现对商品和消费者的洞察，不断增加微信、微博、抖音、智能门店等新的客户触点，引入客户社区、精准营销、直播等新方式、新工具，实现线上线下融合共生。

13.2 改造供应链端：强化商品快反优势

在商品供应链端，供应链最大的痛点是市场和消费者需求的不确定性，导致原材料采购、成衣生产、商品配置带来了同样的不确定因素。一旦畅销就脱销，一旦滞销就造成大量库存积压，高库存、高脱销并存。为应对这一问题，波司登率先在全行业探索羽绒服智能制造改造升级和企业工业互联网平台解决方案，将大数据、智能制造融入企业订单、设计、生产、物流、销售、服务等关键环节，促进互联网技术和羽绒服传统生产模式深度融合，打造服装行业智能制造样板工厂。

早在2010年，波司登就开始导入智能化生产装备，投入近亿元引进国际领先的智能化生产线（如瑞典ETON智能吊挂生产线、川田智能模板机等),提升工人生产效率和生产柔性,为实现供应链快反打下了基础。其后,波司登采用"总体规划、分步实施、持续迭代"的方法,推进实施智能制造工厂建设,打造优质快反供应链核心竞争力。自主开发与对外合作相结合,先后建立适合企业需求的 GIMS 智能管理系统、WMS 智能仓储管理系统、iSCM 智能供应链管理体系等系统集成平台[①]。

波司登的智能制造生产基地创新地推行服装加工部件流模式,集成应用服装打板推板排料、自动拖布、自动裁床、自动充绒、自动搬移(吊挂/AGV)等专业软件和先进设备,实现生产的高度自动化、智能化,为实现小批量、多品种、快速反应生产创造了基础条件(见图 13-3)。到 2018 年,公司快反供应占比超过 60%。羽绒服销售主要集中在冬季,公司 6 月份订货会开完后仅生产订单量的 40% 左右用于渠道铺货,剩余部分将在产品上市后快速补充,根据销售数据分析、店长反馈来确定快反生产的款式及数量,可实现单季度下单 6～8 次,两周内完成生产并交付市场[②]。2019 年 4 月,波司登集团投资成立江苏波司登智能制造有限公司,主要从事工业互联网平台的智能机器、智能物料搬运设备的制造、研发、销售等业务,高德康任法定代表人,这一举措也足以显现波司登不断强化智能制造能力的决心。

---

① 参见周青和胡永春,《发力智能制造 波司登向科技"要"效益》,2017 年 11 月 21 日。
② 参见第一纺织网,《波司登:预计全球羽绒服市场规模和竞争格局仍相对稳定》,2020 年 6 月 26 日。

图13-3 波司登智能制造工厂示意图[1]

在物流方面，波司登建设的中央智能配送中心在全国设置九大库区，在行业首创以一套物流管理系统管控不同业态、不同货主、不同地点的所有库存，快速响应市场需求，实现"全国一盘货"，O2O 服务范围覆盖全国所有线下门店及线上消费者，成为鞋服行业技术创新的标杆。其中华东库区是整个中央仓库最大的配送中心，截至 2020 年 3 月 31 日，自动化程度约 90%，日均处理能力达到"入库 50 万件 + 出库 50 万件"[2]。

波司登智能制造工厂建设在规模生产基础上，通过 WMS、iSCM 系统实时和市场信息链接，形成了全面的供应链协同管理体系，自主分析、自主决策、自主执行，快速精准送达消费者，满足消费者需求，并能指引快速生产、拉式补货，为行业高质量发展贡献了示范案例。基于生产、物流环节的智能化所形成的快速反应能力，波司登进一步推动按需智能供货，提供"定制化商品 + 内容 + 服务"，以最快速度响应市场需求，做到库存最优、成本最低。

---

[1] 参见参考消息，《羽绒服全球产业上演"国货崛起" 波司登领跑全球》，2021 年 6 月 29 日。
[2] 参见《波司登：预计全球羽绒服市场规模和竞争格局仍相对稳定》，2020 年 6 月 26 日。

13.3 深挖数据价值：探索数据中台建设

2019 年 12 月，波司登首次把数据中台提上议程，并于 2020 年 4 月与阿里云、奇点云达成合作，正式启动建设。此前，波司登已在消费端和供应链端收获了数智化带来的效益，以数据智能引领企业转型升级的战略推进更为坚定。

数据中台的作用在于通过全局规划设计，将企业内外不同来源的各类数据进行整合和拉通，基于统一的标准和计算口径形成结构化的数据单位，进而以数据赋能业务发展与创新。建设数据中台已被认为是企业数字化转型的必经之路。在 2020 的云栖大会上，阿里云将其数据中台产品 Quick Audience 升级到了 2.0，可以实现消费者多维洞察分析和多渠道触达，帮助企业实现全链路精准营销，助力企业用户增长。

对于波司登而言，建设数据中台是对其消费端到供应链端数据的更高层面的整合和贯通，以实现对数据价值的深度挖掘。

对数据资产的沉淀首先从消费者端开始，这与以消费者为中心的战略理念相一致。阿里云与奇点云助力波司登整合了会员全域数据，构建了会员标签体系，以此为契机打通了分散在十余个系统的数据，沉淀形成波司登的一方数据资产[①]。对于大量的消费者数据，波司登根据业务发展需求，可以利用智能算法对消费者数据进行属性识别和分类，建立消费者标签，形成会员画像，帮助波司登更全面准确地了解消费者。特别是在新品策划和设计方面，根据消费者数据资产和历史消费数据进行深度分析，企划和设计人员可以有针对性地为不同客户群设计符合其偏好的产品，这将极大提升选款的效率和准确性。

从消费端向供应链端延伸，数据中台应以数据赋能整个业务链条。

---

① 参见奇点云，《波司登 × 阿里云 × 奇点云：教科书式的数智化转型实践》，2021 年 2 月 18 日。

围绕波司登的商品运营，数据中台沉淀了四大业务模型：商渠匹配、智能销量预测、库存一体化和产销协同。

商渠匹配智能应用综合消费者画像（性别比例、主题偏好、消费水平等）、商圈气候、历史销量等数十个维度，匹配服饰主题风格、尺码、颜色等指标，细化到每个渠道、每家店铺，提供自动化、智能化的铺货，让每家门店的商品与当地消费者偏好高度匹配。

智能销量预测功能可以针对各个款型、尺码进行细致的预测，也可以针对门店或大品类进行总销量预测，以全面精准地动态调节库存，减少库存积压。基于智能算法，这套预测模型还可以不断迭代精进，提高预测的准确度。

库存一体化功能可实现全国库存共享、自动调货补货，在打通库存数据之后，基于数据中台的计算能力和算法模型，可以自动提供调货、补货建议，实现仓库、门店调补货 100% 自动化。并且，由于智能决策能力的提升，补货的效率也大大提升，原先需要约 4 小时才能完成全国 4000 家门店的补货动作，现在只需要 1 小时。

产销协同功能通过建立预警机制，结合销量预测和库存一体化管理提供的分析结果，智能化提供生产下单建议，建立自动快速下单机制，销售端与供应链端实现协同，能够避免缺货或囤积的极端情况。

波司登数据中台的建设采用了快速高效迭代的方式，自 2020 年 4 月初开始，通过几次大型营销活动检验数据中台运转情况，持续迭代优化提升效果。

2020 年 12 月，波司登数据中台上线，成为中国服装业第一个阶段性完成全面智能改造的制造企业。波司登数据中台整合了分散在各地仓库与门店的线上线下数据，再进行结构化梳理，让波司登可基于大数据展开智能营销与按需定制。利用数据中台的四大业务模型，波司登在 1300 家以上的门店实现了精细化的商渠匹配，在短短 4 个月时间内，首铺准确率提高了 79%，未来还将逐步打造"千店千面"；从 0 到 1 建立了销量预测的自动化体系，准确率达 70%，并仍在不断迭代提升；调补货实现 100% 自动化，拉补效率提升 60%；商品售罄率提升 10%。

对消费者进行精细化运营再按需生产，让波司登成功抓住年轻人，其在天猫的消费人群中的"90 后"占比正在不断提升。数据显示，2020—2021 财年波司登品牌天猫平台拥有注册会员超 476 万人，较上一个财年末增长超过 160%，其中 30 岁以下年轻消费者占比约为 27.4%，较去年同期有明显增长。会员复购销售金额占线下总销售金额达到了 26.9%[①]。

高德康表示：波司登还将继续完善和增强数据中台功能，通过全域数据中台向外连通阿里生态的数据海，向内构建企业一方的数据湖，形成数字化闭环赋能新零售变革，同时整合嫁接新生资源和流量，提升链接消费者的能力。

13.4 加强内外协同：钉钉助力数智化加速

2021 年 7 月，波司登与钉钉达成专属钉钉合作协议，波司登将基于专属钉钉打造统一数字化工作平台，实现组织、业务数字化，首期 2 万人上线。双方还将围绕数字零售、线上线下相互驱动等方面展开深度合作。

这是波司登推进企业数字化转型的又一重要举措，波司登希望借助专属钉钉实现组织协同敏捷、业务高效发展。

钉钉将作为统一的企业应用入口促进组织协同的高效敏捷，音视频会议、企业直播、员工培训、智能人事、移动审批等应用将全面启用。用户还能基于钉钉平台快速搭建定制化应用，为业务发展提供支撑。

---

① 参见波司登集团发布的《2020—2021 财年报告》。

此外，波司登还将利用钉钉提供的专属开放接口连接组织数据和业务数据，打造移动数据驾驶舱，为经营决策提供数据支撑。

波司登执行总裁助理兼数字运营总监戴建国表示："专属钉钉将全面覆盖组织和业务，在提升管理效能的同时，打通渠道数据、驱动线上线下相互赋能，让每一个员工都能通过简单、高效地工作激发自身创造力。"[①]

除在企业内部推广应用外，基于生态共生协同发展原则，波司登还将基于专属钉钉全力支持经销商、供应商、生产工厂等在一个平台上进行业务协同，实现品牌商、渠道商、供应商上下游伙伴间的高效协同。钉钉还将基于后端的阿里云的能力为波司登提供更多可复用的底层数字化能力。作为开放、普惠的数字平台，钉钉将同时满足业务数字化和组织数字化双重需求，成为波司登进行数字化转型的助力。

波司登的实践证明，将数字技术与传统制造业深度融合，可以撬动场景再造、业务再造、管理再造和服务再造，驱动品牌活力全面迸发。

波司登数字化转型发展的每一步都有着清晰的发展思路、明确的工作目标和有效落地的创新举措。依托数据中台，波司登利用数据为商业赋能，真正做到了以消费者为核心重构商业逻辑，为消费者提供更优质的消费服务和场景化体验。以数据为核心，波司登实施供应链数字化创新，打通了前端销售、中端库存和后端生产外包流程，做到了全球服装产业的最高要求：更快、更精准地满足消费者需求。

波司登主动拥抱数字化变革，释放了消费互联网与产业互联网双轮驱动带来的能量，也帮助其建立了领先全球竞争对手的优势，为中国大量的制造企业提供了范例。

---

① 参见品玩，《波司登集团与钉钉达成合作，加速数字化转型》，2021年7月29日。

第 14 章
招商蛇口：数智化推动多业态融合升级

招商局蛇口工业区控股股份有限公司（后文简称招商蛇口）是央企招商局集团旗下城市综合开发运营板块的旗舰企业，也是集团内唯一的地产资产整合平台及重要的业务协同平台。2015年12月，招商蛇口吸收合并招商地产实现重组上市，以"中国领先的城市和园区综合开发运营服务商"为战略定位，在社区开发与运营、园区开发与运营、邮轮产业建设与运营三大核心业务领域全力布局，致力成为美好生活承载者。

招商局集团内港口、航运、地产、金融等产业的协同发展与共同升级，孕育形成了招商蛇口特有的片区开发模式，即"前港—中区—后城"的"蛇口模式"。公司通过产城、港城联动，在粤港澳大湾区、雄安新区、漳州开发区、海南自贸区等区域获取了特有的战略资源。此外，公司还将这一模式逐步复制推广到吉布提、白俄罗斯、斯里兰卡等"一带一路"沿线国家和地区。

在国家大力推进"新基建"和科技创新的背景下，房地产行业也需要转变原有粗放的增长方式，通过数字化手段实现精细化运营、提升经营效率，推进产业数字化势在必行。2018年，招商蛇口开始通过数据治理为决策赋能。2019年，为完善数字化建设的顶层设计，招商蛇口成立了数字化信息化专业公司——招商城科，负责公司各层级的数字化统筹推动与建设。招商蛇口在产业数字化上的提前布局，使其在2020年突发新冠肺炎疫情时能够做出快速反应，通过信息化平台的快速搭建直接为一线赋能，使公司从人员管理、防疫保障、运营管理到营销推广都迅速获得了线上技术支持[1]。

2020年，招商蛇口继续贯彻"科技赋能"发展思路，实施"创新生态战略、一体化战略、智慧空间战略、客户体验战略、企业中台数字化战略"五大战略。依托互联网、大数据、物联网、AI等数字新技术，招商蛇口一方面将建造和运营的物理空间数字化，打造数字孪生，另一方面以客户为中心，搭建智慧平台，打造极致客户体验和大会员体系，融合线下线上的流量红利，转变多业态的管理模式和业务模式，实现产业升级。通过联动线上线下资源，招商蛇口意在打造一个涵盖各场景、客户群和业务的大智慧服务圈，在新一轮发展中抢占先机，争当产业数字化新标兵。

从2019年到2021年，招商蛇口依靠数字化追求提质增效，实现了业绩稳健增长（见图14-1），数字化赋能初见成效。

---

[1] 参见新浪财经，《数字化进程加快 招商蛇口综合发展引领未来》，2020年4月21日。

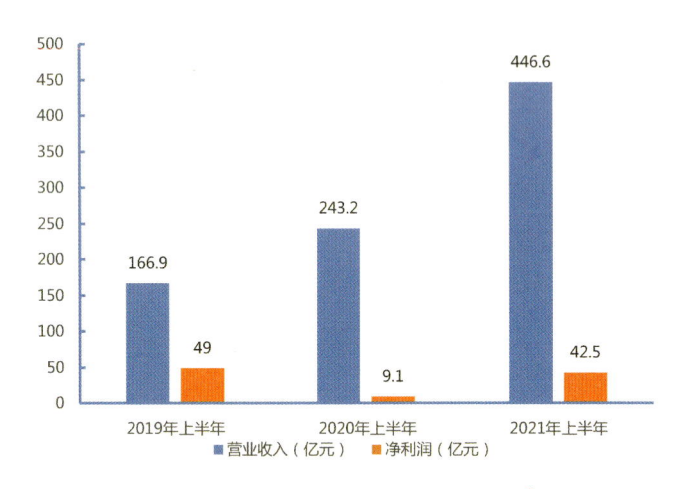

图14-1　招商蛇口近年业绩表现稳健[1]

14.1　数智化助力破解多业态经营难题

"以客户为中心"是数字化转型的核心理念，这是各行各业已经达成的共识，招商蛇口也极其重视维护客户关系，努力打造客户极致体验。招商蛇口作为招商局集团内的地产资产整合平台及重要的业务协同平台，主要经营地产板块，在地产板块之下又有商业、公寓、邮轮、酒店、文化、健康这些业态，除了这些业态，在招商局本身的体系内还有招商金融和招商园区等。多业态经营使得招商蛇口客户种类众多，分布于多个行业之中（见图 14-2），各类客户诉求差异大，运营复杂度高，深入挖掘客户价值的难度极大。多业态的体系建设是一个行业的趋势，以地产客户为核心和代表，关注多业态会员基本已经是行业共识，头部客户或快或慢都已经完成了相关的搭建。现在获客成本相对比较高，在会员运营上的投入能够获得相应的产出回报。

2019 年 12 月，招商蛇口正式成立大会员体系规划工作组。工作组

---

[1]　来源：招商蛇口 2019 年、2020 年、2021 年半年度报告。

成立以后即刻开展调研，经过 12 位同事和外部专家进行了为期两个月的全国调研走访了 25 个单位，与 56 名业务人员对接完成了 47 场次访谈，最后收集到需求清单 60 余条。根据调研的结果，工作组对原有会员体系存在的问题进行了梳理和归纳总结，如图 14-3 所示。

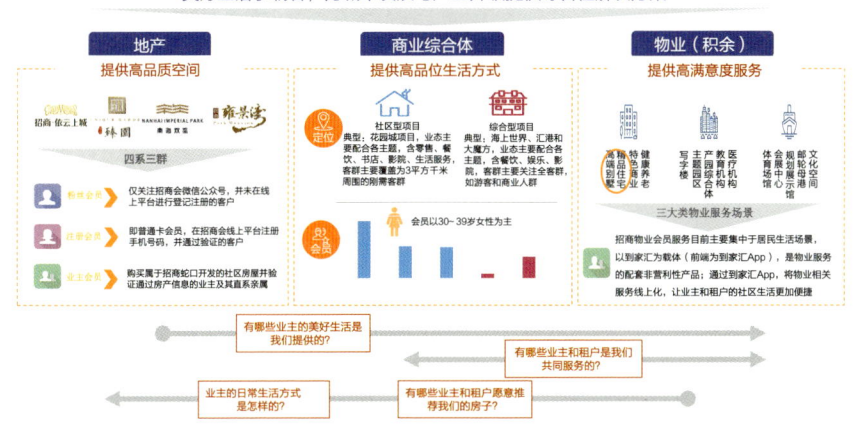

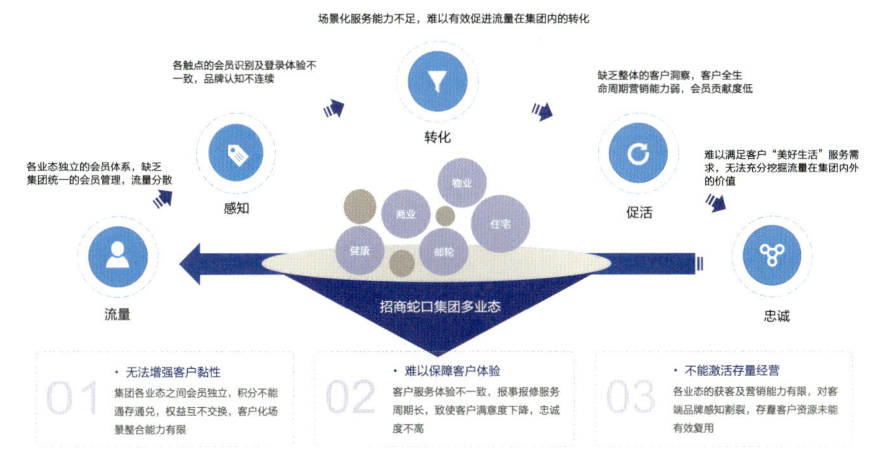

图14-2 招商蛇口多业态经营下复杂的会员体系

图14-3 多业态下割裂的会员体系存在的问题

在招商蛇口原有的体系下，各大业态都拥有大量数据资源，但业态之间的数据没有形成互通，形成了数据孤岛，无法实现流量在集团内的转化，难以形成多业态经营共生共荣的优势。对于业务单位来讲，最急待解决的共性问题是：对客端品牌割裂混乱，存量客户资源未有效复用。原有会员分散在各个业态不能串联，会员质量不高或者信息单一、不够完善，会员积分不互通、权益不能互换，服务体验不一致，无法维系客户黏性，致使客户流失增加，项目营销获客成本不断攀升。整个集团的层面缺乏整体的客户洞察，无法实施客户全生命周期的有效营销，未能充分发掘客户价值，存量客户资源得不到有效复用。

针对上述问题，大会员项目组着手输出顶层设计方案，并于 2020 年 4 月获得通过，大会员平台建设工作正式启动。2020 年 8 月，招商蛇口与阿里云达成合作，推进项目落地。招商蛇口大会员平台项目进度概况如图 14-4 所示。

图14-4　招商蛇口大会员平台项目进度概况

14.2　探索地产行业双轮驱动：以大会员平台建设为切入点

为了更好地促进多业态融合，连接起地产多元业务的消费者和供给侧，率先探索地产行业的消费互联网和产业互联网双轮驱动，大会员平台建设是当下可行的切入点。

招商蛇口需要构建一体化、联邦制的集团大会员体系，在保证各业态会员独立、灵活运营的同时，进一步从集团层面拉通各业态及生态间的流量、积分及权益，为招商蛇口构建"美好生活"数字服务生态圈的目标提供有力支撑，有效整合集团的品牌流量，精细化运营客户全生命周期。"以客户为中心，以用户体验为核心"，实现集团客户在各个业态间统一身份，提供差异化、千人千面的营销及服务，支撑跨业态、多空间、全领域的客户管理和运营。

纵向上，关注全生命周期客户价值管理。招商蛇口以地产营销、售后服务、持有运营为主线，体系化地建设集团大会员运营平台，构建集团总部及各独立业态间的会员、等级、积分协同体系，通过高频服务和积分商城等主要抓手，丰富客户体验的维度和深度，提高会员黏性。

横向上，聚焦跨业务板块的持续客户运营。招商蛇口打造出六大类（启蒙成长、事业成长、家居成长、生活成长、健康成长、夕阳安养）业务板块，全方位覆盖了用户的日常生活，需要结合集团大会员的运营策略，实现客户在现有多业务板块间的相互转化，提高客户商业生命周期价值。

招商蛇口大会员平台建设目标体系如图14-5所示。短期内，大会员平台应聚焦当前紧要问题，打通业态间的数据共享，迅速补齐短板、整合赋能，实现业态间的"引流—降本—口碑—变现"；从长期看，大会员平台应为企业总体战略服务，探索产业数字化创新，助力企业取得行业领先。

在构建一体化、联邦制的集团大会员体系的过程中，阿里巴巴在零售行业沉淀的会员运营经验为之提供了支持。阿里巴巴以统一的"88会员"打通天猫及阿里娱乐、生活服务、支付宝会员的身份识别，以精准、精致、惊喜的权益激励提升客户黏性、提升客户复购率、改善客户体验，同时还保留各板块各自的会员体系，实现灵活运营与权益叠加。这与招商蛇口大会员体系的目标不谋而合。

图14-5 招商蛇口大会员平台目标体系

阿里团队深度分析了招商蛇口业务组织架构，梳理了业务组织之间的关系，选择以联邦制的方式落地大会员体系。集团和各业态聚焦各自的目标人群，可以进行深度的运营，满足客户的差异化需求。此外，招商蛇口的楼盘在超一线、新一线及二三线城市都有分布，不同的城市都有自己的风格与特色，那么，通过端点搭建的平台可以实现一城一面的效果，为客户提供个性化体验。以细致的业务需求分析、客户分析为基础，招商蛇口的联邦制会员体系得以建立（见图14-6）。

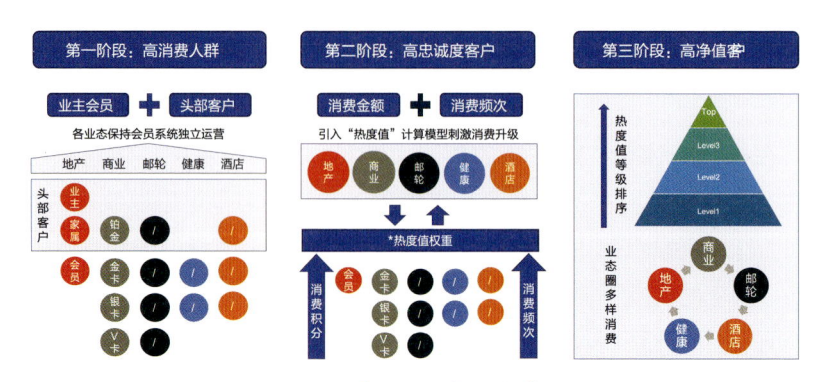

图14-6 招商蛇口联邦制会员体系

14.3 双轮驱动落地：大会员平台构建和业务实施

阿里云协助招商蛇口建立的大会员平台由招商荟小程序和大会员运营平台组成，形成了"招商荟体验＋大会员运营平台"赋能的整体架构，支撑上述纵向与横向客户运营目标，如图14-7所示。

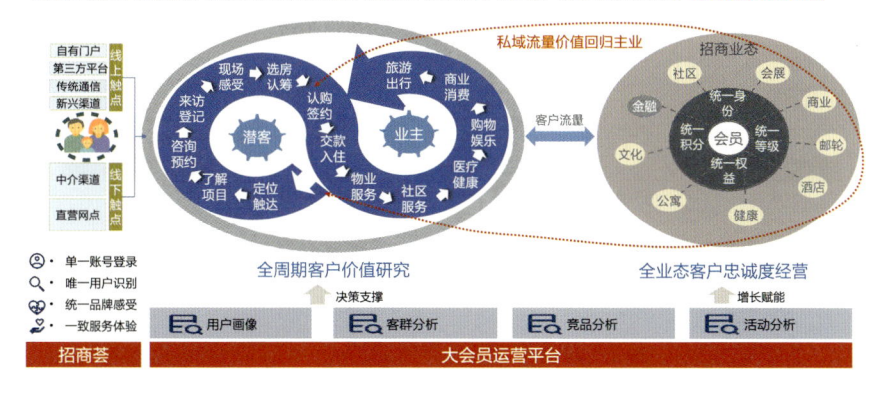

图14-7 招商蛇口大会员平台整体架构

招商荟在前端实现统一的对客体验，基于当下城市客户实际需求，整合招商蛇口片区内资源及权益。招商荟小程序集成了"购房、邮轮、健康、会展、购物、办公"六大核心板块和"积分打卡、热门活动、积分商城"三大互动营销能力以"一城一页面"本地服务交圈，助力各业态在共享流量的同时，实现交叉服务。

大会员后台初步实现用户画像、赋能销售、活动管理、用户研究、钱包服务等。同时，大会员平台支持联邦制运营，通过对集团层面的有效客户洞察，识别各业态的目标客群，探索实践集团内的流量置换及投放，激活流量的内循环；通过大会员平台的制券能力和线上营销活动能力，为多业态间的私域流量互换提供有效支撑。

图14-8展示了大会员运营平台的具体功能对多业态的综合支撑，

以及招商荟与公众号、App、小程序、线下等全渠道的链接关系和具体的应用场景。

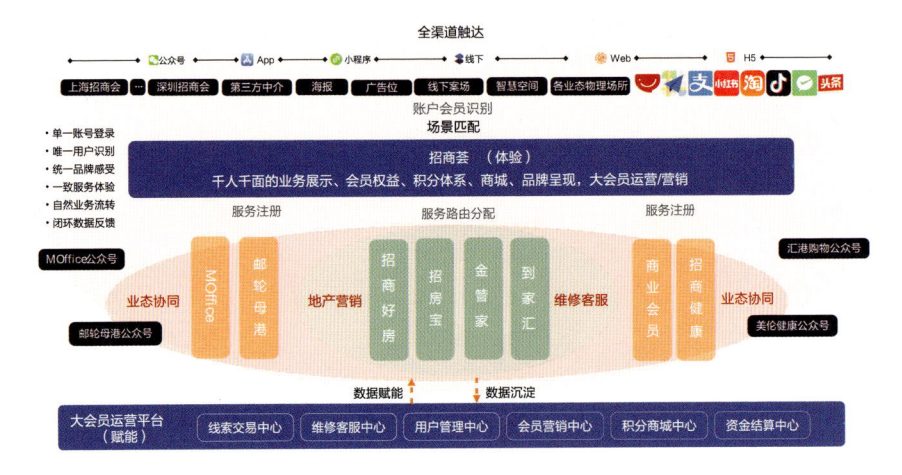

图14-8　招商蛇口大会员平台整体架构

大会员运营平台起到了数据中台的作用，将多业态积累的客户数据加以沉淀、提炼，形成功能模块，反过来为多业态提供数据赋能。在技术层面，大会员运营平台做到了三个"统一"。

统一身份中心：统一集团的客户、账户、会员模型，沉淀集团的客户数据资产，实现对大会员及各业态会员的营销支撑。

统一产品中心：通过对地、物、人、房数据的标准化治理，实现一户一档，提供统一的工单入口，优化包括客户报障、维修等在内的服务体验。

统一交易中心：实现跨业态运营积分结算能力，即将从积分预算到积分发放的成本分摊、客户积分消费，再到业态间的成本结算，全流程打通。

大会员平台能够为招商蛇口从总部到区域公司、到各项目团队提供运营支持，因而对该平台的使用与运营采用总部—区域—"城市、项目、各业态"三级运营管理机制。各级使用的数据和功能有所差别，在运营管理体系中承担不同的角色。

总部：战略决策、考核、分析、统筹全国性活动。

一线：运营、反馈，根据一线需求制定个性化运营服务方案和执行。

城科：平台建设、技术运维，根据业务需要不断完善平台能力。

14.4 推动组织升级，形成双轮驱动增长飞轮

招商蛇口大会员体系的数字化落地实施，总体上遵循了三个发展阶段。

第一阶段：拉通地物客户数据。补齐一线客服体系运营系统能力短板；拉通招商蛇口各业态前端入口，改善客户体验，探索地物协同运营，开始沉淀客户资产。

第二阶段：专注活跃度提升、重塑基本盘业主服务体验，实现地物协同运营。实现跨业态统一认证，整合多业态内外权益，让客户在招商蛇口全方位享受到优质服务，从而长期保持活跃，并形成忠实客群。

第三个阶段：扩大服务场景、深度融入生活。用积分资产、消费习惯、场景服务、身份认同等一系列强黏性手段构筑客户体系护城河；扩大更多服务场景，使招商蛇口客户融入客户外延的生活场景，支持招商蛇口整体战略。

大会员平台投入运营之后带来了一定成效。

对于客户来说，通过招商荟能够方便地与招商蛇口进行连接，获得和体验各类服务，可以支持日常报事报修、开门、停车、缴费、每天还能线上签到打卡，从细节体验入手，逐步提升客户体验和口碑。

对于企业一线运营人员来说，平台通过营销工具提供多种营销活动模板，支持运营人员快速便捷地完成活动的建立与投入，帮助快速落地营销策略。营销数据会快速反馈到数据工具上，使得运营人员可以快速对营销活动进行尝试、验证与调整。

对于企业总部来说，招商蛇口具备了全业态的客户数据管理和治理的平台基础，后续可以对海量数据进行统一的存储和管理，打造属于企业的数据蓄水池，自动为会员贴上标签、建立画像，实现客户数字资产沉淀，用数据驱动业务增长，优化营销决策。平台拉通了多业态的服务资源，将各式各样的服务与权益统一提供给客户，同时实现集团内的强弱板块交叉导流，实现企业多元业态平稳向好的发展，以更好地为客户服务。各板块之间的成本与收益，通过平台轻松地完成计算、核算、结算，把每一笔账算清楚，把每一分钱都用到实处。

以上是运营大会员平台短期内做实基本功显现的成效，而从长期来讲，大会员平台是将以客户为中心的理念真正落地的载体，基于大会员平台重构客户、营销、服务、决策等流程，将有助于提升客户洞察、个性化营销等能力，形成和强化以客户为中心的组织能力与组织心智（见图14-9），打造持续的增长引擎。未来，大会员平台也可以持续演进，扩大生态外延，助力招商蛇口形成全方位、多业态的业务生态联动和整合，推动多业态全面融合升级。

以客户为中心是数字化转型的核心理念，是各行各业已经达成的共识。许多企业实施数字化转型也是首先从客户端（消费端）开始的，依托数智技术提供的更强的客户洞察、市场洞察，深入准确地了解客户、了解市场，这样数字化转型措施才能真正做到有的放矢。

招商蛇口的实践表明，在多业态经营背景下，丰富的客户数据资源蕴藏着巨大的商业价值，通过构建大会员平台拉通服务体验，做实基本功，沉淀数据资产、挖掘数据价值，能够帮助企业全方位地改善客户体验、增强客户满意度。以此平台为载体，可真正将以客户为中心的理念落地实施，从长期来讲，可加速企业其他环节的数字化变革、拓展企业生态外延，推动多业态管理模式和业务模式转变，实现全面融合升级。

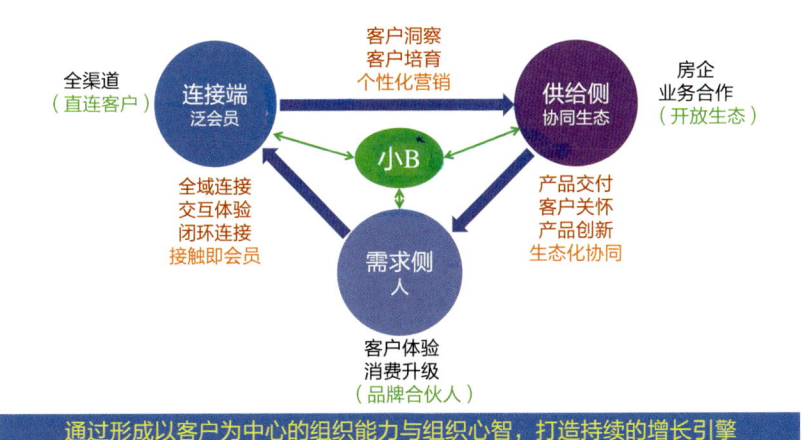

图14-9　形成以客户为中心的组织能力与组织心智

后记

终于，在众多卓越伙伴们的共同努力下，在非常短的时间内，我们相对高质量地完成了数智化转型系列丛书的写作和出版，包括：

- 数字政府领域：《数智化：数字政府、数字经济与数字社会大融合》
- 金融领域：《数智金融与产业赋能》
- 新零售领域：《新零售之旅：数智化转型与行业实践》
- 组织领域：《数智化敏捷组织：云钉一体驱动组织转型》
- 产业互联网领域：《消费互联网和产业互联网：双轮驱动新增长》
- 乡村振兴领域：《数智驱动乡村振兴》

在对图书的研究和编写过程中，经常有人问我：为什么要写这一系列图书？为什么是跨度如此大的一系列图书？我又是如何在阿里云和阿里云研究院，如内外部培训分享会、内外部资源整合和业务拉通、各种会议的众多事务中，多任务并行，腾出时间和精力精研细厉、沉淀思考"著书立说"的？

这一切的缘起，可追溯到 2021 年 5 月，阿里巴巴集团董事局主席、CEO 张勇（花名：逍遥子）和阿里云智能总裁、阿里巴巴达摩院院长张建锋（花名：行癫）对我的工作岗位进行调整（阿里巴巴区别于其他组织的核心特色文化之一是"拥抱变化"，组织变动是经常的事，我们要不断拥抱变化、创造变化、引领变化，造风前行），从原来分管阿里云智能新零售行业到创建阿里云研究院，将原阿里云研究中心和阿里云 CIO 学院合并组建阿里云研究院，负责重新建立和传播阿里云智能的心智。

经过深入了解团队情况、业务现状调研和共创，我们迅速明确了自己的定位，即阿里云智能事业群（现调整为阿里云 & 科技事业群）数智化转型智库机构，使命为"著书立说布道场，数智驱动新增长"，汇聚来自数字科技头部企业、国际知名咨询机构和国家高端研究平台的资深专家，以"定义行业、洞察态势、拓展赛道、引领心智"为愿景，以"引领数智化转型新思想"为目标，致力于"用科技探索新商业边界"。

阿里云研究院的研究领域涵盖云计算、人工智能、大数据与产业互联网，以及数字政府、新零售、新制造、新金融、新能源等政企各行各业数智化转型路径和商业实践，关注前沿科技趋势、数字创新、数字治理、新基建等方向。依托指数分析、战略顶层设计、行业数智洞察、产业研判、案例透视等多种类型的研究产品，阿里云研究院联合国家科研机构、顶尖智库、头部高校、行业协会、咨询机构、合作伙伴和客户，拉通阿里巴巴集团各事业群，共建研究新生态，共拓数字新未来。

阿里云研究院与全球知名商学院共同开设数智创新学院，举办高端企业家和高管培训，培育面向未来的数智化创新领袖。同时，为推动企业创新与数智化升级，阿里云研究院打造"数智创新营"，针对各级政府和企业高管举办"十全"高质量培训及活动，构建一个走进阿里巴巴,了解阿里巴巴战略、文化与业务生态,学习最新科技趋势的平台。阿里云研究院开展的活动包括"CXO 班""业务共创会""企业专班""走进标杆企业""年会""行业沙龙""线上定制课程"等。

目前,阿里云研究院已组织线上线下活动超过 500 场,累计超过 240 万人次线上观看,线下深度链接 4500 多位 CXO,线上汇聚了 20 多万 CXO 和 IT 专业人士的钉钉群。

针对以上定位、愿景、目标与业务板块进行梳理后,我们确定了阿里云研究院近期的四个方向:行业应用研究,包括精品图书、专题深度白皮书和报告、典型案例和精品文章等;打造智库,与头部高校、协会、智库深入合作;开展重点客户和战略伙伴合作,促进价值共创;持续运营链接 CXO 群的数智创新营,持续为产业赋能。

秉承"著书立说布道场,数智驱动新增长"的使命,阿里云研究院近期最重要的任务之一就是要编写 6 本紧扣数字政府、金融、新零售、组织、产业互联网、乡村振兴等核心行业和主题的图书,呈现阿里云的实践思考和研究成果。这 6 本图书的主题、侧重点乃至书名,都是在阿里云研究院宏愿的基础上反复推敲、打磨、优化确定的。

一开始,同时编写 6 本书的决定几乎遭到了所有人的反对,他们都认为不可能,"难如上蜀道"。因为很多研究院的同学虽然有编写白皮书、案例和文章的经验,但没有写书的经验,编写图书尤其是编写精品图书的难度不是一般的大。不少人认为,在这么短的时间内,集中所有人的精力编写一本相对高质量的图书已属不易,但我还是坚持要同时编写这 6 本书,挑战"不可能完成的任务"。为什么?又如何做?总结来说主要有以下 7 点。

1. 客户第一,满足客户对数智化转型的迫切需求

时代在发生巨变,消费者获取信息的方式和消费习惯在快速变化,

在加速在线化和数字化，倒逼政企必须加速在线化、数字化和智能化，以快速反应并且满足消费者的需求。而云计算、大数据、物联网、移动互联网、人工智能、区块链、智能机器人等各种新兴科技在快速成长和成熟，并且加速和政企、各行各业、各种场景的深度融合，大量政企类客户都有强烈的需求，想了解为什么要进行数智化转型、如何进行数智化转型、数智化转型先行者到底进展如何、有哪些经验可借鉴。

阿里云之前的主要客户是互联网客户，他们对自己的业务和技术都非常了解，只需要了解并运用好阿里云基础设施（Infrastructure as a Service，IaaS）的相关产品和技术即可。阿里云已经组织编写并出版了《弹性计算》《大数据之路：阿里巴巴大数据实践》《机器学习在线：解析阿里云机器学习平台》《尽在"双11"——阿里巴巴技术演进与超越》《逆流而上：阿里巴巴技术成长之路》《阿里云数字新基建系列：混合云架构》《阿里云数字新基建系列：云原生操作系统Kubernetes》《阿里云数字新基建系列：云数据库架构》《企业迁云实战》《阿里云运维架构实践秘籍》《云原生应用管理：原理与实践》《阿里云云原生架构实践》《企业级云原生架构：技术、服务与实践》等一系列与技术相关的书，可以比较快速、高效地满足他们的需求。

数字政府、金融、新零售是阿里云客户需求最大的三大领域，客户存在大量迥然不同的需求，他们不只关心技术本身，更关心行业未来发展趋势，政企实际存在的各种"痛点、断点、堵点、卡点、弱点、痒点"，如何通过数智化的方法手段解决，以及先行者都有哪些方面的实践和探索。同时，组织到底如何数智化转型，是所有政企行业最关心、最"头痛"的问题。云钉一体是阿里云2.0的核心战略之一，我们需要深入研究如何落地，如何更好地帮助客户解答这些疑惑。消费互联网与产业互联网双轮驱动是阿里巴巴集团最关心且接下来要持续攻坚解决的课题之一，我们需要深入研究其中的机理，需要更多的实践和案例验证。乡村振兴是国家最重要的战略之一，数智如何驱动乡村振兴是一个新的时代命题。简而言之，这 6 本书选题的根本原因是有大量真实的客户需求，这 6 本书将覆盖阿里云服务的十九大行业的主要客户，当然每个细分行业还需要持续深入研究。我们期待通过这 6 本书，把阿里云在数智化转型的实践探索做一个阶段性的总结，为行业提供一些理论探索、经验教训和案例，展望数智化的未来前景，为同路人提供一些借鉴和参考。

2. 坚持做难而正确、有价值、有意义的事

困难肯定是有的，没有困难是假的，而且是大困难、大挑战！但正如阿里巴巴土话所说，"不难，要我们干吗？！""此时此刻，非我莫属！""If not me, who? If not now, when?"我们存在的意义和价值就是变不可能为可能！用 1～2 年把本来需要 5～10 年才能干好的事情干好！我非常认同《苏世民：我的经验与教训》一书中的一些观点："做大事和做小事的难易程度是一样的，所以要选择一个值得追求的宏伟目标，让回报和你的努力相匹配。""一个人的信念必须超越自我和个人需求，它可以是自己的公司、祖国或服役义务。任何因信念和核心价值观的激励而选择的挑战都是值得的，无论最终的结果是成功还是失败。""处于困境中的人往往只关注自己的问题，而解决问题的途径通常在于你如何解决别人的问题。"要解决社会的、整个集团的、阿里云的、客户的问题，可干的事很多，我们要干就干个大的！"别小芝麻捡了一堆，却错过了本应我们去拿下的大西瓜！"书途维艰添胆色，无限风光在险峰！实战过程中也可以倒逼整个团队的快速成长，有困难，我们陪团队一起克服、一起学习、一起成长、一起经历、一起打胜仗才是最好的团建！

我已发表过 100 多篇文章，出版过 5 本图书，有一定的写作经验；同时，我带领云智能新零售团队帮助数百家各行各业的头部企业实现

全链路数智化转型升级，有较为丰富的数智化转型实战经验。2021年4月出版的《数智驱动新增长》一书，一经面市迅速成为淘宝、天猫、京东、当当等各大电商平台排名第一的畅销书，短时间内多次加印，说明客户需求确实非常旺盛。以《数智驱动新增长》这本书为基本，再加上给配套写作团队进行有针对性的系统培训和视频讲解等，我有愿力、有信心、有能力快速基本拉齐整个写作团队的认知。理论和实践紧密结合是我的强项，过去我一直在理论和实践之间来回穿梭，实践一段时间然后升华到理论，理论总结后再到更多实践场景去检验优化，"知行合一"是我的信念和价值主张，"立德立功立言"是我持续的追求。我坚信：没有理论指导的实践是蛮干，没有实践支撑的理论是空想。阿里云过去多年对政企各行各业已经有了丰富的实践探索，有对各行各业相对完整的产品和解决方案，我想通过理论与实践合一的一套数智化丛书，把之前的积累进一步提炼总结出来，帮助更多的客户少走弯路，少掉进各种"坑"，帮助客户持续开源、节流、提效、创新。

3. 找到同路人一起精心设计，快速推进

强强联合，迅速精准地找到相关领域内顶级的专家团队一起来研讨，取长补短。同时，我明确了以下10条写作目标、规范和要求。

- 写书要开门见山、开宗明义，前面一定要破题，不破不立、先破后立，澄清一些似是而非的概念和观念；提炼总结要立得住、立得稳，直指本质；明确定义对象、问题、目标，讲清楚WHY的重要性，不要无"病"呻吟，为赋新词强说愁；不要自觉非常厉害、功能强大，讲得慷慨激昂、唾沫横飞，可读者和听众却说"与我无关"；望闻问切，讲清楚"痛点、堵点、卡点、断点、弱点、痒点"，有问题、有需求才有读下去的兴趣和动力；先讲清楚业务和业务价值，再谈背后的体系和技术支撑，不要为了

讲技术而讲技术，而且只讲和这部分业务相关度较高的技术，无关的内容大胆舍弃。

- "对症下药，药到病除"，前面理论阐述过程中可以穿插一些应景的小案例进行快速闭环验证，增强可读性，后面再通过一系列的大案例完整地验证理论框架和体系。后面的解决方案和实践案例，要前后呼应。管理学大师彼得·德鲁克说："管理是一种实践，其本质不在于'知'而在于'行'；其验证不在于逻辑而在于成果；其唯一权威就是成就！"我们可以看看案例前后业务的流程变化、组织变化、系统变化和效果变化，"药方""疗效"和"病症"一定要形成闭环，无关的、药方解决不了的病症要去掉！尽可能量化对比、研究说明疗效，让事实和数据更有说服力！

- 明确主要受众并精心准备，想清楚他们关心哪些问题和内容，要让他们有收获，不能浪费别人的时间。

- 提纲挈领：先明确目录结构、核心大图、各章节小图、核心观点，写作过程中持续反复打磨、优化和迭代，持续精进（满分 10 分的情况下一定是 1 分、2 分、2.5 分……8 分、9 分，持续提升）。既要见树木，有骨架，也要有血有肉。做学问、做事情最怕"认真"二字，PM 每周对焦，确保在轨道上，拉通进展和计划。时间是挤出来的，不断通晒，比学赶超！

- 主题聚焦，详略得当，行文风格统一，简明畅快，可读性强，直指本质的图文并茂、多一些对比表，反复打磨，精雕细琢，多轮自查＋交叉修改＋最后统稿统一文风，阿里云研究院出品必属精品；重点的大幅笔墨讲透、讲明白，多一些隐喻、类比、小故事、小案例，多讲场景、讲"痛点"、讲效果、做闭环；幽默表达；有关的留下并且进行再次编辑加工，我们定位不是入门级的学术科普，关系不大或无关的内容要大胆舍弃！

- 前提是大量阅读，大量占有素材，如数家珍，下笔如有神，旁征博引，信手拈来，行业大咖，懂得鉴别，正正反反反复研讨，理不辩不明；签署好保密协议并强调责任落实，材料及时共享研讨；懂得取舍，慧眼识珠；非"我注六经"，而是"六经注我""六经皆着我之色彩"！

- "高度＋宽度＋深度＋角度"，目标框架决定了从哪个独特的角度切入，决定了我们的调研提纲，补充现有素材不够的部分，一定要接地气，案例提前学习，消化素材，内部的多部门提前对齐以提高效率，多去不同类型的实际案例现场，不同层级、不同部门、不同人多轮沟通交流，有足够的时间才可能有更好的体感，去之前一定要对好调研提纲（回来之后可再次优化，要及时复盘总结），要能不断超越和抽离，抽象总结、提炼能力才更具有普适性，才能真正成为行业专家！

- 时间轴拉长：透过现象看本质，直击本质，回溯行业本质！时空拉宽到古今中外，展望未来至少引领 10～20 年不过时、不出现大偏差，观点一定要经得起时间的检验：大胆假设，小心求证，不要闹低级笑话，正向反向都要经得起推敲；敢立潮头、善于创新，不要因为别人没有提过这个概念就不敢提，但一定要能自圆其说、逻辑自洽，能自证梦想！

- 始终记得拉回自己的主战场，和我们的优势及可复制的产品和解决方案紧密结合，善于学习借鉴，不要人云亦云，要敢于差异化、敢于剑走偏锋、敢于标新立异、敢于和而不同，经得起时间检验的、差异化的独特价值才可能被记住，才可能成为经典！

- 确保每本书都有自己的独特价值、独特观点、独特视角，知行合一，理论和实践紧密结合，文字要简练，适当幽默轻松，别含混、晦涩，要有适度科普的写法，不要让人看不下去或不愿意往下看，可读性一定要强，读者或听众愿意主动分享和推荐才算成功，才是被广泛传阅、传颂的精品！

我对以上写作目标、规范和要求反复强调，写作过程中发现有不符合情况的行为迅速拉通写作团队举一反三、持续学习、消化和理解，边干边学，边学边干，干中学，学中干！一起持续精进！

4. 精彩和精品是精心设计出来的

图书立项后，我花了近两个月的时间亲自和研究院团队一起对每本书的大图、目录结构和核心观点反复打磨，提纲挈领、纲举目张，同时一起拉通阿里巴巴内部各相关 BG（事业群）、BU（事业部）的架构师（SA）和客户成功经理（CBM）、产品和技术部等相关同事，快速了解、学习相关产品和解决方案、客户案例和实践。

5. 多轮对焦做好过程管理持续优化

对写作过程中存在的不合适的观点及时提出并进行修正，对材料和案例不足的情况进行及时补充，很多客户案例到现场调研访谈、沟通、确认；在案例和视角等不足的时候给所有写作团队进行"跳出盒马看盒马""跳进盒马看盒马""科技与商业""消费互联网和产业互联网双轮驱动"等主题的分享和研讨，以开阔视野；过程中进行各种自查、交叉检查，及时修正和完善；团队碰到困难和挑战士气下降时给团队多打气。

6. 倾听多领域专家反馈，持续精进

为了确保精益求精，打造精品，在稿件内部评审通过的情况下，对每本书专门组织外部不同相关领域的专家进行评审，根据专家反馈

的不同视角的宝贵修改意见进行进一步完善。

7. 流程前置，任务切小，多任务并行抢占时间

合作的出版社也非常重视，多个编辑前置，前期就同步介入，参与校稿、审稿、优化等，大量工作并行以节省时间。

"打大仗、打硬仗、打胜仗"必须有目标、有方法、有过程、有团队。

"著书立说布道场，数智驱动新增长"是阿里云研究院的使命，那我们就逢山开路，遇水架桥，使命必达！经过这场大的"战役"，回首凝望，有收获、有体会——打磨了一套快速编写高质量图书的方法论体系，也在实战中产出了数智化转型的系列丛书，部分填补了数智化转型的理论和实践空白；有欣喜、有骄傲——锻炼了一支能"打硬仗"的团队，阿里云研究院出品必属精品，借事修人，因人成事，因事成人，关爱人成就事；有前途、有未来——数智化转型是生机勃勃的大事业，"凡属过往，皆为序章"，中国和全球数智化未来可期，数智经济时代的大幕才刚刚开始，精彩才刚刚开始！

针对《消费互联网和产业互联网：双轮驱动新增长》一书，我也想再做一个简要的总结。非常感谢大家购买本书，并愿意花时间和精力来阅读。

"消费互联网"领域快速崛起，直接助推中国成为互联网大国，其在总体规模、业务宽度、技术积累，以及商业生态方面均领先全球。数字化、网络化、智能化进程加快，正在贯穿所有经济场域。

如果说"消费互联网"引发了需求侧大变革，那么在供给侧"产业互联网"将有可能带来等量的巨变。如何联动被割裂的"消费互联网"和"产业互联网"，形成双轮驱动的增长新格局，构成了未来十年中国经济新动能开发的重要课题。

因此，总结梳理过去一个阶段"消费互联网"和"产业互联网"

发展取得的成效和进一步发展遇到的难题，研究分析"消费互联网"和"产业互联网"双轮驱动的本质和机制、可能带来的改变，以及建设的路径尤为关键。

同时，我们从数据流、商流、物流、资金流、人才组织、公共服务及产业支撑技术平台和技术基座的角度，详细展示实践中的双轮驱动创新点，为各界提供一个浸入式的演进全景图。此外，通过剖析行业领军者的探索过程和经典案例，为广大希望拥抱产业数智化升级的企业提供新思路。

本书是阿里巴巴在探索"消费互联网"和"产业互联网"双轮驱动新增长，特别是助力多个产业数智化升级领域的一个阶段性思考与总结，由阿里云研究院协同杨旭副教授、董爽副教授、谢智勇副教授、张静副教授、晏梦灵副教授、安筱鹏副院长等共同谋篇布局、合作撰写，感谢各位专家的积极推动和创新洞察。本书涵盖面广，同时"消费互联网"和"产业互联网"双轮驱动是前沿领域，要实现对每个细分领域进行深入而系统的分析，工作量大，难度高。在此，也非常感谢王幽幽、刘云云、顾晓萍、阳宇珊、刘庭轩、黄泽平、祝可菲、陈超、刁一鸣、王著维等在书稿写作过程中给予的资料搜集与撰写支持。

阿里云研究院也协同阿里云各行业线、钉钉、犀牛智造、盒马、场景金融、菜鸟、阿里巴巴集团研究院等部门的同事开展访谈和调研，在此表示感谢。在本书编写过程中，还有众多的合作伙伴，在观点和思路上给予研究团队很多启发，在此一并感谢！

最后，要感谢阿里巴巴集团董事局主席、CEO 张勇（逍遥子）先生的多次感召和支持，让我有机会参与到阿里巴巴集团新零售、云智能新零售、阿里云研究院的相关工作，有机会接触不同行业、不同发展阶段的更多政府和企业，并探索数智化转型升级之路。他对阿里巴巴商业操作系统 (ABOS) 的深刻理解和洞察让我受益匪浅。

感谢阿里云智能总裁、阿里巴巴达摩院院长张建锋（行癫）先生的理解和支持，在他的带领和指导下，阿里云研究院牵头与阿里云各行业线等研究与业务团队及外部专家组成了阵容强大的写作团队。他对战略、管理、技术与业务的洞见和理念，对创新的认识、产品的专注、服务的重视，对阿里巴巴一路创新突破和文化传承的深刻理解也都让我受益良多。

感谢许诗军、李津、刘伟光、袁千、刘湘雯、任庚、朋新宇、蒋小伟、周明、蒋雁翔、李飞飞、贾扬清、叶军、方晓敏、高世芳、司为、公和、张启、安筱鹏、杜胜海、荆慧等阿里云全体小伙伴的理解和支持。一起拼，一起赢，为阿里云众多小伙伴的一路同行深感骄傲！

特别感谢孟晔、肖剑、任妍、谢婷敏、刘建强、余婧、张宇泽、崔维平、张靓、王佩杰、秦锡、胡臣杰、杨博威、林剑、左延鹊、陈翌翔、周长远等阿里云研究院小伙伴及众多外包伙伴的高质量支持。一起打造精品，一起打造影响力！

感谢电子工业出版社张彦红编辑、李淑丽编辑及其团队的专业指导和大力支持。

感谢区域和地方，以及各行各业的数智化转型先行者、实践者和探索者。

要感谢的客户、伙伴和同事特别特别多，就不再一一列举，一并深深谢过！一起探索、实践、提炼升华的经历非常难忘。

学习和工作上"拼命三郎"的我，特别感恩父母、岳父母、兄弟姐妹、爱人和小朋友们的理解、包容和无条件支持！让我可以心无旁骛地一路向前冲！追求卓越，享受过程！

本书虽然经过了众多专家和同行深入的讨论及多轮修改，但由于研究的领域宽、范围广、时间紧，同时各行各业的数智化转型实践迭代很快，依然存在局限与不足，也期待广大读者多多批评指正。

我们真切地感受到，"消费互联网"和"产业互联网"双轮驱动新增长的时代已经到来。无论是各个行业的企业、产业互联网服务提供商，还是区域产业发展促进机构，都希望抓住这一历史机遇，获取新发展红利。我们撰写这本书，就是希望分享我们对消费互联网和产业互联网双轮驱动增长的观察、思考和体会，希望能够促成各界深入探讨的氛围，为双轮驱动的实践探索提供越来越多的"真知灼见"，让双轮驱动的渗透加速、让双轮驱动的效果惠及更多企业、行业和地区。阿里云和阿里云研究院愿与大家携手，开创数智化转型升级的新阶段！

肖利华

阿里巴巴副总裁、阿里云研究院院长

数智化转型系列丛书

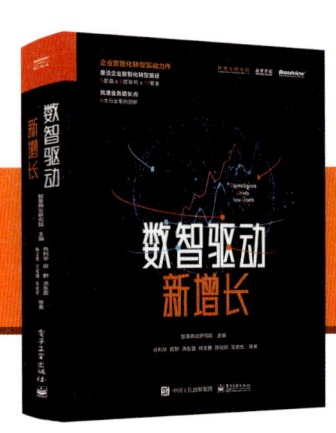

精装全彩

Broadview
www.broadview.com.cn

系统阐述全链路数智化转型著作

阿里巴巴集团副总裁、阿里云研究院院长
肖利华领衔撰写

- 多位院士、教授、协会领导、企业家和高管力荐
- 多家行业机构学术指导
- 多位资深专家联合撰写

如何实现数智化新增长？
5部曲 × 5层架构 × 11要素

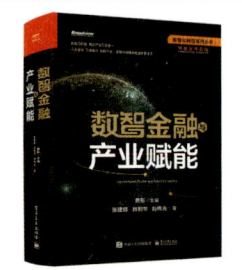

数智金融 & 数智产业双向赋能
构建产业金融新生态

数智大融合
驱动大发展

数智科技与农业农村的融合
勾勒新时代乡村振兴全景图

产业数智化升级趋势前瞻
双轮驱动力实践创新详解

5部曲、8大领域、23个实践案例
推动全行业业务升级与可持续发展

汇聚政府、学界、业界
理论与实践探索
解析数智化敏捷组织

电子工业出版社
PUBLISHING HOUSE OF ELECTRONICS INDUSTRY
https://www.phei.com.cn

电子工业出版社咨询或投稿，
请联系010-88254045，
邮箱：zhanghong@phei.com.cn

在哪儿可以买到这些书？
线下书店、当当、京东、天猫网店均可购买